옮긴이 **홍기빈**

(재)글로벌정치경제연구소 소장. 서울대학교 경제학과를 졸업하고 동 대학원
외교학과 석사과정을 마쳤으며 캐나다 요크대학에서 정치학과 박사과정을 수료했다.
금융경제연구소 연구위원, 칼폴라니사회경제연구소 소장을 역임했다.
저서로는 『비그포르스, 복지 국가와 잠정적 유토피아』『아리스토텔레스 경제를
말하다』『어나더 경제사 1, 2』(근간)『위기 이후의 경제학』(근간) 등이 있고,
역서로는 『거대한 전환』『카를 마르크스』『도넛 경제학』『광장과 타워』
『둠: 재앙의 정치학』 등이 있다. 유튜브 채널 '홍기빈 클럽'을 운영하고 있다.

KB045505

자유시장

# FREE
# MARKET
# 자유시장

키케로에서 프리드먼까지,
세계를 지배한 2000년 경제사상사

제이컵 솔 지음　홍기빈 옮김

arte

Free Market: The History of an Idea

Copyright © 2022 by Jacob Soll
Korean Translation Copyright © 2023 by Book21

Korean edition is published by arrangement with Basic Books,
an imprint of Perseus Books, LLC, a subsidiary of Hachette Book Group Inc.,
New York, New York, USA through Duran Kim Agency.
All rights reserved.

이 책의 한국어판 저작권은 듀란킴 에이전시를 통해 Perseus Books와
독점 계약한 북이십일에 있습니다. 저작권법에 의하여 한국 내에서 보호를
받는 저작물이므로 무단전재와 무단복제를 금합니다.

멘토이자 친구
앤서니 그래프턴에게

# 차례

일러두기

— 책은 겹낫표(『 』), 잡지 등 정기간행물은 겹화살괄호(《 》), 논문 등 짧은 텍스트는 홑낫표(「 」)로 표시했다.

— 저자의 주석은 미주로 실었으며, 역자의 주석은 본문 내에 '옮긴이'로 표시하고 괄호로 묶었다.

— 외래어 표기는 국립국어원의 외래어표기법을 따랐으나 관용적으로 굳어진 일부 용어는 예외를 두었다.

# 서론
# 자유시장 사상의 기원, 새로운 이야기

> "여러 사상의 계보를 밝혀내는 것이야말로 사람들의
> 비위를 가장 거슬리게 하는 발견이다."
> ― 액턴 경의 발언, 프리드리히 하이에크의
> 『노예의 길』(1940 무렵)에서 재인용

미국에서 '자유시장'이라는 말은 아마도 사람들에게 가장 친숙한 경제용어일 것이다. 1930년대 대공황 이래로 이 말은 미국의 정치 담론에서 하나의 필수품과 같은 것이었고, 어떤 정책을 찬성할 때나 비판할 때나 항상 동원돼 왔다. 이 말에 담겨 있는 경제철학은 수많은 강력한 정치 이념들과 엮여서 일종의 로르샤흐테스트와 같이 특정인이나 특정 주장의 사상 검증의 수단으로까지 사용됐다. 자유시장을 어떻게 생각하느냐는 질문을 던지면, 대다수 사람은 아주 격한 감정 반응을 보이며, 그 반응은 여러 개인적 확신과 대단한 일관성을 가진 것일 때가 많다.

이와 동시에 자유시장이 무엇인지에 대해 모두가 같은 의견을 가진 것도 아니다. 프랑스의 합리주의 경제학자 레옹 발라(Léon Walras)는 시장이 "일반균형"으로 작동한다고 묘사한 것으로 유명하다. 즉, 수요와 공급의 상호작용이 균형을 이루면서 자기 조정 기능을 내재한 경제 시스템을 창출한다. 그리고 이것이 여러 상품의 가격과 이자율을 조절하고, 재화의 끊임없는 흐름을 만들며, 정부의 개입이 없이도 부를 생성한다는 것이다. 그런데 또 다른 맥락에서 자유시장이라는 말은 특정한 유형의 경제적 자유 혹은 특권을 의미하기도 한다. 이를테면 자유무역지대 안에서 관세를 더욱 낮게 낼 권리라든가 심지어 독점 행위까지도 인정받는 것을 뜻한다. 이렇게 되면 자유시장은 낮은 조세 그리고 정부의 경제 개입을 제한한다는 말과 동의어가 된다. 오늘날 대부분의 부유한 산업국가에서 자유시장경제라는 말은 공교육, 대중교통, 각종 연금제도, 공공 의료시스템, 규제 기관들, 국책은행, 사상의 자유 등과 나란히 사회민주주의 체제의 기본 구성 요소로 간주되고 있다. 하지만 관찰자들은 이러한 나라의 시장 또한 자유로운 상태라고 보고할 때가 많다.[1]

오늘날 자유시장 사상에 대해 사람들에게 가장 익숙한 정의를 내놓은 것은 노벨경제학상 수상자인 밀턴 프리드먼(Milton Friedman)이다. 그는 자신의 저작에서, 이를 경제문제에서 일체의 정부 활동이 사라진 상태, 혹은 좀 더 폭넓게 말해서 "사람들의 행복 추구"에서 법의 간섭이 없는 상태라고 정의했다. 그의 어록 중에는 "자유시장에 반대하는 대다수 논리의 근저에는 자유 그 자체에 대한 신념 부족이 깔려 있다"는 유명한 말이 있다. 자유시장이야말로 경제성장의 보편적인 모델이라고 주장하는 이들은 이를 시간과 공간을 뛰어넘어서 항상 최고의 효율성을 보장하는 장치라고 본다. 모든 것을 단 하나의 논리로 풀어내는 프리드먼의 시스템에서 보면, 시장은 아무런 국가의 개입이 없이 오로지 개인, 기업, 주주 들의 다양한 욕망과 선택으로 추동되는 민간 부문의 수요 및 공급에 따라 움직이는 것이 이상적이다. 그는 이런 방식으로 시장을 해방시키게 되면 재화의 효율적인 생산 및 분배, 부의 창출, 혁신 등이 저절로 보장된다고 말한다.[2]

하지만 지난 30년 동안 자유시장은 확실한 어떤 것이라기보다 오히려 황당한 수수께끼에 가깝다는 것이 입증된 바 있다. 좌파와 우파를 가릴 것 없이 많은 정치 지도자가 자유시장이라는 교리에 대해 최소한 정치적인 수사로나마 이제 비판적인 자세를 갖게 됐다. 미국 공화당의 경우 깜짝 놀랄 만한 반전을 겪고 난 뒤 이제는 무역 관세를 지지하고 있으며, 영국 보수당은 유럽연합의 자유무역지대를 빠져나오는 과정에서 조세와 사회지출을 늘린 바 있다. 이런 상황에서, 온 세계가 자유무역과 규제 없는 국제시장을 수호해야 한다고 주장하는 역할은 오히려 권위주의 체제 중국의 공산당 수반인 시진핑 주석에게 떨어지게 됐다. 미국이 보호주의를 수호하는 반면 중국이 국제적인 개방시장을 옹호하는 상황이 된 것이다. 이런 결과에 이르기까지 도대체 어떤 과정이 있었던 걸까?[3]

이 질문에 답하려면 우리는 자유시장이라는 사상이 가진 오랜 역사를 살펴볼 필요가 있다. 프리드먼의 주장이 거짓임을 보여 주는 예들은 무수히 많으며, 권위주의 체제인 중국에서 자유시장 이데올로기가 일어난 것은 그중 하나의 예에 불과하다. 분명한 사실은, 프리드먼의 자유시장이라는 이상은 미국에서도 결코 널리 통용되는 비전이었던 적이 없다는 것이다. 1980년대와

1990년대 이후 미국의 중산층은 중국의 성장과 동시에 위축되어 왔다. 이들은 국가가 시장에 간섭한다는 비판을 늘어놓기 일쑤지만, 현실을 들여다보면 그동안 미국의 금융계 및 재계는 낮은 금리, 연방준비제도의 통화정책, 국가 지원 등에 기반하여 번성해왔다. 2008년 이후 미국의 금융시스템과 기업들은 미국 정부의 구제금융을 두 차례에 걸쳐 받았다. 정통파 자유시장 사상의 입장에서는, 이러한 파괴적인 시장의 실패가 주기적으로 벌어지는 것은 분명히 설명이 불가능한 일이고, 이 두 번의 불편한 사실을 그냥 살짝 외면하고 싶을 뿐이다.[4]

프리드먼은 그저 허수아비에 불과한 존재가 아님을 유념하자. 그가 설파한 정통파 자유시장 담론은 여전히 대다수 대기업의 이사회를 지배하고 있으며, 심지어 미국 정부의 자금으로 엄청난 이윤을 벌어들이는 기업들에서도 마찬가지다. 이뿐만 아니라 수많은 경영대학원에서도 같은 상황이며 심지어 국가 자금으로 운영되는 경영대학원들도 마찬가지다. 프리드먼의 정통파 교리는 지금도 미국 상공회의소가 떠받드는 신앙이다. 그 결과, 미국은 물론 자유주의경제를 가진 다른 민주주의국가들에서도 자유시장이라는 사상을 사람들이 잘못된 방식으로 이용한다는 걸 간과할 때가 많다. 우리는 자유시장을 부의 창출이나 혁신이라는 주제와 관련한 논의에서만 언급한다. 정작 현실에서는 탈규제의 결과로 부채, 파산, 사기가 위험한 수준으로 올라가 공황이 덮치고, 그다음에는 정부의 구제금융이 일어나고, 또다시 독점체들, 부의 불평등, 정치적 불안정성이 증가하는 악순환이 끝없이 반복되고 있는 실정이다. 이렇게 우리는 계속 서로를 무기력화시키면서 동시에 모순을 일으키는 정책들을 똑같이 그리고 더 많이 되풀이하고 있다. 엄중한 21세기로 들어서는 지금 우리 앞에 놓인 경제적 도전들을 볼 때, 이 '자유시장'이라는 말이 무엇을 뜻하는지, 그 역사가 어떤 것인지, 그리고 자유시장이 제대로 작동할 때와 그렇지 못할 때가 언제인지를 똑똑히 이해하는 것이 반드시 필요하다.[5]

자유시장 이데올로그들이 가장 아끼는 20세기 말의 사상가가 프리드먼이라면, 이 사상의 아버지로 여기는 이는 18세기의 스코틀랜드 철학자 애덤 스미스(Adam Smith)다. 하지만 애덤 스미스를 프리드먼식으로 규제를 풀어 자유시장의 모든 족쇄를 철폐하라고 외친 사상가로 보는 것은 정확한 것이 아니다. 스미스의 저작은 그것이 쓰인 18세기의 맥락에서 읽어야 하지만, 그 맥락과는 유리된 채 계속 오해되고 잘못 인용되어 뻔하고 진부한 소리로 왜곡되어 버렸다. 그런데도 스미스의 저작은 지금도 우리에게 경제학에 어떻게 접근해야 하는지에 대해 가치 있는 교훈들을 제공하고 있다. 그가 『국부론(The Wealth of Nations)』을 내놓은 1776년 이전에는 경제와 사회를 하나의 방대한 자기 조정 시스템으로서 부를 창출하는 존재라고 보는 폭넓고도 복잡한 비전을 제시한 이가 없었다. 또한 스미스는 시장 안에서 정부와 정부 기관들의 역할이 얼마나 중요한지 잘 알고 있었다. 그는 시장이 최상의 상태로 기능하기 위해서는, 미덕을 갖춘 스토아철학자와 같은 지도자들이―자기 스스로에 대한 깨달음과 절제된 기율을 통해 행복을 추구한다는 그리스 로마 철학에 정통한 이들―부유한 지주들과 함께 협력하여 정치와 시장의 방향타를 잡아 나가야 한다고 믿었다. 즉 사회 엘리트들이 적절한 안내판, 인센티브, 검문소 등을 설치하여 경제가 굴러가게 유지해야 한다는 것이다.

스미스가 살던 시대의 사회적·철학적·종교적 세계는 지금의 우리와는 아주 다른 것이었다. 당시는 대영제국이 팽창하던 때였고, 상업, 노예제, 입헌군주제, 엘리트 주도의 의회주의, 토지 소유의 과두제 등이 실시된 시대였다. 동시에 스미스가 이 모든 것을 열성적으로 수용했다는 사실을 우리는 기억해야만 한다. 스미스는 철학과 역사 연구자로서 대영제국과 로마 공화국 및 제국 사이에 여러 유사점을 발견했는데, 이것이 그가 기원전 1세기의 로마 원로원 의원이자 철학자인 마르쿠스 툴리우스 키케로(Marcus Tullius Cicero)의 여러 저작에 큰 매력을 느낀 이유이기도 하다. 스미스는 18세기식 이신론자(deist)—꼭 기독교인이라고 할 수는 없다—였다. 그는 지구 위에는 시계처럼 정확하게 작동하는 자연의 시스템이 있으며, 이 시스템은 태양계의 행성들이 아이작 뉴턴의 중력 법칙에 기초하여 보여 주는 운동을 그대로 반영하고 있다고 믿었고, 신이라는 존재는 바로 이러한 시스템을 디자인해 놓은 '설계자'라고 생각했다. 물론 그는 그 어떤 국가 지도자도 "사적 개인들이 자기 자본을 활용하는 방식을 지도하려는 따위의 일은 시도조차 해서는 안 된다"고 생각했지만, 또한 인간의 경제생활이 자연의 조화로운 법칙들을 그대로 반영할 수 있기를 바랐다. 그렇게 되기 위해서는 인간이 (그가 말한 인간은 남성이다) 고대의 스토아철학과 자기 절제의 기율을 고수해야만 한다고 그는 믿었다. 그렇게 해야만 사회가 좋은 정부와 좋은 정부 기관들을 길러 낼 수 있고, 이를 바탕으로 개개인이 미덕을 겸비한 부 창출 활동에 매진할 수 있다고 생각했다.[6]

　스미스는 "탐욕이 선한 것"이라 생각하지 않았다. 어떤 스토아철학자도 그렇게 생각하지 않았다. 스토아철학에 기초가 되는 것은, 도덕적 기율과 공민의 의무(civic duty)를 통해 스스로를 고양시킨다는 생각이다. 그래서 스미스가 자신의 임무로 삼은 것은 상업 사회와 그에 본질적으로 내재된 탐욕이라는 것을 어떻게 하면 모종의 도덕 체계에 들어맞도록 할 것인지를 구상하는 작업이었다. 상업 사회의 중간층 구성원들은―"푸줏간 주인, 맥주 양조인, 빵집 주인"―일상생활에서 한마디로 그냥 자기 이익에 따라 행동하게 마련이다. 그렇다면 이렇게 마구 날뛰는 상업적 자기 이익에 멍에를 씌워서 공동선에 맞는 방향으로 몰고 갈 방법을 찾는 것이야말로 사회가 할 일이다. 스미스는 상업 경쟁이 날뛰는 상황을 보면서 기겁을 했고, 이러다가는 사회와 국가가 잠식될 것이라고 두려워했다. 따라서 그는 이런 경쟁을 사회에 맡길 것이 아니라, 도덕적으로 훈련되고 문필에 조예가 깊으며 불편부당한 정신을 가진 지도자들이 사회를 이끌어 평화롭고 효율적인 상업적 협동을 향해 나가야 한다고 믿었다.

　이렇게 로마공화정 시절의 미덕이 담긴, 철학적이고 윤리적인 깨달음을 향해 나가는 사회를 희망한 스미스는 대기업에 무제한의 자유를 허락해야 한다는 사회적 다원주의를 제창한 밀턴 프리드먼과는 도저히 끼워 맞출 수 없는 인물이다. 나아가 가장 강하고 가장 경쟁적인 기업가들만이 사회의 꼭대기로 올라설 수 있다는 에인 랜드(Ayn Rand)의 통속 경제학과는 더더욱 어울리지 않는다. 실제로 스미스는 정부 관료였을 뿐만 아니라 (그것도 직책이 자그마치 조세 징수원이었다!) 상인, 산업가, 특권적 독점체 들에 깊은 불신을 품었으며 오히려 고대 로마의 원로원 과두제를 크게 경모한 사람이었다. 하지만 오늘날의 자유시장 사상가들은 이러한 사실을 거의 언급하지 않는다. 어찌 보면 당연한 일이기도 하다. 이른바 자유시장 사상의 아버지로 지목된 스미스가 기실 교양 있는 지식인이자 급진파 교수라는 자부심이 가득한 이였으며, 대학교수와 행정가를 업으로 삼은 사람이었다는 사실을 현대의 자유시장 사상가들은 쉽게 받아들이기 어려울 것이다. 상상해 보라. 에인 랜드의 1943년 소설 『파운틴헤드(The Fountainhead)』에 나오는 에너지 넘치고 역동적인 인물이자 모더니즘 건축가인 하워드 로크가 과연 오래된 전통, 의무, 끈기 있는 학습, 고상한 공감 능력, 심지어 조세 징수원의 자부심 등까지 늘어놓는 애덤 스미스의 이야기를 과연 1분이라도 참고 들을 수 있을까?[7]

그렇다면 어떻게 된 일일까? 고등교육에 입각한 철학적이고 도덕적인 농업사회를 세우고자 했으며, 또 시장의 자유를 위해서는 국가가 반드시 필요하다고 믿은 키케로와 스미스와 같은 과두제적인 시장 설계자들이 도대체 어쩌다가 기업에 모든 자유를 허하라고 전투적으로 외치는 프리드먼과 같은 부류의 사람으로 맥이 이어지게 된 것일까? 그리고 오늘날의 자유시장 사상은 어떻게 해서 국가의 경제 개입이 무조건 부의 창출과 자유의 존재를 위협하는 행위라는 경직된 양자택일의 철학으로 진화하게 된 것일까? 이것이 이 책에서 대답하고자 하는 질문들이다.

이러한 자유시장 사상의 수수께끼를 푸는 열쇠는 애덤 스미스가 태어나기 40년 전에 세상을 떠난 이가 쥐고 있다. 참으로 역설적이지만, 그 사람은 아주 오랫동안 경제학자들이 스미스의 정반대에 위치한 인물로 여겨 온 자다. 그는 바로 1650년대 중반부터 1683년 세상을 떠날 때까지 프랑스 경제 전체를 관장한, 루이 14세의 유명한 재상 장 바티스트 콜베르(Jean Baptiste Colbert)다. 콜베르는 프랑스의 왕실 및 정부 재정을 조직하고 훌륭하게 관리했을 뿐만 아니라 도량형을 통일하고 도로, 항만, 운하의 상업 물류시스템을 구축한 인물이기도 하다. 또한 국가 차원의 연구를 직접 지휘하여 왕립 도서관과 문서고, 과학 아카데미를 설립하기도 했다. 이러한 것들이 모두 유연하게 작동하는 시장을 창출하기 위해 반드시 필요하다고 본 그는 자신의 목적을 달성하기 위해 관세, 보조금, 국가 독점체, 정치적 억압 등 모든 수단을 동원하여 당대의 가장 성공적인 시장 설계자로 떠오르게 됐다.

콜베르가 시장 구축 작업에 국가의 강력한 손을 가져온 주요 목적 가운데 하나는, 프랑스의 상업을 영국과 마음껏 경쟁할 수 있는 수준으로 끌어올리는 것이었다. 그가 이름 붙인 "상업의 자유" 상태는 오로지 대칭적인 시장들 그리고 어느 한쪽으로 기울지 않은 무역 조약을 통해서만 가능하다고 그는 믿었다. 그는 국제무역이란 어느 한쪽은 반드시 손해를 보게 되는 제로섬게임이며 황금과 보화의 양은 제한되어 있다고 보았고, 또 한편으로 상업과 산업에 초점을 두는 사회가 경제적으로 가장 큰 성공을 거둔다고 확신했다. 그가 권좌에 올랐을 당시의 프랑스는 농업이 으뜸을 차지하는 나라였다. 하지만 경제발전이 최우선 과제인 그는 산업, 혁신, 상업을 농업보다 우위에 두었는데, 이것들이야말로 경제가 더 자유롭고 더 순탄하게 굴러가게 하는 길이며, 이를 통해 프랑스가 부유하고도 영광이 넘치는 국가가 될 것이라고 믿었기 때문이다.

애덤 스미스는 콜베르에게 큰 흥미를 느꼈다. 그는 『국부론』에서 농업보다 무역 및 산업에 역점을 두는 콜베르의 견해를 지칭하기 위해 "중상주의 시스템(mercantile system)"이라는 말을 만들어 냈다[중상주의(mercantilism)는 19세기 말 독일어에서 역수입된 용어며, 이를 일컫는 본래의 영어가 바로 이 말이었다고 한다—옮긴이]. 스미스는 콜베르의 생각에 완전히 반대한 것은 아니지만 몇 가지 핵심적인 지점에서 다른 견해를 드러냈다. 주요 반론은 그가 보기에 콜베르가 경제학을 거꾸로 접근하고 있다는 점이었다. 콜베르가 무역 및 산업에 너무 큰 방점을 두는 바람에 모든 국부의 원천이 농업이라는 오래전부터 내려온 원리를 분명히 잘못 이해했다는 것이다. 스미스는 콜베르가 "상인들의 현란한 궤변"에 희생물이 된 것이라고 믿었다. 그래서 너무나 많은 억압적인 무역규제들을 남발했고, "불행하게도" "중상주의 시스템의 온갖 악영향들을 다 받아안게 됐다"고 생각했다. 스미스는 상업만으로는 부가 창출될 수 없다고 믿었다. 왜냐하면 상업은 자연의 힘과 농장 경영의 여러 미덕을 무시하면서 상인들이—스미스는 이들을 혐오했다—정책을 맘대로 좌우하고 독점체들을 만들어 내기 때문이었다. 따라서 그는 정부의 임무는 무역이 자연의 법칙에 따라 자유롭게 운영될 수 있도록 돕기 위해 산업의 지배권을 농업에 넘겨주는 것이라고 보았다.[8]

콜베르와 스미스는 서로 반대되는 주장을 했다기보다는 자유시장 사상의 역사에서 드러나는 것처럼 서로 연결되어 있지만 상이한 두 가지 흐름을 대표한다고 볼 수 있다. 하지만 시간이 지나면서 자유방임 경제학자들의 마음속에서 콜베르를 향한 스미스의 비판이 갈수록 증폭됐고, 그리하여 국가 주도의 산업 시장 구축이라는 콜베르 학파의 주장이 자유시장 사상과 적대 관계라는 잘못된 신화가 굳어졌다. 스미스의 "중상주의 시스템"에 대한 생각은—완전히 맥락이 탈각된 채로—오늘날의 중상주의에 대한 개념으로 변해 버렸다. 이 개념은 근대 초기의 경제사상가들을 오로지 황금을 축장하는 데에 눈이 멀고, 전쟁 국가의 경제 개입, 과도한 조세, 보조금 지급 등을 옹호하는 자들이라고 비판하기 위해 쓰이는 단순한 경제용어일 뿐이다. 1931년 스웨덴 경제사가 엘리 헤크셰르(Eli Heckscher)는 그의 기념비적인 저작 『중상주의(Mercantilism)』에서 콜베르의 "중상주의" 경제학을 순수한 자유방임 체제와 나란히 놓고 대비시키고 있다. 그는 중상주의와 대비되는 자유방임 체제가 국가의 간섭이 없이 개인 및 상업의 자유를 한껏 허용하는 것이며, 이를 대표하는 것이 스미스라고 생각했다. 헤크셰르 이후로 이 강력하면서도 단순한 이분법이 계속됐고, 오늘날 우리가 갖고 있는 자유시장의 비전 또한 여기에 기대고 있다. 프리드먼의 저작에서도 이러한 이분법이 똑같이 나타나고 있다.[9]

하지만 시장 철학의 장구한 역사의 대부분을 돌이켜 볼 때, 그 기초를 닦은 경제사상가들은 자유롭고 공정한 교환이 벌어질 수 있도록 보장하는 조건들을 창출하는 데에 국가가 필수적인 요소라고 보았다. 스미스 학파는 농업생산이야말로 모든 부의 원천이며 또 농업은 자연과 긴밀한 관계를 맺을 수밖에 없으므로 도덕적으로 우월한 본질을 가진다고 보았다. 이는 키케로 및 봉건제의 전통으로까지 거슬러 올라가는 자유시장 사상의 흐름을 구현하고 있는 것이다. 이들은 농업은 끊임없이 무언가를 생산하는 자연의 균형 상태를 이루게 하는 것이고, 이를 유지하기 위해서는 토지 소유자들이 정부를 지배하여 농업경영에 조세 및 규제가 가해지지 않도록 보장해야 한다고 주장했다. 한마디로, 농업 부문이 사회를 지배하고 경제를 추동할 수 있도록 정부는 농업 부문을 적극적으로 자유화해야 한다는 것이다.

하지만 자유시장 사상에는 오늘날 중상주의라고 잘못 불리게 된 다른 하나의 전통이 있으며, 이는 혁신, 무역, 산업 등에 힘을 쏟아 왔다. 그 전통은 피렌체의 철학자 니콜로 마키아벨리에서 장 바티스트 콜베르와 알렉산더 해밀턴에 이르기까지 이어졌다. 그들은 한 나라가 국제적인 경쟁력을 갖게 만드는 동시에 국내적으로도 건강한 경제를 창출하기 위해서는 특정한 종류의 혁신과 산업 발전을 장려해야 하며, 이를 위해서는 강력한 정부가 버티고 있어야 한다고 노골적으로 주장했다. 이렇게 산업을 옹호하는 사상가들에 따르면, 부의 생산을 위해서 경제적 자유가 필수적이기는 하지만, 그것이 반드시 농업에 기초해야 하는 것은 아닐뿐더러 외부의 도움 없이 스스로 유지될 수 있는 것도 아니었다. 오히려 그 반대로, 산업을 진흥시키는 정부가 먼저 존재하여 구체적으로 경제적 자유라는 것을 설계하고 장려하는 것이 반드시 필요하다고 보았다.

이렇게 상이한 자유시장 사상의 두 모델 사이의 교류는 19세기에 들어 영국이 자타가 공인하는 세계경제의 지배자가 되면서 변모하게 된다. 영국의 자유시장 사상가들이 마침내 일반균형이론과 더불어 산업의 잠재력을 포용하게 된 것이다. 자유주의 경제학자들의 생각에 따르면, 시장이 자유로운 상태라면 대영제국의 근면하고 검약한 기독교도들이 여러 나라를 오가면서 지속적으로 혁신, 부, 평화를 반드시 생산해 낸다는 것이었다. 그리고 20세기에 들어 일부 경제학자들은 시장이 스스로를 규제할 능력이 있다고 확신했고, 이들은 자유시장의 의미를 정부가 최소한의 역할만 수행할 뿐 그 밖에는 아예 모습 자체가 사라진 상태라고 규정하려 들게 된다. 이들은 아무 간섭 없이 수요와 공급이 작동하게 두기만 하면 시장 시스템이—또한 사회 전체가—마법처럼 스스로 지탱하게 된다고 주장했다. 슬픈 일이지만, 우리는 지금 그게 전혀 사실이 아니라는 것을 잘 알고 있는 상태다.

자연과 농업경영을 숭상하는 아득한 고대의 사상이 어떠한 과정을 거쳐 근대산업에 대한 자유시장 이론으로 천천히 진화해 온 것일까? 이를 이해하기 위해서 나는 이 책에서 단순히 경제학사에 나오는 학술 저작들에 국한하지 않고 다양한 분야의 자료들과 씨름해 볼 것이다. 국가 문서고에서부터 사적인 서한에 이르기까지 다양한 자료들뿐만 아니라 윤리, 자연과학, 종교, 문학, 정치 등 여러 분야의 서적들 또한 살펴볼 예정이다. 이 자료들은 경제사와 철학 분야의 독자들에게 익숙한 것도 있겠지만, 어떤 것들은 아주 생소할 것이며 심지어 뜬금없다고 여겨질 만한 것들도 있다. 하지만 이렇게 이질적인 여러 요소를—윤리 문제를 다룬 키케로의 고전, 피렌체 상인들의 영업 수칙과 대차대조표, 프랑스 정부 각료들의 내부 메모와 국가 문서들, 공작들과 대주교들의 궁정 서한 등—참조하지 않으면 경제학이라는 학문이 어째서 그렇게 변함없이 이견투성이의 불명료한 상태가 지속돼 왔는지 절대로 이해할 수 없다.

목표는 경제학을 이해하려면 수학 공식들과 데이터 묶음에 기초하여 이론을 정식화하는 것만으로는 충분치 않다는 것을 보여 주는 것이다. 우리 현대인들의 사고 습관에 묻혀 검토되지 않은 역사적인 전제들과 고대의 신념 체계들이 여전히 많다. 이러한 전제들과 신념 체계들을 하나하나 캐내어 살펴보는 일은 반드시 필요하다. 오늘날의 시장과 사회는 일반균형이론으로 설명하기에는 너무나 복잡한 상황이라는 것이 계속 입증되어 왔고, 이로 인해 경직된 정통파 자유시장 사상은 수세에 몰리게 됐다. 하지만 이 책에서도 드러나듯이, 자유시장 사상의 위대한 개척자들은 교환 시스템이라는 것과 그 시스템을 유지하고 그 속에서 기능하는 타락한 결함투성이의 인간들을 서로 떼어 놓고 생각하는 것은 불가능하다는 점을 항상 의식하고 있었다.

결국 자유시장은 인간성이란 것을 따로 떼어 낼 수 없다. 자유시장이 현실에서 꽃을 피우기 위해서는 다른 모든 우리의 시도와 마찬가지로 많은 노력과 관심, 주의 깊은 도덕적 추론이 필요하다. 놀라운 점이 하나 있다면, 그 수많은 현실의 실패에도 불구하고 수많은 경제학자, 철학자, 정치가 등이 여전히 경제가 완전히 자기 조정적이라는 꿈에서 깨어 나오려 하지 않는다는 것이며, 결국 그렇지 않다는 것을 깨닫게 되면 심한 충격을 호소한다는 점이다. 사실 이러한 생각은 로마시대의 유산 중에서도 가장 영향력이 큰 사상가 마르쿠스 툴리우스 키케로의 철학에서부터 자라나 면면히 내려온 것이니, 이 매력적인 아이디어를 갑자기 내동댕이친다는 것은 쉬운 일이 아니다. 거의 2000년 동안 경제사상의 기축 역할을 해 온 키케로의 저작을 살펴볼 때가 됐다.

# 1장
# 키케로의 꿈

> "자연은 월등히 안정적이고 한결같기에 변덕스러운
> 운명의 여신이 자연과 다투는 모습은 마치 필멸의 인간이
> 불멸의 여신과 다투는 것처럼 보인다."
> ― 키케로, 『의무론』(기원전 44)

자유시장이라는 사상의 기원을 이해하려면 먼저 키케로의 철학을 이해하는 것이 필요하다. 귀족의 농장 경영, 도덕적 행동, 정치활동 등을 통해서 인간이 무한하고도 영구적인 부의 원천인 자연의 젖줄과 연결될 수 있다는 생각을 제시하는 것이 그의 철학이기 때문이다. 키케로의 저작은 수 세기 동안 로마공화정이 모종의 균형 상태를 달성하여 평화와 번영을 이뤘다는 인상을 심어주었다. 그가 생각한 이상적인 로마는 이후 19세기에 이르러서도 여전히 자유시장 사상가들에게 영감의 원천이 된다.

　사실 키케로가 살던 시대의 로마공화정은 이미 붕괴하는 중이었다. 그는 기원전 1세기에 살던 로마 원로원의 귀족 의원으로서 옛날의 질서를 수호하고자 했다. 그는 이윤에 눈이 먼 상인들의 탐욕 그리고 율리우스 카이사르처럼 (그는 실제로 기원전 49년에

독재관이 된다) 참주가 되려는 자들의 야망에 아연실색할 정도로 질린 상태였다. 그는 공화국의 법률을 준수하면서 평화롭게 농장 경영에 몰두하며 살아가는 귀족들 사이에 시장 교환이 싹트며, 이것이 부의 생산을 위한 지렛대가 될 것이라고 믿었다. 정치가와 저술가로서의 경력을 쌓으면서 그는 공화국의 지도자들이 스토아학파식 도덕을 지키고 사심 없는 자세로 국가에 복무한다면 자연의 안정된 법칙을 따를 수 있게 될 것이며, 부의 자기영속적인 시스템도 유지할 수 있을 것이라는 이론을 발전시켜 나갔다.

하지만 키케로의 경제 비전은 전혀 "자연적"인 것이 아니었다. 이는 거의 500년 묵은 로마공화정의 가치들을 반영한 것으로서, 기원전 753년 로물루스에 의해 로마가 건국된 이래로 엘리트들이 자신들의 장원에서 큰 부를 누리며 살던 때의 가치들이었다. 키케로의 저작에도 잘 드러나 있는 것처럼, 경제학은 그것을 낳은 특정한 역사적·문화적·물질적 조건들에서 결코 떨어질 수 없다. 키케로 역시 로마의 지배계급을 지탱해 주는 데에 무역이 중요한 역할을 해야 한다고 확신했는데, 이는 비록 지배 엘리트의 모습은 바뀌지만 먼 훗날 증기기관의 시대까지도 계속 유지된 철학이자 하나의 이데올로기였다. 심지어 오늘날에도 이러한 생각은 자유시장 사상가들의 주장에서 확연히 드러난다.

역사가들은 키케로를 근대 경제사상의 기원을 이해하는 열쇠라고 보지 않았다. 하지만 도덕과 감정이 시장에 불꽃을 당겨 저절로 시장을 작동하게 만들고, 이를 통해 경제적 균형 상태가 창출된다는 주장을 처음으로 내놓은 사람은 바로 키케로다. 그의 관점에 따르면, 교육을 잘 받고 동등한 위치에 있는 토지 소유자들 간에 우정이 싹트면 이것이 신뢰를 구축할 뿐만 아니라 이상적인 시장 작동의 조건이 되는 철학적 기반을 만들어 낸다. 키케로는 로마에서 남동쪽으로 80마일 떨어진 라티움 지역의 아르피눔에서 태어났으며, 그의 보잘것없는 이름이 암시하듯이—키케로란 "병아리콩"을 뜻한다—농업환경에서 성장했다. 그의 집안은 기원전 2세기경에 두드러지게 성장한 하급 귀족 집단인 기사(equites) 신분에 속했다. 이 신분은 원로원의 바로 아래 계급이며, 실제로 기병대에서 복무하는 대신 관습적으로 말 한 마리를 기부했다. 기사 신분의 사람들은 공공 재정, 조세 징수, 대부업 등에서 일할 때도 많았지만, 무엇보다도 지주이며 농업 종사자였다. 이들은 당시 신분 상승을 꾀하던 새로운 인간(*novus homo*)으로서—귀족의 신분을 얻은 지 얼마 되지 않은 이들이었다—끈끈한 혈연과 혼인 관계로 서로 연결되어 있었고, 이를 배경으로 정치에 진출할 수 있었다. 하지만 키케로는 원로원 의원이 된 뒤에도, 심지어 공화국 최고의 공직인 집정관의 자리에 오른 뒤까지도 하급 귀족이라는 사회적 낙인을 달고 다녀야 했다. 이후 수천 년 동안 유럽 귀족 윤리의 전통을 세우다시피 한 저작을 남긴 이가 실제로는 온전한 귀족 대접을 받지 못했다는 것은 참으로 역설적인 일이다(아니, 어쩌면 전혀 역설적인 일이 아닐 수도 있다). 어쨌든 그는 로마 체제의 최정상 자리까지 올랐으며, 그다음에는 그것을 지키고자 애를 썼다.

　기원전 1세기경 로마는 이미 4000만 이상의 인구를 가진 제국이었고, 로마 도시 자체의 인구만 해도 100만 명이 넘었다. 제국 전체의 인구 중 완전한 시민으로 특권을 지닌 이는 500만 명에 불과했으며, 이들은 무상으로 식량을 제공받았고 시민으로서 각종 법적·공민적 권리들을 누렸다. 노예의 비율은 인구의 10퍼센트 정도였으며, 노예도 시민도 아닌 나머지 로마 거주자들은 하층계급이었다. 최상층의 지배계급은 700개 정도의 원로원 가문과 3만 개 정도의 기사 가문으로 이루어졌다. 로마의 엘리트들은 서로 긴밀한 관계로 얽혔고 가문의 역사를 서로 잘 알았다. 이들은 친족관계와 후견인 네트워크를 중심으로 자기들만의 조직을 만들어 갔으며, 한눈에 알아볼 수 있는 독특한 의복과 교육 형태를 함께 공유했다. 또한 서로 물품을 교환하고, 돈을 빌려주고, 토지를 매매하기도 했다. 이렇게 키케로의 시대에는 이미 그들 사이에 수백 년 동안 이어 온 폐쇄적인 시장이 존재했고, 거의 영구불변의 자연 질서와 같은 모습과 냄새를 풍기고 있었다.[1]

키케로는 로마 원로원의 권력 자장 안에서 성장했기에 아주 어린 나이 때부터 실제의 정치, 법률, 철학 등을 가까이 접했다. 그의 가문은 로마에서 학식이 높은 인물들과도 혼인 관계를 맺었을 뿐 아니라 강력한 정치가들과도 그러했다. 원로원의 질서와 문화를 수호하는 보수적인 지식인들로 명성 높은 스카이볼라(Scaevola) 가문과 크라수스(Crassus) 가문에서 키케로의 가정교사 역할을 맡았다. 로마의 엘리트들은 로마의 농업 생활을 지키는 관습과 규약들 그리고 그들이 믿은 자연법칙과 사회적 위계를 뜻하는 조상의 방식(*mos maiorum*)이라는 것을 수호했다. 이들은 그야말로 그 어떤 변화도 거부했으며, 고대 로마의 헌법을 그대로 수호하고자 했다. 공화국이 이상적으로 기능할 수 있는 틀은,

민회(Plebian Council)와 같은 평민의 여러 회의체가 원로원은 물론 행정을 담당하는 집정관들과 긴밀히 협조하는 질서에 있다고 이들은 보았다. 하지만 로마공화정의 현실은 오래전부터 원로원이 지배하는 과두정치로 변질되어 버렸고, 이마저도 갈수록 원로원을 지배하려는 대담한 독재관들에게 넘어가는 실정이었다. 하지만 키케로는 원로원 계급, 공화정, 미덕 있는 시장 사회를 수호하는 것이 곧 자연 질서를 따르는 로마인들의 관념을 수호하는 것이라는 강한 신념을 가졌다.[2]

이러한 로마의 정체성을 지키는 데 필요한 것은 자연과 농업에 대한 이해였으므로, 키케로는 농업 사상가들의 긴 계보에서 착실하게 이를 이끌어 낸다. 그의 비전에서 핵심을 차지하는 이는 군인이자 역사가이며 로마 가부장제 수호자인 대카토(Cato the Elder)였다. 그의 저서 『농업론(On Farming)』(기원전 160)은 귀족의 부가 훌륭한 농장 경영에 달려 있다고 설명한다. 카토는 농장을 운영하는 방법을 정확하게 알기만 하면 자연 또한 공화국과 똑같이 안정된 보상을 가져다준다고 말한다. 그리고 혁신과 무역에 대해서 그는 한마디로 경멸을 표한다. 오로지 대규모 토지 소유만이 진정으로 "선한" 것이며, 미덕 있는 시민과 군사를 양성해 낼 수 있다는 것이다.[3]

키케로가 살던 시절에 로마인 대부분은 땀 흘려 노동을 했으며, 이는 당연한 일이었다. 고된 노동 그 자체가 사유의 대상이 되지는 않았다. 로마에도 상인계급과 서비스 직종의 계층이 있었지만 대다수 사람은 육체노동에 종사했는데, 노예 혹은 자유민 신분을 유지한 채 얼마 안 되는 임금을 받고 일을 했다. 키케로는 이러한 사실에는 아무런 흥미도 없었다. 자연의 설계적인 측면에서 보면 고된 노동은 그저 숙명이었다. 농민은 농민의 자리에 머물러야 하며 노예도 마찬가지였다. 모든 이가 "일을 하도록 요구해야 하며", 또 모두가 "그들이 마땅히 받아야 할 몫"만을 받아야지 그 이상을 받아서는 안 된다고 그는 강하게 주장했다. 이러한 고된 노동에서 면제되는 이들은 귀족뿐이고, 그들은 재산 소유자로서 그러한 자연적 위치를 얻지 못한 것이라고 말했다. 엘리트 신분이라는 것 자체가 자연 상태의 일부라는 것이다. 이러한 이유에서 키케로와 그가 속한 계급의 사람들은 토지세를 극도로 혐오했다. 그들은 모든 토지와 그 위에서 이루어지는 노동 또한 귀족의 소유물이라고 생각했다. 따라서 자연이 보상으로 내려 준 소출에 세금을 매기는 짓은 말할 것도 없이 폭정의 증표였다. 토지 소유자의 임무는 그저 노예와 노동자를 쥐어짜서 기본적인 생산량을 충족하고, 나아가 자격이 있는 이들에게 돌아갈 부를 추가로 창출해 내는 것이었다.[4]

지주계급에 속한 이들은 자연과 긴밀한 관계에 있으므로 스스로 자연의 신성한 법칙이라고 믿었던 바를 연구할 의무가 있다고 생각했다. 그리하여 그들 스스로가 귀족사회를 영구적으로 지속하려 했다. 키케로는 그의 『국가론(On the Republic)』(기원전 54-51)에서 이렇게 말한다. "최선의 인물들"이 "겸손과 절제로" 통치할 때 평화와 번영이 찾아오며, 이를 통해 "시민들은 최대의 행복을 누리게" 된다. 부유한 귀족들은 "아무런 걱정과 근심거리"도 짊어지지 않으므로 오로지 미덕을 갖고 정부를 운영하는 데에 집중할 수 있다. 이 "최선의 인물들"에 대한 키케로의 믿음은 자연이 인간을 평등하게 창조하지 않는다는 생각에 기초를 두고 있다. 만약 자연이 인간에 차별을 두었다면, 인간도 그것을 따르는 것이 온당한 일이다. 그는 진정한 정치적·경제적 자유는 오로지 토지를 소유한 소수에게만 주어지는 것이라고 말한다.[5]

키케로의 세계관에서 볼 때, 귀족들은 "재물에 무관심한" 존재들이다. 이들은 전문적인 대부업자들과 시장터의 사기꾼들을 태생적으로 경멸한다. 키케로는 탐욕은 물론 그 자체가 목적이 되는 돈을 혐오한다고 주장하면서, 상업의 여러 가치는 필연적으로 도덕적인 타락으로 이어질 수밖에 없다고 보았고, 이에 따라 상인을 뜻하는 라틴어 메르카토르(*mercator*)를 모욕의 말로 사용했다. 키케로는 이상적인 시장은 사람들로 하여금 공동의 소유물을 공동의 이익을 위해 쓰도록 이끄는 동시에 한편으로 사적소유를 보존해 준다고 말한다. 그는 스토아철학자들의 "이 땅이 생산하는 모든 것은 인간이 사용하도록 창조된 것"이란 말을 들어 이를 설명한다. 이러한 생각은 자유롭고도 자기영속적인 교환 행위라는 개념으로까지 이어진다. 또한 인간은 도덕 및 철학의 논리에 기반한 논쟁을 통해서, 또 친절을 베푸는 행위들을 통해서 일반적인 선에 기여하게 되며, 그리하여 "인간 사회에는 인간 대 인간으로 좀 더 긴밀하고 견고한 유대가 만들어진다". 사적으로 소유한 물품들이 교환되려면 먼저 사람들이 생각을 자유롭게 교환하는 일이 일어나야 한다. 사람들의 사상은 일단 공공연히 표출되고 난 뒤에는 모두의 소유물이 된다고 키케로는 보았다. 사람들이 함께 진리를 추구하는 과정에서 각자의 사상이 공유되어야 하며, 또 국가에 대한 귀족의 봉사활동에서도 그것은 공유되어야 한다는 것이다. 그는 지적인 교류가 그리스의 속담을 그대로 따라야 한다고 말한다. "친구들 사이에서는 모든 사물이 공동소유다." 미덕이 넘치는 철학의 교역은 로마공화정과 그 지도자들의 "공동 이익"에 복무하는 것이라고 한다.[6]

키케로의 논리 체계에서 핵심 위치에 있는 것은 의무의 개념이다. 키케로가 말하는 의무란 당시의 시민 종교(civic religion)를 전제로 하여 국가에 대한 "선한 사람의" 복무 활동을 뜻했다. 그리고 비록 모두가 "동료 시민들 그리고 모든 인간"에게 의무를 갖는 것은 사실이지만, "무한정한" 숫자의 가난한 이들을 도울 수는 없는 일이라고 경고한다. 만약 재산이 있다면 그중 큰 몫은 자신의 가족과 친구들을 돌볼 수 있게 개인 자원으로 남겨 두어야 한다는 것이다. 이렇게 "우정"과 "친절함"이라는 "공통의 유대"에 기초한 엘리트들의 폐쇄적인 시장은 "정의를 보존"하고 부와 사회를 유지해 준다고 그는 믿었다. 그는 계속해서 진실하고 긴밀한 우정이야말로 "부유함에다가 더 찬란한 빛"을 더해 주는 것이라고 묘사한다. 왜냐하면 그것은 "역경을 만났을 때 그 부담을 쪼개고 나눔으로써 가볍게" 해 주기 때문이라는 것이다. 키케로는 이러한 솔직한 정서야말로 "집을 하나로 뭉치게 해 주고 또 밭이 경작되도록 해 주는 것"이라고 말한다.[7]

스미스의 자유시장 사상이 나오기 1800년 전, 키케로는 이렇게 서로 마음이 통하는 지배계급 구성원들 사이에서 이루어지는 도덕적으로 건전하고 자유로운 상업 교환 시스템을 설계한 것이다. 이러한 점잖은 교환의 유대가 있다면, 이는 비자연적인 다른 시나리오로부터 사회를 보호하는 데에 아주 결정적인 역할을 한다. 키케로는 "어떤 사람이 이웃에게 손해를 입히면서 이득을 취하는 것은 죽음이나 빈곤보다 더욱 자연에 반하는 짓이다"라고 말한다. 그는 교환은 스스로를 지탱할 수 있는 것이 되어야 하며, 그렇지 않을 경우에는 "자연에 대한 약탈"로 이어지게 된다고 한다. 교환의 현장에서 "예의와 친절, 정의, 베풂"과 같은 고차원의 도덕을 지키는 것이야말로 조화롭고도 부유한 사회로 이르는 원리라는 것이다.[8]

이러한 국가에 대한 기부와 기여를 통해서 로마의 귀족들은 로마의 경제 시스템의 중추가 되는 방대한 곡물의 분배 체제를—민간 식량 시장(*annona civica*)—운영했고, 이를 통해 시민들에게 식량을 기부했다. 제국의 함대는 로마인들이 우리의 바다라고 부른 지중해(*mare nostrum*) 전역에 곡물을 분배했다. 로마의 몸체에서 지중해는 내장과 같은 곳이어서, 자연 연구자이자 군사 지도자인 대플리니우스(Pliny the Elder)는 그의 『자연사(Natural History)』에서 지중해가 로마 경제의 자유로운 흐름을 촉진한다는 의미에서 이를 창자와 같은 바다(*mare instestinum*)라고 불렀다. 그리하여 부는 지주계급의 곡물 수확을 시작으로 자연의 자기 조정 법칙에 따라 전 로마제국으로 흘러가는 모습을 띠었다. 로마는 계절 순환의 보이지 않는 손을 통해 재화를 생산하고 스스로의 필요를 충족했다. 여기에는 영원히 유지될 것 같던 국가 및 원로원 계급의 도움도 필수 불가결이었다. 국가는 이탈리아와 북아프리카 간의 시장뿐 아니라 그 유통망에도 보조금을 주었고, 이는 멀리 이베리아, 그리스, 아나톨리아, 흑해에까지 이르렀다. 거대한 로마의 무역 지대에 재화가 자유롭게 흘러 다녔던 것이다.[9]

키케로가 로마의 권좌에 오른 것도 놀라운 일이었지만 그의 몰락은 더욱 극적이었다. 그리고 그의 몰락의 직접적 원인은 그가 로마의 헌법을 옹호했기 때문이다. 앞에서 말한 미덕이 넘치는 교환, 사적소유, 자유무역이 기본이라는 그의 믿음이 불러온 결과였다. 기원전 63년 불과 42세의 나이로 키케로는 로마 정부의 최고 자리인 두 명의 집정관 중 하나가 된다. 하지만 그가 집정관으로 있던 시기에 폭동이 일어나 그는 곧 원로원 의원인 카틸리나 (Catiline)와 갈등을 빚게 된다. 카틸리나는 부채의 탕감과 빈민에 대한 토지 분배를 골자로 하는 개혁 강령을 내걸고 집정관 자리에 도전하고 있었다. 키케로는 로마의 귀족주의적 규칙에 어긋나는 주장을 하는 자라면 그가 아무리 인기가 있는 개혁가라고 해도 가차 없이 비난했다. 빈민에게 토지를 약속한다면 시장의 규칙뿐 아니라 기존 질서 자체가 위태로워질 것이라는 게 그의 믿음이었다. 그리하여 키케로는 카틸리나의 면전에서 그의 유명한 원로원 연설을 한다. 며칠에 걸쳐 그는 카틸리나가 법을 무시하는 자일 뿐 아니라 그의 친구들은 빚에 허덕이는 이들이며 그의 빈민 구제의 동기 자체가 의심스럽다고 공격했다. 마침내 키케로는 카틸리나의 동조자들 몇 명을 처형해야 한다고 주장하여 성공을 거둔다. 키케로가 연설에서 남긴 유명한 말인 "아 세태여! 아 세습(世習)이여!(O tempora, o mores!)"라는 탄식은 카틸리나가 법을 완전히 무시했을 뿐 아니라 그가 금전적으로 타락한 탐욕스러운 자라는 의미가 담겨 있다. 그는 또한 자신이 자연적이며 도덕적인 경제질서라고 생각한 것을 수호했다.[10]

이렇게 기존 질서를 극적으로 옹호한 키케로의 태도를 보면 우리는 그가 시장에서 명예라는 것을 본질적인 요소라고 생각했다는 것을 알 수 있다. 뇌물이나 사기 행각을 벌이는 것은 "정의롭지 못할" 뿐만 아니라 "위선적"인 것이었다. 한 예로, 키케로는 기원전 63년 선거에서 표를 얻기 위해 무언가를 베푸는 일을 금지하는 법(Lex Tullia de ambitu)을 통과시키기도 했다. 물론 기억해야 할 것은 율리우스 카이사르를 포함한 많은 이가 키케로를 타락한 정치가라고 여겼을 뿐 아니라 더 많은 사람은 그를 출세주의자에 불과한 이라고 생각했다는 점이며, 후자는 부인할 수 없는 일이다. 하지만 그는 카이사르와는 달리 원로원이 정한 법을 엄수했으며 헌정을 전복하려는 행위를 결코 시도한 일이 없다.[11]

율리우스 카이사르는 기원전 49년 로마공화정에 대한 종신 독재관의 권력을 행사하기 시작했다. 그리고 그는 기원전 44년 3월 15일, 그 유명한 3월 보름(Idus Martiae: 로마 달력의 74번째에 해당하는 날로서, 여러 신의 축제가 겹칠 뿐 아니라 이전 해에 생긴 채무 관계를 변제하는 마지막 기한이었다—옮긴이)에 마르쿠스 유니우스 브루투스(Marcus Junius Brutus)가 이끄는 원로원의 공화파 집단에 암살당한다. 비록 키케로는 여기에 직접 가담하지는 않았지만, 그 사건 이후로 그는 원로원이 공화정을 회복의 길로 이끌기를 희망했다. 그러다 로마공화정의 몰락과 제국의 출현을 얼룩지게 했던 폭력과 혼란의 한가운데에서, 그는 가장 오래도록 영향을 미친 저작 『의무론(On Duties)』을 저술한다. 이는 그의 지적인 천재성을 잘 보여 주는 유작이다. 그의 아들에게 보내는 철학적 조언의 형태를 띠고 있는 이 저작은 서양 전통에 큰 영향을 미친 저서 가운데 하나이자, 자유시장 사상의 청사진이 됐다.[12]

『의무론』에 나타난 키케로의 경제 비전은, 우정과 지식 추구
가 조화와 평화를 가져오고 재산을 지켜 주며, 더불어 정치적 봉
사, 애정, 친절, 관대함 등에 기초한 정의로운 사회를 낳는다는 것
이다. 달리 말하면, 훌륭한 도덕이 있을 때 건강한 시장이 추동되
며 윤리적인 사람들이 신뢰를 갖고 교환을 할 수 있다는 것이다.
교역을 자유롭게 해 주는 메커니즘은 바로 신뢰다. 예의 바름과
스토아주의적 자기 절제라는 이상은 교역 과정을 오래 지속하는
데에 중심적인 역할을 한다. 이러한 생각은 훗날 기독교인들에게
영향을 미쳤을 뿐만 아니라 더 나중에는 교역의 도덕적 모델로서
18세기 계몽주의 철학자들에게도 깊은 공감대를 형성했다.[13]

『의무론』에 나타난 세련됨과 예의 바름은 일부분 키케로가
당대의 로마 사회에서 직접 목격한 것이며, 그의 서한에 자주 묘
사되는 당시 난무한 폭력 상황에 대한 대응이기도 했다. 또한 그
는 이 책에서 카이사르의 불법적인 독재의 야망을 두루 비난할
뿐만 아니라 로마 사회에 만연한 탐욕적인 경향을 힐책한다. 이
지점에서 키케로는 도덕의 한계를 분명히 지적하며, 사자의 야수
적인 힘을 "사람에겐 무가치한 것"으로, 여우의 "사기"를 더욱더
"경멸스러운 것"으로 정죄한다. 이렇게 짐승과 같은 방식으로 부
와 권력을 추구하는 것은 허용되어서는 안 된다고 한다. 이는 "만
족을 모르는 것"이기 때문이다. 엘리트라면 독재의 여러 악덕에
물들어서는 안 되며, 헌법에 정해진 법률과 조화를 이루는 방식
으로 자기 기율을 지켜야 한다는 것이다.[14]

키케로는 경제문제에서 우리의 의무는 탐욕뿐 아니라 쾌락
도 억누를 수 있어야 한다고 말한다. 키케로는 자기 이익이나 욕

망 따위로 경제의 상호작용이 추동된다거나, 그리스의 에피쿠로스학파 철학자들이 말하는 것처럼 인생의 모든 것이 쾌락 추구가 목적이라는 명제를 용납할 수 없었다. 그는 인생이 고통을 피하고 쾌락을 찾는 것이라는 도식을 절망적일 만큼 단순한 것이라고 공격했고, 쾌락을 삼가는 것이 고통을 피하는 데에 도움이 되는 것처럼 고통이라고 여겨지는 것은 나중에 쾌락으로 이어질 수 있다는 점을 강조한다. 키케로는 의무, 배움, 우정이 분명코 더욱 우월한 목표들이며, 게다가 자유로운 교환에 필수적인 신뢰를 정초하는 데에 도움이 된다고 말한다.[15]

키케로는 『아카데미카(Academica)』(기원전 45)에서 인간이 자연을 이해하는 법을 배우는 것이야말로 "으뜸의 선(chief good)"이라고 규정한다. 쾌락이 아닌 회의적 철학을 통한 진리 추구야말로 "죽음에 직면할 용기를 주고" 또 "마음의 평화를 가져다준다는 것이다. 왜냐하면 이것이 자연의 여러 수수께끼에 대한 무지를 제거해 주기 때문"이다. 그는 배움이라는 미덕은 인간이 천한 자기 이익 추구를 넘어 나아가게 하는 기율과 신뢰를 창출한다고 말한다. 한 예로 키케로는 그리스의 물리학 이론들을 공부하면서 우주의 자기 조정 시스템을 이해하고자 했는데, 이는 잘 알려진 『국가론』의 마지막 장인 "스키피오의 꿈(The Dream of Scipio)"에 등장한다. "영구적 운동"을 만드는 "제1원인"을 찾다가 키케로는 탐욕이 아닌 사랑이야말로 시장의 가장 기본적인 원리라는 결론에 도달한다. 그는 미덕이 넘치는 교환 행위야말로 신이 창조한 메커니즘들의 일부이며, 이것이 펼쳐진다면 인간이 의지할 수 있는 부가 생산될 것이라고 주장한다.[16]

하지만 배움, 애정과 관심, 자유로운 교환 등과 같은 자연적이고 자기 조정적이면서도 고상한 세계를 담은 키케로의 비전은 그가 살던 실제 세계에서는 찾아볼 수 없었다. 당시 지도자 위치에 있던 시민들은 제국이 된 로마의 권력을 움켜쥐려는 투쟁 속에서 원로원의 모범을 따르는 척하는 시도마저도 모두 내던져 버렸다. 기원전 1세기의 로마는 끝없는 내전으로 엉망이 되어 갔고, 키케로도 그 틈을 타서 잠시 영광의 순간을 얻기도 했지만 곧바로 끔찍한 몰락을 맞게 된다. 왜냐하면 강력한 장군 마르쿠스 안토니우스(Marc Antony)와 옥타비아누스(Octavian, 장차 아우구스투스 황제가 된다)의 권력투쟁 사이에 끼이게 됐기 때문이다.

비극으로 치닫는 전쟁의 한가운데에서 키케로는 안토니우스를 공격하는 유명한 연설을 하게 된다. 그의 『연설집(The Philippics)』은 무엇보다도 비도덕적인 교환에 대한 공격으로 가득 차 있다. 원로원 회의장에서 키케로는 안토니우스가 공화국의 법률을 어겼다고 차갑게 꾸짖으면서, 그가 무법과 타락의 삶을 살고 있을 뿐 아니라 회계장부도 조작했다고 비웃는다. 그는 안토니우스에게 다음과 같이 따져 묻는다. "3월 15일에 무려 4000만 세스테르케스의 빚을 졌는데 어떻게 4월 1일이 되기도 전에 그 부채가 사라진 것입니까?"[17]

공화국이 해체되는 와중에 타락한 진영들을 공공연하게 공격을 하고도 키케로는 자신이 살아남을 수 있다고 생각한 것이 오히려 놀라운 일이다. 아마도 키케로는 자신에게 옥타비아누스라는 뒷배가 있다고 믿어 대담했던 것이리라. 하지만 장차 황제가 되는 옥타비아누스의 최우선 목표는 황제 자리를 위해 자신의 권력을 수호하는 것뿐이었다. 그는 안토니우스와 서로 죽이고 싶은 원수들을 놓고 협상을 벌였으며, 모종의 정치적 거래로 서로가 원하는 명단을 교환했다. 안토니우스는 키케로가 처형되어야 한다고 일관되게 고집했고, 옥타비아누스는 결국 키케로를 배반하여 그를 넘겨준다. 이는 키케로가 꿈꾸었던 종류의 교환은 아니었다. 하지만 이제 그의 곁에는 권력을 가진 친구들이 아무도 남지 않았고, 그가 홀로 수호하려고 했던 공화정은 이미 사멸한 상태였다.

키케로는 자신에게 내려진 선고를 듣자마자 바로 시골집으로 도망쳐 명예로운 죽음을 준비한다. 병사들이 들이닥쳤을 때 그는 자신의 머리를 단번에 잘라 달라고 부탁했다. 하지만 세 번을 내리쳐야 했다. 병사 하나가 이 나쁜 운명에 걸려든 철학자의 머리와 함께 손까지 하나 잘라 냈다. 키케로는 안토니우스의 짐승 같은 천박함에 대해 청중 앞에서 그토록 유창하고 당당하게 비난한 바 있었지만, 안토니우스는 그 천박함을 유감없이 발휘하여 키케로의 머리와 손을 로마 포럼(Forum: 로마시대의 공공 집회 광장—옮긴이)에서 원로원을 마주하고 있는 연설자 연단인 로스트라(rostra)에 못 박으라고 명령했다. 로마의 가장 위대한 웅변가이자 공화국 수호자의 마지막 모습이 이토록 처참했으니, 이는 수천 년간 잊히지 않는 하나의 상징이 됐다. 나사렛 예수보다 이전 사람이며 로마 공화국의 세속적 이상을 위해 순교한 키케로가 지키려 한 정치적·경제적 미덕이라는 이상은 거의 기독교에 맞먹는 힘을 가지게 됐고, 그는 서양사에서 지도적인 인물로 남는다. 키케로는 참주정과 싸우고 타락한 교환의 여러 악덕과 싸우면서 자신이 내건 이상들을 스스로 실현했다. 그는 자연적 질서와 경제적 도덕을 보존하고자 했으며, 이를 통해 부에 이르는 미덕의 길을 드러내 주었다.

이러한 방식으로 키케로는 훗날 애덤 스미스가 내놓는 시장 사상의 중심적 신조를 미리 선취했다. 교육받은 엘리트 남성들이 농업에 초점을 두어 올바르고 윤리적인 방식으로 재화를 교환한다면 시장은 스스로 작동하고, 이에 따라 부를 생산해 내며, 결국에는 공화국이 번영하게 된다는 것이 키케로 사상의 요지다. 그리고 기독교가 서유럽을 지배하기 시작하면서 이러한 균형의 모델은 경제철학에서 가장 오래 지속되는 개념의 틀이 됐다. 기독교인들은 키케로의 세속적인 시민정치 대신 하늘의 구원을 사회의 궁극적 목표로 삼았고, 그리하여 이후로는 신도 교환 시스템과 관계를 맺게 된다.

## 2장

# 신의 질서가 이끄는 경제

"빵을 내놓고 낙원을 손에 넣으십시오."
─성 요하네스 크리소스토무스, 「설교 3: 빈민 구호와
10인의 처녀들」(기원후 386 무렵)


키케로가 죽고 나서 200년이 조금 지난 뒤 로마공화정은 제정으로 넘어감과 동시에 기독교와의 오랜 융합의 길로 들어서게 된다. 물론 로마제국 자체는 여전히 존속했다. 하지만 새로운 기독교도 지도자들은 키케로의 경제 비전을 수정하고자 했다. 초기 기독교는 공민도덕도 미덕의 하나라는 생각을 대개 부정했다. 대신 기원후 3세기와 4세기의 기독교사상가들은 새로운 삶의 이상을 창출했고 더불어 새로운 시장 교환의 비전도 만들어 냈다. 상업이 도덕 규율에 기초해야 한다는 키케로의 신조는 유지됐다. 하지만 초기 기독교의 경제 시스템에서는 선한 도덕적 선택의 원천이 세속의 재화를 내놓고 이를 천국의 자리와 바꾸고자 하는 진지한 열망이어야만 했다. 도덕의 중심은 이제 자연의 법칙에서 도출된 세속적 "으뜸의 선"이 아니라 사후 세계에 놓이게 됐다.

즉 개인의 구원을 향한 욕망과 영적 보상의 추구가 중심인 그러한 시장이었다.

이렇게 기독교는 상업 교환이라는 개념에서 키케로의 시스템처럼 단지 의무와 미덕만이 아니라 인간의 욕망에도 기반을 두는 것으로 전환시켰다. 물론 이때의 욕망이란 지상의 쾌락을 추구하는 에피쿠로스주의자들의 욕망은 아니다. 기독교인들은 인간이 만약 부를 거부하고 경건한 삶을 선택한다면 "신의 보이지 않는 손"—성 아우구스티누스의 말로서 글자 그대로의 뜻을 담고 있다—이 천국의 보화를 가져다줄 거라고 했다. 구원이라는 기독교의 관념은 이렇게 훗날의 자유시장 사상의 개념적 모델을 제공한다. 개인의 선택에 따라 끝없는 천상의 부라는 낙원에 이를 수 있다는 말이다. 초기 기독교는 근대의 경제 문화에 중요한 유산을 남긴 셈이다. 비록 존재하는 것은 아니라고 해도, 완벽한 시장 조건에 도달하려면 사람들의 끊임없는 열망이 반드시 필요하다는 생각이었다.

기독교가 제국 전체로 확산되는 중에도 이교 신앙은 여전히 강력한 힘을 지닌 채 남아 있었다. 비록 콘스탄티누스대제가 기원후 312년경 기독교로 개종하지만, 4세기 말까지도 키케로는 학교의 교육과정에서 중요한 위치를 차지했다. 예수가 탄생한 뒤 수 세기 동안 교회의 교부들은 주로 로마의 귀족계급 출신이었는데, 이는 곧 그들이 로마제국의 이교도 문화에서 성장했음을 뜻한다. 이들은 로마법을 알아야만 했고, 또한 안정을 보장해 주는 황제에게 의지했다. 밀라노의 주교인 성 암브로시우스와 훗날 서방 기독교의 가장 영향력 있는 신학자가 되는 성 아우구스티누스와 같은 교부들은 키케로의 사상과 씨름하여 이를 새로운 기독교 버전의 도덕으로 대체하고자 했다. 이들이 그려 낸 부는 키케로에 비해 궁극적으로 더 개인주의적이고 또 더 민주적이었다.

키케로는 욕망이란 본질적으로 부정적인 것이라고 말했다. 하지만 기독교도들은 욕망이 구원을 향한다면 도덕적인 것이라고 보았다. 예를 들어 가난한 이에게 돈을 주고 그 대가로 천국의 보상을 얻는 식으로 지상의 쾌락을 저버리면서 욕망을 충족시키려고 한다면, 이는 도덕적이라는 것이다. 이러한 천국의 보화에 대한 욕망은 마태복음과 누가복음에 근거하여 선한 것일 뿐 아니라 성스럽게 여겨졌다. 기독교의 구원은 복음서와 다른 성경을 근거로 하여 이익, 선택, 의지, 교환, 보상 등의 경제적 언어로 공식화됐다. 사실상 예수가 십자가에 못 박힌 것 자체도 모종의 거래였다. 히브리서에 따르면, "보혈을 흘리지 않고서는" 죄 사함도 불가능하다고 한다. 다른 말로 하자면, 예수는 인류의 집단적 부채를 대신 갚은 것이다.[1]

기독교 교회는 물리적 보호뿐 아니라 금전적 지원까지도 로마제국에 의존했지만, 유태-기독교 전통은 인간이 할 수 있는 가장 훌륭한 일은 철학을 연구하고 조국에 복무하는 것이라는 키케로의 믿음을 분명히 거부했다. 기독교의 메시아 신앙은 그 대신 종말론을 가져왔다. 그들은 세속 세계와 그 온갖 불완전함을 거부하고 계시록에 예언된 종말을 희구할 것이며, 그때 신이 진정한 신자들에게는 천국의 영생을 내려 주지만 지상의 부에 집착하는 자들에게는 진노할 것이라 했다.

　누가복음의 저자 누가(Luke)는 기독교도들에게 그들이 소유한 지상의 소유물들을 훌훌 털어 모두 가난한 자에게 주고 그 대가로 천국의 보화를 얻으라고 강하게 촉구했다. 그의 복음서에서 예수는 이렇게 말한다. "너희 소유를 팔아 구제하여 낡아지지 아니하는 배낭을 만들라. 곧 하늘에 둔바 다함이 없는 보물이니 거기는 도둑도 가까이 하는 일이 없고 좀도 먹는 일이 없느니라." 마태복음의 저자 마태(Matthew)는 예수의 제자가 되기 전에는 세금 징수원이었는데, 그도 이 메시지를 똑같이 반복한다. 그는 마가복음과 누가복음에 나오는 내용처럼, 부자가 천국에 가는 것은 낙타가 바늘구멍에 들어가기보다 어렵다는 오랜 유태 속담을 예수의 말로 전한다. 또한 지상의 보화는 금방 사라지게 된다는 예수의 말을 인용하면서, 예수가 "좀과 동록이 해하며 도둑이 구멍을 뚫고 도둑질하는" 곳에 재물을 두는 것과 같다고 말하는 이야기를 옮긴다. 그리하여 그는 신자들에게 마음속의 영원한 보화를 찾아야 한다고 촉구한다. 누가복음과 마찬가지로 마태복음에서도 예수는 구원을 사실상 가난에 근거한 것으로 묘사한다. 구원을 얻기 위해서는 가난한 이에게 가진 것을 내놓아야 하는 일종의 교환 과정으로 보는 것이다. "예수께서 가라사대 네가 온전하고자 할진대 가서 네 소유를 팔아 가난한 자들을 주라. 그리하면 하늘에서 보화가 네게 있으리라. 그리고 와서 나를 좇으라."[2]

　하지만 마태복음은 부에 대해 모순된 메시지들을 내놓는다. 마태에 따르면, 예수는 좋은 수익률로 돈을 투자하지 않는 이들은 죄인이라고 말했다고 한다. 마태복음의 "달란트 비유"에는, 어떤 주인이 자기 돈을 하인에게 맡겼지만 하인이 그 돈을 투자

하지 않은 것을 보고 "게으르고" "사악하다"고 했다는 예수의 이 야기가 나온다. 그리고 예수의 경고도 이어진다. "무릇 있는 자는 받아 넉넉하게 되되 무릇 없는 자는 그 있는 것도 빼앗기리라."[3]

천국의 보화를 내려 준다는 말은 비유적인 게 아니었다. 로마제국 내에는 절망적인 빈곤에 시달리는 이들이 너무나 많았기 때문에 내세에서 실제로 보화를 얻게 된다는 이야기는 큰 힘을 가졌고, 기독교 설교자들은 개종자를 얻는 데에 이 약속을 활용했다. 기독교가 빈곤 문제에 그토록 집착한 이유가 팔레스타인 지역을 위시하여 로마제국 전역의 생활수준이 전반적으로 끔찍했다는 데에 있음은 의문의 여지가 없다. 가난한 이들이 보호받아야 한다는 생각은 일찍이 유태교 신학과 사상에서 생겨난 것인데, 이들은 빈민 구호뿐 아니라 사회적 평등까지도 설파했다. "가난한 자를 불쌍히 여기는 것은 여호와께 꾸이는 것이니 그 선행을 갚아 주시리라."[4]

기독교의 초창기 시절 로마 경제의 가장 중요한 재화는 금과 은이었다. 하지만 복음서들은 성, 육체, 쾌락 추구 등의 다른 세속적 관심사들도 다루고 있다. 마태복음에 나오는 예수는 성적인 금욕과 심지어 사기 서세까지도 이야기하며 이를 신에 내한 선물로 여긴다. "어머니의 태로부터 된 고자도 있고 사람이 만든 고자도 있고 천국을 위하여 스스로 된 고자도 있도다. 이 말을 받을 만한 자는 받을지어다." 부와 자기 이익과 마찬가지로 쾌락 또한 개인 구원을 위한 시장 교환 시스템의 차원에서 다뤄지고 있는 것이다.[5]

이것이 가장 분명히 드러나는 지점은 초기 교부들의 생활방식인데, 이는 귀족들의 풍요라는 로마의 전통과 대조를 이룬다. 기독교 지도자들은 금욕주의라는 오랜 전통에서 물려받은 자기부정의 여러 극단적인 삶을 실천하며 살았다. 알렉산드리아의 클레멘스(Clement of Alexandria)는 『어떤 부자가 구원받는가(The Rich Man's Salvation)』에서 이 지상의 부가 존재할 이유는 있지만 그 부를 사용하는 데에도 규칙들이 있다고 설명한다. 그는 "베풂(providing)"이라는 경건한 계획에 입각하여 다른 이에게 주는 것이 중요하다고 말한다. 자신의 모든 부를 가난한 이와 교회에 내놓는 부자는 그렇게 함으로써 온전히 예수에게만 정열을 바칠 수 있고 마침내 구원을 얻게 된다는 것이다.[6]

금욕주의의 기본적 교리들은 기원전 1세기 그리스의 도덕철학자 섹스투스(Sextus)라는 이교도의 저작을 통해 로마제국 전역에 확산됐고, 그는 영적 교환의 자기 조정 시장(self-regulating market)이라는 개념을 만드는 데에 기여했다. 그리고 그가 내놓은 격언들은 새로운 기독교 관습과 거의 일맥상통했다. 『섹스투스의 문장들(The Sentences of Sextus)』을 보면 인간이 신이나 내세와 맺는 관계를 화폐적 과정으로 묘사한다. 그는 "육신에 속한 것들을 포기하는" 이들만이 "영혼에 속한 것들을 자유롭게 얻게 될 것"이라고 말하면서, 여기에 "부자가 구원을 얻는 것은 어려운 일"이라는 문장을 덧붙인다. 이는 영혼에 대한 연구와 자기부정을 통해 신과 가까이 머무는 "현자"가 될 수 있다는 플라톤적 사상을 표출한 것이다. 그 현자는 "육체를 정복"함으로써 "가난한 이에게 모든 것을 아낌없이 줄" 수 있게 된다고 한다. 지상의 것에 집착하는 것은 심지어 자식에 대한 집착까지 포함하여 멸시받아야 한다. 그리하여 "신앙이 깊은 이는 자식을 잃어도 감사할 줄 안다"고 주장한다. 지상의 쾌락은 죄악이며, 그 대가를 "악마는 마지막 한 푼까지 모두 계산하여 받을 것"이라고 한다.[7]

섹스투스의 격언들은 곧 그리스의 기독교 공동체들 사이에 퍼졌다. 3세기경 알렉산드리아학파의 오리게네스(Origen)와 같은 주요 신학자들은 섹스투스의 저서를 "떼거리 군중들"이 읽고 신봉하는 것을 보고 기적으로 여겼다. 일련의 기독교 저작들이 그 뒤를 이어 나왔고, 그 대부분은 세속의 시장을 천국의 시장으로 대체해야 한다는 생각을 반복했다. 원죄란 인간이 세상을 진정으로 즐길 수 없게 되었음을 뜻한다. 이 생각은, 예를 들어 기원후 90년에서 150년 사이에 쓰인 『헤르마스의 목자(The Shepherd of Hermas)』에서도 핵심을 이룬다. 여기에는 마태복음에 최초로 나타났던바, "주님께 속한 일에서는" 부자도 가난한 이라는 생각을 기본 원리로 삼고 있으며, 오직 빈곤과 겸손을 통해서만 인간은 신이 내려 주는 것들을 향유할 수 있다고 기록한다. 이 텍스트는 금식과 금욕의 삶을 찬양하는데, 이는 후기 고대의 종교 문헌에도 속속들이 배어 있는 주제다. 기원후 95년의 요한계시록에서 밧모의 요한(John of Patmos)은 예수가 아나톨리아의 일곱 도시의 죄를 꾸짖은 이야기를 회상하는 부분이 나온다. 이 도시들은—에베소(Ephesus), 스미르나(Smyrna), 페르가뭄(Pergamum), 두아디라(Thyatira), 사르디스(Sardis), 필라델피아(Philadelphia), 라오디게아(Laodicea)—육체의 쾌락과 상업 도시 생활에 대한 성경의 불신을 상징하는 표현으로 여겨졌다. 기원후 208년경 신학자 테르툴리아누스(Tertullian) 역시 순교자들의 피로 젖은 당대의 바빌론

이라고 로마를 비난했다. 또한 그는 성적 욕구를 억누르라고 강
조했고, 심지어 배우자와 사별한 뒤에 재혼까지도 부정했다. 수
절과 동정을 통해 오로지 신에게만 헌신하는 성스러운 삶을 찬양
했으며, 처녀들은 오직 예수만 바라볼 수 있도록 베일을 쓰고 다
녀야 한다고 했다. 이렇게 이들이 죄악으로부터 보호받음으로써
"낙원에 들어갈 자격을 얻게 된다"고 말했다.[8]

　이런 식으로 기독교는 구원을 얻는 대가로 자발적인 성적 자
기부정을 수행하라는 입장을 보였는데, 이런 점에서는 기독교가
유태교보다 근본적으로 더 거래의 개념에 입각한 종교라고 볼 수
있다. 기독교 관점에서 보면 돈, 욕정, 쾌락 그리고 심지어 음식
섭취, 대화, 웃음까지도 모두 원죄의 산물로서 나쁜 것들이고, 천
국이라는 보상을 얻는 대가로 버려야 할 것들이다. 3세기 초에 오
리게네스는 내세의 삶에 대한 기독교의 기초가 될 저작을 저술한
다. 여기에서 그는 죽음 뒤에 얻는 삶이라는 상은 오로지 자기부
정을 통해서만 얻을 수 있다고 주장한다. 오리게네스는 이렇게 구
원과 쾌락을 맞바꾼다는 교환으로서의 정숙함이라는 관점을 극
단까지 밀어붙여 마침내 스스로 거세하기에 이른다. 『로마제국
쇠망사(The History of the Decline and Fall of the Roman Empire)』를 저술
한 계몽주의 시대의 유명한 역사가 에드워드 기번(Edward Gibbon)
은 오리게네스가 성경을 문자 그대로 해석한 것이 "불행한" 실수
였다는 유명한 말을 남겼다.[9]

　성스러운 시장 안에서 선택, 기율, 지불, 보상 등을 강조하는
열망적인 모델은 기독교인들의 삶에서 중심을 차지하게 된다. 후
기 고대에는 성스러운 교환을 꿈꾸며 극적인 형태의 자기희생에
몰두한 이들이 많았으며, 오리게네스는 그중 하나일 뿐이다. 남

성의 정숙함은 신의 나라에서 주어질 보화를 얻기 위한 자기 훈련의 한 형태로서 높은 가치를 인정받았고, 성직자와 수도사의 금욕 전통의 기초가 된다. '사막의 교부들'은 이러한 새로운 수도 생활 방식 그리고 금욕주의 경제가 앞으로 어떤 색조를 띠게 될지를 설정했다. 수도 생활을 하는 이들은 여러 세대에 걸쳐 이집트의 사막으로 향했고, 그곳에서 최소한의 물품만을 기부받으며 오로지 신과 소통하는 삶에 몰두했다. 그중 가장 유명한 이는 아마 알레포 인근의 좁은 기둥 꼭대기 공간에서 37년을 산 주상고행자 시메온(Simeon the Stylite)일 것이다.[10]

시메온은 양치기의 아들이었지만 대다수 기독교 지도자는 부유한 귀족 가문 출신으로 부와 사회적 지위를 거부한 이들이었다. 이들 중 일부는 공민적 복무라는 로마의 이상을 따르는 맥락에서 주교나 지도적 신학자가 됐다. 대표적인 인물로는 성 바실리우스(Saint Basil)와 그의 형제 니사의 그레고리우스(Gregory of Nyssa), 성 요하네스 크리소스토무스(Saint John Chrysostom), 성 암브로시우스(Saint Ambrose) 등이 있다. 이들에게 미덕이란 "기도"고, 육신의 거부를 뜻했다. 우정은 오로지 기독교의 교유 관계에만 기초한 것이어야 했다. 그레고리우스는 키케로식의 자연 숭배를 이교적인 것으로 배척하면서 훗날 기독교의 주문처럼 되는 문장을 남긴다. "자연은 연약하며 영원하지 못하다." 자연을 만든 신이야말로 영원한 존재이며, 모든 자연 시스템은 신성에서 비롯된 것이란 의미다.[11]

교부들의 복음주의 선교의 사명에는 로마 귀족들을 기독교 신앙에 귀의시키는 것이 포함됐다. 로마 귀족들의 쾌락주의적 생활

방식과, 빈곤과 금욕을 고집하는 기독교의 태도가 얼마나 대조적인지를 생각해 보면 이는 아주 야심 찬 계획이었다. 교부들은 로마의 세속적 쾌락보다 천국의 구원이 우월하다는 것을 증명해야만 했다. 아이러니하게도 복음주의에 입각한 삶은 많은 비용이 들었다. 성직자들이 거주하는 건물은 말할 것도 없고 선교활동에도 비용이 들었으며, 우르르 몰려드는 가난한 영혼들을 모두 먹이기에는 항상 돈이 부족했다. 그래서 교회의 주교들은 부유한 신자들에게 가난한 이들이 식량뿐만 아니라 구원을 위한 영적인 영양분도 얻을 수 있도록 돈을 기부하라고 부탁했다.

안티오크(Antioch: 안타키아의 옛 이름으로 튀르키예 중부, 남쪽 끝에 있는 도시—옮긴이)와 카르타고, 제국의 새로운 수도 콘스탄티노플에 이르기까지 주교들은 로마제국의 옛날 종교들에 아직도 물들어 있는 그리스인, 시리아인, 드루즈인, 유태인 들과 씨름해야 했다. 콘스탄티노플의 대주교이자 그리스의 복음주의자 성 요하네스 크리소스토무스는 기독교인 회중도 이끌었을 뿐만 아니라 콘스탄티노플에 모여든 사람들을 기독교로 개종시키기 위해 열정을 쏟았다. 그 역시 이교도 군인 장교의 아들로 태어나 370년경에 기독교로 개종했다. 거대한 수도 콘스탄티노플에서는 매일같이 다양한 죄악의 현장이 벌어졌고, 심지어 기독교인들조차 각종 게임과 관능적인 공연들을 쫓아다녔다. 그는 교구의 교인들 마음속에 공포를 불어넣을 뿐 아니라, 이교도들에게도 기독교로 개종하여 경건한 삶을 살고 구원을 얻을 수 있게끔 할 새로운 접근법이 필요하다고 생각했다.

그래서 그는 지역의 주민들에게 영감을 자극하려고 연설에 광신적인 연극적 장치와 공포를 활용했을 뿐만 아니라, 유태인과 동성애에 대해서도 열정적으로 반대하는 설교를 했다. 또한 콘스탄티노플의 음란한 공연들을 쫓아다니는 기독교인들에게 지옥의 저주가 있을 거라고 경고했다. 에페수스에서는 군중에게 고대 세계의 7대 불가사의 중 하나인 거대한 아르테미스 신전을 무너뜨리라고 선동했다. 또한 안티오크에서 설교할 때는 청중의 경제적 감수성에 호소하기도 했다. 그의 「설교 3: 빈민 구호와 10인의 처녀들(Homily 3: Concerning Almsgiving and the Ten Virgins)」은 모든 쾌락과 경제활동을 성스러운 교환의 논리로 풀어내는 간명하고도 강력한 호소를 담고 있다.

크리소스토무스는 공민 의식을 가진 귀족들이 로마의 기존 질서를 유지하기 위해 거래를 하는 세계상을 단호히 거부하고 대신 기독교인들은 오로지 영적인 시장터에서만 거래를 해야 한다고 주장했다. 그는 사람들이 어째서 빚을 지고 가난으로 내몰리는지 의문을 제기한다. 아주 쉽게 "천국으로 가는" 방법이 있고, 이러한 "이윤을 얻기 위해" 빚도 빈곤도 모두 포기하면 되지 않는가? 그래서 아예 돈 자체를 잊어버리면 되는 일이 아닌가? 그 첫걸음은 아주 단순하게 회개의 서약으로 시작하면 된다고 그는 말한다. 이렇게 오로지 구원으로만 "이윤"을 얻겠다고 스스로 결정을 내린 뒤에는 물론 구체적인 교환 행위를 수행할 필요가 있다. 크리소스토무스는 빈민 구호야말로 "죄악으로 비롯된 우리의 부채"를 갚는 사회적 행위라고 주장한다. 그가 사용하는 경제 용어는 놀라울 정도다. 그는 가난한 이들에게 구호금을 내는 여성은 "손에 영수증을 쥐고 있는 것과 같다"고 주장한다. 이를 가지고 천국의 보화와 교환하면 된다는 것이다.[12]

또한 그는 청중에게 지상의 재화들로 이루어진 시장을 말

그대로 등져야만 한다고 분명히 밝힌다. 빈곤만으로는 천국에 갈 수가 없다. "하늘은 값이 쌉니다." 그는 말한다. "하늘을 산다"는 것은 곧 완전한 물질적 자기부정과 베풂의 삶을 놓고 신과 계약을 맺는다는 것을 뜻한다. 구원은 한 번 작동하면 영원히 계속되는 연쇄반응이므로, 상황만 제대로 갖추어진다면 물 한 잔을 기부하는 행위로도 이것이 시작될 수 있다고 말한다. 이러한 교훈은 비유에 불과한 것이 아니다. 크리소스토무스의 놀라운 경제학적인 설명을 보자. "천국에 가는 것은 영업(즉 교역 활동)이며 사업입니다. (⋯) 빵을 내놓고 낙원을 손에 넣으십시오." 그는 사람들이 돈만 있으면 싸구려 물품들을 한껏 사들이면서 막상 자신의 영혼에는 투자하지 않는다고 한탄한다.[13]

그의 「설교 3」은 콘스탄티노플과 동로마제국에 신적 질서의 교환이라는 모델을 제공한다. 또한 이는 당대 라틴어권 로마 지역에서 가장 영향력이 큰 기독교 지도자 성 암브로시우스에게도 귀감이 된다. 암브로시우스 또한 영적 교환의 경제 개념을 활용했는데, 이를 그는 라틴어권 서유럽을 기독교화하는 계획의 기초로 사용한다. 성 암브로시우스는 오늘날 벨기에 지역에 살던 고대 로마의 귀족 가문에서 태어났다. 그는 로마 국가의 고위 공직자가 될 훈련을 받았고, 제국 시스템 안에서 자라나 교육을 받으면서 수사학, 법률, 철학 등을 공부했다. 그 또한 동로마 지역의 이교도들과 마찬가지로 고대 그리스 로마의 학문에 정통했다. 하지만 그는 시민 세계와 종교 세계 사이에 다리를 놓았다. 그는 당대의 엄청나게 부유한 귀족이자 로마 집정관이던 퀸투스 아우렐리우스 심마쿠스(Quintus Aurelius Symmachus)의 사촌이었다. 암브로시우스도 이후 밀라노를 수도로 하는 북이탈리아의 속주 아이밀리아-리구리아(Aemilia-Liguria)의 총독이 된다.

기독교도인 암브로시우스는 로마 기독교 총독으로서 통치를 한다. 371년 그는 밀라노 주교가 되기 위해 총독 자리에서 내려오지만, 서로마제국의 기독교인 황제 발렌티니아누스 1세(Valentinian I)의 궁정에서 계속 봉직한다. 암브로시우스의 마음속에는 항상 로마 공민도덕의 순교자이자 공직 복무의 전범인 키케로의 그림자가 따라다녔다. 암브로시우스는 로마제국의 지도자 훈련을 받았으니 키케로의 유산과 씨름했을 것임에 틀림없다. 그런데 이것은 결국 그가 로마의 집정관과 이후 주교를 맡게 되는 소명이었다. 그는 가장 모순되는 두 개의 직업을 가진 셈이다. 한편으로는 세속의 세계를 거부하라고 설교하면서 다른 한편으로는 로마 황제에 복무해야 했던 것이다.

로마제국의 시민이자 공직자이면서 서로마제국의 기독교 지도자인 암브로시우스는 확실히 과도적인 인물이었다. 그도 잘 알았지만, 그가 처한 도전은 제국의 심장부를 기독교화하는 것이었다. 또한 그의 핵심적인 사명은 화폐의 위상이었다. 그는 행정가였으므로 개종자들을 찾아내는 일뿐 아니라 교회를 유지할 재원을 마련하는 것에도 심혈을 기울였다. 그는 진정한 기독교인의 모습으로 엄청난 개인 재산을 교회에 헌납했고, 상업 교역을 비기독교적이라고 공격했다. 그는 개인의 부에 대해서도 명확한 입장을 밝혔는데, 화폐야말로 "모든 악의 근원"이라고 했다. 지도자가 될 사람은 "저 시리아의 장사꾼들과 길르앗의 상인들처럼 더러운 금전에 대한 욕망"을 품어서는 안 되며, "돈에다가 모든 희망을 거는 짓"도 안 되고, "돈만 주면 무슨 짓이든 하는 자들처럼 매일같이 이익을 세고 저축한 돈을 계산하는 짓"도 안 된다고 한다. 암브로시우스는 그 대신 자유로운 행동과 자유의지로 선택한 교환을 통해 얻게 될 더 큰 것에 대한 열망을 일으키려 했다. 그는 누구도 보화를 쌓아 두어서는 안 된다고 믿었고 이를 비유적으로 표현했다. 돈이란 멈춰 있게 되면 "벌레가 먹어 썩는다"는 것이다. 반면 화폐가 움직이면 "달콤"하고 "유용한" 것이 된다. 마치 불을 끄는 "물처럼" 말이다. 시장이 유통되도록 자극하는 방법은 가난한 이들에게 "은"을 내려 주는 것이다. 오로지 그때만 신은 "성자들의 우정 그리고 영원한 안식처"의 선물을 보상으로 내려 줄 것이라 한다.[14]

제국의 행정가로서 지닌 여러 의무와 기독교인으로서의 굳건한 신앙이 뒤섞이면서 암브로시우스는 복음주의에 입각한 현실주의자가 된다. 그는 의무의 개념을 완전히 바꾸기 위해서는 키케로에게 직접 대들 수밖에 없다고 믿었다. 따라서 그의 중요한 저작 중 하나인 『성직자의 의무에 대하여(On the Duties of the Clergy)』(기원후 391 무렵)가 키케로의 저작을 공격한 것은 놀라운 일이 아니다. 그는 키케로의 수사학 이론을 비판하면서 우아함과 아름다움은 언어의 기술이 아닌 신에게서 찾아야 한다고 주장한다. 진정한 지식도 오로지 신의 계시를 통해서만 얻을 수 있지 세속의 학문을 통해서 얻을 수 있는 게 아니라고 한다. 암브로시우스는 또한 사적소유에도 직격탄을 날린다. 그는 "우리를 영생의 축복에 이르게 해 주는 것 이외에는 그 어떤 것도 쓸모가 없다"고 주장한다. 인간이 무엇인가를 소유한다는 것은 성립할 수 없는 일이다. 왜냐하면 신은 인간이 신에게 줄 수 있는 것보다 훨씬 더 많은 것을 내려 주었으니, 인간은 필연적으로 "자기들 구원에서 채무자"가 될 수밖에 없기 때문이라고 그는 말한다.[15]

암브로시우스는 이렇게 키케로와 갈등을 빚었기 때문에, 키케로의 도덕적 개념 또한 기독교의 영적 시장의 관점에 맞도록 변형시키고자 했다. 그는 가난한 이들과 교회에 재물을 헌납하는 것은 위대한 "의무"라고 말한다. 왜냐하면 본래 신의 진정한 사랑은 지상의 그 어떤 우정보다도 우월한 것인데, 그러한 헌납 행위를 통해 신의 은총을 얻을 수 있게 되기 때문이다. 하지만 암브로시우스는 성직자들이 단순히 내세에만 초점을 둘 것이 아니라, 서로 간의 우정과 "세례받은 이들의 유대"를 통해 지상에 교회라는 몸을 세워 나가라고 강력하게 촉구했다.[16]

가장 중요한 것이 있다. 암브로시우스는 예수의 자기희생을 상업적이고 신성한 교환 행위로 묘사했다. 예수는 결국 십자가에서 그의 보혈을 "신의 너그러움"으로 베풀었으며, 그것을 인간의 "죄를 사함"과 교환했다는 것이다. 인간은 이제 공허하기 짝이 없는 공화국의 이런저런 이상들을 위해 죽고 살고 하는 짓을 그만두고 그 대신 구원을 위해 살아야 한다고 그는 말한다. 당시 로마제국은 붕괴의 벼랑 끝에 몰린 상황이니 이러한 주장은 많은 개종자에게 큰 호소력을 가졌다.[17]

기독교 초기의 교부들 가운데 경제사상에 가장 지속적이고 강한 힘과 영향력을 행사한 이는 성 아우구스티누스(Saint Augustine)였다. 아우구스티누스는 신이 예정조화(predestination)를 통해 기독교 우주에 자기 조정적 질서를 창조했다고 믿었다. 다시 말해, 어떤 사람이 구원받을 가능성은 자신의 선택이나 의지가 아니며, 오로지 신이 은총으로 내려 주는 결정에 좌우되는 것이고, 이 결정은 그 사람이 어떤 행위를 하기 전에 이미 모두 내려진 것이라는 의미다. 예정조화는 단지 신이 어떤 영혼들을 천국으로 구원할 것인가만이 아니라, 그 무리 중 누가 지상에서 부를 누리게 될 것인가도 포함하는 것이었다. 그렇다고 해서 부유한 기독교인이 교회에 자기 돈을 스스로 내놓을 의무가 면제되는 것은 아니다. 하지만 아우구스티누스의 이러한 주장은 부에 대한 새로운 생각에 문을 열어 준 셈이고, 훗날 기독교 자체를 완전히 바꾸어 놓게 된다.

아우구스티누스는 로마화 된 북아프리카 지역의 상류층 가정에서 태어났다. 그의 어머니 모니카(Monica)는 독실한 기독교인이었고 그의 아버지는 이교도였다. 아우구스티누스는 처음에 로마에서 플라톤 철학과 키케로 수사학을 공부하며 진정한 이교도의 생활 방식으로 살았다. 그는 거의 매일같이 매음굴에서 먹고 잤으며 술을 하늘처럼 떠받들었고 게다가 혼외 자식도 하나 두었다. 하지만 제국 도시 밀라노에서 최고의 수사학 선생으로 2년간 살다가 386년에 그는 모종의 현현(顯現, epiphany)을 체험하게 된다. 한 아이가 나타나 신의 목소리로 그에게 성경을 읽어 보라고 명령한 것이다. 그는 사도 바울이 「로마서(Letter to the Romans)」에서 타락에 대해 비판하는 내용을 읽은 뒤 기독교로 개종했고, 이후 이교도의 사상과 삶, 키케로식 회의주의 그리고 그때까지 품었던 육욕의 취미를 철저히 배격한다. 개인적 필요와 기독교 복음주의의 강력한 인도에 따라 그는 결국 모든 세속의 지식과 쾌락을 포기하고 그 자리에 신앙을 두기로 결심한다. 아우구스티누스에게 원죄에서 비롯된 인간의 타락 그리고 신을 향한 헌신과 속죄 등은 그의 개인사이기도 했다. 성 암브로시우스가 387년에 공적으로 아우구스티누스에게 세례를 주었고, 395년에는 이 신출내기 기독교인이 히포(Hippo, 오늘날 알제리의 안나바) 주교의 자리에 오르게 된다.[18]

아우구스티누스는 이탈리아를 떠나기 전에 『의지의 자유로운 선택에 대하여(On Free Choice of the Will)』를 쓰기 시작했고, 이로써 선, 악, 예정조화 등을 이해하기 위한 여정을 시작한다. 이 저작은 은총과 구원으로 이루어진 도덕적 시장의 논리를 이해하는 데에 열쇠가 된다. 여기에서 아우구스티누스는 어떤 사람이 은총을 얻고 원죄에서 벗어나기 위해서는 먼저 신의 선택을 받아야 한다고 설명한다. 다시 말해, 인간이 올바른 선택을 하기 이전에 그것을 의도한 신의 뜻이 있어야 한다는 것이다. 신은 미래를 완전히 내다보는 존재이지만, 인간에게는 근본적인 자유와 오류의 가능성을 열어 두었다고 한다. 이는 마치 시장터에 나간 사람이 잘 훈련된 미덕에 입각하여 선택을 할 수도 있고 아니면 "욕망의 노예"가 될 수도 있는 것과 같다는 것이다. 이 대목에서 그는 키케로의 스토아철학의 영향을 드러내고 있다.

아우구스티누스의 자유의지라는 개념은 경제사상에 막대한 영향을 미치게 된다. 만약 신이 인간이 선을 행하도록 돕는다면, 그리고 인간이 자신의 의지로 물질을 떠나 경건한 삶을 선택한다면, 또 인간이 그 돈을 교회에 내놓기로 결정한다면, 그들이 화폐와 재화를 소유하는 것은 긍정적인 일이 된다. 아우구스티누스는 여기에서 자신의 권위와 설득의 힘을 활용하여, 세속적 부의 일부는 신이 준 것이며 따라서 선한 것이라는 생각을 시사하고 있다. 이러한 생각은 초기의 기독교 저작들에서 나타나는 금욕주의와 반대되는 것이었다. 이는 곧 부유한 기독교인들이 돈 버는 활동을 하면서도 미덕을 갖출 수 있다는 말이기 때문이다. 이렇게 부가 경건할 수 있다는 논리로써 세속의 부를 정당화하는 것은 역설적인 면이 있는 것이 사실이다. 하지만 아우구스티누스는 인간이 항상 자기를 부정하는 금욕주의자가 될 수는 없다고 생각했다. 어떤 이들은 돈과 권력을 갖게 되지만, 이러한 세속의 부를 자선, 선한 의지 그리고 "자발적인" 은총의 희구 등과 혼합해야 한다고 그는 보았다. 세속의 부는 신의 의지와 인간의 자유로운 선택이 결합되어 흘러간다는 것이다. 이는 기독교사상의 극적인 변화였다. 교회는 이제 더 이상 모든 부를 싸잡아 비난할 필요가 없게 된 것이다.[19]

키케로의 경제적 신념이 로마의 농업 엘리트에 대한 그의 충성을 반영한 것처럼, 아우구스티누스의 신학 또한 히포의 주교로서 그가 경험한 바에 영향을 받았다. 히포는 인구가 약 3만 명 정도의 비교적 부유한 도시였지만, 북아프리카는 여전히 이탈리아의 수준에 미치지 못했다. 아우구스티누스는 그곳에서 말 그대로 맨땅에 교회를 세워야 했다. 그 방법은 기부를 장려하는 것이었다. 이는 쉬운 일이 아니었다. 그는 암브로시우스처럼 엄청난 부자가 아니었고, 생계 또한 교회에 기대야 했다. 그에게 교회는 천국으로 가는 유일한 통로였지만 동시에 대단히 세속적인 도구이기도 했다. 따라서 그는 암브로시우스와 달리 어쩔 수 없이 생존을 위해 세속적인 세부 사항들에 관심을 가져야만 했다. 그는 교회 건물을 유지해야 했고, 또 성직자들을 위한 의복과 식량을 조달해야 할 뿐 아니라 북아프리카의 적대적 환경에서 그들을 보호해야 했다. 이는 돈이 들어가는 일이었고, 돈을 구하기 위해 기를 쓰지 않을 수 없다는 것을 인정해야 했다. 그리고 돈을 긁어모으는 일을 그는 창피하게 여기지 않았다. 교인들이 돈을 내지 않으면 교회가 존재할 수 없었으니까.

그를 둘러싼 것은 가난한 농촌이라는 환경이었고, 그곳에는 걸핏하면 폭력을 휘두르는 이교도들, 부유하고 공격적인 이교도들이 가득했으며, 심지어 교인들조차 그의 말을 듣지 않기 일쑤였다. 아우구스티누스는 다른 교부들이 경험하지 못한 물리적 압박을 당하는 상태였다. 그중에서도 큰 위협이 있었는데, 히포에서 300마일 떨어진 카르타고(오늘날의 튀니지)에 뿌리를 내린 도나투스파라는 이단이었다. 도나투스파는 베르베르족 주교인 도나투스 마그누스(Donatus Magnus)가 세운 교파로서, 그는 성직자들이 완벽하게 죄에서 벗어나야 한다고 주장했다. 신약성경 에베소서 5장 27절을 인용하여 "흠도 주름도 없는" 상태가 되어야 한다고 했다. 그러면 성직자가 의미 있는 설교를 할 수 있고 성사도 주재할 수 있다는 것이다. 이 정통 엄격주의 교파는 참가자 모두에게 완전히 깨끗한 "성자들의 교회"를 요구했다. 따라서 도나투스는 기독교 억압 시절에 로마 정부에 한 번이라도 항복하거나 협상했던 이들을 모두 거부했다. 하지만 아우구스티누스는 죄가 없는 사람은 한 사람도 없다고 믿었으며, 도나투스와 같이 경직된 관점은 교회를 잠식할 뿐이라고 보았다. 소수의 신자 집단 이 신의 알 수 없는 계획, 즉 아무도 도전할 수 없는 미덕을 자기 들만이 알 수 있다고 주장하면서 독점하는 것은 이단이라고 그는 생각했다. 게다가 도나투스파는 자신들의 믿음을 받아들이지 않 는 다른 성직자들에게 물리적인 폭력까지 휘둘렀다.[20]

　　아우구스티누스가 볼 때, 교회를 소수의 선택된 자들로 제한 하는 것은 그 자체로 잘못일뿐더러 교회의 존속과 확장을 가로막 는 행위였다. 그가 도나투스파와 치른 싸움은 영적인 차원뿐 아 니라 세속적인 차원에도 걸친 전쟁이었고, 이 때문에 돈이 더욱 더 필요했다. 복음주의는 큰 비용을 필요로 했다. 교회는 적들과 싸우고 로마를 기독교로 재건하기 위해 화폐와 시장에 대한 접근 이 꼭 필요했다. 교회는 키케로가 말하는 공화국에 분명한 자리 를 차지해야 하며, 성직자들은 반쯤 신정정치를 수행하는 국가의 공직자가 되어야 한다고 그는 생각했다. 이는 아우구스티누스의 설교에도 명확하게 나타난다. 그는 빈민 구호의 물품이 가난한 이들에게 "무차별적으로" 살포되는 게 아니라 일단 교회로 집중 되어야 한다고 주장했다. 빈민의 구호에도 영적 문제에 대한 전 문성이 꼭 필요하므로, 이를 갖추지 못한 개인들이 직접 자선을 행하는 것은 이상적인 일이 아니다. 빈민 구호품을 나누어 줄 수 있는 것은 오로지 교회뿐이며, 구원을 가져올 여러 성사를 주재 할 수 있는 것도 교회뿐이다. 따라서 일부 개개인이 그냥 세상을 등지는 것만으로 구원을 얻는 게 아니라 교회에 이익을 가져다주 어 교회가 성장할 수 있도록 세속적인 교환을 행하는 것이 중요 하다는 것이다.[21]

지상의 모든 것이 그러하듯, 이 새로운 기독교 로마제국도 계속되지 못했다. 서고트족의 왕 알라리크(Alaric)는 410년에 로마를 약탈했고, 로마라는 도시도 몰락했다. 일부 로마 엘리트들은 게르만족의 침입을 피하여 아우구스티누스의 히포로까지 도망을 쳤으며, 히포에서는 당연히 혼란스러운 상황이 벌어졌다. 히포는 이를 방어할 군사력이 없었기 때문이다. 하지만 아우구스티누스에게는 교회에 대한 이러한 도전이 구원의 경제에서 개인주의의 의미에 대한 그의 사상을 발전시킬 기회가 됐다. 이미 앞서 키케로가 로마공화정이 무너지는 큰 역경을 맞으며 문필의 힘이 어떠한지를 보여 준 바 있었다. 이제 로마가 글자 그대로 몰락하는 상황에 이르자, 아우구스티누스는 오히려 자신의 기념비적인 저작 『신국론(City of God)』의 영감을 얻게 됐고, 여기에서 그는 세속의 부가 왜 필요한가 그리고 그것이 신적 질서의 경제에서 어떤 위치를 갖는가를 설명한다.[22]

아우구스티누스는 모든 돈을 다 포기하거나 빈민들에게 줄 일은 아니라고 말한다. 교회는 신도들에게 자유의지에 기반한 기독교적 시장경제를 창출하도록 해야 한다. 또한 도덕적인 이들은 좀 더 잘 살고 자신의 부를 유지할 가능성이 높다고 그는 강하게 주장한다. "신은 좋은 운수(fortune)와 나쁜 운수를 사람들에게 분배하는 방식으로 더 명확하게 자신의 모습을 보이십니다." 따지고 보면, 서고트족이 쳐들어왔을 때에도 도덕과 경건함을 가진 이들은 고통이 덜했다는 것이다. "보화를 어디에서 어떻게 모아야 하는지에 대해 주님께서 주신 조언을 순종한 이들은 야만족의 침입에서도 세속의 부를 모두 잃지 않았습니다." 그는 선택된 자

들은 천국에만 가는 게 아니라고 말한다. 신은 그들에게 보화와 보호까지 내려 준다는 것이다.[23]

아우구스티누스의 메시지는 실로 급진적이며 또한 큰 영향력을 발휘한다. 그에 따르면 영적인 시장은 세속의 시장에도 직접적인 영향을 미친다. 신은 그의 보이지 않는 손으로 이 세상을 창조했다고 그는 말한다. "신의 '손'은 곧 그의 권능이며, 신은 보이지 않는 수단으로 심지어 보이는 결과까지도 이루십니다." 이는 아직 애덤 스미스의 보이지 않는 경제의 손은 아니다. 하지만 모종의 높은 권능이 부를 규제한다는 점을 명확히 말하고 있다. 신의 시스템 안으로 들어와 필수적인 교환을 완수한다면, 아무런 걱정이 없다는 것이다. 신의 은총이 모든 것을 알아서 할 테니까. 키케로가 말하는 자연 시스템과 마찬가지로, 구원 또한 "하나의 시냇물"이며, 서로 합쳐져서 만사만물의 "원인이 되며", 이를 통해 우리가 하늘에 계신 신에게 나아가게 된다는 것이다.[24]

그가 생애 마지막 무렵에 쓴 성경 『시편』에 대한 해설 중에는 경건함과 눈에 보이지 않는 부의 시스템을 연결시키는 명시적인 구절이 나온다. "아들들은 안전하고, 딸들은 아름답고, 곳간은 가득 차고, 가축들은 넘쳐 나고, 벽은 물론 울타리도 멀쩡하고, 길거리에 소요도 싸움도 없고, 대신 조용하고, 평화롭고, 집안과 도시 전체에 모든 것이 풍족한 상태, 이것이 행복이 아니겠습니까?" 그는 말한다. 신은 "올바른 자들"이 이 모든 것을 얻을 수 있도록 한다고. "아브라함의 집에 금, 은, 자손, 하인, 가축이 넘쳐나지 않았습니까?"[25]

아우구스티누스가 말하는 세속적 부에 대한 관점 그리고 자유의지와 예정조화의 균형을 맞추는 신의 역할 등을 믿는다면, 한 걸음 더 나가서 신이 바늘구멍을 좀 더 넓혀서 선택된 소수의 부자를 통과시킬 수 있다는 걸 믿을 수 있게 된다. 아우구스티누스와 그를 따른 교부들은 경제적 희망의 모델을 세운 셈이다. 심지어 로마제국이 멸망한다고 해도 이들의 신학은 자선, 가난한 이들을 위한 베풂, 교회에의 기부 등이 모두 내세의 보화뿐 아니라 현세의 부로 이어진다고 약속한 것이다. 그야말로 원초적인 윈윈전략이라고 할 수 있다. 그저 인간이 해야 할 일은, 이 시스템에 대한 신앙심만 가지면 된다.

하지만 이러한 기독교의 구원 시장은 곧바로 지상의 부를 가져오지는 못했다. 신의 재가를 받든 못 받든 세속의 부로 가는 길을 유럽 세계가 찾아내려면 숱한 세월이 더 흘러야 했다. 그리고 일단 그렇게 되자, 이 신적 질서의 경제라는 모델은 세속적 경제, 즉 당대의 세속적 자본주의와 자유시장 이론들에 철학적 개념과 언어를 제공하게 된다. 하지만 아우구스티누스 이후에 세속적 부가 나타날 때에는 또다시 세속적인 키케로적 가치들을 끌어안는 새로운 기독교가 출현하게 된다.

# 3장
# 중세의 시장 메커니즘에 작동하는 신

"사물이 더 필요하게 되는 것은 희소성, 즉 구하기
어렵다는 사실에 있다. (…) 이 기준에서 보면, 똑같은
밀이라 해도 모두가 풍족할 때보다 부족할 때 가치가
더 크다." — 페트루스 올리비, 『계약에 관하여』(1293)

5세기 초 로마제국이 붕괴하자 이교도 철학자들, 원로원 귀족들
그리고 새롭게 권력을 쥔 기독교회의 교부들 모두가 의존한 경제
시스템과 시장도 함께 무너지게 된다. 그러자 국가도 쪼그라들고
교회의 금고 또한 텅 비게 된다. 제국이 무너지면서 인간 사회를
둘러싼 자연적 경제 시스템이라는 개념도 무너지게 된다. 실효
성 있는 인간 세상의 정부가 붕괴되자 갑자기 자연 또한 조화롭
고 넉넉하게 베풀지 못하는 것처럼 보였고, 경제가 자기 조정적
이며 풍요롭다는 생각도 더 이상 말이 되지 않았다. 길들여지지
않은 자연은 이제 오히려 위협이 됐다. 게르만족의 침입으로 교
회는 생존을 위해 세속적 경제의 의존하게 됐다. 이제는 교회 스
스로가 국가를 조직해야 했고, 경제성장을 이루고 지속하는 데에
도움이 되어야만 했다. 시장은 저절로 되돌아오지 않았다.

중세의 사상가들은 부를 창출하는 교환이 키케로의 생각처럼 자연에 잠재해 있어서 미덕이 넘치는 입법자가 손만 대면 즉시 제대로 작동한다고 보지 않았다. 또한 아우구스티누스처럼 영적인 재화를 얻기 위해 세속적 교환을 함으로써 개인의 자유의지가 작동하도록 하는 것이 신의 예정조화 질서라고 생각하지도 않았다. 대신 강력한 정부의 구조를 마련하고 혁신적인 기술—예를 들어, 9세기에 나타난 무거운 쟁기라든가 13세기 말과 14세기 초의 복식부기처럼 재무관리를 좀 더 효율적으로 할 수 있는 기술—을 포함한 (이후 근대 자본주의에 필수가 되는) 인간 세상의 관리와 감독이 중요하다고 보았다. 12세기에 대학을 지배한 교회의 스콜라철학자들은 신학의 여러 논리적 모순을 해결하기 위해 연역적추론 방법을 사용한 이들이다. (이들의 가장 유명한 논쟁은 신의 존재를 놓고 찬반 논쟁으로 그 존재를 증명하려 했다.) 이 중세 철학자들은 인간의 자유의지를 이해하려고 노력하는 가운데 개인의 권리 그리고 행동성(agency)의 개념을 개척했다. 이들은 국가가 (세속 국가이든 교회 국가이든) 유럽의 사회와 경제를 재건하는 데에 큰 역할을 해야 한다고 믿었다. 그다음 세대에 나타난 13세기와 14세기의 기독교사상가들은 세속적인 부를 창출하는 방법과 그것을 거부하는 방법에 대해 이론화한다. 이들은 인간 사회를 둘러싼 자유시장을 믿지 않았다. 오히려 그들은 자기조정 시장의 메커니즘을 제한된 규모로 연구했을 뿐 아니라, 그것이 어떻게 자신들의 기독교 도덕에 복무할 수 있게 할 것인가를 모색했다.

정치가 안정되고 경제 시스템이 발달하던 때에는 시장이라는 것이 저절로 생겨나서 스스로 유지하는 것처럼 보일 수가 있다. 하지만 로마가 무너지고 사회가 붕괴하자 시장을 다시 세우려면 강력하고도 지속적인 국가의 개입이 필수적이라는 것이 드러났다. 민간 교역의 안정성을 보장한 로마제국의 물류 통로는 마치 재화의 자유로운 이동이라는 것이 자연 질서의 일부인 것 같은 인상을 남겼다. 하지만 사실 이는 로마 국가의 위대한 업적이었다. 밀가루를 실은 배들이 떼 지어 움직이면 그 뒤를 올리브유, 도자기, 여타 재화들의 무역이 따라 움직였다. 이렇게 국가가 만들어 낸 자유로운 물자의 흐름은 부를 창출했다. 하지만 이 밀가루 배들이 사라지고 반달족 침입자들이 북아프리카를 점령하게 되자 로마인들이 우리의 바다라고 부르던 지중해의 무역 안보가 무너졌을 뿐 아니라 로마의 상업 시스템 전체도 무너지게 됐다. 스페인, 갈리아, 오스트리아 등지의 광산들이 문을 닫으면서 화폐도 부족해졌다. 천천히 무역 자체가 말라붙었고, 서로마제국은 빈곤에 휩싸이게 된다.[1]

서유럽의 도시들과 속주들은 제국의 무역 및 의사소통 시스템들이 끊어지면서 동로마제국 및 북아프리카와의 관계도 잃게 된다. 로마제국 인구의 10퍼센트에서 30퍼센트는 도시에 거주했고, 로마의 인구수는 100만 명이었다. 인구 1000명이 넘는 도시가 수십 개에 달했다. 5세기에서 8세기 사이에 국제 상업과 도시들이 쇠퇴하면서 도시 엘리트들의 부도 내리막에 접어든다. 상대적으로 깨지기 쉬운 농촌 경제가 지배적 형태가 되면서 번영은 사라지고 빈곤이 그 자리를 차지한다. 한편 기온마저도 떨어지면

서 (아마도 섭씨 1.5도 하락) 수확량이 줄어들고 겨울이 더 춥고 길어져 경제위기가 더욱 악화된다.[2]

이렇게 빈곤이 사방을 파고드는 동시에 질병, 돌림병, 인구 감소 등이 나타났다. 도시 차원의 관리와 국가 식량 시스템은 정지되어 버렸고, 여러 질병이 가뜩이나 허약해진 사람들을 덮쳤다. 바이러스 전염병은 흔한 일이었다. 늪지대와 습지가 관리되지 않으면서 말라리아가 창궐했다. 한센병은 로마시대에는 드문 병이었지만, 당시 위생 상태가 너무 좋지 않아 유럽 전역으로 확산돼 나갔다. 가장 끔찍한 일은, 541년에 제국에 최초로 나타난 흑사병이었다. 비잔틴제국의 역사가 프로코피우스(Procopius)는 유스티니아누스 황제 시절인 541년에서 542년 사이에 발생한 흑사병을 이집트에서 온 미지의 질병으로 묘사했다. 그는 "인류가 거의 절멸 상태였다"고 설명했다. 동로마와 서로마에 걸쳐 무려 5000만 명의 목숨을 앗아 간 흑사병으로 인해 노동인구가 격감하고 그나마 지중해 주변에 남아 있던 산업도 파괴된다. 600년이 되면 이전 서로마제국 지역은 총체적 붕괴라는 두려움에 휩싸인다. 상인들과 장인들이 모두 사라졌기에 빈틈을 메꿀 수도 없었다. 이제는 시장이라는 것 자체가 존재하지 않았고, 재화를 유통할 방법도 전혀 없었다. 갈리아 북쪽 지역과 라인강 유역에서는 농지가 삼림으로 변해 버렸고, 예전의 잘 조직된 로마의 전원 대주택(villa) 시스템은 무너지고 대신 소규모 가족 농가들이 그 자리를 차지했다. 토양은 악화되고 땅을 경작하는 가축들도 더 작아지면서 북유럽에는 호밀이나 귀리처럼 나쁜 환경에 잘 견디는 작물들이 나타나게 됐다.[3]

역설적인 일이지만, 로마제국이 붕괴하면서 교회는 키케로의 세속적인 공민 정신에 더욱 가까워지게 됐다. 강력한 국가도 없이 혼돈, 빈곤, 질병에 직면하게 되자 교회가 새로이 게르만족 왕국들의 지도적 역할을 떠맡게 됐고, 하나의 세속적인 세력으로 변모해 갔다. 이는 교회가 자신의 이익을 지키기 위한 것도 있었지만, 남은 시민조직이 아무것도 없었기 때문이기도 했다. 교회 지도자들은 유럽 경제를 더욱 크게 키우기 위해 스스로가 가진 제도와 통치력을 활용하고자 했다.

서유럽에서는 로마 황제들과 게르만족 왕들이 교회에 토지를 선물하고 자치의 자유를 허락하여 그 팽창을 지원했다. 스스로 조직적 능력이 부족했기 때문이다. 그리하여 권위와 부의 거대한 담지자로서 수도원이 부상하게 됐다. 누르시아의 성 베네딕트(Saint Benedict of Nursia)는 기독교 수도원 운동의 창시자로서, 수도원이야말로 경제를 재건하고 조직하는 데에 도움이 되어야 한다고 생각했다. 전원 대주택에 기반한 로마식 장원 시스템은 중세 초기에 농업 노예노동 시스템을 남겼다. 이제 수도원은 부를 관리하는 중심지가 됐다. 수도사들은 기도하고 일도 했으며, 동시에 점차 비옥해지는 토지를 경작하는 노예들을 감독하는 일까지 맡았다. 성 베네딕트가 516년에 만든 수도원 '규칙'은 본질적으로 대규모 수도원 공동체를 관리하는 방법에 대한 교범이었다. 이 부유한 수도원들은 자신들의 방대한 토지를 사용하여 털실, 빻은 밀, 치즈, 소시지, 와인, 맥주 등의 가치 있는 농업 생산물들을 내놓았다. 수도원장은 이제 신이 내린 부를 지상에 "풀어놓는 이"가 됐다.[4]

이러한 성직자 "관리인들" 혹은 "와인 및 식료품 관리인들"
이 볼 때에 부가 창출되는 것은 자연의 소산이 아니었으며 심지어
고전에 나오는 의미의 농장 경영 때문도 아니었다. 부의 창출은
희소한 재화를 잘 관리하는 데에서 나오는 것이었다. 시장이나
개인이 저절로 이러한 새로운 부를 생산한다는 개념은 없었다.
새로운 부의 창출은 집단적 기율, 강력한 권력을 가진 기관 및 제
도들, 대규모 노예 농장 등에서 이루어지는 일이었다. 다시 말해,
교회가 경제활동의 통치를 맡으면서 중세 초기 경제의 대부분이
발전하고 구축됐던 것이다.[5]

성직자들은 희소성의 원리와 도덕 규율에 따라 재화들을 관
리해야 했다. 교회는 구성원들 모두가 충분한 식량과 의복을 얻
을 수 있도록 해야 했다. 교황 그레고리우스 1세(Gregory I)는 훌
륭한 조직관리를 "부"[라르기네(*largine*)]의 "자선"[카리타스(*caritas*)]
을 위한 재분배와 동일한 것으로 보았다. 훗날 영국 북동부에 위
치한 더럼대성당 수도원(Durham Cathedral Priory)과 같은 대규모
종교 기관들은 금융 관리의 중심지가 되기도 했다. 이들은 방대
한 회계장부를 기록하여 가축과 창고, 가계, 구성원, 지대, 통행
료 등을 관리했다.[6]

1050년이 되면 무거운 쟁기, 써레, 괭이, 새로운 멍에 장비
등이 나타나면서 수확량이 곱절로 늘어나 생활수준도 높아지고
인구도 폭발적으로 늘어나게 된다. 그러자 여러 곳에서 도시가
생겨나고 상업도 확장됐다. 이전에는 교회, 왕, 귀족 전사, 노예,
농노, 간헐적 교역만이 존재하던 서유럽에서는 이제 농업경제 대
신 상인들과 숙련공들로 가득 찬 도시 중심지들이 우후죽순으로

생겨났다. 이러한 상인들과 숙련공들은 완전히 종속 상태에 있던 다수의 농업인에 비해 여러 자유를 향유했고, 그 점에서 그들과 구별되는 존재였다.[7]

　중세의 도시들은 자유로운 교역을 이해하는 데에 풀기 어려운 질문을 던진다. 왜냐하면 상업의 자유가 처음에는 명확하게 결정된 독점체의 특권이라는 형태로 주어졌기 때문이다. 국가와 교회는 모두 여러 도시와 그 안의 길드들에 교역의 특권들을 부여했고, 동시에 그러한 특권들을 제한하기도 했던 것이다. 이러한 두 측면의 결합을 통해 경제발전과 시장 확장이 나타나게 됐다. 1127년 프랑스 북부 플랑드르의 도시 생토메르에서 윌리엄 클리토(William Clito) 백작은 생토메르 시민들에게 모든 범죄에 대한 재판을 도시 내에 마련된 법정에서 판결을 받도록 하는 특권을 부여한다. 게다가 그는 이들에게 병역뿐 아니라 플랑드르의 통행료와 각종 조세도 면제해 준다. 그리하여 이곳의 시민들은 대부분의 봉건적 속박에서 벗어나게 됐고, 독일의 한자동맹 조세[독일어를 사용하는 북해 및 발트해 지역의 도시들은 한자동맹(Hanseatic League)을 맺어 그 내부의 상인과 수공업자 길드의 교역에 대해서는 세금을 물리지 않는 특권을 얻어 낸다. 하지만 한자동맹은 녹일어 사용 도시에만 국한되어 그 이외의 도시 상인들이 이들과 교역을 할 때는 상당한 세금을 물려서 불만을 사기도 했다—옮긴이]도 내지 않았으며, 신성로마제국 황제가 요구하는 안전 통행료도, 프랑스왕이 부과하는 통행료도 내지 않았다. 또한 이들은 자기 지역에서 독점체를 유지할 수 있는 자유를 부여받았고, 윌리엄 백작은 이 도시 안에서 이루어진 모든 계약이 법적으로 보장되도록 뒷받침했다. 당시의 관세 문서를 보면, 윌리엄 백작이 도시 시민들의 면세특권을 보호하기로 협정을 맺은 모든 외국 통치자들의 명단이 등장한다. 게다가 백작은 이 도시의 군사적인 보호까지도 보장했다.[8]

도시 거주자들이 왕, 성직자, 귀족과 같은 자유를 누린 것은 결코 아니었다. 하지만 이들은 이제 자유로운 통행을 할 수 있는 자유를 가졌고, 봉건적 농업 노동, 의무, 조세, 임의적 투옥 등에서 보호받을 자유도 얻었을 뿐 아니라 도시정부를 구성하는 투표의 권리라는 개인의 자유 또한 얻어 냈다. 자유 교역과 지역에서의 독점체 특권의 대가로 도시 시민들은 돈을 벌어 플랑드르에 부를 가져다주었고 백작에게 조세를 바쳤다. 이렇게 도시의 여러 자유, 독점체, 직업적 규제 등이 혼합되어 유럽에서 최초로 시장이 생겨났고, 초기의 자본주의도 마찬가지였다.[9]

애덤 스미스는 길드를 순전히 억압적인 것으로, 즉 자유시장 문화의 대립물이라고 여겼지만, 사실 이들은 시장의 발전에 필수적인 존재들이었다. 도시의 부가 팽창하기 시작하자 그 즉시 길드를 관리하기 위한 각종 법률이 출현했다. 길드도 수도원과 마찬가지로 엄격한 규칙을 가지고 있었다. 길드 하우스에서 식사를 하는 길드 성원들은 할인 혜택을 받지만 국외자들은 더 비싼 값을 치러야 했다. 길드 하우스에서 와인 한 잔이라도 빼내려 하는 이에게는 벌금이 부과됐다. 또한 다른 길드 성원들과 "빵 덩어리나 돌멩이로(다른 무기는 구할 수 없으니)" 싸우고 때리는 이들에 대해서도 벌금이 부과됐다. 수도사들과 마찬가지로 이들에게도 의복, 음식, 기도 등의 생활양식에 규칙이 존재했다. (한 예로 길드 하우스 안에서 나막신을 신은 이들은 무조건 벌금이 부과됐다.) 길드의 성원이 되면 그 도시 안에서 여러 혜택이 주어졌다. 길드 성원들은 비성원들에 비해 더 낮은 가격에 물품을 구매할 수 있었다. 하지만 가장 중요한 점은(애덤 스미스는 이 점을 놓치고 있다) 피렌체와 시에나와 같은 도시들의 길드가 전문성, 혁신, 부의 중심지 역할을 했다는 것이다.[10]

신학자들은 상인들에게 조심스러운 태도를 지닐 때가 많았다. 상인들은 토지를 경작하지 않고 그저 이윤을 위해 기를 쓸 뿐이므로, 심지어 빈민들보다도 영적으로 더 가난한 자들로 여겨졌다. 10세기에 베로나의 라테리우스(Rather of Verona)는 상인들을 "방랑자들이자 거지들"로 분류했다. 하지만 11세기가 되면 영리사업에 대한 생각도 진화하게 된다. 이탈리아의 주교이자 법 이론가인 그라티아누스(Gratian)부터 신학자 클레르보의 베르나르(Bernard of Clairvaux)에 이르기까지, 몇몇 주요 사상가는 종교적으로 경건한 상인들을 긍정적인 시각으로 보기도 했다. 베네딕트 수도사이자 교회 개혁가인 페트루스 다미아니(Peter Damian)는 훌륭한 주교라면 자신의 교구를 훌륭한 상인처럼 관리해야 한다고 말하기도 했다. 상인들이 자신의 재산을 자선에 내놓기만 한다면 얼마든지 선량한 사람이라고 본 것이다. 이러한 방식으로 교회는 누가 자연적 경제의 일부인지 혹은 아닌지를 분명히 가릴 수 있었다. 예를 들어, 교회는 "불신자들"과 "유태인들"을 정당한 기독교도들의 부를 빼앗아 죄를 짓는 "악한" 상인들로 여겼고, 이들이 도덕적 권위를 가지고 교역을 하는 일은 불가능하다고 선언했다. 하지만 교회 대부분은 상인들의 부와 싸우는 것을 원치 않았고, 그저 일부 그들의 몫을 얻고자 했을 뿐이다. 그리고 이를 위해 자신들의 영향력을 행사하여 경제에 규제를 가하는 한편, 동시에 시장터에서도 기독교 도덕이 고수되도록 노력했다.[11]

교회는 상업 생활을 통제할 권위를 갖지 못했지만, 길드가 생산물에 도덕적인 가격을 매기도록 지침을 분명하게 내놓았다. 여기서 도덕적 가격이란 시장가치는 물론이고 정의롭고 동등한 교환의 원칙을 반영해야 하며, 또한 이윤에 대한 제한도 포함됐다. 기독교인들은 그들만의 도덕적 상업 공동체와 새로운 시장 규칙을 정의했기에, 그러한 기독교적 방식으로 이루어지기만 한다면 얼마든지 교역을 할 수 있게 허락했다. 여기서 우리는 키케로 사상의 영향을 볼 수 있다. 플램버러의 로버트(Robert of Flamborough)는 『참회서(Penitential)』(1208–1213 무렵)에서 기독교적 관계의 "시민적 우정"에 기초한 교환은 미덕이라고 말한다.[12]

중세 경제사상의 이야기는 여러 면에서 프란체스코수도회의 창시자인 아시시의 성 프란체스코(Saint Francis of Assisi)에서 시작된다. 그는 이탈리아 움브리아에서 1181년 조반니 디 피에트로 디 베르나르도네(Giovanni di Pietro di Bernardone)라는 이름으로 태어났다. 그의 아버지는 비단 상인이었고, 그의 어머니는 프로방스의 귀족 가문 출신이었다. 그의 가족은 당시 이탈리아와 남프랑스에서 바르셀로나까지 이르는 라틴 지중해 지역에 살던 부유한 상인 계층에 속했다. 그런데 프란체스코는 이 사회계층을 거부하게 된다. 1205년에 그는 신비한 환영을 보고 나서 모든 세속의 부를 포기한다. 그는 상속을 포기하고 예수의 이름 아래 완전한 빈곤에 자신을 바치겠다는 의지를 놀라운 방식으로 드러냈다. 공공장소에서 옷을 몽땅 벗어 버린 것이다. 결국 그의 아버지는 그를 내치고 만다. 그 이후로 그는 오직 허름한 농민의 옷차림으로 가난한 이들 사이에서 기부에만 의지하여 탁발 수사로 살아간다. 그는 진정한 유럽 최초의 생태주의자라고 할 만한 인물로서 동물들도 영적인 존재라고 설교하기도 했다. 또한 교회는 벽이 있을 수 없으며 자연 그 자체가 교회라고 믿었기에 부유한 수도원 생활을 완전히 배척했다. 그의 추종자들인 프란체스코파는 완전한 빈곤생활에 서약했으며, 이는 서유럽 전역에 걸쳐 부의 중심지로 자리를 굳힌 종교 제도에 실질적인 위협이 된다.

모든 부를 완전히 포기하겠다는 태도는, 부란 과연 무엇인가 그리고 가격이 어떻게 시장의 힘에 의해 도덕적으로 생겨나는지 등에 대한 심오한 철학적 사유를 수반하게 된다. 프란체스코파의 스콜라철학자들—이들은 철학적 문제들을 해결하는 데에 변증법과 연역법의 논리를 사용하도록 훈련받았다.—은 파리대학을 중심으로 모여 플라톤, 아리스토텔레스, 키케로 등을 기초로 삼아 어떻게 하면 시장이 기독교 도덕에 맞게 기능할 수 있는지 논의했다. 이들은 균형을 중시하는 아리스토텔레스적인 개념과 그라티아누스의 중세의 위대한 법학 교과서 『교령집(Decretals)』(1140)에 나오는 로마의 자연법을 혼합하려는 태도를 취했다. 『교령집』은 로마 교회법을 정초한 전서(典書)이자 교과서로서, 거래에서 부당한 손해가 발생한 경우—양측에게 동일한 가치를 가져다주지 않는다고 판단되는 사기 거래의 경우—그 손해는 정확하게 가치의 대칭을 이루는 것으로 "배상(restitute)"되어야 한다고 천명했다. 이러한 생각은 아리스토텔레스의 『니코마코스 윤리학(Nicomachean Ethics)』에 나오는 "동등한 것에 대해 동등한 것"을 주어야 한다는 원칙에서 비롯된 것이었다. 『교령집』은 또한 교환이 사적소유, 계약, 동의에 기초를 두고 이루어지는 방법을 설명한다. 공정가격 이론의 기초가 되는 이 개념에 따르면, 가격은 교역이 공정한 균형을 이루도록 하는 만큼을 반영해야지 절대로 그 이상이 되어서는 안 되고, 따라서 교역에 참여하는 이들은 모두 똑같은 이윤을 거두어야 한다는 것이다.[13]

스콜라 사상가들이 풀어야 했던 문제는, 어떤 생산물이나 서비스의 공정하고 도덕적인 가격이 무엇인지, 그리고 동등한 가치라는 것을 어떻게 계산해 넣지를 확립하는 것이었다. 교회 성직자들은 공정한 가치를 결정하기 위해서는 교역 당사자들이 아무런 억압도 없는 상태에서 개인이 내린 선택을 통해 도덕적인 상업 의사결정을 내려야 한다고 믿었다. 그렇다고 해서 이때의 개인의 자율성을 근대적인 의미와 같은 것으로 보아서는 안 된다. 이는 그저 상인들이 가격에 대해 직업상 전문적인 결정을 내릴 수 있는 존재임을 인정한 정도일 뿐이다. 성직자들은 상인들이 기독교사상에 따라 공정하고 정의로운 가격과 이윤을 창출하기 위해서는 그저 시장가치의 시세와 더불어 이런저런 도덕적 고려를 혼합하기만 하면 된다고 생각했다.

도미니크회 수도사이며 이탈리아의 스콜라 사상가인 성 토마스 아퀴나스는 『신학대전(Summa Theologica)』(1265-1274)에서 상인들이 도덕적이어야 하며 "정의로운" 가격을 사용해야 한다는 프란체스코파의 주장에 동의했다. 하지만 그는 프란체스코파의 절대 빈곤 서약에는 동의하지 않았다. 빈곤이란 개인의 선택 혹은 바람이어야지 요구조건 혹은 규칙이 되어서는 안 된다는 게 그의 주장이었다. 실제로 그는 완전한 빈곤이란 가능하지 않다고 믿었다. 인간은 항상 이런저런 것들을 소유하게 되므로, 섣불리 이런 서약을 하는 프란체스코파 수도사들은 영원한 저주와 죽음에 이르는 대죄를 저지르게 된다고 했다. 신에게 바친 서약을 어기는 것은 실로 중차대한 죄이기 때문이다. 그가 속한 도미니크 수도회는 엄청난 봉건적 토지를 소유한 집단이었고, 아퀴나스 또한 도덕적으로 획득한 부에 대해서는 아무런 거리낌이 없었다(그는 교회가 부유해질 필요가 있다고 보았다). 한편으로 이러한 주장은 참으로 편리한 논리라고 볼 수도 있다. 이러한 믿음은 시장의 자연적 작동이라는 그의 생각에도 영향을 주게 된다.[14]

아퀴나스는 정직한 영리사업과 이윤은 죄가 아니라고 말한다. 계약에서 생겨나는 가격은 분명히 양쪽 모두가 이익을 보는 것으로 합의된 것이다. 만약 판매나 교환에서 한쪽이 다른 쪽보다 부당한 이익을 취하려 든다면, (세속적이든 종교적이든) 공공 당국에서 개입하여 배상이 이루어지도록 해야 한다. 아퀴나스는 키케로를 인용하면서 모든 교역자가 자신의 생산물에 결함이 있을 경우에는 항상 미리 그것을 밝힐 의무가 있다고 주장한다. 또한 훌륭한 도덕이 상업과 정치의 기초가 된다는 키케로의 믿음을 그대로 따른다. 이렇게 고도로 엄격한 도덕적 방식을 통해서 종교적으로 경건하게 이윤을 벌어들일 수 있다는 것이다.[15]

프란체스코파가 마주친 도전은 엄청난 것이었다. 만약 이들이 잘못해서 부를 소유하거나 혹은 최저 생계 수준을 넘어 사용하는 일이 벌어진다면—예를 들어 이들이 쓸모의 목적을 넘어서

조금이라도 더 의복을 소유했을 경우—신성한 서약을 깬 죄로 저주를 받게 될 일이었다. 그래서 프란체스코수도회에서는 수도사들이 "완전한 빈곤" 상태를 유지하기 위해 가격과 가치평가의 메커니즘을 연구하기 시작했다. 이 수도회의 규칙에 따르면, 수도사들은 수도원에서 생활할 권리가 없다. 수도원은 너무 부유한 곳이기 때문이다. 또한 이들은 그 어떤 재산도 소유해서는 안 된다. 심지어 이들은 돈에 손을 대어서도 안 된다. 수사들은 가난한 이, 병든 이, 신앙이 깊은 이 들을 도울 수 있으며 이를 위해 신앙과 헌신으로 땀 흘려 일할 수 있다. 하지만 직접 돈을 벌기 위해 일을 하는 것은 절대 허용되지 않았다.[16]

프란체스코파 스스로가 만든 규칙이 이토록 엄격하여 이것이 교회 성직자들을 대경실색하게 만들었다. 수도회 조직을 갖추려면 위계와 재산 소유는 물론 건물의 건축과 보수, 생계유지, 자선 활동 등에 들어가는 자원이 반드시 필요했기 때문이다. 아퀴나스는 프란체스코파가 너무 급진적이어서 모든 제도적·사회적 위계를 거부하게 될 수 있으며 심지어 사적소유까지 거부하게 될 것이라고 믿었다. 교회는 당대 최대의 봉건적 토지 소유자였으며, 유럽 전역에 걸쳐서 조세를 걷고 있었다. 빈곤 서약은 이러한 세속의 교회와 그 방대한 부에 위협이 되는 것이었다. 농민들과 심지어 왕들까지도 교회의 거대한 권력을 못 견디고 불만을 갖고 있었기 때문에, 그들은 무력을 써서라도 스스로를 보존해야 하는 상황이었다. 또한 아퀴나스와 같은 인물들은 프란체스코파의 빈곤 서약이 가난하게 살지 않는 혹은 심한 사치를 누리는 교회 성직자들을 경건하지 못한 죄인들이라고 은근히 비난하는 것이라고 걱정했다.

프란체스코파의 빈곤은 실제로 교회에 큰 위협이 됐다. 프란체스코파 수도사 대부분이 평화를 설교하는 동안, 14세기 초이탈리아 북부에 나타난 돌치노파(Dolcinian Sect)와 같은 급진적인 탁발 수사 집단들은 사적소유를 행한다는 이유로 교회를 파괴하고, 사회질서를 전복하기 위해 주기적으로 강력하고도 폭력적인 운동을 이끌기도 했다. 교회는 이들에 맞서 군대를 파병했고, 1307년에 이 운동의 지도자인 돌치노(Dolcino) 수사를 잡아 화형에 처한다.[17]

스코틀랜드의 프란체스코파 수도사이자 스콜라철학자인 존던스 스코터스(John Duns Scotus)는 가격결정에 대해 아퀴나스보다 좀 더 세련된 관점을 취했는데, 가격은 균형 잡힌 교환의 결과물이 아니며 도덕적 규칙의 결과물도 아니라는 주장을 내놓는다. 즉, 가격결정은 자유롭게 작동하는 세속의 시장 과정에서 나온 결과물이라는 게 그의 믿음이었다. 교회는 가치의 창출에 들어가는 갖가지 시장 활동들을 모두 이해할 수 있는 조직이 아니며, 사적소유도 교회가 이해할 수 있는 영역이 아니라고 한다. 던스 스코터스가 볼 때, 가격은 수량 그리고 노동과 전문성에서 나오는 결과물이다. 따라서 가격을 이해하려면 "근면, 신중함, 돌봄 그리고 사업을 하면서 받아들여야 할 리스크" 등을 모두 고려해야만 한다는 것이다. 그러므로 교회 성직자가 시장가격을 제대로 계산해 낸다는 것은 대단히 어려울 수밖에 없다. 그렇기 때문에 그는 프란체스코파 수도사들이 정말로 빈곤 서약을 따르고 있는지를 확인하는 것도 마찬가지로 어려운 일이라고 말한다. 이들이 그 서약을 지키려면 상인들 그리고 세속의 시장가격을 잘 아는 전문가들의 견해를 물어야 한다는 것이다.[18]

그런데 실제로 프란체스코파 수도사 중에는 고등교육을 받은 상업 가문 출신의 사람들이 많았다. 이는 곧 그들 중 일부는 상업과 가격결정이 어떻게 작동하는지를 잘 알고 있었다는 것을 뜻한다. 프란체스코파 지도자들과 추종자들은 빈곤 서약을 제대로 지키는 방법은 그것을 좀 더 세밀하게 규율화하는 것이라고 믿었다. 프란체스코파 신학자인 성 보나벤투라(Saint Bonaventure)는 그의 『나르본 회헌(Constitutions of Narbonne)』(1260)에서 부와 빈곤에 대한 자세한 분석을 내놓는데, 이는 프란체스코파 수도사들이 서약을 잘 지키도록 엄격한 규칙을 만들고자 한 의도였다. 그 가운데 중요한 주제 중 하나는 의복이었다. 번창하는 이탈리아 경제에서 의류 생산은 그 중심을 차지했으며, 따라서 의복이야말로 부를 과시하는 가장 중요한 징표였다. 성 프란체스코도 의복을 빈곤의 삶을 방해하는 장애물이며 부의 징표라고 여겼다. 그리하여 『나르본 회헌』은 모든 수도사가 오로지 튜닉 한 벌만 소유하는 것으로 규정했고, 만약 튜닉이 찢어지거나 해질 경우, 또 그것을 수선하기 위해 다른 천 조각들을 사용해야 하는 경우에 어떻게 해야 할지까지 규칙으로 정해 놓았다.[19]

1286년에 프란체스코수도회는 책들을 귀중품이 아니라 순전히 배움의 도구로 볼 수 있는지를 검토한다. 이 책들은 채색필사본(vellum manuscript: 최고급 양피지에 정교한 장식체 글자의 이니셜과 비싼 안료를 듬뿍 사용해 화려하게 채색한 그림들이 함께 실린 중세의 필사본 책들—옮긴이)으로 매우 비싼 물건에 속했다. 프란체스코파는 아무리 값비싼 책이라고 해도 엄격하게 영적인 목적으로만 사용된다면 부의 구성물이 아니기 때문에 수도회의 엄격한 경제질서에서도 허용된다고 보았다. 따라서 평신도가 수도사 개인이나 수도원에 책을 기부할 수는 있지만, 그 책을 실제로 사용할 이가 누구인지는 기관의 지도자나 관리인이 결정하는 문제였다. 1297년에 볼로냐의 바르톨로메우스라는 수도사가 다른 수도사에게 두 권의 책을 받는다. 그 후에 그는 다시 휴골리누스라는 수도사에게 그 책들을 물려준다. 물론 이들 모두는 영적인 쓸모라는 규칙을 따랐다. 수도사들은 그러한 물품들을 모두 기록하고 정확히 어떻게 사용했는지도 기록하여 수도회가 그 물품들의 가치를 세속적 기준에서 그리고 영적인 기준에서 모두 계산할 수 있도록 주의를 기울였다.[20]

교황 니콜라우스 3세(Nicholas III)는 프란체스코파의 서약을 옹호했다. 그는 이것이 수도회 성원들에게 경건한 생활의 모범이 된다고 믿었다. 그는 1279년에 저서 『프란체스코수도회 규칙의 인증(Exiit qui seminat)』에서 빈곤 서약을 실현하는 데에 필요한 혁명적인 접근법을 내놓는다. 프란체스코 수도사들은 그들의 서약을 깨려야 깰 수가 없다고 그는 주장한다. 왜냐하면 프란체스코파가 가진 모든 재산의 실제 소유자는 교황이기 때문이다. 그러니 프란체스코파 수도사들은 그 어떤 것도 실제로 "소유"한 바가 없다. 니콜라우스 교황은 한 걸음 더 나아가, 설령 프란체스코 수도사들이 자기 맘대로 쓸 수 있는 재화와 재산을 가지고 있더라도 그 자산의 가치는 자산에 내재한 것이 아니라 수도사들이 언제 어디에서 어떻게 사용하느냐에 따라 달라진다고 주장한다. 그리고 이를 설명하기 위해 시장에서의 가치평가 과정을 사용한다. 모든 사물의 가치는 실질적 쓸모와 영적인 쓸모에 따라 변화하게 된다는 것이다. 니콜라우스 교황은 재산을 포기한다고 해서 "모든 경우가 아무런 사물도 사용하지 않는 것으로 이어진다고 볼 수 없다"고 주장한다. 그는 사물의 가치는 "장소에 따라 계절에 따라" 달라지게 되며, 특히 구체적인 목적에 따라 달라지게 된다고 한다. "학문은 연구를 필요로 한다"고 그는 말한다. 그런데 이러한 활동은 "서적의 사용" 없이는 불가능하다. 물론 종교 당국이 이러한 가치평가 과정을 감독해야 하지만, 그는 그 목적이 프란체스코파 수도사들이 필요에 따라 물건을 소유하도록 하는 것이 되어야 하고, 또한 그들이 서약을 깰까 봐 두려워하는 공포를 달래 주기 위한 것이어야 한다고 생각했다. 니콜라우스 교황은 이러한 교황 칙령을 내림으로써, 교회 내부의 갈등을 해결하기 위해 시장 메커니즘에 대한 믿음을 기꺼이 수용했던 것이다.[21]

같은 해, 프랑스의 프란체스코파 수도사인 페트루스 올리비(Peter John Olivi)는 『잘못된 사용에 대한 논고(De usu paupere)』를 저술한다. 이 저작은 빈곤 서약을 한 수도사들이 재화를 어떻게 제한적으로 사용할 것인가를 논한 것으로서, 특히 세속적인 재화를 소유하면서도 서약을 지키는 방법에 대해 언급한다. 올리비는 여기에서 최초로 자기 조정 시장 메커니즘에 대한 매우 혁신적인 개념 몇 개를 내놓고 있다. 그는 몽펠리에 출신이지만 이탈리아의 피렌체 그리고 프로방스의 인구 3만 명 도시 나르본(Narbonne)에서 살기도 했다. 프란체스코파 수도사들은 지중해의 상업 세계에서 상인들의 고해성사를 받는 일을 할 때가 많았다. 따라서 그는 그러한 지중해 세계의 한복판에 자리를 잡게 된다. 교황 니콜라우스 3세의 행정가로 일한 그는 프란체스코파의 서약을 옹호하고자 한계효용체감의법칙을 다룬 최초의 이론을 만들었다. 즉 어떤 재화든 사람들이 그것에 접근하고 소비하는 일이 늘어날수록 가치를 잃게 된다는 것이다. 만약 사람들이 이런저런 사물을 "전반적으로" 혹은 "관습적으로" 사용하게 되면 그 사물의 가치 또한 영향을 받게 된다고 그는 말했다. 어떤 것을 더 많은 사람이 사용하게 된다면 그 가치는 더 줄어들게 된다. 기름과 야채와 같은 것들은 대량으로 생산되어 많은 사람이 "용이하게" 손에 넣을 수 있는 것이므로 그보다 희소한 생산물들에 비해 가치가 덜하다는 것이다.[22]

올리비는 어떤 생산물의 효용과 가치란 그것으로 혜택을 얻는 이들의 숫자에 달려 있다고 말한다. 만약 어떤 것에 접근할 수 있는 사람들의 숫자가 많다면 그것의 가치는 크지 않다. 반면 어떤 것이 아주 희소하여 그것을 소유할 수 있는 사람이 딱 한 명이라면 (희귀한 필사본이나 보석 따위) 그 희소성으로 가치가 높아진다. 그는 "내구성" 또한 가격에 영향을 준다는 것에 주목한다. 예를 들어 식료품은 신선도가 중요해서 최근에 수확한 식료품이 더 오래된 "썩은" 식료품보다 더 높은 가치를 가지게 되며, 후자는 급속하게 가치를 잃게 된다. 그리고 제품의 수명도 중요하다고 말한다. 곡물과 같이 저장이 가능한 재화들은 더 많은 가치를 가지게 된다. 또 의복이나 주택처럼 좀 더 오래가는 것들은 내구성에 따라서 가치가 계산되어야 한다고 그는 말한다. 이것은 단일한 권한이 있더라도 어떤 것에 공정가격이라는 것을 정하거나 고정할 수 없다는 걸 의미한다. 올리비는 도덕적 원칙에 의거해 공정가격을 정할 수도 있지만, 그런 경우라고 해도 수량, 효용, 접근성, 내구성 등이 끊임없이 변화하는 자기 조정 시스템에 따라 그 공정가격도 변화해야 한다고 강력하게 주장했다.[23]

가치를 창조하는 것은 도덕이 아니라 효용이라는 올리비의 주장은 교회뿐 아니라 심지어 세속 권력을 향한 도전이었다. 이들은 그런 일을 판단하는 것이 자기들의 역할이라고 오랫동안 여겨 왔기 때문이다. 올리비는 여기에 더하여, 인간의 인지가 오로지 신이 비추어 주는 빛에 달려 있다는 성 아우구스티누스의 생각을 비판했고, 대신 인간의 판단은 자유의지에서 온다고 강력하게 주장했다. 이 생각은 선택의지를 신과 교회에서 떼어 개인에게 무게중심을 실은 것이었다. 이는 교회 지도자들의 입장에서 볼 때 너무 지나친 것이었고, 특히 파리대학의 권력을 가진 박사들에게는 더욱 그러했다. 이들은 올리비의 사상을 이단이라고 선언했다. 당국은 올리비를 파리에 있는 일곱 명의 프란체스코파 판사들의 법정에 세웠으며, 이 판사들은 그에게 죄를 씌워 파리대학에서 교직을 잡을 기회를 빼앗고 말았다.[24]

올리비는 종국에는 나르본에서 교수 자리를 얻었고, 1293년에 중세 경제이론에서 가장 비전이 넘치는 저작이라고 할 만한 『계약에 관하여(Treatise on Contracts)』를 저술한다. 이 책에서 그는 교회 성직자들은 가격결정을 이해할 수가 없기 때문에 시장의 작동을 제대로 알려 줄 세속의 상인 "전문가들"에게 의지할 필요가 있다고 강력히 주장한다. 그의 주요 관심사 중 하나는 사람들이 계약을 제대로 이해하지 못하면 자기들이 저지르는 죄악도 이해하지 못한다는 것이다. 이는 프란체스코파에도 적용되는 내용이었다. 이들은 행정 업무를 맡다 보면 불가피하게 계약에 서명해야 하지만, 그러면서도 완전한 빈곤 서약을 지켜야만 하는 처지였다. 올리비는 자신의 형제 수도사들이 고백성사를 할 때 서약을 지키지 못한 것을 제대로 설명하지 못하면 죄를 받게 될 거라고 걱정했다. 즉 경제에 대한 전문성이 없다면 제대로 죄를 고백할 수도 없다는 것이다. 따라서 서약을 제대로 지키기 위해서뿐 아니라 그것을 깼을 경우 제대로 고백을 하기 위해서라도 계약에 대한 이해를 갖추는 것은 필수적이라는 것이다.

올리비는 가격을 공정하게 정할 수 있는 것은 상인 "공동체"의 "판단"뿐이라고 믿었다. "재화 및 서비스"의 관계를 이해하고 또 "공동선"의 여러 요구를 아는 것은 오직 그들뿐이기 때문이다. 또한 올리비는 정직하고 적확한 사업적 결정이야말로 시장 메커니즘을 활성화하는 불꽃이라고 믿었다. 물론 올리비는 상인들이 항상 정직한 것은 아니며, 또 시장 메커니즘이 사기에 놀아날 수 있다는 것은 전혀 설명하지 않는다. 하지만 그는 분명히 사업가들이 특정한 시장에서 노동의 가치를 알고 있을 뿐 아니라 그것으로 생산물의 가격이 더 올라간다는 것도 알고 이해하는 통찰력을 가지고 있었다. 생산물의 가치는 그것의 "효용"에 대한 지식으로 평가할 수 있으며, 이 "효용"이란 "구매자"의 필요에 따라 정해진다는 것이다. 한 예로 질병이 창궐하는 시기에는 특정한 희귀 약초의 가격이 더 올라가며 특히 생존에 필수적이라고 사람들이 생각할 때에는 더욱 그러하다는 것이다.[25]

올리비는 상인들의 노동과 전문성이 생산물의 가치를 더할 때가 많다고 말한다. 그는 독자들에게 장사를 위한 여행이 위험한 일이며 상당한 배경지식을 필요로 한다는 것을 상기시킨다.

상인들은 외국의 관습과 통화는 물론이고 교역 루트를 알아야 한다는 것이다. 원거리 무역에는 상당한 자본투자와 리스크가 수반된다는 것도 이야기한다. 그는 이렇게 카를 마르크스보다 거의 900년이나 앞서 자본을 시장의 개념으로 논의한 첫 번째 사상가가 된다. 또한 올리비는 화폐에는 아무런 내재적 가치가 없다고 말한다. "왜냐하면 화폐는 그 자체만으로 아무런 이익도 낳을 수 없기 때문이다." 가치의 원천은 "상업 거래에서 상인들의 활동을 통하여" 마련된다. 그는 화폐가 미래의 투자를 위한 자본이라고 보았으며, 그 가치는 증식할 수 있지만 또한 이는 불확실한 일이며 상인들의 기술과 의사결정 그리고 시장의 확산된 역동성에 따라 달라진다고 말한다.[26]

올리비는 자연적으로 생겨나는 메커니즘이 가격을 정한다고 보았지만, 또한 이를 도덕적으로 다듬을 필요가 있다고 믿었다. 희소성이 정의롭지 못하게 가격을 올리는 관행까지 용서해주는 도덕적 변명이 되어선 안 되며, 그리고 단순히 상품을 사서 다시 파는 행위는 도덕적이지 못한 행위라고 생각했다. 그는 생산을 하거나 자본에 가치를 더할 만한 기술을 사용하지 않은 이들이 그저 무언가를 시장에 가져와서 노동 없이 더 높은 가격을 붙여 파는 것은 아주 부도덕한 일이기 때문에 공동체는 마땅히 이들을 "쫓아내야" 한다고 말한다. 상인들이 정말로 도덕적으로 생산적인지를 평가하는 일은 엄청난 책임이 따르는 일이라고 한다. 따라서 그는 교회가 상인들이 붙인 가격이 정말로 정당한 가치를 반영하는지를 평가하려면 생산물에 들어간 노동, 숙련, 리스크 등에 대해 알아야만 한다고 시사한다.[27]

프란체스코파의 사상은 잉글랜드의 프란체스코회 수도사이자 천재적인 스콜라철학자 윌리엄 오컴(William of Ockham)에 이르러 혁명적 전환을 겪는다. 그의 사상은 시장터에서 작동하는 개인의 주관적 선택이라는 근대적 개념에 더욱 근접한다. 1320년대에 오컴은 올리비와 마찬가지로 완벽하고 절대적인 빈곤의 개념을 옹호하지만, 빈곤 서약을 수호하는 데에는 새로운 접근법을 취한다. 오컴은 누구에게도 자신의 의지에 반하여 무언가를 소유하도록 강제하는 법은 있을 수 없다고 믿었으며, 대신 사적소유를 거부할 권리와 같은 "방임적인" 법률이 필요하다고 설교했다. 개인의 선택이란, 즉 프란체스코회 수도사들이 소유물을 소유할 수 있는 것과 마찬가지로 소유물을 거부하는 것도 얼마든지 할 수 있음을 뜻한다는 것이다.[28]

교황 요한 22세(John XXII)는 부유한 영토와 상당한 군사력을 가진 세속 군주이자 아비뇽 시대의 두 번째 교황이었다. 그는 프란체스코파의 빈곤 서약이 실제로 사적소유의 정당성을 침해한다고 믿었다. 그는 1322년에 교황 칙서『왜냐하면 가끔씩(Quia nonnunquam)』에서 빈곤 서약을 공격했을 뿐 아니라, 예수의 모범이 말하는 바가 사적소유를 완전히 포기하라는 것이라고 가르친 극단적인 '영성파 프란체스코회'인 프라티첼리(Fraticelli) 집단을 파문하기도 했다. 요한 22세는 사적소유는 신이 정한 제도라고 주장했다. 그리하여 그는 니콜라우스 3세의 칙령『프란체스코수도회 규칙의 인증』을 뒤집어서 예수의 제자들 또한 소유물을 가졌으며 프란체스코파 수도사들도 자기 물품을 소유한 것은 마찬가지라고 (교황은 제외하고) 주장했다. 이러한 방식으로 요한 22세

는 니콜라우스 3세가 옹호한 프란체스코파의 서약을 무너뜨리고
자 했다.[29]

윌리엄 오컴은 사적소유가 에덴동산에서 아담과 이브가 쫓
겨난 뒤에 세워진 세속적 제도라는 오래전에 확립된 관점으로 요
한 22세를 논박했다. 그는 대담하게도 교황이라고 해도 재산 문
제에 대한 일반적인 결정을 내릴 권리는 없다고 주장했다. 그는
던스 스코터스와 마찬가지로 신은 세속적 재산의 문제를 "카이사
르"에게, 즉 세속의 군주와 영주들에게 일임했으며 따라서 사적
소유를 둘러싼 여러 세속적 문제에 대한 궁극적 권위를 갖는 것
도 이들이라고 믿었다. 세속의 법에 따르면, 사람들은 경제문제
에서 "복음의 자유"를 행사할 수 있으며, 종교적 권위가 아닌 자
신의 개인적 자유의지를 따를 수 있다는 것이다. 오컴은 나아가
그 누구도 자유로운 개인으로부터 "소유물, 권리, 자유"를 빼앗을
수 없다고 강력하게 주장했다. 따라서 상인들이나 프란체스코파
수도사들은 선택의 자유가 있으며, 교회는 이들을 억압할 수도
없고 감시하고 통제할 수도 없다. 교황과 도미니크파 수도사들은
돈 벌기를 선택할 수 있으며, 프란체스코파 수도사들 또한 마찬
가지로 모든 소유를 거부할 권한을 가진다는 것이다.[30]

오컴은 일련의 신학적 논리의 묘기를 선보이면서 천국에서
도 에덴동산과 마찬가지로 모든 것이 공동의 소유라고 주장했다.
하지만 아담과 이브의 타락 이후 원죄로 인해 인간에게는 불완전
성의 흉터가 영원히 남게 됐다. 따라서 인간들은 흠결 있는 세상
에 살고 있으며, 자기 스스로 도덕적 결정을 통해 세상을 헤쳐 나
가면서 구원을 찾아야 한다는 것이다. 달리 말하면, 교회는 그 누

구에게도 도덕적 규칙을 따르라고 "명령"할 수 없다는 것이다. "교황이 지배하는 소왕국(papal principate)"이라고 해도 자선 기부, 동정, 성적인 금욕 등과 같은 도덕적 결정에는 강제력을 가질 수 없다고 오컴은 강력하게 주장했다. 반면 세속의 군주들은 "공포가 아닌 사랑에 근거하고 또 민중의 선택에 근거"하는 한에서 법률을 만들 수도 또 강제할 수도 있다고 한다. 이는 경제적 선택에서 자유시장에 대한 초기의 옹호 논리일 뿐 아니라 개인의 자유라는 것을 제시한 실로 주목할 만한 비전이었다.[31]

오늘날의 안목에서 보면, 오컴의 정치적·종교적·경제적 자유에 대한 관점은 거의 근대적인 모습을 지니고 있다. 하지만 이탈리아 북부에 위치한 헌법이 지배하는 공화정 도시국가들에서는 그러한 관점이 구체적으로 실현되고 있었다. 이곳의 시민들은 비교적 높은 수준의 개인적·경제적 자유를 누리고 있던 것이다. 또한 오컴의 소유 이론은 의도치 않게 당시 성직자들에게 조세를 내도록 강제하려던 잉글랜드의 에드워드 1세의 세속적 이익에도 도움이 됐다. 하지만 세속 권력에 대한 오컴의 믿음이 개인의 권리를 옹호하는 시대를 불러들인 것은 결코 아니었다. 유럽 대부분 지역에서는 여전히 봉건제가 지배하고 있었다. 그리고 봉건제의 기초는 개인의 자연권이 아니라 봉건적 관습과 여러 특권이었다. 군주들과 영주들이 상인들에게 도시의 자유를 부여하기도 했지만, 이는 어디까지나 계약을 통해서 이루어진 일이었다. 이 군주들과 영주들은 일생 내내 고생하는 농노들 위에 군림하면서 그들의 노동뿐 아니라 부마저도 갈취해 갔고, 스스로 세운 자의적인 사법 시스템과 폭력까지 동원할 때가 많았다.[32]

그래도 도시 거주민들은 훨씬 더 큰 자유를 누렸다. 또한 상인들도 전혀 반대되는 이유에서였지만 시장이 작동하는 방식을 연구하기 시작한다. 이들은 자신들의 번창하는 시장과 거기에서 나오는 놀랄 만한 새로운 부에 걸맞은 좀 더 세속적인 윤리가 필요하다고 믿었다. 특히 피렌체 시민들은 자유시장 사상에 중심적인 위치를 차지하는 새로운 사상을 발명해 낸다. 즉 열심히 일하는 상인들이 부를 얻고, 나아가 이를 높이 칭송하는 것은 사실상 미덕에 해당하는 일이라는 생각이었다.

# 4장
# 피렌체의 부, 마키아벨리의 시장터

"질서가 잡힌 공화국에서는 공공은 부유해도 시민들은
가난한 상태가 유지되어야 한다."
— 마키아벨리, 『로마사 논고』(1517)

윌리엄 오컴이 프란체스코파의 빈곤 서약을 옹호하면서 개인의
자유를 정당화하는 저작을 집필하던 바로 그때 이탈리아 피렌체
의 상인들은 부를 추구하는 개인의 자유를 정당화하는 철학을 찾
고 있었다. 14세기가 되자 시에나, 피렌체, 제노바, 베네치아 등
헌법과 시민 자유와 복잡한 시장을 갖춘 상인 공화국 도시국가
들이 왕과 영주가 지배하는 봉건제의 영역 바깥에 세워졌다. 이
들의 부의 원천은 전통적인 농장 경영과 봉건제가 아니라 산업과
무역 그리고 금융이었다. 이 중세도시들을 지배하던 상인 엘리트
들은 자신들의 상황이 이례적인 것임을 잘 알고 있었다. 실제로
당시 기독교 세계 전체를 통틀어 상인들의 부를 완전히 찬양하는
저작이나 글은 전혀 찾아볼 수 없었다. 이제 현실은 그들이 권력
을 휘두르는 상황이 됐으며, 그들 중 일부는 시장이 어떻게 작동

하는지를 설명하고 또 찬양함으로써 오래된 인식을 바꾸어 보고자 했다.

이탈리아의 상인들은 오컴이나 스콜라철학자들과는 달리 화폐에 대한 욕망을 부정적으로 보지 않았다. 부유한 이탈리아의 무역상들과 르네상스 인문주의자들은 국가에 대한 복무라는 키케로의 이상을 포용하여 개인의 자기 이익과 이윤추구를 미덕이 넘치는 상업 공화국과 건강한 시장을 만드는 데에 꼭 필요한 것이라고 보았다. 1250년에서 1450년 사이에 벌어진 실로 심오한 문화적 전환이었다. 이것은 곧 농업이 아닌 상업이야말로 공화국의 미덕을 유지하는 열쇠일 뿐만 아니라 부에 대한 세속적 욕망과 열망이 선한 것이라는 의미를 담고 있었기 때문이다.[1]

13세기가 되면 토스카나의 도시국가 시에나가 이미 유럽 전체의 은행업에서 지도적 위치를 굳히게 된다. 이는 시민들이 지닌 금융 전문성뿐 아니라 시에나의 공화국 제도들에 대한 국제적인 신뢰가 겹친 결과였다. 시에나의 정부 공직자들은 대부를 받는 이들과 투자자들이 시에나에서 은행 업무를 계속하려면 시장의 기능을 교란하는 예측지 못한 일들이 벌어지지 않는다는 믿음을 가져야 한다는 사실을 잘 알았다. 1287년에서 1355년 사이에 시에나는 9인 정부(Nine Governors and Defenders of the Commune)가 다스리고 있었으며, 9인 정부와 시에나 민회(People of Sienna)는 법의 지배를 잘 유지하고 또 재정 관리가 잘 이루어지고 있다는 평판을 지키는 데에 초점을 두었다. 이 정부는 고도로 조직된 조세 시스템뿐 아니라 안정된 신용 네트워크들도 관리 감독했다.[2]

좋은 정부와 상업의 여러 덕목이 중요하다는 믿음에서 비롯된 가치들이 시에나 사회 전체에 깊이 배어 있었다. 시에나의 유명한 중세 행정 건물인 푸블리코 궁전에는 화가 암부로조 로렌체티(Ambrogio Lorenzetti)가 그린 프레스코화 연작 〈좋은 정부와 나쁜 정부의 풍유(The Allegory of Good and Bad Government)〉(1338–1339)가 있는데, 이 그림은 법을 준수하는 상인들이야말로 좋은 정부의 버팀목이라는 생각을 시사하고 있다. 이 프레스코화는 키케로와 세네카(Seneca)의 철학을 분명하게 드러내는 동시에, 좋은 정부를 둘러싸는 것은 정의, 지혜, 평화, 기개, 신중함, 관대함, 절제 등의 스토아주의적인 미덕들이라고 말한다. 로렌체티는 스토아철학을 훌륭한 영업활동과 동일한 것으로 놓는다. 그는 시에나를 부유한 시민, 물품이 넘치는 상점, 상인, 기능공 들로 가득한 도시로 그려 낸다. 이 그림의 도덕적·경제적 메시지는 명확하다. 법의 지배로 지탱되는, 엘리트들의 선한 공화국 정부야말로 부를 낳는 무역의 필수 조건이며, 또한 건강한 시장은 다시 공화국의 버팀목이 된다는 의미를 내포하고 있다. 그다음의 나쁜 정부를 상징하는 그림에서도 오래된 키케로 철학의 메시지가 반복된다. 폭정은 곧바로 타락으로 이어지며, 신뢰와 평화를 잠식할 뿐만 아니라 결국은 시장터 자체까지 무너뜨려 거기에서 생겨날 부 또한 사라지게 된다는 것이다.[3]

미덕이 넘치는 스토아주의적 정부와 도시의 부를 찬양하는 생각은 곧 피렌체의 상인 저술가들 사이에서 익숙하고 흔한 주제가 된다. 14세기 말이 되면 시에나 대신 피렌체가 토스카나 지방의 경제 중심지 자리를 차지한다. 토스카나에서 활동한 고전에 정통한 인문학자이자 저술가 프란체스코 페트라르카(Francesco Petrarch)는 시민들이 봉직하는 세속적인 정부야말로 하나의 미덕이라는 생각을 지지하기 위해 키케로의 사상을 다시 일으켜 세우는 작업에 착수한다. 시인이자 교황청의 공직자이던 페트라르카는 고대 로마인들의 저작들을 찾아내고 복구하는 운동을 이끌게 된다. 1347년 흑사병이 덮치고 그 뒤로 여러 전쟁이 일어났을 때에도 그는 신이 이탈리아를 벌하고 있다는 생각을 단호히 거부한다. 이러한 재앙들은 사람들이 공민적 미덕을 버리면서 스스로 불러들인 파국이라는 게 그의 믿음이었다. 그는 이탈리아가 해야 할 일은 로마를 모방하여 더 나은 정부를 만들어서 스스로를 쇄신하는 것이라고 보았다.[4]

페트라르카는 엘리트들이 정부 공직자로 복무하도록 끌어들일 수 있는 철학을 찾아 헤맸다. 그는 키케로의 인문 교육(*paideia*) 즉 도덕적인 공민을 배출하는 교육에서 답을 찾았다. 이를 통해 피렌체의 르네상스에서 고대 로마의 미덕을 되살릴 수 있을 것이라는 게 그의 희망이었다. 페트라르카는 이탈리아 북부의 도시국가 엘리트들이 키케로가 말하는 시민적 최고선(*summum bonum*)을 달성하기 위해 일해야만 하며, 이를 위해서는 고대의 윤리학, 수사학, 법률 등을 공부하여 통치를 더 잘하는 법을 배워야 한다고 주장했다. 그는 논고 『지배자는 자신의 국가를 어떻게 다스려야 하는가(How a Ruler Ought to Govern His State)』(1373)에서 그가 이상적으로 생각하는 통치자들을 도덕적으로 정의로운 이들로 묘사하기 위해 키케로의 저작들을 활용한다. 이러한 통치자들은 공화국에 대한 사랑 그리고 "다중(the multitude)"의 공동선(common

good)을 위해 일하는 이들이라고 한다. 페트라르카는 성공적인
국가의 기초는 군대가 아니라 부와 훌륭한 시민 집단이라고 보았
다. 그는 키케로와 마찬가지로 지도자들이 정직하고 효율적인 관
리자가 되어야 한다고 믿었다.[5]

인문 교육에 대한 페르라르카의 논고는 이탈리아의 공화국
엘리트를 구성하는 오랜 가문들에 깊은 울림을 주었을 뿐 아니라
흑사병 이후에 높은 지위에 오르게 된 새로운 엘리트들에게도 반
향을 일으켰다. 무역이 흥하면서 피렌체의 상인들은 스스로를 봉
건제나 교회 권력이 아닌 상업과 세속법에 기초한 새로운 엘리트
로 여기고 마땅히 지도자가 되어야 한다고 생각했다. 교회는 아
주 오랫동안 상인들을 '영적인 거지들'이라고 묘사했지만, 이들
은 이제 유럽에서 가장 부유한 세력이 됐다. 이들이 자신들의 부
와 정치적 복무를 덕성이 있는 것으로 그려 내고자 한 것은 충분
히 이해할 만한 일이다.[6]

피렌체의 상인들이 이러한 새로운 이상에 대해 쓴 글들은
서한, 회계장부, 공식 사업 문서, 상업 기술을 다룬 저작 그리고
회상록(ricordi)이라고 불리던 가족 비망록 등에 나타나 있다. 경제
사가들은 대부분 지금까지도 이러한 저술들을 그저 실용적인 서
류에 불과하다고 보아 경제사상의 공식 자료로 포함시키지 않는
다. 하지만 자세히 살펴보면 이 저술들은 상업의 여러 미덕에 대
해 당시 새로운 신념들이 나타났음을 보여 준다. 피렌체의 상인
조반니 디 파골로 모렐리(Giovanni di Pagolo Morelli)는 그의 『회상
록』(1393–1411)에서 시장 그 자체를 찬양하며, "토스카나의 여러
시장들"이 "풍요"에 넘쳐 피렌체뿐 아니라 자신의 가문도 부유하

게 만들어 주었다고 자랑한다. 그는 자기 조상들이 부를 획득한 것을 자랑스럽게 여길 뿐 아니라 나아가 "부자로 죽었다"는 것에도 자부심을 드러낸다. 그는 이를 각별한 명예라고 여겼다(가톨릭이 지배하던 중세에는 큰돈을 모은 상인들도 죽을 때가 되면 '영혼의 구원'을 받지 못할 것이 두려워 교회에 재산을 헌납하는 일이 다반사였다—옮긴이). 하지만 시민적 미덕과 무관하게, 또 공화국에 대한 의무와 관계없이 그저 개인의 부를 축적하는 짓은 미심쩍은 것으로 보았다. 1428년에 피렌체의 인문주의자이자 역사가인 마테오 팔미에리(Matteo Palmieri)는 이윤추구가 국가의 이익에 부합해야만 한다고 노골적으로 말하기도 했다. 팔미에리는 키케로를 인용하면서 상인들이 "달변"과 "미덕"을 혼합할 필요가 있다고 강하게 주장한다[수사학의 핵심인 '달변'이 '미덕'과 어떤 관계인가는 플라톤 때부터 오랫동안 논란의 대상이었다. 호메로스는 달변이 인간의 뛰어남을 나타내는 그리스적인 미덕, 즉 아레테(arete)의 하나라고 했지만, 플라톤은 소피스트들에 맞서서 수사학은 기술(techne)일 뿐, 사람의 미덕 그 자체와는 다른 것이라고 주장했다. 글의 문맥상 팔미에리는 이러한 플라톤의 논지를 다시 뒤집어 현실에서는 유능한 기술(arte)과 미덕이 겹쳐져서 나타날 수밖에 없고, 여기에서 상인들의 장점이 크게 부각될 것이라는 주장을 하는 것으로 읽힌다—옮긴이]. 쩨쩨한 탐욕을 피하고 부에 대한 욕망이 "유용한 상업 기술들"로 나타나도록 해야 한다는 것이었다. 그리고 그는 이러한 "상업 기술들"은 "공공의 정부"에 참여하는 이들에게 "큰 쓸모"를 갖는다고 말했다.[7]

　이러한 저작들 중에서 가장 방대하고 빛나는 저작은 베네데토 코트루글리(Benedetto Cotrugli)의 『무역 기술론(The Book of the

Art of Trade)』(1458, 그러나 한 세기가 지난 1573년에 출간됨)이었다. 베네치아의 무역도시인 라구사(Ragusa, 오늘날 크로아티아의 두브로브니크) 출신인 코트루글리(현대 크로아티아어 이름은 코트루이)는 피렌체의 여러 가치들을 경모했고 또한 모방하고자 했다. 그는 시장이 기능하려면 신뢰와 정치적 안정이 필수적이며, 이는 훌륭한 키케로적 윤리와 예의 바른 행동으로만 생겨날 수 있다고 주장했다. 그리고 이러한 논지를 당대의 어떤 인물보다도 강하게 드러냈다. 그의 핵심 논지는 신뢰와 정치적 안정이었다. 코트루글리는 탐욕과 결핍은 어디에나 있으며, 찢어지게 가난한 마을에도 시장은 있게 마련이지만, 모든 시장이 부를 창출하고 웅장한 도시를 만들어내는 것은 아니라고 말한다. 따라서 상업과 투자가 번창하려면 궁극적으로 신뢰, 협동, 제도적 지원 등이 반드시 필요하며 이것이 없다면 교역도 제대로 기능하지 못한다.[8]

코트루글리 가문은 이러한 복잡한 시장 시스템의 모든 요소를 속속들이 알고 있었으며, 피렌체야말로 그러한 시스템을 안정시키는 핵심이라고 보았다. 이 가문은 모직물 날염, 곡물 거래, 환어음 거래 등을 행하면서 라구사를 넘어 베네치아, 피렌체, 나폴리 등과도 튼튼한 관계를 맺고 있었다. 코트루글리는 라구사와 은과 모직을 거래한 피렌체의 네로니(Neroni)라는 회사에서 일하는 동안 훨씬 더 우월한 선진 도시들의 비즈니스 관행들을 보았고, 여기에서 큰 영감을 얻었던 것이다.[9]

오늘날의 자유시장 사상에서 볼 때, 그의 개념 중에 특히 중요한 것은 부를 얻고자 하는 상인들의 갈망이 더 큰 선을 창출해내는 자기 이익의 한 형태라는 생각이다. 그런데 이러한 생각은 키케로의 철학을 상당히 왜곡해야만 가능한 것이다. 그는 키케로의 『의무론』을 돈을 벌기 위한 지침서로 읽었다. 부, 즉 "정직한 이익"은 "상인의 품격"의 기준으로 볼 수 있는데, 상인은 부를 통해서 "자신의 집을 풍요롭고 찬란하게 가꾸어 공공의 후생을 증진시키는 데에 기여"할 수 있다는 것이다. 이는 곧 호화로운 저택, 가구, 의복 등을 소유하고 자식들에게 큰 이익을 안겨 줄 혼맥을 맺는 것 등이 모두 선한 행동이라는 것을 뜻한다. 그는 이런 것들이 도시의 부를 지탱하고, 국가를 지탱하고, 궁극적으로는 공동선을 지탱하는 활동이라고 말한다.[10]

또한 코트루글리는 이전의 상업 저술가들처럼 키케로의 귀족 등식을 바꾸어 상인들을 지도적 위치로 놓았고, 농업의 자리에 상업과 산업을 놓았다. 키케로가 "상인들이야말로 국가의 원천"이라고 말했다는 잘못된 주장을 펴면서 그는 마치 키케로가 상업의 법칙을 따르는 교육받은 상인들이 사회의 자연적 지도자인 것에 동의한 것처럼 말한다. 이렇게 그는 로마의 원로원 의원을 근면한 토스카나 장사꾼으로 탈바꿈시켜 버린다. 또한 코트루글리는 키케로를 모델로 삼아 계속해서 이렇게 주장한다. 상인들은 "자연"이 부여한 "창의성"이 "펑펑 샘솟는" 이들이라고. 그들은 "이득에 대한 희망"으로 움직이는 사람들이라고 한다. 그리고 그들이 그렇게 함으로써 "전체 인류를 먹여 살리는 일"을 촉진한다는 것이다. 그는 무역이 "가족, 장원, 공화국, 공작과 군주가 다스리는 작은 나라, 왕이 다스리는 나라 그리고 제국"을 지탱하며, 무한한 세속적 부의 원천을 낳는다고 말한다.[11]

18세기 네덜란드 태생의 영국 철학자 버나드 맨더빌은 탐욕은 사적으로는 악덕이지만 부라는 공공의 미덕을 가져온다는 유명한 사상을 제시한 바 있다. 하지만 코트루글리는 그보다 훨씬 앞서서 상인들의 정직한 이익이야말로 상업 국가의 원동력이라고 주장했다. "정직한 이득은 키케로가 말했듯이, 만인의 선을 위한 이윤과 일치한다." 그는 고대 철학에 정통한 이였기에 자신이 옛날의 미덕을 왜곡하여 새로운 미덕을 만들어 내고 있다는 사실을 잘 알고 있었다. 실제로 코트루글리는 키케로만 왜곡한 것이 아니라 교역에 대한 기독교의 규칙들 또한 왜곡했다. 그는 공정가격 이론에 대해서 입바른 말을 내놓으면서 대부업에 대한 전통적인 기독교의 태도에 동의한다. 그리고 빈민 구호도 상인들의 도덕적 의무가 분명하다고 했지만, 그는 분명 자신의 전 재산을 몽땅 바친다는 생각에 대해서는 몸서리를 쳤을 것이다. 그리고 그는 화폐가 자본투자와 지상에서의 존엄과 영광에 꼭 필요하며, 이것이 있어야만 세속 국가를 지탱할 수 있다고 생각했다.[12]

코트루글리의 저작은 유럽 교역의 주역인 힘을 가진 상인들의 이상을 대표하는 것이었다. 하지만 15세기 말이 되자 스페인과 프랑스에서 막대한 재정과 엄청난 군대를 지닌 왕정이 일어나면서 이탈리아의 상인 공화국들은 쇠퇴기에 접어든다. 이 새로운 강대국들은 왕과 토지 귀족들이 지배하고 있었으며, 이들은 여전히 고대의 농업에서 나온 이상을 신봉했다. 15세기 말 스페인과 프랑스가 모두 이탈리아를 침입했을 때, 이탈리아 상인들은 돈을 써서 토지 귀족이 되어 있든가 아니면 지위와 신분을 완전히 상실한 상태였다. 그리고 1492년 크리스토퍼 콜럼버스(Christopher

Columbus)는 스페인 왕정의 이름으로 이른바 "신대륙"에 도달했고, 이로써 사람들에게 부는 지구 위의 무역로가 허락하는 한 무제한이라는 생각을 심어 준다. 피렌체의 메디치와 같은 부유한 상인 가문들은 스스로 지배자가 되어 국가의 부를 활용하지 않고는 15세기 초와 같은 정치적·경제적 영향력을 더 이상 행사할 수 없게 된다.

피렌체의 코시모 데 메디치(Cosimo de'Medici)는 은행업의 기술 그리고 학예의 지원자로서 명성을 얻었다. 하지만 그는 15세기 중반에 피렌체의 공화국 헌정을 약화시켜 스스로 토스카나 지역 대부분을 다스리는 사실상의 통치자가 됐고, 키케로식의 미덕 개념을 완전히 배격했다. 그리고 15세기 후반이 되면 피렌체의 입헌공화정은 천천히 붕괴한다. 1494년에 프랑스의 샤를 8세(Charles VIII)는 나폴리 왕국의 옥좌를 차지하기 위해 2만 5000명이상의 군대를 이끌고 이탈리아를 침략한다. 아이러니한 일이지만 프랑스의 이 봉건 군주가 메디치 가문의 참주정을 피렌체에서 몰아낸 덕에 이전의 피렌체 공화정이 짧게나마 돌아온다. 이 복구된 공화정의 지도자들은 과두정 및 참주정의 위험을 경계하면서 헌법과 법치를 되돌리고자 노력했다. 그중에서 두각을 나타낸 인물이 바로 니콜로 마키아벨리(Niccolò Machiavelli)였다. 그는 공화정의 법률과 균형 잡힌 시장터를 옹호하는 철학을 만들어 낸 인물이다.[13]

이 새로운 공화정이 유지되던 18년 동안 마키아벨리는 많은 자리를 거치며 일했고, 1498년에는 제2서기관의 자리까지 오른다. 하지만 근대의 정치학을 정초한 명민함에도 불구하고 그는 추기경 조반니 데 메디치(Giovanni de' Medici)에 맞서 도시를 수호하는 수성전에서 대실수를 저지른다. 조반니 데 메디치는 스페인 군대를 풀어 근처의 도시 프라토로 나가게 했으며, 이를 통해 피렌체도 무력으로 점령했고, 결국 메디치 가문은 1512년에 거의 아무 저항 없이 피렌체로 당당히 입성한다. 메디치 가문은 곧바로 공화국을 해체하고 다시 권력을 쥔다. 또한 이들은 마키아벨리가 자신들의 체제를 전복하려는 음모에 참여했다고 의심하여 (물론 이 좌절된 음모에 마키아벨리가 가담했다는 것은 전혀 입증된 바 없다) 그를 "밧줄로" 고문(이른바 날개꺾기 고문. 두 손을 뒤로 묶어 천장에 매단 뒤 밧줄을 풀어 땅에 떨어뜨려 어깨를 탈골시켜 고통을 가하는 고문을 말한다―옮긴이)했지만, 이후 추기경 조반니가 교황 레오 10세로 추대되면서 대대적인 사면을 베풀어 그도 풀려난다. 이후 마키아벨리는 시골집으로 낙향한다. 이렇게 쓰디쓴 경험과 감정을 품은 채로 그는 두 개의 위대한 저작 『군주론(The Prince)』(1513)과 『로마사 논고(The Discourses)』(1518)를 쓰기 시작한다.

　　지성사가 앨버트 허시먼(Albert Hirschman)은 마키아벨리야말로 자기 이익의 전투장, 즉 무수한 사람들의 "욕정"이 충돌하여 시장의 힘이 추동되는 곳으로 사회를 바라보는 근대의 개념이 나타난 "원천"이라고 보았다. 마키아벨리는 특히 사람들이 자기 이익을 실현하려는 욕정을 다스리는 방법에 관심을 두었다. 그는 개인이 부를 추구하도록 하는 게 중요하다는 점에 동의했지만, 사적인 부라는 것이 항상 타락과 과두정으로 기우는 경향이 있다는 걸 두려워했다. 마키아벨리는 이러한 개인의 사적 이익과 욕정을 관리하고 감독하도록 국가가 충분한 힘을 가져야 하며, 그

리하여 어떤 개인도 도시를 지배하지 못하도록 해야 한다고 강력하게 주장했다.[14]

국가가 우선이라는 마키아벨리의 믿음은 이탈리아 전역에 창궐한 메디치 가문을 비롯한 과두정 집단의 폭정에 맞서기 위한 것이었다. 메디치 가문이 다시 권력을 잡자 이들은 가족과 친구들을 동원한 정실주의를 시작했고, 사적 권력과 이득을 위해 국가권력을 남용하고 재정을 축내는 등 무법 상태를 만들었다. 마키아벨리는 이렇게 자기 이익에 빠져 있는 참주들이 피렌체를 망치고 도시의 자유로운 교역을 파괴한다고 생각했다. 그리하여 그는 귀족들의 미덕이라는 것을 전혀 믿지 않았다. 마키아벨리 시절의 이탈리아에서 누구든 살아남기 위해서는 키케로 시절의 로마공화정처럼 법의 지배를 존중하는 강력한 공화정에서 살아가든가, 아니면 모든 수단을 동원해서 스스로를 보호하는 수밖에 없었다. 다시 말해, 마키아벨리는 법의 지배를 이룰 수만 있다면 그것을 달성해야 한다고 믿었다.

마키아벨리는 정치가일 뿐 아니라 역사가였다. 그는 누구보다도 실용적인 사람이었고, 그의 저작도 상인들의 매뉴얼과 마찬가지로 실생활에 적용되길 바랐다. 그의 저작들은 그의 표현 그대로 각자의 "운수의 성쇠(fortune)"를 관리하기 위한 것이었다. 이러한 목적에서 그는 키케로의 시민적 공화주의에 동의했지만, 지배자들이 도덕적으로 관대하고 선한 존재라는 귀족적 낙관주의는 배격했으며, 귀족들이 심지어 피지배층과 친구가 될 수 있을 거라는 페트라르카의 생각 또한 거부했다. 마키아벨리는 경제적 불평등과 나쁜 정부가 폭력 및 알력을 가져온다고 보았다. 이에 대한 대응으로서 그는 평화롭고 안정된 정부 그리고 잘 작동하는 시장을 보장하는 법치 공화국이라는 사상을 강력히 주장했다. 이러한 마키아벨리의 비관주의적 인간관에는 아우구스티누스적인 무언가가 깔려 있다.[15]

마키아벨리의 『군주론』은 새로운 메디치 체제에서 일자리를 얻어 보려는 그의 노력으로 1513년에 쓰인 저작으로서, 지금도 하나의 수수께끼로 남아 있다. 어떤 이들은 이를 여전히 비도덕적 행위를 장려하는 책으로 보는데, 여기에서 기만적인 자기이익 추구를 뜻하는 "마키아벨리적"이라는 근대의 용어가 나오기도 했다. 하지만 다른 이들은 이 저서를 참주들이 저지르는 온갖 악행의 폭로이자 비판이라고 보기도 한다. 아마도 둘 다일 가능성이 아주 높다. 사실 마키아벨리는 과두정과 참주정을 혐오했으며, 정치 그리고 공화국에 대한 시민적 복무를 사랑했다. 심지어 메디치가 들어선 뒤에도 그는 여전히 공직에 복무하기를 원했고, 동시에 비판도 했다.

키케로가 모든 비도덕성을 배격했던 것을 마키아벨리는 신봉하지 않았다. 그는 결함투성이 인간은 삶의 현실이라고 보았다. 하지만 타락에 대한 최상의 해독제가 공화정 정부라는 키케로의 생각에는 동의했다. 그는 참주들 그리고 야망가들의 행동은 짐승들과 마찬가지라고 경고한다. 따라서 이탈리아가 15세기 중반 이후에 겪은 폭력 상태를 면하고자 한다면 그야말로 모종의 법에 입각한 감독이 필요하다는 것이다. 그는 자기 이익을 위해 아무런 견제 없이 날뛰는 상태 그리고 왕정의 변태적 행태로부터 개인들을 보호하는 것이 국가의 임무라고 설명한다. 그러면서, 타락과 부패 그리고 참주정에 맞서 싸울 도구를 제공하고자 그는 로마공화정과 로마제국의 역사에서 실용적인 사례들을 가져온다. 그의 『로마사 논고』를 보면 "질서 잡힌 공화국에서는 공공은 부유해도 시민들은 가난한 상태가 유지되어야 한다"는 유명한 주장을 볼 수 있다.[16]

이 명제를 글자 그대로 시민들이 가난해야 한다고 받아들여서는 안 된다. 마키아벨리는 상인들의 공화국에서 통치를 했으며 상업적인 부를 지지한 이였다. 그가 두려워한 것은 돈이 과두정의 손에 집중되어 공화국과 시장의 안정성을 위협하는 사태였다. 그는 메디치 가문이 발호하면서 그들이 국가를 부패하게 만들고 자기들의 부를 활용하여 국가의 대의제 및 법률 체계를 무너뜨리는 것을 목도했다. 또 그는 공화국의 재정이 귀족들에게 이익을 안겨 주면서 공화국 자체는 약화시키는 방식으로 사용됐다는 점을 알았다. 그는 과두정의 경향을 띠는 키케로에 반대했고 오히려 가난한 이들에게 토지를 재분배하고 귀족들의 권력을 견제한 로마공화정의 농업 관련 법률을 찬성했다. 그는 부의 불평등이 과도하게 벌어지는 것을 제한한 덕에 로마가 평화와 질서를 유지할 수 있었다고 믿었다. 로마공화정에서 벌어진 여러 내전과 율리우스 카이사르가 황제 자리를 노리면서 부상하는 기간에 부자들이 일어났듯이 (특히 후자는 메디치 가문의 행태를 빗대어 말하고 있다) 부유한 자가 너무 많은 권력을 가지게 되면 "공화국의 파괴"로 이어지게 된다는 것이다.[17]

마키아벨리는 피렌체 노동계급의 봉기인 '치옴피 반란(Revolt of the Ciompi)'을 경제적 자유에 대한 한 교훈으로 보았다. 그의

1525년 작 『피렌체사(Florentine Histories)』(그가 메디치 가문이 두 번째로 배출한 교황 클레멘스 7세에게 헌정한 책이다)에는 과두적 독점체들은 안정된 교역과 부의 창출에 해가 되며 장애물이 된다는 그의 주장을 볼 수 있다. 공화국과 그 시장은 일정 정도의 경제적 공정성이 없다면 작동할 수 없다는 것이다. 키케로의 용어를 사용하여 그는 "사기와 무력"으로 재산을 모은 상인들을 비판하고 그러한 행위를 "추악한 재물 획득"이라고 불렀다. 또 그는 치옴피 직공(journeymen) 노동자들이 길드 내에서 대표권을 갖는 것을 제한한 피렌체 귀족들의 행위도 반대한다. 그 때문에 유혈 사태, 불안정성, 급진적 정치 등이 나타나게 됐다고 믿었다. 『군주론』에 따르면, 공화국이 무너지는 것은 오직 동물들의 법이 지배하게 될 때라고 한다. "여우들"과 "사자들"의 야수적이고 위험한 행동들을 막아 내고 미덕을 수호하여 좋은 교역과 시장을 지켜 내는 것은 오로지 안정된 국가를 통해서만 가능하다는 것이다.[18]

마키아벨리는 직업 길드에 대해서도 똑같은 염려를 품는다. 길드가 작동하려면 귀족들뿐 아니라 노동자들의 이익도 함께 대변해야만 한다는 것이다. 2세기 뒤, 길드의 과두제가 자유시장이 제대로 작동하는 데에 방해가 된다는 생각이 애덤 스미스의 경제사상에 근본이 된다. 스미스는 직업 길드란 임금 수준을 내리누르는 억압적인 카르텔일 뿐이라고 비판한다. 하지만 마키아벨리는 르네상스 시대의 피렌체 시민으로서 좀 더 미묘한 관점을 취한다. 그는 길드가 교역, 상품의 질, 거래의 신뢰 등을 구축하고 유지하는 데에 꼭 필요하다고 믿었다. 피렌체 상인들이 반복하여 주장한 바 있듯이, 피렌체를 부유하게 만든 것도 이러한 직업 단체들이라는 것이다. 중세 및 르네상스 상인 대부분은 상업 공화국의 헌법과 정부의 틀이 본래 이러한 길드에서 나왔다는 점을 알고 있었다. 탑이 세워진 피렌체 정부의 명소인 베키오궁전(Palazzo Vecchio)이 모든 길드의 문장(紋章)으로 치장된 이유도 여기에 있다. 하지만 마키아벨리는 길드는 부가 모든 시민에게 돌아갈 수 있도록 보장해야 하며, 신참자들도 가입할 수 있도록 해야 한다고 강력하게 주장했다. 그는 피렌체의 카타스토(catasto: 정부의 세금 감사―옮긴이)가 "권력 있는 자들의 폭정에 부분적으로나마 제약을 가하며" 또 시장이 공정하게 작동할 수 있도록 지킨다는 이유에서 이를 공화국의 필수적인 장치라고 보았다.[19]

근대의 냉소주의를 창시한 위대한 사상가인 마키아벨리는 자기 이익이라는 것에 견제 장치가 없을 경우엔 그것이 시장을 파괴할 수 있다고 믿었다. 안정을 가져오려면 세속 국가가 개개인보다 더 부유하고 더 강력해야 한다는 것이다. 이렇게 마키아벨리는 심지어 오늘날에도 큰 시사점을 갖는 하나의 경제적 주장을 제시한다. 정치적·경제적 안정성을 보장하고 과두정 및 참주정을 막기 위해서는 강력한 국가가 귀족계급과 평민계급 사이의 균형을 관리 감독해야만 한다는 것이다. 이는 아마도 그가 남긴 가장 큰 교훈이며, 자유로운 상업 사회를 발전시키기 위해 토지 과두 세력의 권력을 줄이려 한 그 이후 여러 세대에 걸친 시장 건설자들에게 큰 도움이 됐다.

# 5장
# 국가를 수단으로 삼은 잉글랜드의 자유무역

"무역이 번성할 때 왕의 수입이 늘어나고, 토지와
지대도 개선되며, 항해도 증가하는데, 이는 빈민들이
일자리를 찾기 때문이다. 하지만 교역이 쇠퇴하면
이 모든 것들이 함께 쇠퇴하게 된다." ─에드워드 미셀든,
『자유무역, 무역이 번성하게 만드는 수단』(1622)

16세기가 시작되면 유럽에는 급격한 변화가 찾아온다. 마키아벨
리의 『로마사 논고』가 쓰인 1514년에 독일의 개신교 창시자 마
르틴 루터(Martin Luther)는 95개 논제를 비텐베르크 대성당의 문
에 못 박았고, 이로써 기독교가 찢어지기 시작한다. 최초의 개신
교도들은 인간의 천한 본성에 대한 마키아벨리의 깊은 회의주의
에 공감하면서 인간은 타락했고 동물적으로 행동한다고 믿었다.
하지만 이들은 또한 개인의 선택과 자기 이익의 힘에 대한 마키
아벨리의 믿음도 공유했다. 인간은 개인적인 선택을 적절히 행사
함으로써 스스로 운명을 만들어 나갈 수 있다고 생각했다.[1]

같은 시기에 스페인 탐험가 후안 폰세 데 레온(Juan Ponce de
Léon)이 플로리다를 탐험했다. 유럽인들은 아메리카대륙을 보면

서 자신들이 상상한 것보다 미지의 자연이 제공하는 부가 훨씬 더 방대하다는 인상을 받게 됐다. 철학자들은 점점 더 과학과 발견이 부를 풀어 헤치는 열쇠라고 보았다. 이와 함께 이들은 이렇게 전 지구적인 탐험이 새롭게 열리면서 장거리 해양 무역과 제국을 지탱하고 보호하는 데에 국가가 지도적인 역할을 맡을 수밖에 없다고 깨닫게 된다. 이러한 무역과 제국을 개인들 혹은 기업들이 알아서 만들어 나가기에는 비용이 너무 클 뿐만 아니라 복잡하기 때문이었다. 16세기와 17세기의 경제사상가들은 부를 창출하려면 국가의 투자와 개인의 사업가 정신이 혼합되어야 한다고 일관되게 강조했다.

유럽은 과학혁명의 변곡점에 이르렀고, 이를 통해 행성의 운동에서부터 혈액의 순환에 이르기까지 여러 자연법칙이 발견되는 시대가 열리게 된다. 따라서 16세기 경제사상에서 자연적인 시장 메커니즘이 어떻게 작동하는지에 대해 새로운 이론들이 쏟아져 나온 것은 놀라운 일이 아니었다. 화폐수량설, 수확체감의 법칙, 진입장벽, 인플레이션, 노동생산성, 기업가 혁신주의 등의 이론과 개념이 전면에 등장했지만, 혁신적인 경제사상가들은 이 모든 것이 특정 형태의 국가개입에 철저하게 의존하는 것으로 보았다.

1530년대가 되면 유럽은 포르투갈과 스페인 제국에서뿐 아니라 독일과 보헤미아의 광산에서 나온 금으로 뒤덮이게 된다. 스페인 함대는 "신대륙"에서 귀금속을 산더미처럼 가져와서 세비야 과달키비르의 연안에 혹은 플라망어를 쓰는 안트베르펜 항구에 쌓아 놓았다. 금이 들어올수록 부도 늘었지만, 한편으로 인플레이션이 생기고 심지어 화폐가 부족해지는 현상까지 일어나서 보헤미아에서 마드리드, 파리, 런던에 이르기까지 여러 지역의 경제가 안정성을 잃게 됐다.[2]

이러한 급작스러운 불안정성에 대응하고자 철학자들은 화폐란 무엇이며, 왜 그것이 가치를 갖는 것인지 묻기 시작한다. 이들은 시장의 힘이 중요한 역할을 한다는 것을 인식하기 시작한다. 스콜라철학자들이 가격과 가치를 결정하는 시장 메커니즘을 창출하는 것이 개인의 행동이라고 이해한 것처럼, 후기 스콜라철학자들도 특히 스페인의 경우, 왕의 명령과 국가권력으로는 화폐의 가치를 완전히 통제할 수 없다고 믿었다. 스페인의 살라망카 지방과 포르투갈의 에보라 지방의 여러 대학에서 새로운 법사상 학파가 생겨났으며, 이들이 초점을 둔 것은 시장 메커니즘을 이해하는 작업이었다. 1550년대가 되면 스페인 바스크 신학자인 마르틴 데 아스필쿠에타(Martín de Azpilcueta)는 화폐수량설을 발전시켜서 통화가치의 원천은 유통되고 있는 통화량(즉 주화가 많아지면 통화가치도 떨어지며, 이러한 인플레이션이 일어나면 다시 통화 부족 현상이 벌어진다는 것)과 사람들이 화폐로 살 수 있나고 어기는 것의 수량, 이 두 가지로 결정된다는 것을 보여 주었다.[3]

시장의 힘이 통화가치를 결정한다는 혜안이 나타나면서 대부업에 대해서도 새로운 사상이 생겨난다. 기독교와 스콜라 사상가들은 아주 오랫동안 화폐가 사악한 것이라고 믿었다. 어떤 주장에서는 아리스토텔레스의 『정치학(Politics)』에 따라 화폐는 "불임"의 존재이며 오직 재화의 교환을 통해서만 부를 생산할 수 있다고 보았다. 따라서 화폐는 "자식을 낳을" 수 없으니 이자를 받는 짓은 부자연스러우며 모종의 절도에 해당한다는 것이다. 또 다른 이들의 주장에 따르면, 화폐는 무에서 창조되는 것이며 무는 악한 것이라고 한다. 그 자체로는 아무런 쓸모가 없고, 가치를 갖는 것은 구체적인 사물들일 뿐이며, 화폐는 단지 그러한 것들의 가치를 반영할 뿐이라는 것이다. 화폐는 무이기 때문에 이자를 받는 것—부를 창출하는 것—은 흑마술의 한 형태라고 한다. 또한 고리대금업을 하는 유태인들과 결부시켜 이들을 사악한 존재로 여겼다. 하지만 만약 화폐의 가치가 수량과 쓸모에 의해 결정된다고 하면, 이자를 받는 것은 사악한 행동이나 절도 행위가 아니며 시장 메커니즘의 일부가 된다. 이를 이해함으로써 개신교 경제사상가들은 고대부터 내려온 이자 수취 금지에 종지부를 찍는 큰 발걸음을 내딛게 된다.

독일의 개신교 칼뱅주의 개혁가인 마르틴 부처(Martin Bucer)는 이자를 받고 돈을 빌려주는 행위를 가장 강력하게 옹호한 이였다. 그는 이자 수취 금지뿐 아니라 화폐가 근본적으로 "불임"이라는 가톨릭의 생각에도 도전했다.[4] 당시에는 비록 순수하게 기독교적인 맥락에서지만 상업을 긍정적으로 보는 신학자들이 늘어나고 있었는데, 부처는 그중 한 사람으로서 이러한 화폐에 대한 편견을 깨는 데에 큰 역할을 했다(물론 유태인은 제외했다. 부처는 이들을 시민 생활이나 상업적인 삶 모두에서 몰아내고자 했다). 1547년에 그는 종교갈등 때문에 개신교 지역이 된 잉글랜드로 망명하고자 했으며, 왕 헨리 8세는 그를 궁정으로 받아들였다. 1579년에 마르틴 부처는 케임브리지의 흠정 교수가 된다. 그는 그곳에서

『그리스도의 왕국에 대하여(On the Kingdom of Christ)』를 저술하여
"착취적인" 이자율 없이 양쪽이 합의한다면 대부 행위도 경제적
인 혜택을 가져올 수 있다는 비전을 제시한다. 그는 키케로와 성
암브로시우스의 구절들을 인용하여 기독교 공동체의 선을 위한,
즉 "신의 사람들을 위해 평화를 구매하는 목적의" 이윤을 정당화
한다. 상업을 통해 시민 생활을 지원하는 데에 중점을 둔 그의 행
보는, 기독교사상의 시선이 이제 세속적인 세계로 이동하고 있다
는 걸 나타낸다. "돈은 신의 선물이기도 하며, 신은 우리가 그것
을 올바르게 사용할 것을 요구한다"고 부처는 『이자 수취에 대
한 논고(Treatise on Usury)』에서 말한다. 화폐를 통해 기독교인들이
잘 사는 데에 도움을 얻고, 키케로가 말한 최고선인 시민 생활의
안정성이 유지된다면, 화폐를 더 이상 "불임"의 존재로 보아서는
안 된다고 한다.[5]

　　당시 유럽에서 가장 인구가 많고 가장 부유한 나라 프랑스
에 큰 영향을 끼친 개신교는 칼뱅주의였다. 하지만 1562년에 시
작되어 35년 이상 지속된 프랑스 종교전쟁에서 가톨릭 극단주의
자들은 개신교도들과 심지어 온건파 가톨릭까지 공격하며 나라
전체를 거의 파괴할 지경까지 몰아간다. 이로써 도시늘과 여러
번성하던 산업들이 붕괴됐다. 일부 프랑스 사상가들은 종교분쟁
을 막고 재건을 앞당길 이론을 찾는 과정에서 마키아벨리를 받아
들인다. 이들은 유리한 시장 조건을 창출하고 국가와 사회를 안
정시키는 데에 그의 사상이 필수적이라고 보았다.

　　그러한 사상가 중 하나가 프랑스의 법학자이자 역사가이며
자연철학자인 장 보댕(Jean Bodin)이었다. 그는 종교전쟁이 절정

에 이른 시기에 프랑스의 정치적 평화와 경제발전을 가져다줄 제
도로서 절대군주제를 옹호하는 정치 이론을 집필한다. 그의 이
론은 성 바르톨로메오 축일에 벌어진 대학살에 대한 대응이었다.
이 학살에서 가톨릭 광신도들은 프랑스 전국에서 무수한 사람들
을 죽였을 뿐 아니라 당시 파리에 머물던 수백 명의 개신교 귀족
들까지 죽음으로 몰았다. 이 전례 없는 폭력으로 프랑스는 큰 트
라우마에 빠져 불안정한 상태가 지속됐고, 폭도들은 계속해서 여
러 도시와 상업적 부를 파괴하는 짓을 일삼았다. 이러한 종교적
파당 분쟁과 내란에 대한 보댕의 대응책이 바로 절대주의였다.
만약 경제가 자연적인 진보에 따라 작동하는 것이라면, 국가가
사회를 안정시키고 시장을 재건해야만 한다는 게 그의 믿음이었
다. 국가의 안정성과 권력을 옹호한 마키아벨리의 사상을 받아들
인 보댕은 좀 더 명시적으로 국가가 부를 일으키고 또 시장이 자
연적인 시스템으로서 작동하도록 허용해야 한다고 주장했다. 물
론 보댕은 국제적으로 존경받는 학자이자 법률가 그리고 왕의 자
문이었기에 마키아벨리와는 처지가 아주 달랐고 따라서 이렇게
노골적으로 말할 수 있었다.

　　보댕의 『국가에 관한 6권의 책(Six Books of the Republic)』(1576)
은 정치체를 갉아먹는 인간의 "욕정"에 유일한 대응책은 바로 절
대왕정이라고 설명한다. 보댕은 인간의 비도덕성을 주장한 마키
아벨리에는 동의하지 않았지만, 정치적 안정성에 초점을 두는 것
만큼은 그가 옳다고 믿었다. 그는 증오와 종교적 광신은 정치체
의 조화를 흩뜨리고 상업과 부를 파괴한다고 보았다. 이전의 시
장 이론가들과 마찬가지로, 보댕은 키케로에 의지해 도덕적이며

법질서를 지켜 내는 군주는 스토아주의적인 절제를 몸에 익혀야
하며, 경제에 자연의 균형을 회복시켜야 한다고 주장했다.[6]

보댕은 국가가 안정되려면 부유해야 한다는 마키아벨리의
가르침을 따랐다. 그도 지나치게 큰 부를 가진 과두적 계급이 존
재한다면 시장 메커니즘의 안정성을 해치는 위협이 될 것이라고
믿었다. "소수에게 과도한 부" 그리고 "다수에게 극도의 빈곤"이
존재한다면 반드시 내란이 일어나게 된다는 것이다. 보댕은 극
단적인 부와 극단적인 빈곤이라는 "돌림병"을 관리하려면 강력
한 국가가 존재할 수밖에 없다고 말한다. 그는 경제가 성장할 필
요가 있으며, 또한 건강한 국가는 사람들에게 신용과 신뢰를 불
어넣어(이는 곧 공정한 과세와 부채의 너그러운 탕감을 뜻한다) 이상적인
시장의 조건을 창출하게 된다고 믿었다. 국가는 로마의 전범을
따라 식민지를 확대하여 자금을 조성해야 한다고 한다. 보댕에게
좋은 정부란 공공 재정의 훌륭한 관리를 뜻했다. 그는 국가가 공
공의 순자산을 이해하는 방법으로 "인구수를 세는 것"을 수단으
로 삼아야 한다고 생각했다. 그리하여 이를 여러 도시산업 육성
가능성의 척도로 삼을 수 있어야 한다는 것이다. 이러한 초기 형
태의 경제 인구학이 시장을 이해하는 데에 핵심적이라는 깃은 이
후에 사실로 드러나게 된다.[7]

보댕을 통해 우리는 16세기 경제사상의 복잡성을 엿볼 수
있다. 그는 경제의 안정화와 시장 조건의 보장을 위해 국가의 역
할이 핵심이라고 확고히 주장하는 한편, 당대의 으뜸가는 화폐
이론가로서 시장 메커니즘에 대한 관찰 분석에서 한 획을 긋기도
했다. 그의 이력 초기인 1568년에 그는 당시 유럽이 겪던 인플레

이션의 문제에 대응하여 『말레트루아 씨의 패러독스에 대한 대답(Response to the Paradoxes of Monsieur de Malestroit)』을 집필했다. 이는 화폐수량설을 목청 높여 옹호하는 저작으로서, 그는 유통되는 주화의 양이 통화가치에 영향을 준다고 명확히 언명한다.[8]

말레트루아는 왕의 고문이자 회계사로서, 1566년에 화폐의 가치는 내재적이라서 주화의 가치 절하, 순도의 변화, 절삭 행위(글자 그대로 금화와 은화의 가장자리를 깎아 내는 행위를 뜻함) 등이 인플레이션 위기의 기초라고 주장하는 저작을 발표한다. 말레트루아는 300년간 물가가 변하지 않았으며, 인플레이션의 시작은 주화 주조의 질 자체가 낮아졌기 때문이라고 믿었다. 반면에 보댕은 주화의 내재적 가치는 제한적인 것에 불과하며, 가치의 더 많은 부분은 시장의 힘에 의해 결정된다는 것을 알고 있었다. 역사가인 보댕은 문서고를 뒤져 시간에 따라 주화들의 가치가 어떻게 변화했는지 데이터를 추적했다. 그는 "신대륙"은 물론 독일과 스페인의 광산에서 금과 은이 밀려들어 온 것이 귀금속이 넘치는 상황을 만든 원인임을 알았다. 즉 인플레이션을 일으킨 것은 주화의 질이 아니라 양이라는 것이다. 보댕은 화폐의 공식 가치를 바꾼다고 해도 또 주화 절삭을 막는다고 해도 인플레이션을 막을 수는 없다고 보았다. 귀금속의 양이 늘어 통화가치가 떨어지게 될 때에 귀금속의 유입을 통제하지 못한다면 국가가 개입하여 이를 도와야 한다는 게 그의 생각이었다. 그는 더 많은 교역을 창출하는 것만이 인플레이션에 대항하고, 화폐를 유통시키고, 통화가치를 안정시킬 수 있는 유일한 길이라고 보았다.[9]

보댕의 『말레트루아 씨의 패러독스에 대한 대답』은 화폐와 시장의 작동에 대해 데이터에 기초한 실용적인 연구의 최초 사례다. 그는 스콜라철학자들을 따라 가치와 가격을 결정하는 힘은 양에 있다고 보았다. 한 예로 주화의 유통량이 많아지면 그 주화의 가치는 떨어진다. 이와 똑같은 논리가 곡물에도 적용된다고 한다. (또한 보댕은 금이 많아지는 동시에 빈곤도 늘어나는 역설에 대해 온전히 역사적인 문헌을 활용한 논리를 제공하기도 했다.) 또한 그는 풍족함 때문에 물가가 낮아질 수 있다고 설명하면서, 폴란드 천문학자 니콜라우스 코페르니쿠스(Nicolaus Copernicus)의 행성운동 인과이론에 근거를 두어 역사적으로 물가가 행성의 운동과 비슷한 모습을 보인다고 말했다. 태양을 도는 행성의 궤도를 조절하는 자연적인 운동력은 바로 행성의 크기와 속도라는 것이다. 코페르니쿠스는 행성이나 화폐나 동일한 법칙을 따른다고 믿었고, 보댕은 이 강력한 비유를 그대로 되풀이했다.[10]

보댕은 마르쿠스 안토니우스의 손에 키케로가 죽은 유명한 사건을 들어, 인간사 또한 자연과 마찬가지로 항상 조화로운 것은 아니라고 말한다. 그래서 이러한 여러 갈등이 로마공화정의 몰락과 같은 대규모 변란으로 이어지거나, 그의 당대에 벌어진 종교전쟁과 그에 수반된 통화가치 붕괴의 위험으로 이어지는 일을 막으려면 국가가 나서서 이를 보호해야 한다고 한다. 보댕은 신의 섭리와 스토아철학에서 말하는 인간의 신중함을 갖춘 온건한 가톨릭 군주가 나와서 극단적 분파들을 누르고 균형, 평화, 번영을 다시 프랑스에 가져올 수 있을 것이라고 확신했다.[11]

마키아벨리, 스콜라철학자들, 보댕 모두는 사부아 공국의 예수회 사제이자 철학자 그리고 외교관인 조반니 보테로(Giovanni

Botero)의 정치 및 경제 사상에 큰 영감을 주게 된다. 보테로가 제시한 중요한 개념 중 하나는 도시들이야말로 산업을 장려하고 시장의 발전을 촉발한다는 것이다. 농촌과 달리 도시는 발견, 혁신, 제조업의 중심지며 또 지속적인 부의 생산이라는 역동적인 과정을 낳는 여러 자산이 대규모로 축적되는 곳이다. 이는 곧 국가가 도시에 중점을 두어야 하며, 도시들을 관리하고 또 거기에 투자해야 한다는 것을 뜻했다. 국가가 스스로의 존속과 번영을 위해 힘든 결정들을 내려야 한다는 마키아벨리의 생각을 공유한 그는 이러한 생각을 "국가이성(reason of state)"이라고 명명한 최초의 인물이었다. 이 개념은 훗날 프랑스어로 레종 데타(*raison d'état*)라고 불리게 되며, 경제사가들은 이를 근대적인 중상주의 개념과 결부시켰다. 다시 말해, 군주 혹은 지도자는 국가를 경제적으로 강화하기 위해 (그 의미가 금의 축장이든 산업 및 상업에 대한 보조금 지급이든 간에) 자신의 권력을 최고로 활용해야 한다는 뜻이다. 하지만 보테로 자신은 국가가 홀로 경제를 관리하는 것은 불가능하다고 보았다. 그는 국가가 생산을 극대화하는 데에 필요한 조건들을 창출하려면 상인들과 동반자 관계를 맺고 함께 움직여야 한다고 생각했다.[12]

그는 시민의 이익을 위해 국가를 안정화하는 데에 모든 힘을 쏟아야 한다는 키케로적인 주장을 내놓기는 했지만, 키케로의 농업적 이상들로부터, 또 산업과 교역이 수치스러운 일이라고 믿은 당대 귀족들의 이상들로부터 거리를 두었다. 보테로는 무한한 농업 및 광업의 부라는 관념 대신 인간 근면의 무한한 가능성이라는 개념에 천착했다. 그는 유럽 전역의 도시들이 농업이 아닌 도시적 부에 초점을 두고 어떻게 부유해졌는지 설명했다. 보테로는 도시들이야말로 대학, 법정, 지역산업의 현장이었고, 이 모든 곳에서 기술을 육성했으며, 그래서 더 많은 산업을 다시 창출하게 됐다고 말한다.[13]

보테로는 이러한 가능성을 실현하는 데에 중심이 되는 것은, 부를 창출할 때 여러 편리한 장치를 사용하고 또 인간의 간교한 지혜를 동원하는 것이라고 말한다. "인위적인 꾸밈(artifice)"이란 마키아벨리의 말처럼 정치에서 속내를 완전히 위장하는 것을 뜻할 수도 있지만, 글자 그대로 숙련공들의 "숙련된 솜씨"와 사회의 부를 확장해 줄 생산을 위해 발휘하는 "인위적 꾸밈"을 말하는 것일 수도 있다. 그가 볼 때, 자연은 부의 원동력으로 효율적이지 못할 뿐 아니라 제한적이었다. 그는 창의성을 통해 어디와도 견줄 수 없는 부유함을 갖게 된 도시들, 베네치아와 네덜란드 공화국 등을 지목하며 이곳을 강력한 경제 허브들이라고 말한다. 도시경제가 제조업과 전 지구적인 무역을 통해 가치를 더하는 방법으로, 농업 원자재들과 거리를 멀리할수록 그 도시경제의 부 창출은 더욱 효율적이고 방대해질 것이라고 한다.[14]

나폴리의 철학자 안토니오 세라(Antonio Serra)도 농업보다 산업을 옹호하기 위해 시장분석을 사용했다. 그는 1613년의 저작 『국가의 부와 빈곤에 대한 짧은 논고(Short Treatise on the Wealth and Poverty of Nations)』에서 농업 생산물들은 수확체감을 초래할 수밖에 없고, 따라서 규모가 늘어날수록 생산 비용은 올라가며 그 잉여 또한 기껏해야 제한적일 수밖에 없다고 주장한다. 한마디로, 농업은 대규모로 투입한 투자만큼 충분한 부를 창출할 수 없다는 것이다. 가치가 빠르게 감소하지 않는 내구재들을 생산하는 것은 오로지 "생산물들을 무한히 불려 나가고 따라서 수익도 무한히 불리는" 제조업뿐이라고 한다. 생산량이 늘어나게 되면 각종 비용은 떨어지게 되며, 이에 따라 임금을 올리는 동시에 가격을 낮추는 일이 가능해진다는 게 그의 설명이다. 이것이 바로 수확체증의 메커니즘이다. 따라서 그는 시장에서 산업들이 서로 경쟁하는 것은 엄청난 잠재력을 가진다고 말한다. 세라가 설명한 수확체증의 경향은 독과점 업체 등 훗날 "진입장벽"이라고 불리는 것을 낳게 되지만, 최소한 이런 일이 벌어질 때까지는 시장 경쟁의 잠재력은 계속 존재하게 된다.[15]

이탈리아의 도시에 거주한 사람 대부분이 그러했듯이, 세라 또한 이러한 제조업 전략이 먹히려면 국가가 규제 및 표준 설정 등을 통해 산업을 지원해야만 한다고 믿었다. 이러한 이유로 근대의 경제학자들은 그를 자유시장 사상가가 아닌 "중상주의자"라고 여겼다. 하지만 세라는 그런 관점을 가진 이가 분명히 아니었다. 그는 누구보다도 당대의 시장 메커니즘을 잘 알았고, 감가상각, 한계비용, 상업 투자를 위한 자본 조성 등이 작동하는 방식을 잘 이해한 이였다. 그는 그저 자신이 실제로 본 것을 설명하고자 했을 뿐이다. 즉 베네치아, 제노바, 밀라노 등과 같은 북부 이탈리아의 안정된 상업 국가들이 모두 농업보다 제조업과 교역에 비중을 둔 채 더 생산적인 활동을 하는 모습을 보고 기술한 것이다.

16세기에 상업 발전의 중심지가 된 것은 이탈리아뿐만이 아니었다. 잉글랜드도 떠오르는 곳이었고, 여기에서도 그 방법은 국가의 개입과 자유시장 정책의 균형이었다. 프랑스는 방대한 봉건적 농업 지역의 조직 표면에 큰 무역도시들이 얇게 퍼져 있는 상태였지만 이마저도 내전으로 크게 위축되어 있었다. 반면 잉글랜드는 제조업 및 무역의 중심지로 떠오르는 도시의 숫자가 계속 늘었다. 한 예로, 1550년과 1570년 사이에 사우샘프턴에 들어선 상점의 숫자는 두 배로 늘어난다. 1570년대가 되면 이 도시에는 300개 이상의 상점이 생겨서 1000개 이상의 생산물을 판매했고, 판매되는 옷감 종류만 100가지가 넘었고, 낚싯바늘의 종류도 1000개 이상이었으며, 철과 석탄의 공급은 무한정이었다. 잉글랜드의 인구는 16세기 후반기에 거의 30퍼센트가 증가하며, 이에 따라 도시들의 인구밀도도 높아져 그때까지만 해도 시골이던 지역에 도시가 깊게 밀고 들어가면서 팽창하게 됐다.[16]

잉글랜드의 경제가 발전하면서, 시장 발전의 근간이 되는 법적인 상업 계약 및 신용이 전국적으로 늘어나게 된다. 화폐 수요가 커지고 이로 인해 통화 부족이 나타나자, 잉글랜드인들은 신용에 의존하게 되고 이에 따라 잉글랜드 사회의 모든 분야에서 부채가 증가하게 된다. 이렇게 온 사회에 침투한 부채는 결코 경제적 덕성에서의 타락을 의미하는 것이 아니었다. 오히려 시장발전의 한 증후였다. 곧 대출, 채권, 계약으로 이루어진 방대한 네트워크가 작동하면서 유동성을 창출했고 더 큰 상업의 성장을 가져온다. 1560년과 1640년 사이에 신용에 기반한 경제활동의 양은 더 늘어서 대출도 늘어났을 뿐 아니라, 계약서에 서명을 하는 자리에 증인들이 참관하도록 하는 새로운 규칙도 나타나게 된다. 경제적인 신뢰는 계속 개선되었고, 잉글랜드의 상인들은 꼭 큰 사업을 운영하지 않더라도 큰 대출을 금세 받을 수 있다고 자랑하게 된다. 계약의 관행이 확산되면서 문맹률이 줄었고, 투자 시스템에 대한 신뢰가 늘면서 사람들의 회계 지식도 늘어 갔다. 니콜라스 그리말드(Nicholas Grimalde)가 1558년에 출간한 키케로의 『의무론』 영역본은 큰 인기를 끌었거니와 여기에 나오는 한 구절이 당대에 널리 유행하기도 했다. "신실함은 정의의 기초다. 이는 말과의 약속에서 진실함과 한결같음이다."[17]

이렇게 교역과 신뢰, 신용이 발전하는 가운데에 중요한 잉글랜드의 경제 저작들도 나타난다. 대표적으로 잉글랜드 의회의 구성원이자 케임브리지의 학자이며 혁신적인 시장 사상가인 토머스 스미스(Thomas Smith) 경이 쓴 것으로 알려진 『잉글랜드 왕국의 부에 대한 담론(A Discourse on the Common Weal of This Realm of England)』(1549 무렵)이 있다. 이 저작은 농업 시장을 자유화하려면 정부의 역할이 필요하다고 주장한다. 그는 오래된 농촌의 공유지에 울타리를 쳐서 사유지(enclosures)를 만드는 행위를 막고자 의회가 개입할 경우 오히려 곡물 수확량이 줄어들게 되며, 도시의 부 또한 줄어들게 된다고 설명한다. 산업의 수요 공급이라는 국제적인 시장 시스템이 존재한다는 생각을 그도 받아들이면서 기업가적 기술공들을 국가가 어떻게 도울 수 있는지에 대한 비전도 제시한다. 그는 풍요로운 시장이 확장해 나가는 힘은 스스로 가지고 있다고 믿지만, 또한 도시의 산업이 발전하려면 국가가 "보상"뿐 아니라 규제의 "고통"으로 이를 돕고, 나아가 "강제"해야 한다고 주장한다. 그리고 스미스는 농업은 자유가 필요하지만, 산업은 국가의 감독을 필요로 하며 또한 국제시장의 발전을 위한 국

가의 지원이 필요하다고 지적한다. 산업이 팽창하면서 국가적 부
의 흐름도 창출됐고, 이를 통해 "도시와 마을에는 다양한 직인들
(artificers)"로 가득해졌는데, "이제는 자연스러운 직업이 된 옷 만
드는 기술자뿐 아니라 모자 만드는 이, 장갑 만드는 이, 종이 제조
인, 유리 제조인, 구두 장식인(pointers: 장화의 레이스나 구두 끝의 뾰족
한 부분을 만드는 중세의 직업―옮긴이), 금세공인, 각종 대장장이, 침
대보 만드는 이, 바늘 만드는 이, 핀 만드는 이 등"이 그들이라고
한다. 스미스는 이 모든 직종과 사업들은 서로를 지탱해 주면서
경제성장의 시장 시스템을 만들어 낸다고 말한다.[18]

잉글랜드 정부는 이제 여러 산업을 지원할 뿐 아니라 잉글
랜드의 시장이 식민지 세계로 확장해 나가는 것도 지원하게 된
다. 여왕 엘리자베스 1세는 1579년에 프랜시스 드레이크(Francis
Drake)가 계획한 세계일주 항해 프로젝트의 비용 모금을 돕는다.
또한 그녀는 1595년에 월터 롤리(Walter Raleigh)가 오리노코강으
로 떠나는 탐험에도 사업권을 부여한다. 이곳은 오늘날의 베네수
엘라로서 크리스토퍼 콜럼버스가 천국으로 가는 길을 발견했다
고 믿은 곳이다. 그로부터 약 100년 정도가 지난 후 월터 롤리도
자기 홍보 책자 『거대하고 풍요롭고 아름다운 기아나 제국의 발
견, 스페인 사람들이 엘도라도라고 부르는 거대한 황금 도시 마
노아와 관련하여(The Discovery of the Large, Rich, and Beautiful Empire
of Guiana, With a Relation of the Great and Golden City of Manoa Which the
Spaniards Call El Dorado)』(1596)에서 무한한 부, "황금의 어머니"를
발견했다고 주장한다.[19]

잉글랜드인 대다수가 제국건설에서 국가도 한몫을 해야 한

다고 믿었지만, 또한 시장이 지속적인 생산을 만드는 자연적 법칙이라는 것도 이해하려고 했다. 플랑드르 지역의 앵글로-플라망인(개신교 지역인 네덜란드의 남쪽에는 안트베르펜과 겐트 등 가톨릭을 믿는 도시로 이루어진 플랑드르 지역이 따로 존재했고, 이들이 사용하는 언어를 플라망어라고 한다. 훗날 프랑스어와 동일한 왈론족 언어를 쓰는 가톨릭 지역과 함께 벨기에를 이루게 된다—옮긴이) 상인이자 고등판무관인 제라드 드 맬린스(Gerard de Malynes)는 저서 『상인법(Lex Mercatoria)』(1622)에서 상업을 구축하는 데에 각종 규제와 자유가 어떤 역할을 하는지에 대해 세련된 관점을 보여 준다. 그는 장 보댕의 저작뿐 아니라 성경의 법률, 스파르타의 법률, 크레타의 법률, 카르타고의 법률, 키케로의 법률까지 인용하면서 국가가 무역을 지원하는 전략적인 역할을 맡아야 한다고 강력하게 주장했다.[20]

자유시장과 중상주의의 이분법이라는 현대의 사고방식으로 맬린스의 저작을 보면 어리둥절할 것이다. 그는 보댕과 마찬가지로 국가의 개입과 자기 조정적 자유시장 메커니즘 두 가지에 똑같은 비중을 두고 있기 때문이다. 바람, 물, 불, 흙 등의 자연 요소들이 각각의 고유한 방식으로, 즉 특정한 고정 원리에 따라 운동하는 것이라면, 인간의 행동과 교역도 그러한 원리들을 반영하는 것이 자연법이라고 한다. 하지만 이러한 "반영"은 자생적인 과정이 아니다. 시스템이 정해진 코스를 이탈하지 않게 하려면 인간의 감독과 유지 보수가 필수적이다. 맬린스는 교역을 연금술 과정으로 묘사하면서, 돌과 자연 요소들을 황금과 엘릭시르로 바꾸는 게 과학이라고 믿는 이들의 신념에 호소하고 있다. 화폐가 화폐에서 창출될 수 있다는 믿음은 일부분 연금술이라는 과학의 원형적인 모습이라고 볼 수 있다. 또한 이러한 맥락에서 맬린스와 여러 사상가는 황금과 부의 창출이 자연 과정의 일부로서, 이는 철학자들이 해명할 수 있을 뿐 아니라 과학자들이 통제할 수 있는 것이라고 믿었다.[21]

　맬린스는 보댕이 제시한 화폐수량설의 여러 부분에 동의했지만 거기에서 한 걸음 더 나아갔다. 그에 따르면, 시간의 경과, 감가상각, 수량, 양질의 주화를 주조하고 규제하는 왕권 등과 같은 무수한 자연적·인간적 요소들이 통화가치에 영향을 준다고 한다. 맬린스의 『자유무역의 유지(The Maintenance of Free Trade)』(1622)는 만약 어떤 나라가 무역 불균형을 낳아 너무 많은 주화가 유출되고 나면, 산업 또한 잠식당할 것이라고 경고한다. 만약 잉글랜드인들이 네덜란드의 옷감을 너무 많이 사들이게 되면 잉글랜드의 황금이 네덜란드로 빠져나갈 것이며, 따라서 잉글랜드 내에서 교역이 벌어지는 데에 필요한 황금도 충분치 않게 될 것이라고 한다. 맬린스는 화폐의 본질이 거기에 함유된 귀금속이라고 믿는 금은 통화론자(bullionist)였으며, 한 나라의 주화와 귀금속의 양이 그 나라의 부와 동일하다고 믿었을 뿐 아니라 이 원리야말로 산업 발전과 자유무역의 기초라고 생각했다. 이는 당대의 문제섬을 드러낸 빌언이었다. 잉글랜드는 통화 부족을 겪고 있었다. 그 결과, 국내의 교역이나 조세 지불에 필요한 충분한 양의 주화가 상인들 손에 없었다. 그는 이러한 통화 부족이 투자 부족을 낳아 잉글랜드의 의류 산업 확장을 방해한다고 믿었다.[22]

　그와 동시에 맬린스는 모직물 상인들이 잠재적인 위험을 가진 외국과의 경쟁에서 보호받을 수 있도록 정부가 움직여야 한다고 믿었다. 정부의 관세 조치가 없다면 "잉글랜드 상인"들은 공정한 가격을 보장받을 수 없으며, 외국과의 "자유무역"도 지탱될 수 없다는 것이다. 이는 오늘날의 자유시장 사상의 관점에서 보자면 모순으로 보이겠지만, 당시 잉글랜드가 겪던 주화 부족 사태에 대한 대응이라고 보면 간단히 이해된다. 17세기 초 잉글랜드의 경제사상가들은 자유방임이 부를 창출하는 것을 이해하지 못한 원시 경제인들이 아니었다. 이들은 단지 귀금속을 본국으로 흘러가게 하여 교역과 산업의 발전을 회복하려고 노력했을 뿐이다. 맬린스와 상인들은 이러한 위업을 달성할 수 있는 유일한 주체는 국가이고, 따라서 경제적 자유와 안정성을 보장하는 필수적인 조건을 국가라고 보았다. 관세를 매기면 국내의 상업이 발전하는 데에 필요한 충분한 화폐가 국내에 남게 되며, 이를 통해 잉글랜드는 국제시장에서도 자유롭고 유리하게 경쟁할 수 있다는 것이다.[23]

이런 믿음을 가진 것은 맬린스뿐만이 아니었다. 잉글랜드의 경제 지도자 대다수가 자유무역의 조건을 창출하는 데에 국가가 중요한 역할을 할 수 있다고 보았다. 그중에서 영향력을 가진 이가 동인도회사의 이사 토머스 먼(Thomas Mun)과 상인 에드워드 미셀든(Edward Misselden)이었다. 먼과 미셀든이 볼 때, 국가의 보호주의가 무역 및 교역의 자유를 촉발한다는 생각에는 아무런 모순도 없었다. 비록 경제사가들은 오랫동안 잉글랜드 왕실이 관세를 매겨 잉글랜드의 선박업과 제조업을 보호해야 한다고 주장한 것을 들어 이들을 중상주의자라고 여겼지만, 이들 또한 자유시장 사상을 개척한 사람들이라고 볼 필요가 있다.

먼이 볼 때, 자유무역을 보장하는 가장 확실한 길은 시장이 스스로 가격을 결정하게 두면서 정부가 잉글랜드 산업의 성장을 보호하고 장려하는 것이었다. 경제불황이 지배하던 1620년대에 동인도회사의 이사를 지낸 먼은 잉글랜드 왕실이 잉글랜드의 무역 불균형을 역전시킬 수 있도록 자유주의 정책과 보호주의 정책을 혼합하는 방식을 채택했다. 당시 동인도회사가 사치재를 수입하면서 소중한 은을 외국으로 유출한다는 여론의 공격이 거셌던지라 그는 이러한 무역이야말로 잉글랜드를 더 부유하게 만드는 것이라고 말하면서 자신의 회사 경영을 변호했다. "구매와 지불의 운동"을 촉발하는 "질서 있는 재화의 흐름"만이 잉글랜드 통화의 가치를 강화시키고, 이렇게 되면 적은 통화로도 더 많은 양을 구매할 수 있게 되어 화폐가 잉글랜드를 빠져나가는 것을 막는 데에 도움이 된다는 것이었다. 먼은 자유무역이 통화위기를 막는 데에 도움이 된다고 믿었지만, 이것만으로는 충분하지 않다고 생각했다. 그는 시장적인 해법들과 동시에 국가의 개입이 있어야만 잉글랜드의 자유무역 역량이 강화될 수 있다고 믿었다. 그는 잉글랜드 국내 산업과 경쟁하는 외국 재화들에 대해 여러 가지 관세를 매기는 것을 옹호했고, 또한 잉글랜드 상품의 선적은 오로지 자신의 회사 선박과 같은 잉글랜드 선박만을 사용해야 한다고 주장했다. 오늘날의 안목으로 보면 이를 자유무역으로 보지 않겠지만, 먼과 다른 재계 지도자들은 교역과 무역의 자유야말로 이미 상당한 이점을 갖고 영업을 하던 네덜란드와 대적할 수 있는 최적의 조건을 창출한다고 보았다.[24]

에드워드 미셀든은 그의 저서 『자유무역, 무역이 번성하게 만드는 수단(Free Trade, or the Meanes to Make Trade Flourish)』에서 비슷한 생각을 개진한다. 그는 독점체들에 반대했고, 무역은 판매와 구매의 시스템이 자연스럽게 지속되고 또 성장하도록 작동한다고 믿었다. 그는 주화가 가치를 갖는 것은 그것으로 구매할 수 있는 "물품들"과의 관계에서 일어나는 일이라고 생각했다. 하지만 그는 먼과 마찬가지로 자유무역이라는 생각만 고수하는 것이 아니라, 거친 국제시장의 현실들을 파악하고 조화를 꾀하려 했으며, 또 잉글랜드가 아직 지배적인 경제 강국이 아니라는 사실도 강조한다. 잉글랜드의 여러 산업은 아직도 취약한 상태며, 따라서 보호를 받아야 한다는 게 그의 믿음이었다. 그리고 미셀든은 독점체들이 건강하지 못하다고 생각했지만, 그런데도 국가가 무역을 감독해야 한다고 보았다. "인간에게 질서와 통치가 없는 교역이란 선박의 바닥에 구멍이 나 있는 채로 항해하는 것과 같아서, 승객인 그들의 처지를 위협한다." 정부의 감독이 없다면, "숙련되지 않고 엉망인 사람들"이 나서서 무역을 망치고 신뢰 및 가치를 잠식하게 되며, 엉망인 상품들과 믿지 못할 제품들이 나돌아 다니는 폐해가 나타난다는 것이다.[25]

프랑스는 물론 독일의 여러 국가도 가톨릭과 개신교 세력들 사이의 종교전쟁으로 엉망이 됐고, 이 덕에 잉글랜드는 1620년대와 1630년대에 무역에서 유리한 위치를 점할 수 있었다. 하지만 잉글랜드도 스튜어트왕조의 찰스 1세와 청교도 의회 및 군사 지도자 올리버 크롬웰(Oliver Cromwell)이 맞선 내전을 거치면서 곧 산업이 무너지는 위협을 맞게 된다. 사치품 무역은 불황에 빠졌고, 국제적 선박업도 막혔으며, 어렵게 얻어 낸 상업에서의 이점 또한 네덜란드공화국에 빼앗기게 된다. 마침내 청교도 세력이 1651년에 권력을 얻으면서 의회는 항해법(Navigation Act)을 통과시킨다. 이는 네덜란드의 무시무시한 상업의 힘에 맞서기 위해 의회가 전면에 나서 잉글랜드 상인들과 무역업자들의 시장을 보호하고자 한 오랜 캠페인의 성과물이었다.[26]

이 법을 통해 잉글랜드의 산업이 보호를 받았을 뿐만 아니라 잉글랜드로 들어오는 모든 선적은 오직 잉글랜드 선박을 통해서만 이루어지게 됐다. 잉글랜드의 내란이 끝나기가 무섭게 제1차 잉글랜드-네덜란드 전쟁이 1652년에 시작됐고, 그 후 2년간의 싸움을 통해 잉글랜드는 결정적인 승리를 얻게 된다. 잉글랜드는 1653년에 스헤베닝언 전투(Battle of Scheveningen)에서 승리를 거두지만, 네덜란드 함대를 무너뜨리고 그 해안을 봉쇄하는 데에는 실패한다. 네덜란드가 여전히 지배적인 상업국의 지위를 누리고 있던 까닭에, 잉글랜드의 정책 입안자들은 정부가 나서서 국내 산업을 부양하기 위해 조세 시스템을 만들어야 한다는 먼과 미셀든의 조언을 그대로 따른다. 이들은 또한 인도와 아프리카에서 북아메리카대륙에 이르는 전 지구적 무역, 특히 노예무역을 네덜란드가 지배하는 것에 도전하기 위해 국가의 조력을 조직했다.

이렇게 잉글랜드가 상업 세력으로 떠오르기 시작한 것은 정부에 대한 상인들의 강력한 영향력 아래에서 상업자본과 정부의 입법이 혼합된 덕분이었다. 이러한 국가와 상업의 협력관계는 아주 잘 작동했고, 17세기 중반이 되면 잉글랜드는 영향력 있는 사업가 계급이 국가와 손을 잡고 관세법을 세련되게 만드는 선진적인 상업 국가가 된다. 17세기에 잉글랜드의 강력한 경제를 구축한 이들은 국가의 조력을 빌려 그렇게 할 수 있었다. 이들은 자유무역이라는 것이 자국의 유치산업들이 경쟁력을 갖추고 무한한 이익을 위한 전투에 뛰어들도록 보호하기 위해 외국과의 경쟁을 제한한다는 것을 뜻한다고 보았으며, 이들의 눈에는 거기에 아무런 모순도 없었다. 잉글랜드는 세계 최고의 상업 국가로 천천히 그리고 꾸준히 떠오르는 여정을 시작했다. 하지만 먼저 네덜란드 및 프랑스와의 경쟁에서 승리해야만 했다.[27]

# 6장
# 네덜란드공화국의 자유와 부

> "신께서는 인간을 '자유롭고 독립적인(αὐτεξούσιον)'
> 존재로 창조했으므로, 모든 개인의 행동과 그
> 소유물의 사용은 다른 이의 의지가 아닌 오로지 자신의
> 의지에 따르게 된다. (…) 그래서 다음과 같은 말이
> 있다. '모든 개인은 자신의 소유물에 관해서는 스스로
> 통치자이자 결정권자다.'"
> ― 휘호 흐로티위스, 『포획법론』(1603)

1576년에 네덜란드가 세습 군주인 스페인 펠리페 2세의 통치에 반란을 일으키자 펠리페 2세의 군대는 큰 무역도시인 안트베르펜을 약탈했다. 이때 네덜란드 인구의 거의 절반이 북쪽의 암스테르담으로 피난을 갔으며, 그 결과로 전 지구적 무역의 중심지도 이곳으로 옮겨 가게 된다. 1581년에 네덜란드 북부 지방의 일곱 개 주가 스페인령의 네덜란드와 단절하고 네덜란드공화국을 결성한다. 이는 칼뱅주의 신교도들이 지배하는 탈중심화된 도시국가로서, 상인계급이 비교적 종교적으로 관용의 태도로 정부를 지배하는 것이 특징이었다. 이 새로운 공화국의 지도자인 상인들

은 자연스럽게 자유시장과 공격적인 영리사업을 지지하는 혁신적인 국가 비전을 추구했다.

잉글랜드가 체계적으로 상업의 힘을 구축하는 중에도 네덜란드는 유럽 경제를 계속 지배했다. 이른바 "네덜란드 황금시대"에는 경제학에 대한, 특히 자유시장에 대한 다양하고 복잡한 개념들이 자라났다. 하지만 지금에서 돌아볼 때에 이러한 자유시장의 사상이 제아무리 값진 것처럼 보일지라도, 네덜란드공화국의 경제 또한 잉글랜드나 프랑스와 마찬가지로 정부가 크게 개입해야 한다는 전제에 기반하여 작동했다. 네덜란드공화국의 사상가들이 지지한 여러 자유의 이상이라는 것이 네덜란드 정치와 제국 경제학의 현실에 항상 맞아떨어지는 것은 아니었다. 자유시장의 이상은 다른 시대와 마찬가지로 국가개입이라는 좀 더 복잡한 현실과 함께 공존했던 것이다.

네덜란드의 지도적인 인문 사상가 시몬 스테빈(Simon Stevin)은 네덜란드공화국이 생겨났을 때 브루게에서 레이던으로 이주했다. 그는 보잘것없는 상인 가문 출신이지만 레이던대학에 있는 동안 훗날 오라녀 공작이 되는 나사우 백작 오라녀 마우리츠(Maurice of Orange)와 친구가 된다. '침묵공'으로 알려진 빌럼 1세의 아들로 태어난 그는 1585년에 네덜란드공화국의 총독이 되며, 그때 스테빈을 자신의 수석 자문이자 교사로 선임한다. 마우리츠는 1625년에 죽을 때까지 총독 자리를 유지한다. 그는 공직에 있을 동안 운하, 둑, 수로, 수문 등 중대한 수리 사업을 지휘하는 자리에 스테빈을 앉혔고, 군대의 병참을 책임지는 역할도 맡겼을 뿐 아니라 이후 스테빈이 레이던에 공학 학교를 세우는 데에도 도움을 주었다. 스테빈은 다재다능한 인물로서, 당시 큰 영향력을 미친 회계 매뉴얼 『군주들을 위한 회계학(Accounting for Princes)』 (1604)을 집필했다. 그는 여기에서 상업 기술에 능통한 이가 정부를 운영해야 한다고 주장했다.[1]

스테빈은 상업 기업들에 복식부기가 얼마나 중요한지를 설명하면서 네덜란드의 국내시장에서 신뢰를 구축하는 데에 국가와 도시 행정부가 반드시 필요하다는 점을 역설했다. 그는 건강한 상업 공화국이란 만인이 금융 이해력을 갖춘 나라라고 말한다. 모두가 대차대조표를 읽을 수 있게 되면 모두가 사업을 할 수 있게 되고, 재무제표도 자신 있게 볼 줄 알게 되며, 이에 따라 남들과 스스로를 통제할 수 있게 된다는 것이다. 스테빈은 마우리츠 공작에게 그가 고용한 관료들이나 세금 청부업자들보다 상인들이 국가 재정을 일구는 데에 더 도움이 된다고 조언한다. 그리고 회계에 능통한 군주가 재정 장부를 읽는 것이 그냥 재정 담당관의 말을 따르는 것에 비해 훨씬 낫다고 주장한다.[2]

스테빈과 네덜란드 지도자들은 시장에 신뢰를 불어넣고 외국인들이 네덜란드공화국으로 몰려들도록 하는 데에 관용이 핵심 역할을 한다고 믿었다. 칼뱅교 섬유 제조업자들은 80년 전쟁, 즉 네덜란드독립전쟁의 기간 동안 스페인이 네덜란드를 침략하자 이를 피해 북쪽의 공화국 도시들로 도피한 바 있었다. 1609년이 되면 암스테르담에는 칼뱅교와 가톨릭 신자의 수가 거의 동일해지고, 게다가 유태인들과 루터교도들도 많아졌다. 이들 모두가 투자 및 회사 창업의 권리를 가지고 있었다. 이미 시장 문화가 부유하게 성장하고 있었지만, 이들은 관용과 신뢰 그리고 금융 이해력, 투명성, 효율성 등이 더해진다면 시장 문화가 더욱 융성해질 것으로 믿었다.[3]

당연하게도 네덜란드의 시장은 팽창했다. 이곳에는 엄청난 양의 가연성 토탄이 부존되어 있었고, 여기에다 무진장의 풍력 및 수력까지 제조업의 자연 에너지원으로 공급됐다. 1592년에 네덜란드는 목재 절삭 등과 같은 산업적인 목적으로 엄청난 규모의 풍차 네트워크 구축에 착수했다. 풍차 사업은 민간자금을 조달한 중세의 공공사업에서 비롯된 네덜란드 특유의 공동투자 전통에서 나온 것이었다. 한 예로, 풍차 하나에 지분을 가진 투자자가 70명까지 허용됐다. 이러한 오랜 민관협력의 전통에서 공화국의 상업 기반들이 자리를 잡게 됐다.[4]

17세기 중반이 되면 네덜란드는 세계에서 가장 세련된 경제를 갖추게 된다. 네덜란드의 농장경영자들은 경제성장의 기초가 농업이 아니라 산업이라고 이해했기에 제조업의 원료가 되는 작물들을 기르는 데에 초점을 두었고, 식량으로 쓸 곡물은 대신 수입하기 시작했다. 이들은 순전히 농업을 위한 농장 경영은 좀 더 복합적이고 산업적인 목적으로 행하는 농장 경영보다 생산성이 떨어진다는 것을 알았던 것이다. 이들은 꼭두서니를 길렀는데, 그 뿌리는 가죽과 섬유를 붉은색으로 날염하는 데에 오랫동안 쓰인 원료였다. 또한 이들은 담배 산업을 발전시키기 위해 농촌에서 작물을 기른 뒤 암스테르담으로 가져와 처리 및 포장을 하는 방식을 택했다.[5]

국가는 강력한 도시 행정부를 동원하여 이러한 경제발전에서 지도적인 역할을 수행했고, 스스로를 살찌울 수 있는 여러 무역협정을 공격적으로 마련해 나갔다. 프랑스와 잉글랜드의 상인들은 네덜란드 외교관들의 영리한 작전에 계속 따돌림을 당했으므로 노발대발하여 관세 보복으로 대응했다. 하지만 네덜란드공화국은 북해와 발트해 그리고 한자동맹 도시들에 접근할 수 있었고, 어디에 내놓아도 견실한 자신의 시장이 있었으며, 뛰어난 제조업 물품에 대한 수요가 광범위하게 존재했으므로 17세기 내내 경제 분야에서 지배적인 위치를 유지했다.[6]

네덜란드도 피렌체와 마찬가지로 산업을 발전시키고 제품의 품질을 관리하기 위해 길드에 의지했다. 예술가, 빵집 주인, 은행가, 양복장이, 가죽 무두장이들이 모두 길드를 가지고 있었다. 데벤터르와 같은 도시들은 지역의 숙련공을 육성하고자 외국의 섬유업자들을 불러들여 이들에게 여러 특권과 독점권을 제공했다. 심지어 유치산업들을 보호하기 위해 관세를 활용하고 또 현금 보조금까지 지급했다. 이로 인해 지역에서도 전문성이 나타나기 시작했다. 한 예로, 하우다시에는 2만 명의 주민 가운데 4000명이 긴 도기 담뱃대를 만드는 직업에 종사했으며, 그중 한 업체는 오늘날에도 운영 중이다.[7]

이제 네덜란드 함대는 베네치아의 함대보다 훨씬 더 큰 규모를 가지게 됐다. 그뿐 아니라 잉글랜드와 프랑스의 함대를 합친 것보다도 더 컸다. 게다가 네덜란드의 해상 무역업자들은 유럽에서 가장 뛰어난 숙련도와 문해력과 효율성을 자랑했다. 이들이 자랑하는 200톤급 플루트 선박(flute ship: 네덜란드어로 fluyt다. 군함으로 전환할 필요 없이 화물 전용으로 만든 배였고, 속도와 효율성이 뛰어났다―옮긴이)은 불과 9~10명의 선원으로 운항이 가능했던 반면, 비슷한 규모의 잉글랜드 배는 30명이 필요했다. 1590년대에 스페인의 무역 봉쇄가 끝나면서 네덜란드인들은 아프리카 해안을 따라 배를 타고 내려갔다. 1634년에는 서인도제도로 활동을 확장하여 아루바(Aruba), 보네르(Bonaire), 퀴라소(Curaçao) 등을 손에 넣어 노예무역의 상륙 거점으로 활용했다.[8]

네덜란드 상인들은 스페인 및 포르투갈 제국 내에 무역 거점을 세워 그곳에 빨대를 꽂을 수 있었으며, 유럽의 누구보다도 더 많은 돈을 버는 데에 성공했다. 1599년에 야코프 코르넬리우스 판 네크(Jacob Cornelius van Neck)가 동인도제도에서 펼친 향신료 무역은 무려 199퍼센트의 이윤을 거두었다. 네덜란드의 여러 주에서 새로운 회사들이 생겨났으며, 이에 네덜란드인들은 내부에 서무 경쟁이 심해지게 되면서 무역이 잠식되는 게 아니냐는 걱정까지 할 정도였다. 그리하여 네덜란드의 수상이자 주요 지도자인 요한 판 올덴바르네펠트(Johan van Oldenbarnevelt)는 네덜란드 일곱 개 주의 모든 회사를 외국 무역을 위해 단일의 연맹체 법인으로 묶어야 한다고 강력하게 주장했다. 그리하여 1602년에 그는 통일 네덜란드 동인도회사(네덜란드어로 VOC, Vereenigde Oost Indische Compagnie)의 설립을 이끌어 낸다. 이 회사의 사업 허가장을 보면 민간자본과, 올덴바르네펠트가 공화국의 이익에 가장 부합하는 국가이익이라고 보았던 것이 어떻게 혼합되어 있는지가 그대로 드러난다. 이 회사는 무역 독점체로서의 발전뿐 아니라 여러 가지 국익도 떠받들 책임을 가지고 있었다. 또한 잉글랜드의 동인도회사와 아주 비슷하게 민간 회사지만 이를 세운 주체가 국가일 뿐 아니라 자체적으로 해군과 육군을 조성할 권리 등 여러 독점적인 특권까지 국가가 부여한 회사였다. 회사의 내부 문건을 보면, 네덜란드 의회가 VOC를 포함한 여러 회사를 직접 감독하고 규제했으며, 또한 1620년대에는 상업적인 노예무역 정책을 형성하는 데에도 주된 역할을 했음을 알 수 있다. 네덜란드 국가는 VOC의 의사결정에도 참여했고, 전략 수립에 도움이 되도록 국가의 문서고와 정보기관도 함께 공유했다. 이렇게 잉글랜드와 프랑스의 경우와 마찬가지로 네덜란드에서도 제국 차원의 사업과 최초의 글로벌 기업이 형성됐고, 이는 국가와 민간 부문의 협력에서부터 출현했다.[9]

네덜란드 국가는 1602년에 VOC를 세우고 난 직후 회사 주주들과 함께 시장 건설의 대규모 프로젝트에 착수한다. 올덴바르네펠트 수상과 네덜란드 당국은 VOC의 도움을 받아 주식거래를 촉진하기 위해 암스테르담에 최초의 주식시장을 설립한다. 최초로 상장된 회사는 VOC였으며, 그 주식은 유럽 전역에 걸쳐 판매됐다. 이러한 혁신적이고도 세련된 시장이 저절로 그냥 솟아오른 것은 아니었다. 1609년에 암스테르담의 지도자들은 외환은행인 암스테르남 은행(Bank of Amsterdam)을 시청 건물 안에 세웠고, VOC에 지불 결제를 하기 위해 들어오는 귀금속 통화와 예금의 가치를 보장하여 사람들에게 믿음을 주려는 목적으로 은행의 운영을 감독했다.[10]

VOC의 허가장에는 네덜란드 시민이라면 누구든 그 회사의 주식을 살 수 있으며, 또 "선적물이 돌아와 그 수익금의 5퍼센트가 현금화되면 즉시 배당금의 분배가 이루어져야 한다"고 명시되어 있다. 이 회사를 지배하는 것은 17명의 으뜸 주주들(Heren Seventien)이며, 그다음은 60명 정도의 무한책임을 지는 최대 투자가들(Bewindhebbers)이었다. 네덜란드 시민이라면 누구나 이 회사에 투자할 수도, 또 투자한 돈을 뺄 수도 있었다. 굳이 이 회사의 출자자(partnership) 명부에 이름을 넣고 빼면서 자본 투자금도 함께 넣고 빼는 일을 하지 않아도, 그저 주식을 사고파는 것만으로 그렇게 할 수 있었다. 네덜란드의 주식시장은 그야말로 시장에 대한 신뢰와 상업적인 창의성의 승리였다. 역사상 처음으로 투자자들은 공개적으로 거래되는 기업의 지분 서류가 회사 소유권의 일부를 나타내는 것이라고 자신 있게 믿을 수 있게 된 것이다.[11]

그리하여 이 새로운 형태의 회사에 몰린 공공의 투자액은 전례 없는 수준에 달했다. VOC의 전입 자본금 총액은 642만 4588휠던으로서, 잉글랜드 동인도회사의 열 배였다. 이는 곧 허가장에 나와 있는 거대한 제국의 야망이 실현될 수 있음을 뜻했다. 투자자들이 모은 자금은 선박을 짓고(잉글랜드 동인도회사의 경우에는 선박을 임대했다) 또 모잠비크, 고아, 말루쿠제도, 암본 등에 있는 스페인과 포르투갈 기지에 맞서 싸우기 위해 군사력을 파견하는 데에 효과적으로 사용됐다.[12]

VOC는 혁신적인 기업 정신, 조심스러운 국가 관리술, 시장 원리들을 정부의 각종 규제 및 균형 잡힌 운용 등과 효과적으로 혼합한 대표적인 모범 사례였다. 네덜란드 지도자들은 신뢰의 구축을 통해 이를 성취했다. 열린 정부를 지향하는 네덜란드 정신에 입각하여 VOC의 허가장은 또한 6년마다 한 번씩 누구나 참여할 수 있는 공공의 청문회나 감사회를 열어 회계 및 감사 결과를 공개할 것이라고 말하고 있다. 민간의 사기업으로서는 주주들에게 책임을 지웠으며, 주주들은 다시 국가에 이의를 제기할 수 있었다. 하지만 1620년에 VOC는 배당금을 지불하지 않았고, 내부자거래 혐의까지 쓰게 됐다. 회사 내부의 편파적인 거래로 거둔 이윤이 엄청났던 데다가 발행주식의 가치를 대차대조표에 포함하지 않는 바람에 자산의 크기가 실제보다 더 크게 나타났던 것이다. VOC의 수익률은 그동안 평균적으로 냈던 18퍼센트에서 6.4퍼센트로 뚝 떨어지게 됐다. 공공 여론이 VOC에 적대적으로 돌아섰고, 그 주식의 거래는 이제 금융 데이터에 기초하여 거래되는 게 아니라 시장터에 떠도는 소문들로 이루어졌다. 비밀 행위에다가 회계 사기로 인해 세계 최초의 공개 상장 주식회사의 자본주의적 모험은 위태롭게 된 듯했다.[13]

1622년에 마침내 주주들의 반란이 일어났고, 이 때문에 마우리츠 공작 또한 이 회사의 감사회를 열어야겠다는 확신을 갖게 된다. "자연적인" 시장 메커니즘이라는 것은 오로지 투자자들이 국가 규제의 안정성과 정직성에 신뢰를 가지고 있을 때만 믿을 수 있게 작동한다는 것이 분명해졌다. 그리하여 국가의 수장도 사적인 감사를 받았고, 경영자들의 부패에 종지부를 찍었으며, 이 회사에 대한 공공의 신뢰를 다시 구축하기 시작했다. 그 덕분에 VOC는 그 후로도 계속해서 1세기 동안 큰 이윤과 높은 수익을 내게 된다.[14]

네덜란드공화국은 스페인의 합스부르크왕가에 독립을 선언하고 1581년에 이를 성공적으로 관철한 후, 그때까지 막혀 있던 스페인 시장과 포르투갈 시장 그리고 무역 기지들에 들어가고자 했다. VOC의 계획은 아시아 무역을 지배하는 것이었다. 이들이 스페인과 포르투갈의 사업을 방해하고 재물을 약탈하는 데에 큰 역할을 한 것은 해적질이었다. 1603년에 네덜란드의 야코프 판 헤임스케르크(Jacob van Heemskerck)는 싱가포르 동쪽 해안에서 포르투갈 선박 산타카타리나를 공격하여 나포한다. 네덜란드 해군 수뇌부는 헤임스케르크에게 호전적인 행동을 하지 말라고 직접 명령을 내린 바 있었다. 하지만 네덜란드 법 따위는 까맣게 잊을 만큼 이 나포한 선박에서 얻은 재물의 가치가 상당히 컸다. 진귀한 중국 비단이 무려 1200개 더미에다가 사향이 무려 수백 온스였으니까, 그 총액은 300만 휠던, 즉 잉글랜드 화폐로 치면 30만 파운드스털링에 해당했다. 물론 헤임스케르크는 이 포르투갈 선박을 나포할 법적인 권한이 없었다. 그리고 네덜란드 해군 군사 법정은 결국 이 물건들을 합법적인 전리품이라고 판결했다. 하지만 이렇게 노골적인 절도 행위를 부도덕하다고 여긴 주주들도 존재했으며, 이것은 당시 막 새롭게 스페인과 포르투갈 제국의 시장에 공격적으로 진입하던 VOC에게 도전이 됐다.[15]

이렇게 스페인과 포르투갈의 제국 무역에 진입하려던 네덜란드공화국의 열망 덕분에 당대에 가장 큰 영향력을 미친 자유시장 사상이 출현하게 된다. 산타카타리나 사건이 추문이 되어 퍼지자, VOC는 헤임스케르크의 사촌이자 유명한 인문주의자이며 법학계의 신동인 휘호 흐로티위스(Hugo Grotius)를 호출하게 된다. VOC는 자신들의 이익을 옹호하는 학술 논고를 집필하는 작업을 이제 막 스무 살이 넘은 젊은이에게 맡긴 것이다. 그들이 원한 것은 VOC가 스페인과 포르투갈 제국의 내부 시장으로 진입하기 위해 해적질과 해상 전투를 벌일 도덕적 권리가 있다는 주장을 펼치는 것이었다. 흐로티위스는 유명한 학자이자 정치가의 아들로 태어나 명성 높은 레이던대학에 불과 11세의 나이로 입학했고, 그곳에서 고전을 탐독하며 특히 키케로의 저작을 좋아했다. 흐로티위스의 인생은 위대한 로마의 법학자 키케로만큼이나 파란만장하게 펼쳐진다. 흐로티위스는 뢰벤슈타인성의 감옥을 탈출하여 책 상자 속에 숨어서(이 상자는 오늘날에도 뢰벤슈타인성에 전시되어 있다) 프랑스 파리로 빠져나갔고, 또한 배가 난파하는 바람에 목숨을 잃을 뻔한 위기까지 넘기며 계속 자신의 경력을 이어 가 정치가로 성장한다. 그는 박식한 인문 지식을 활용하여 칼뱅파 신학자로, 또 당대의 가장 중요한 법학 이론가로 성장하게 된다.

흐로티위스의 저작 『포획법론(Commentary on the Law of Prize and Booty)』(1604)은 자유시장 사상을 설파하는 강력하고도 영향력 있는 저작으로서, 그가 근대적인 자연권 이론을 창시한 법학 사상가의 이력을 시작하게 만든 책이다. 이 『포획법론』은 보편적인 자연법의 논리를 활용하여 네덜란드 배들이 포르투갈 제국의 영토에 공격을 감행하고 심지어 영토를 침범하여 공격할 수 있다고 옹호한다. 이 원고는 장황하고 기술적인 내용으로 가득 차 있으므로 아마도 VOC가 기대한 선전물은 아니었을 것이다. 하지만 이는 흐로티위스의 이후 저작의 틀을 정하는 역할을 한다. 그는 키케로에게서 도덕적인 자연법은 보편적인 것이며, 그 법의 내용은 어떤 개인이든 이성을 활용하기만 하면 누구나 이해할 수 있다는 사상을 가져온다. 저 "신뢰할 수 없고 잔인한" 포르투갈인들은 전 세계의 여러 바다를 통제함으로써 도덕적인 위해를 끼치고 있다. 더 나아가 제국의 토착원주민들이 네덜란드와 교역을 못 하게 함으로써 그들은 네덜란드인들의 자연권을 빼앗고 있다. 흐로티위스는 이것이 범죄라고 말한다. 따라서 네덜란드 선박이 포르투갈 선박을 나포해 얻은 물품은 정당한 전리품이며, "사기가 아닌 신실한 태도[good faith: 이는 라틴어로 보나 피데(bona fide)라고 하며, 도덕적인 선의라는 뜻이 아니라 법적인 측면에서 "사기나 기망을 의도하지 않은" 것이란 의미다. 따라서 범죄가 성립되지 않는다는 뜻을 가진다─옮긴이]로" 취한 것이라는 주장이다. 주권은 자연권이므로 기독교인에게만 주어지는 것이 아니며, 따라서 스페인 제국 안에 사는 토착원주민들도 네덜란드 상인들을 무역 동맹자로 선택할 권리와 자유가 있다고 한다. 흐로티위스는 네덜란드의 대포와 요새가 갖는 크기를 생각할 때, 원주민들에게 자유가 주어졌을 경우 스페인과 포르투갈을 등지고 그들이 네덜란드를 선택하는 것은 아주 설득력 있는 일이라고 말한다.[16]

흐로티위스는 이 책의 12장을 따로 떼어 1609년에 『항해 자유론(The Free Sea)』이라는 제목을 달고 익명으로 출간한다. 이는 VOC를 위한 것이기도 했지만 그가 법학자로서 공공 앞에 데뷔하는 사건이기도 했다. 이 저작은 철학적인 면에서나 선전물이라는 차원에서나, 실로 대단한 한 방이었다. 흐로티위스는 여기에서 자연, 바다, 개인의 자유 등 기본 사항들에 대한 여러 주장을 내놓고 있으며, 이는 17세기 후반 사무엘 폰 푸펜도르프(Samuel von Pufendorf)와 존 로크(John Locke) 그리고 그 이후의 자연권 및 인권을 주장한 유럽 사상가들에게 주춧돌이 된다.

　흐로티위스의 주장은 자유란 자연에서 오는 것이며, 신은 모든 존재를 위해 자연을 창조했다는 것이다. 키케로는 사적소유라는 개념 자체가 인간이 공동체의 동의를 얻어 만들어 낸 것이라고 말한 반면, 흐로티위스는 인간은 물론 심지어 국가조차도 소유권을 주장하기에는 너무나 큰 것들이 존재한다는 점을 들어 이에 반대한다. 키케로의 『의무론』을 인용하면서, 그는 지상의 사물들은 "모두가 사용할 수 있도록 자연이 만들어 낸 것"이라고 말하고 있다. 예를 들어, 온 세계를 덮고 있는 바다는 "무한"하며 누군가가 자신의 소유로 만들 수 없는 것이다. 마찬가지로 그 안에서 헤엄치는 물고기도 무한하며 어느 한 나라가 자기들 것이라고 주장할 수 있는 게 아니라는 것이다. 다른 말로 하면, 어업활동에서 "외국인들"이라는 게 있을 수 없으며, 따라서 잉글랜드인들과 포르투갈인들이 네덜란드 어업인들을 자기 바다에 들어오지 못하게 금지한 것은 바다에서 자유무역을 누릴 권리를 침해하는 것이라는 논리다.[17]

　흐로티위스는 또 한 번 키케로를 인용하면서, 이러한 자유를 침해하는 나라와 전쟁을 벌이는 것은 당연히 정의로운 전쟁이 된다고 주장한다. 이 수장은 흐로비위스의 빛나는 국제법 저작의 금자탑인 『전쟁과 평화의 법(The Rights of War and Peace)』(1625)의 중심이 된다. 흐로티위스는 여러 나라가 맺는 상호작용에 적용되어야 할 법들의 개요를 제시하면서, 개개인은 자신의 행동을 선택할 자연권이 있다고 강력하게 주장한다. 자연법과 구별되는 "각국의 법률"의 개념에는 개인들이 다른 이들을 해치지 않는 한 자신의 선택에 따라 행동할 적극적인 자유가 있음을 그는 분명히 밝히고 있다. 이는 오늘날에도 여전히 사적인 소유물의 점유를 옹호하는 논리의 기초가 되고 있다. 자연의 일부로서 "소진이 불가능한" 것들은 어느 한 나라가 소유물로 만들 수 없으며, 오로지 "호수, 연못, 강물"과 같이 국경선 안에 분명하게 자리 잡은 유한한 것들만이 개인이나 나라의 소유물이 될 수 있다는 것이다.[18]

흐로티위스의 『전쟁과 평화의 법』에서 핵심이 되는 주장은 바로 노예제의 옹호였다. 물론 이는 VOC를 지지하려고 내놓은 주장이기도 하다. 그는 프랑스 법학자 장 보댕과 마찬가지로 정의로운 전쟁에서 붙잡힌 이들을 노예로 만드는 것을 합법이라고 믿었다. "사람들은 자유보다는 목숨의 유지를 훨씬 더 선호하며", 따라서 죽음보다는 노예제가 훨씬 더 좋다는 것이다. 신은 전쟁 포로들에게 "자유" 선택을 부여했으니, 이들은 죽는 것을 선택할 수도 있지만 "포로"의 새로운 신분을 받아들일 수도 있다고 한다. 그는 시장 메커니즘에 얽힌 도덕적·경제적 계산 속에서 죽음이냐 포로냐 하는 문제는 죄수의 선택 혹은 자연권이라고 결론을 내린다. 이때 포로란 토착원주민들을 말하는 것이 분명하다.[19]

흐로티위스는 VOC가 노예무역으로 돈을 번다는 것을 분명히 알았으며, 그 노예들이 전쟁포로가 아니라는 것도 잘 알고 있었다. 그의 노예제 옹호가 유럽인들끼리의 전쟁에서 잡힌 포로 문제에 대한 언급이라고 생각해서는 안 된다. 전쟁포로를 노예로 만드는 것은 로마법에 명시된 소중한 원칙이었고, 농업 봉건제가 농업 노예제를 대체한 서기 1000년 정도까지는 유럽 전역에서의 관행이기도 했다. 노예를 가축이나 다름없는 물적 재산으로 보는 노예제보다는 봉건제가 훨씬 덜 잔인하게 느껴지지만, 그럼에도 불구하고 후자는 전자의 강제적인 요소들을 대부분 가지고 있었다. 흐로티위스는 노동자들이 영주들의 보호를 받는 대가로 종속 관계라는 계약을 자유의지로 맺었다는 생각을 기초로 삼아, 해외 노예제와 전시 노예제에 대한 로마법을 자신만의 논리로 설명하며 봉건제를 정당화한다. 이렇게 하여 흐로티위스는 자신의 자연법 및 자연권 비전에 노예제를 소중한 일부로 안치시킨다. 이는 사실 선택의 자유라는 개념을 전쟁과 평화의 논리 안에서 편벽되게 해석한 것이지만, 노예노동에 의존하는 VOC의 금전적 이해에 잘 맞는 논리였다.[20]

노예제 옹호를 제쳐 두고 보면, 흐로티위스의 저작은 스페인 왕실뿐 아니라 네덜란드에 우호적인 무역 상대국들에게도 위협이 됐다. 스코틀랜드인 윌리엄 웰워드(William Welwod)는 이러한 논리가 스코틀랜드 해안의 모든 섬과 "해협들"에 포함된 어장을 훔치겠다는 수작으로 보았다. 하지만 잉글랜드 사상가 다수는 흐로티위스의 논리가 잉글랜드 자국민들이 세계 제국을 열어젖히는 데에는 유용하다고 보았다. 잉글랜드인들도 이미 1599년에 스스로 동인도회사를 설립한 바 있으니까. 1609년에 식민지 개척자 리처드 해클루트(Richard Hakluyt)는 흐로티위스의 저작을 영어로 번역해 출간했는데, 아마도 그의 논리를 영국의 식민지 팽창에 사용하자는 의도였을 것이다. 그리하여 이 문제와 관련된 저작들이 다수 쏟아져 나왔다.[21]

흐로티위스의 텍스트에는 항해의 자유, 자유무역, 개인의 정치적·경제적 권리 등의 이론이 분명히 언명되어 있지만, 현실은 그보다 훨씬 더 복잡하고 불투명했다. 네덜란드 동인도회사는 노예제 문제로 보면 흐로티위스의 인권과 자유의 개념을 완전히 무시했으며, 자유무역을 추구하는 방법에서도 국가의 야수적이고 군사적인 힘에 의지했다. 종국에 가면, 어느 나라이건 힘만 세다면 해양을 마음껏 착취할 수 있었다. 이후에 영국과 프랑스는 자기들의 식민 권력을 유지하기 위한 카르텔을 맺어 협조했고, 결국 인도양에서 으뜸가는 권력의 자리를 네덜란드에서 뺏어 오게 된다.

하지만 외국의 경제 권력의 현실이 어떠한지에 대해 네덜란드의 경제사상가들은 별로 관심을 두지 않았다. 네덜란드의 상업 권력이 정점에 달한 17세기 중반, 네덜란드 경제이론에서 가장 중요한 저작은 개신교 경제학자이자 자유시장 및 공화주의 이론가이며 옷감 제조업자이기도 한 피터 드 라쿠르(Pieter de la Court)가 쓴 『네덜란드공화국의 진정한 이익과 정치적 원칙들(The True Interest and Political Maxims of the Republic of Holland)』(1662)이었다. 당대의 가장 세련된 자유시장 이론인 이 저작에서 저자는 정치적 자유와 자유무역은 군주정의 힘을 분쇄시킨다고 주장했다. 당시 사실상의 네덜란드 수상인 얀 더빗(Johan de Witt)의 지원을 받아 쓰인 이 저작은 독기를 품은 듯 군주정을 공격했다. 또한 정치적·종교적 자유, 자유무역과 경쟁, 제조업과 선박업 등이 모두 자기 조정 경제 시스템으로 통합되어 있음을 자세히 개괄했다. 드 라쿠르는 앵글로-플라망인 상인 저술가인 제라드 드 맬린스와 그의 저작 『상인법』을 직접 거론하면서 상인들이 군주들을 누르고 올라서고 있다고 주장했다.[22] 그는 군주들은 경제성장에 해로운 존재들이며, 네덜란드의 주민들은 "왕, 즉 최고로 높은 영주 나리가 다스릴 경우에 그 정치에서 정말로 최악의 해를 입게 될 것"이라고 한다. "백작들"은 권력을 얻겠다고 설치는 가운데에 정치를 불안정하게 만들며, "왕의 비위나 맞추는 궁정의 신화들"은 네덜란드를 부유하게 만든 "항해, 제조업, 상업"을 무너뜨리게 한다는 것이다.[23]

또한 드 라쿠르는 "어업과 운송업"만으로는 네덜란드의 경제를 유지할 수가 없다고 말한다. 부의 원천은 농업이나 자연 채집이 아니라 "각종 제조업"에 있다는 것이다. 오로지 산업만이 물건들을 가져와 재화로 만들고 이들을 국제시장에 판매하여 진정한 부를 창출한다. 그리고 자연은 상업의 여러 목적에 따라 활용되어야 한다. 그는 네덜란드의 제조업과 선박업이 성공을 거두게 된 열쇠는 수력을 효율적으로 활용하는 데에서 보여 준 "절약과 훌륭한 관리"였다고 말한다. 자연의 재화들을 채집하는 것만으로는 충분치 않으며, 제조업 그리고 복잡한 시장의 분배 시스템을 통해 그것들을 가공해야만 한다는 것이다.[24]

드 라쿠르는 네덜란드의 경제 시스템이 작동하게 된 유일한 이유는 주민들이 "자유의 상태"에 있기 때문이라고 한다. 개인의 자유, 종교의 자유, 정치의 자유가 주어질 때에만 비로소 제조업에서 부를 창출하는 "진정한 이익 주체"가 생겨난다는 깃이다. 그는 네덜란드공화국이 번영한 것은 종교 제도들이 큰 규모의 부를 별로 통제하지 않았기 때문이라고 믿는다. 네덜란드 시민들은 길드뿐 아니라 심지어 VOC의 독점에서도 자유로워야만 한다고 그는 주장한다. 또한 네덜란드공화국이 외국인들을 관용의 태도로 환영하고 통합하여 그들에게 제조업에 합류하고 또 창업할 수 있는 자유를 부여한 것이 성공의 원인이라고 본다. 암스테르담이

세계 상품시장의 중심지가 된 것은 개인 및 종교의 자유뿐 아니라 무역의 자유를 통해서였다는 것이다.[25]

드 라쿠르는 네덜란드의 숙련된 상인들은 이 나라의 "창고"에 쌓여 있는 네덜란드 제국의 부를 새로운 원자재로 제조하여 재빨리 선적할 수 있으며, 이를 그 어떤 나라도 따라올 수 없는 속도로 유통시킬 수 있다고 말한다. 네덜란드공화국은 이를 관리하기 위해 높은 세금을 걸었다. 스페인과의 전쟁 기간 동안에도 네덜란드는 경쟁자인 잉글랜드를 가볍게 지배할 수 있었다. 또한 네덜란드는 시민의 자유가 있는 나라이기에 유럽 전역에서 재능 있는 인물들을 끌어올 수 있었다. 드 라쿠르는 전 세계의 거의 모든 나라가 네덜란드의 무역정책에 분노하면서 원수가 됐다는 걸 알았지만, 그는 네덜란드의 "이익"이라는 것이 결국 모든 동맹국의 "공동선" 및 "상호혜택"을 위한 것이라고 주장한다. 네덜란드의 무역 협력국들은 그의 이러한 거만한 말투에서 네덜란드의 정책들이 공정하다고 판단할 만한 요소를 끝내 찾아내지 못한다. 잉글랜드와 네덜란드는 정치적 이해관계, 식민지의 이해관계, 무역의 이해관계 등에서 맞서고 있었는데, 이러한 갈등이 촉발하여 잉글랜드-네덜란드 전쟁이 1665년에서 1667년까지, 그리고 1672년에서 1674년까지 벌어지게 된다. 프랑스는 1672년에서 1678년에 이르기까지 네덜란드를 침략한다.[26]

네덜란드공화국은 전례 없는 경제적 성공을 이룩하지만, 1672년에 '재앙의 해'를 맞게 된다. 가장 강력한 귀족인 오라녀 공작 빌럼 3세가 네덜란드공화국을 자신의 통제권으로 넣으려고 시도했는데, 이에 맞서 사실상의 수상 요한 더빗이 그를 억누르려고 한 것이 발단이었다. 같은 해에 엎친 데 덮친 격으로 툭하면 전쟁을 일으키던 프랑스의 루이 14세까지 공화국을 침략하는 일이 벌어진다. 그러자 빌럼 3세는 네덜란드 전역에 자신의 권위를 주장하고 나선다. 그는 군대의 총사령관 자리를 자신의 종신직으로 삼으면서 프랑스가 자신을 네덜란드의 왕으로 만들려고 한다는 소문까지 부추겼다. 이렇게 하여 공화국을 무릎 꿇린 뒤 빌럼 3세는 7월 9일에 네덜란드 총독 자리에 오르고, 그다음에는 공공연하게 요한 더빗과 드 라쿠르의 권력을 위협하기 시작했다. 7월 23일에 도르드레흐트의 빌럼 공작 파당은 요한 더빗의 형제인 코르넬리스 더빗이 빌럼 공작에 대항해 반역 음모를 꾸민다는 혐의를 뒤집어씌워 그를 잡아들여 고문했다. 빌럼 3세는 요한 더빗에게 형제를 석방시키고 싶다면 엄청난 액수의 벌금을 내라고 명령한다. 요한 더빗은 도르드레흐트에 도착할 때까지만 해도 성난 빌럼 공작 파당의 군중을 달랠 수 있을 것이라고 생각했다. 하지만 오히려 그들에게 공격을 받아 칼에 찔리고 만다. 군중은 형제 두 사람을 모두 참수하여 그 시신을 매달았을 뿐 아니라 신체 일부를 먹기까지 했다. 이런 끔찍한 폭력을 보고도 빌럼 공작은 분명한 반대 의사를 표하지 않았다.[27]

오라녀 공작이 이렇게 권좌에 오르면서 네덜란드공화국과 그 자유도 내리막에 접어든다. 빌럼 3세는 엄청난 규모의 대출을 끌어내어 자신의 권력을 공고하게 할 군대를 구축했다. 하지만 그에게는 더 큰 계획이 있었다. 그는 잉글랜드의 개신교 왕이 되기 위하여 비밀리에 여러 협상을 진행했고, 결국에는 가톨릭 왕인 제임스 2세의 왕권을 전복하고 만다. 1688년 2월 23일에 빌럼 3세와 그의 아내이자 제임스 2세의 딸인 메리(Mary)가 새로운 전체 영국(Britain)의 입헌군주가 된다. 이 명예혁명이 영국에서는 헌정적 자유와 경제적 팽창의 시대를 연 서막이 되지만 네덜란드 공화국에는 조종(弔鐘)이었으며, 그와 함께 네덜란드의 글로벌 무역에 대한 지배력도 사라지게 된다.[28]

프랑스와 영국은 유럽의 지도적인 상업 국가로서 네덜란드 공화국의 자리를 빼앗게 됐고, 이로부터 시작된 두 나라 사이의 격렬한 경쟁은 19세기까지 계속된다. 네덜란드는 다시 왕정으로 퇴행했고, 다시는 상업, 과학, 제국의 힘, 산업 모두에서 영국과 프랑스에 적수가 되지 못했다. 결국에는 네덜란드의 자유가 드 라쿠르의 자신감 넘치는 예언을 실현시켜 주지 못했고, 자유방임의 방향으로 나가는 확실한 운동을 만들어 내지도 못했다. 자유시장을 분명하게 표명한 가장 강력하고도 지속적인 힘을 가진 사상은 오히려 프랑스와 영국이라는 두 강대국 사이의 오랜 갈등에서 생겨나게 된다.

# 7장
# 장 바티스트 콜베르와 국가가 만든 시장

> "상업을 다시 확립하려면 두 가지가 반드시 필요하다.
> 확신과 자유."
> ─장 바티스트 콜베르, 「잉글랜드와의 상업에 관한
> 비망록」(1651)

17세기 중반까지 네덜란드와 잉글랜드가 상업의 지배권을 놓고 경쟁을 벌이는 동안에도 프랑스라는 잠자는 거인은 이제 막 깨어나는 중이었다. 인구만 놓고 보더라도 잉글랜드가 500만 명, 네덜란드가 180만 명일 때 1660년의 프랑스 인구는 약 2300만 명이었으니 실로 거대한 괴물에 가까웠다. 하지만 그 크기에도 불구하고 프랑스가 계속 약한 상태였던 것은 내전 때문이었다. 종교전쟁뿐 아니라 강력한 귀족들이 중앙정부의 왕권에 맞서서 들고일어난 프롱드의난(1648-1653)이 있었다. 결국 전투에서 왕권이 승리를 거두기는 하지만, 루이 14세가 1661년에 즉위할 당시 왕실 재정은 거의 파산 상태였고, 프랑스의 상업은 침체되어 있었다. 17세기 초만 해도 모직물 생산에서 유럽을 주도한 프랑스는 1640년대가 되면 그 산출량이 급감하는 사태를 맞게 된다. 프랑스의 상인, 해군, 식민지, 무역 네트워크와 제조업 기지 등은 네덜란드와 잉글랜드에 비해 한참 뒤떨어져 있었다. 프랑스의 큰 상업 도시인 리옹, 보르도, 마르세유, 루앙 등은 너무나 많은 종교전쟁과 내란을 겪었기에 수준 높은 기능공들이 씨가 마른 상태였고, 이에 프랑스 전체는 상대국과 경쟁에서 불리한 입장이었다.[1]

어리고 비교적 가난하지만 큰 야망을 가진 왕 루이 14세는 새로운 소득의 원천을 만들어 내야 했다. 부유한 지주 귀족들과 고위 성직자들은 조세가 면제되었으므로 국가는 농민들 그리고 수십 년간 이어진 침체기에서 간신히 명맥을 유지하던 상업에서 나오는 세금에 의존해야 했다. 그러니 장래의 '태양왕'인 루이 14세가 이러한 수입으로 만족할 리가 없었다. 나폴리의 경제학자 안토니오 세라가 이미 전에 경고한 바 있듯이, 농작물은 의지할 만한 기반이 되지 못했다. 여기에서 잉여가 나온다고 해 봐야 그 양은 제한적이며 또 이를 통해 얻는 조세수입은 해마다 들쭉날쭉할 것이기 때문이다. 근대의 왕국은 산업, 혁신, 경제 팽창을 필요로 했다.

1661년에 루이 14세는 자신의 사실상 재상으로 장 바티스트 콜베르를 선임한다. 그의 신중하고도 정밀한 행정 기술, 인정사정없는 결단력과 충성심 그리고 산업과 교역에 대한 빈틈없는 지식 등을 높게 샀기 때문이다. 콜베르의 출신지는 옛날 피렌체의 상업 전통과 연결된 곳이었다. 그가 태어난 도시인 랭스는 샹파뉴 지역의 수도로서, 중세 시절 부르고뉴 공국의 부와 플랑드르 지역의 정기시장(fair)에서 성장한 리옹-피렌체 옷감 무역의 중요한 일부였다. 콜베르 가문의 재산도 이전의 피렌체 상인들과 마찬가지로 모직물 교역, 금융, 국가 공직 등을 통해 일구어 낸 것이었다. 회계 훈련을 받은 콜베르는 프랑스가 네덜란드 및 잉글랜드와 경쟁하기에는 상업 기술이나 기율이 부족하다고 염려했다. 그를 좌절시킨 또 다른 것은 왕실 재정의 수입이 산업이 아니라 농업에 의존하고 있다는 점이었다. 콜베르는 "고대 로마, 아시아 왕국들, 프랑스, 스페인" 등과 같은 강대국들은 "상업에 전념하지" 않았던 탓에 영광을 누릴 역량을 스스로 갉아먹었다고 주장한다. 또한 그는 프랑스가 농업에 중점을 두는 것이 "산업 기반을 악화"시키는 원인이라고 말한다. 프랑스에 필요한 것은 산업, 혁신, 사치의 나라라는, 요즘 말로 하자면 "브랜드"라는 게 그의 믿음이었다. 이렇게 그는 이탈리아에서 내려온 기술적 전문성과 문화적 영향을 스페인의 제국 권력은 물론 네덜란드와 잉글랜드의 상업 기술과 혼합하여 프랑스가 글로벌 무대에서 우뚝 서는 나라가 되도록 만들고자 했다.[2]

콜베르는 재상에 취임했을 때부터 프랑스의 산업화를 자신의 임무로 삼았고, 그 방편으로 오늘날 개발 경제학이라고 불리는 것을 택했다. 국가경쟁력을 끌어올리기 위해서는 상업과 산업을 부양해야만 했다. 물론 콜베르는 프랑스가 그의 살아생전에 네덜란드의 상업 기술을 능가할 것으로 기대하지는 않았다. 네덜란드와 잉글랜드는 이미 수십 년에 걸쳐 자국의 기업과 제조업을 구축하는 작업을 해 왔다. 게다가 잉글랜드의 경우에는 상업 성장을 돕기 위해 보호주의적인 항해법까지 만들어 본 나라이므로, 그들이 엄청나게 유리한 위치에 있음을 그는 잘 알고 있었다. 이제 프랑스 국가가 이들을 따라잡을 차례였다. 프랑스는 더 빠르고 더 큰 규모로 움직일 필요가 있었다. 그리고 이것만큼은 프랑스도 할 수 있는 일이라고 그는 믿었다. 콜베르는 잉글랜드에는 없지만 프랑스에만 존재하는 이점인 국가권력과 중앙집권화야말로 경제발전의 도구가 될 것임을 알았다. 스튜어트왕조의 왕들은 절대왕정을 구축하려다가 의회와 충돌했고 결국에는 실패하여 윌리엄 3세(네덜란드어로는 빌럼 3세—옮긴이)가 제임스 2세를 축출하는 결과를 낳았다. 잉글랜드에서는 왕과 각료들이 대규모의 경제정책을 명령으로 입법할 수가 없었다. 하지만 프랑스에서는 이것이 가능한 일이었다. 콜베르는 프랑스를 초기의 산업 단계로 이끌기 위해 권위주의의 원형에 해당하는 방법을 채택했고, 오늘날 아시아의 역동적인 권위주의적 경제에서 여전히 볼 수 있는 시장 구축 모델을 발전시키게 된다.

콜베르의 핵심 개념 중 하나는, 프랑스가 국제적인 자유시장에 뛰어들기 전에 먼저 국내에 안정된 시장 조건들을 조성해야 한다는 것이었다. 이러한 조건이 아직 존재하지 않으니, 국가가 나서서 만들어야 한다고 했다. 1651년에 콜베르는 내란의 혼란으로 프랑스가 "상업에 필요한 기술자들과 여러 이점을 상실"하게 됐다고 한탄한다. 상인들이 "그들의 재화들을 운송할" 수 있는 "자유"와 "자신감"을 상실했다는 것이다. 프랑스는 덩치가 큰 봉건적 농업국가로서 중세 때부터 내려온 관세가 국경선 내부에 존재한다. 그리고 각 지방의 시장들은 서로 폐쇄적이다. 또한 각종 특권, 역할이 중첩되는 법정 시스템, 통행세 등의 지역 시스템들이 여전히 존재한다. 콜베르는 이 모든 것들이 교역을 약화시킨다고 불평했다. 그가 볼 때, 영리사업이 제대로 작동하려면 반드시 사람들에게 신뢰와 확신이 있어야 하며, 또 자유로운 유통수단 이 있어야만 했다. 콜베르는 자유롭게 작동하는 프랑스의 국내시 장이 구축되길 원했으며, 그 인프라를 만들면서 상업적인 신뢰도 함께 조성하고자 했다.[3]

또한 경제성장에 역행하는 요소로서 고소가 과도하게 빈발 하는 법률 시스템과 각 도시마다 불투명한 채권시장이 있었는데, 콜베르는 이런 것들이 상업을 "억제"하고 신뢰를 갉아먹는다고 여겼다. 여기에다가 콜베르는 제품의 질을 낮추면서 저작권을 무 시하고 마구 베끼는 프랑스의 여러 길드와 상인의 악행까지도 눈 여겨보았다. 그는 지방에 여전히 존재하는 시장의 제약 조건들을 우회하여 전국적인 차원에서 산업 표준을 마련하고 여러 제품에, 특히 옷감에서 크기, 명칭, 품질에 통일성을 기하고자 했다. 이러 한 새로운 각종 규제가 국가의 억압적인 감독 시스템을 통해 법 으로 강제된 것이다. 1670년대에 그는 모든 도시의 시장들과 길 드 장인들에게 "본관이 공장들과 염색 업체들에 내려보낸 규칙 및 훈령을 항상 수중에 지니고 다니면서 체계적으로 시행되도록 하라"고 강력하게 말한다. 콜베르는 획일적인 표준을 마련한다 면 신뢰가 생겨나게 되며, 또 인프라 개선을 가져와 여러 도시 및 지역 사이의 교역을 자유롭게 만들 것이라고 확신했다.[4]

콜베르는 또한 비록 오늘날까지도 논란이 되고 있지만, 프랑 스의 취약한 산업기반을 닦기 위한 대규모 계획을 수립했다. 사 업을 장려하려는 그의 접근법은 이탈리아 상인들과 네덜란드 도 시들과도 비슷했는데, 이 도시들은 외국인 노동자들을 끌어들이기 위해 장려금을 지급하는 오랜 역사를 가지고 있었다. 콜베르는 유명한 고블랭 양탄자 작업장과 생고뱅 유리 작업장 등 국가가 보조금을 지급하는 새로운 산업을 육성하기도 했다. 그는 네덜란드의 제조업자들을 루앙으로 끌어들여 의류 교역 지역을 구축했고, 네덜란드 엔지니어들을 데려와 운하 건설에 활용했다. 콜베르가 만든 것은 오늘날의 면세 경제특구와 아주 비슷한 곳으로서, 그는 이를 통해 새로 유입되는 사업체들에 국가의 보조금, 자금 지원, 심지어 독점적 특권까지 제공하여 창업과 기술 발전을 도왔다.[5]

콜베르는 특히 모직 및 비단 산업을 성공적으로 구축하는 데에 많은 관심이 있었으며, 아미앵과 같은 도시에 새로운 방직 기술들을 유입하여 섬유산업을 육성하고자 했다. 또한 항만을 건설하고 그곳에 선박업을 육성하여 프랑스의 식민지 사업체들이 이용할 수 있도록 했다. 인도, 북미, 아프리카, 프랑스령 서인도제도 등에 있던 기존의 회사들을 확장하기도 했다. 이제 프랑스는 큰돈을 남기는 노예무역, 사탕수수 플랜테이션, 영토 확장 등으로 이루어지는 세계적인 상업 제국의 자리를 두고 스페인, 포르투갈, 네덜란드, 잉글랜드 등과 경쟁하는 나라가 됐다.

콜베르는 혁신에만 초점을 둔 것이 아니었다. 국가를 강화한다는 명분으로 그는 첩자, 무자비한 비밀경찰, 지폐 위조범들, 왕에 대항하는 팸플릿을 발행한 자들에게 가혹한 형량을 선고하는 등의 방법을 구사했다. 현대인의 시각에서는 이런 조치들 때문에 콜베르가 조금 헷갈리는 인물로 보일 수 있다. 그는 비전에 가득 찬 시장 시스템 건설자인 동시에 일찍이 권위주의 정부를

개척한 인물이었으니까. 하지만 그의 입장에서는 이 두 가지가
전혀 서로 배타적인 것이 아니었다.

콜베르가 거둔 성공은 오랫동안 논쟁의 대상이었다. 하지
만 통계를 보면, 그의 개혁이 제조업을 확장하고 장기적인 성장
의 기초를 마련한 것은 분명하다. 한 예로, 그가 섬유 방직 기술
을 개선하면서 루앙과 아미앵과 같은 의류 생산 도시들의 섬유업
도제 숫자가 두 배로 불어났다. 그가 아미앵의 사예테리(sayetterie,
양이나 염소의 털과 비단을 섞은 혼방) 옷감 생산에 보조금을 지급하
면서 많은 도시 주민이 전문 기술공이 됐고, 제품의 품질도 크
게 좋아졌다. 1680년대가 되면, 릴과 같은 제조업 중심 도시에는
800명 이상의 섬유 관련 신규 전문 직종인들이 나타난다. 이는
진보의 수준이 아주 큰 것은 아니었지만, 그래도 분명코 실질적
이고 현실적인 발전이었다. 프랑스가 모직, 비단, 면화 능직 산업
등을 발전시킨 것도 이 기간이었다. 콜베르의 힘을 빌려 생산된
산업 수출품들은 플랑드르, 네덜란드, 잉글랜드의 수출품들과 경
쟁했고, 그가 도입한 기술들은 18세기 프랑스 경제의 팽창에 결
정적인 역할을 하게 된다. 루앙의 목화 생산은 매년 3.2퍼센트의
비율로 성장하여 1780년대가 되면 80만 점에 이른다.[6]

콜베르의 경제 프로젝트들이 모두 폭발적인 성공을 거둔 것
은 아니었다. 오히려 잉글랜드의 경제성장이 훨씬 더 뛰어났다.
하지만 잉글랜드가 석탄, 철, 목화, 선박 생산 등에서 우위를 보
였다면, 프랑스는 너무나 중요한 모직 산업 중에서도 캔버스, 레
이스, 리옹 비단 등 콜베르가 발전시킨 산업들에서 우위를 보였
다. 18세기가 되면, 영국은 프랑스의 이러한 산업들을 두려워한

나머지 자유방임주의 요구를 거부하고 보호주의 정책들을 법제화하기에 이른다. 1인당 생산성으로 따지면 영국인이 20퍼센트가 더 앞선 것으로 추산되지만, 프랑스의 무역 총액은 18세기 내내 영국과 거의 동등한 수치를 유지했다. 1650년까지만 해도 상업 경쟁력을 완전히 상실한 나라로서는 실로 대단한 위업이라고 할 만하다.[7]

당시도 오늘날처럼 국제 상업의 세계는 거칠고 위험했으며 전면전으로 치달을 때도 많았다. 콜베르도 분명히 프랑스가 강력한 해군이 있어야만 네덜란드, 잉글랜드, 스페인, 포르투갈 등의 호전적인 해양 세력들과 경쟁할 수 있다고 믿었다. 그런데 콜베르가 비록 군국주의자라는 평판을 얻기는 했지만, 실제로 그의 서한과 정부 기밀문서를 살펴보면 그가 전쟁이 경제성장에 해롭다고 믿었음을 분명히 알 수 있다. 루이 14세가 네덜란드와 벌인 전쟁에서도 그는 전쟁을 피할 수 있었던 시점까지 계속 반대 입장을 표했으며, 전쟁보다는 전쟁 방지와 무역 조약을 훨씬 더 선호했다. 이것이 네덜란드와 잉글랜드의 지배력에 구멍을 내기에 훨씬 더 효과적이라고 믿었기 때문이다. 콜베르는 잉글랜드 및 네덜란드와 싸울 때에는 외교를 통해 "안보와 자유"를 확보할 필요가 있다고 말했다. 이것이 프랑스가 "상업의 자유"를 되찾을 방법이라는 것이다.[8]

콜베르의 가장 큰 근심거리는 네덜란드인들이었다. 피터 드라쿠르가 자유시장에 대해 온갖 고상한 말들을 해도 정작 현실에서는 이들이 강력한 해군력을 갖춘 채 공격적이고 민족주의적인 무역정책을 펼치고 있었기 때문이다. 콜베르는 항상 분통을

터뜨렸는데, 프랑스가 무려 400만 파운드의 무역적자를 내는 것
도, 또 "프랑스 상업이 나쁜 상태"에 빠진 것도 모두 네덜란드가
경쟁국들을 희생시켜 자신의 무역을 자유롭게 하려고 맺은 여러
조약의 결과라는 것이다. 그는 네덜란드가 프랑스의 세력권을 자
꾸 침범하고, 특히 다양한 프랑스 수출품들을 가로채는 것이—
한 예로, 수지맞는 시장이던 발트해 지역으로 가는 프랑스의 와
인 및 독주 무역을 네덜란드인들이 통제했다—프랑스의 자연권
을 침해하는 것이라고 보았다. 게다가 네덜란드의 국내시장에서
경쟁력을 가질 만한 프랑스 상인들과 기능공들이 있다고 해도 네
덜란드인들은 아예 이들의 진입 자체를 막아 버렸다. 아직 프랑
스는 이들과 경쟁할 수 있는 처지가 아니었고, 콜베르도 프랑스
가 아직 너무 약하다는 것을 알고 있었다. 또한 그는 만약 네덜란
드와의 무역에서 프랑스가 국경을 닫아 버린다면 그저 프랑스만
손해를 볼 뿐이라는 점도 알고 있었다. 따라서 그가 추구한 것은
무역장벽이 아니라 잘 설계된 무역 조약을 통해 최소한 두 나라
모두에 혜택을 가져오는 것이었다. 콜베르는 이를 위해서 정부가
상업 조약과 관련 법률을 작성하는 것뿐만 아니라 행정에서도 경
험 많은 상인들을 채용할 필요가 있다고 보았다.[9]

　　콜베르는 잉글랜드가 경제발전에서 경쟁력을 갖게 된 데에
는 그 핵심이 1651년의 잉글랜드 항해법이라고 보았으며(훗날 애
덤 스미스도 그러했다), 그래서 프랑스 산업을 구축하는 전략도 부
분적으로는 이를 기초로 삼았다. 또한 그는 네덜란드가 프랑스
의 무역과 제조업을 질식시키기 위해 관세를 도입했다고 주장했
다. 1670년에 네덜란드와의 기나긴 협상을 마친 뒤에도, 그는 여

전히 그들이 모든 프랑스 제품을 네덜란드 시장에서 배제하는 동시에 릴시의 산업을 표적으로 삼아 질식시키려 한다고 불평했다. 네덜란드인들은 또한 프랑스령 서인도제도에서의 무역도 통제하려 들었고, 이를 통해 프랑스령의 섬들이 네덜란드 상품을 사도록 강요하려고 한다는 것이다.[10]

콜베르는 네덜란드가 프랑스 접경 지역의 도시들뿐 아니라 심지어 프랑스 식민지에서도 프랑스 상인들을 배제했으므로, 프랑스의 보호주의 관세는 정당한 것이라고 믿었다. 따라서 그는 프랑스의 영토 내부에서 프랑스인이 자유롭게 교역을 하도록 하는 것을 자신의 임무로 삼았다. 그는 길게 뻗은 앤틸리스제도에 사는 주민들이 프랑스와의 무역을 네덜란드인들이 방해할 경우 이에 맞서서 무역을 지켜 내야 한다고 주장했다. 이를 통해 그들이 "완전한 자유"의 상태에서 사업을 할 수 있게 된다는 것이다. 콜베르는 프랑스령 앤틸리스 노예 식민지의 총독 장 샤를 드 바스(Jean-Charles de Baas)에게 보낸 편지에서, "상업의 자유"가 단지 프랑스의 서인도제도 회사의 독점적인 이익만을 위한 게 아니라고 말한다. 이 자유는 그가 "보편적 선(general good)"이라고 부르는 것을 모든 프랑스 무역상들에게 확대해 준다는 것이었다. 그가 말한 자유는 여전히 국가가 부여한 특권이라는 의미로서 중세적인 경제 자유의 개념이었다. 여기서 말하는 자유는 농노, 계약하인, 범죄자, 노예 들에까지 확대되는 것이 아니었다. 이는 어디까지나 귀족들 그리고 프랑스 왕이 허가한 여권을 소지한 프랑스 무역상들 및 자유 정착민들로 제한되는 것이었다. 경제적 자유는 자연적 권리가 아니라 국가에 의해 부여되는 특권이라는 것이다.

하지만 아무리 제한적이라 할지라도, 이는 분명히 자유무역의 비전을 형성하는 개념이었다.[11]

콜베르가 무수한 전선에서 분투한 덕에 프랑스는 전 지구에 걸쳐 움직이는 거대한 상업 국가로 변모했다. 물론 영국의 위치를 넘보지는 못했으나 18세기 초에는 영국의 무역 파트너이자 경쟁자로서 네덜란드의 자리를 빼앗는다. 비록 아시아 무역을 지배하고자 했던 그의 노력은 대부분 실패로 끝났지만, 프랑스령 카리브해 지역의 노예 및 사탕수수 식민지들은 생산량을 확대하여 영국 및 네덜란드와의 경쟁에서 유리한 위치를 차지한다. 프랑스는 지중해에서 레반트무역(십자군 전쟁 이후 레반트를 중심으로 행한 동서 간의 무역—옮긴이)을 지배하는 데에도 성공을 거두었다. 심지어 영국인들까지도 콜베르가 주도한 성취를 경탄하여 모방까지 하는데, 이 사실에서 그의 노력이 성공적이었다고 판단할 수 있다. 바로 이것이 그가 원했던 바였다. 다른 이들이 프랑스를 따라 하고픈 욕망을 갖는다는 것, 그 자체가 바로 시장을 움직이게 만드는 핵심이라고 그는 생각했다. 만약 다른 나라들이 프랑스와 프랑스 제품들을 경모하여 신뢰를 갖는다면 프랑스 제품을 사려고 할 것이며, 이에 따라 프랑스의 국내경제도 자극을 받게 된다는 것이다. 이렇게 콜베르는 시간의 검증을 견뎌 낸 무언가를 만드는 데에 일조한다. 그것은 바로 오늘날까지도 큰 힘을 발휘하는 전문성과 고급스러움을 갖춘 프랑스의 브랜드다.[12]

하지만 시장 구축은 단지 경제발전과 경제개혁의 문제만이 아니었다. 이는 신뢰와 자신감의 문제이기도 했다. 자유시장이라는 것은 사람들이 어떻게 생각하는가와 어떻게 선택하는가에 큰 부분이 달려 있다. 사람들이 이런저런 것들을 사들이는 것은 여러 감정과 상황이 뒤섞이고 종종 자기모순적으로 결합되어 나타난 결과다. 필요, 가격, 욕망, 집착, 신앙, 신념, 손에 넣을 수 있는지 여부 등등. 그러한 상업적인 감정들 중에는 합리적이고 객관적인 것도 있지만 그렇지 않은 것들도 있다. 콜베르는 실제 근거가 있든 아니면 상상의 산물이든, 프랑스에 대한 신뢰와 확신을 창출하기 위한 계획을 고안해 냈다. 이러한 브랜딩과 감시 감독을 그의 방식으로 결합하면 프랑스라는 이름에 강력한 상업적인 이미지를 부여할 것이라고 확신한 것이다.

이러한 목적에서 그는 이 두 가지를 깨는 자들에게 엄하게 죄를 묻는 상법과 기준을 내놓았다. 콜베르의 명민하면서도 무자비한 치안총감 가브리엘 니콜라스 드 라레니(Gabriel-Nicolas de La Reynie)는 정육점, 양복점, 매음굴, 가로등 업체, 인쇄업체 등 파리의 시장과 거리 전체를 감시하면서, 당시 밀수로 들어와 프랑스 산업에 타격을 줄 정도로 넘쳐 나던 외국산 염색 옷감의 불법유통을 단속했다. 그동안 이탈리아, 네덜란드, 잉글랜드의 상인들이 프랑스에서 감독이 느슨했던 틈을 이용한 것이었다. 이에 대한 대응으로 콜베르는 프랑스 옷감의 품질을 뜻하는 인장 시스템을 제도화했고, 이는 외국시장에서도 프랑스 제품에 신뢰를 갖게 했다. 잉글랜드 상인들이 프랑스의 왕실 인장을 위조하는 방법을 쓰자 라레니 치안총감은 엄청난 양의 외국 옷감을 몰수해 버린다. 그는 프랑스의 모직물 산업이 잉글랜드에 심각한 위협이 되도록 만드는 데에 일조했다.[13]

콜베르는 프랑스의 평판에 신뢰를 갖추는 것이 상업과 식민지무역을 구축하는 규제 및 보호주의만큼이나 중요하다고 여겼다. 그래서 프로파간다(혹은 오늘날의 용어를 쓰자면 광고)를 프랑스 상품시장 구축의 핵심이라고 생각했다. 그는 프랑스가 지식, 문화, 기술혁신의 중심이라는 평판을 끌어올리는 여러 프로젝트를 위해 존경받는 학자들을 꾸준히 그의 대변인으로 채용했다. 1663년에 프랑스 동인도회사를 세울 때에 콜베르는 학자인 프랑수아 샤르팡티에(François Charpentier)에게 동인도 무역의 역사와 유용성에 대한 학술논문을 작성하게 했다. 이는 프랑스의 상업을 촉진하려는 목적뿐 아니라 외국의 경쟁자들에게 이를 광고하려는 목적도 있었다. 샤르팡티에는 이 논문에서 콜베르의 의견을 따라, "위험한 나태함"이 프랑스를 장악했으며, 전쟁과 혼란으로 인한 피해로 프랑스 왕국의 번영이 잠식됐다고 주장한다. 또한 상업은 "인문학과 같아서" 중점을 두고 집중한다면 "키워 낼" 수 있는 것이라고 말한다. 샤르팡티에는 독자들에게 바다로 나아가 새로운 "부"를 찾아내라고 촉구한다. 부를 창출하는 것은 "새로운 것을 만드는 이들"이라는 것이다.[14]

또한 콜베르는 예수회 학자 피에르 다니엘 위에(Pierre-Daniel Huet)를 고용했다. 그는 아브랑슈의 주교이자 아카데미프랑세즈(프랑스 학사원을 구성하는 5개의 아카데미 중 하나로서, 1635년에 리슐리외 추기경의 명령으로 프랑스어를 연구하고 표준화하기 위한 학회로 설립됐다—옮긴이)의 회원으로서, 콜베르는 그에게 루이 14세의 프랑스와 로마제국의 영광을 비교하는 상업의 역사를 집필하도록 의뢰했다. 위에는 저서 『고대인들의 상업과 항해의 역사(History of

Commerce and Navigation of the Ancients)』(1763)에서 한 나라에 상업
이 얼마나 중요한지를 보여 주기 위해 콜베르가 국가의 "여러 이
점"을 어떻게 이용했는지를 설명한다. 위에는 프랑스인들이 상
업에서 외국과 경쟁하려면 제국건설과 항해에 힘을 쏟아야만 하
고, 로마제국이 성공한 이유도 무역과 제국에 있었다고 주장한
다. 이제 프랑스가 그 모델을 따라 새로운 상업의 로마제국이 될
때가 됐다는 것이다.[15]

　또한 콜베르는 신뢰를 "다시 확립"하는 길은 국가의 금융 및
재정 관리 그리고 회계의 질을 끌어올리는 것에 있다고 보았다.
그는 장부를 제대로 다룰 줄 모르고 부채나 감가상각도 제대로
측정하지 못하는 재능 없고 "부패한" 국가 공직자들을 제거하고
싶어 했다. 재상으로 취임한 뒤 10년 동안 콜베르는 프랑스 국가
의 재정을 최소한 1670년대 초의 짧은 역사적 시기만큼은 흑자
로 전환시켰다. 훗날 애덤 스미스는 콜베르가 공공 재정의 회계
를 관리한 것이야말로 시장 사회를 창출하는 열쇠였다고 칭송하
게 된다.[16]

　콜베르가 1663년에 쓴 글「역사에 복무하는 프랑스의 재정
문제에 대한 비망록(Memoirs on France's Financial Affairs to Serve Histo-
ry)」을 보면 그 또한 마키아벨리, 보댕, 보테로 등을 따라서 국가
의 "재산이 잘 관리"되지 않는다면 국가가 존속할 수 없다는 주
장을 내놓는다. 다시 말해, 각료들은 금융 문제를 해결할 능력을
갖고 국가를 운영해야 하고, 조세 징수도 효과적으로 해야 하며,
소득·지출·자산·부채 등을 제대로 관리할 줄 알아야 한다는 것
이다. 그리하여 그는 마키아벨리의 비전에 따른 국가 개념에서부

터 회계에 초점을 맞추었던 네덜란드의 사례 그리고 잉글랜드의 발전주의적인 보호주의 정책 등에 이르기까지, 모든 경제 모델과 수단을 사용해 시장에 신뢰를 가져오고자 한다고 말했다.[17]

콜베르는 글을 읽을 줄 아는 사람들의 여론에도 신경을 써서 책 출간에 자금을 댔다. 그는 이를 통해 프랑스 시민들에게 상업에 대한 지식과 자신감을 불어넣을 수 있다고 믿었다. 한 예로, 그는 수학자이자 회계의 거장인 프랑수아 바렘(François Barrême)에게 복식부기 매뉴얼과 환전에 대한 책들을 집필하게 했다. 그리하여 회계를 가르치는 학교에서는 바렘이 쓴 실용수학 핸드북인 『바렘 경의 산술학(The Arithmetic of Sir Barrême)』(1672)을 사용하게 된다. 이 책의 서문에서 바렘은 프랑스에는 금융 문해력을 가진 이들이 부족하며 심지어 국가의 최상위 공직자들 중에도 이를 갖춘 사람이 드물다는 점에 주목한다. "콜베르 씨는 국가 업무의 모든 부분에서 복식부기를 사용하기 바랐지만, 정부 회계 부서의 업무들을 최신 상황에 맞게 만들 수 있을 만큼 그러한 일에 익숙한 사람들을 충분히 찾을 수가 없었다." 바렘의 저작은 큰 성공을 거두어 19세기에도 회계 매뉴얼로 계속 출판된 『바렘 교범(Barrême Universel)』이 됐다.[18]

1673년에 콜베르는 그의 유명한 『상법(Commercial Code)』을 반포한다. 이는 상인이자 무역 전문가인 자크 사바리(Jacques Savary)와 함께 집필한 것이다. 미국 하원 의사당의 미술관에는 모세(Moses), 리쿠르고스(Lycurgus), 유스티니아누스(Justinian), 토머스 제퍼슨(Thomas Jefferson) 등 위대한 법률가 23인의 초상이 걸려 있는데, 여기에 콜베르 또한 한 자리를 차지하게 된 것은 바로 이

유명한 법전 덕분이다. 『상법』은 놀라울 정도로 단순한데, 불과 12개의 제목 아래에 122개의 조항으로 된 법적 틀과 무역의 가장 훌륭한 모범 사례들을 표준화하고 있다. 그뿐만 아니라 복식부기를 하는 법, 상업문서를 제대로 쓰는 법, 정기시장을 조직하는 법 그리고 콜베르가 아주 중요하게 여긴 것으로 파산과 법적 분쟁을 다루는 법 등을 모두 서술하고 있다. 이 법전에는 심지어 환어음과 약속어음을 작성하는 기본 원칙과 그 용법까지 포함하고 있다.[19]

사바리는 1675년에 콜베르의 프로젝트를 확장하여 훨씬 더 자세한 사업 매뉴얼이자 참고서인 『완벽한 상인(The Perfect Merchant)』을 출간한다. 이는 르네상스 시대의 상인 베네데토 코트루글리의 『무역 기술론』을 당대의 버전으로 옮긴 것이라 할 수 있다. 사바리는 이 책이 상법, 규칙, 모범 사례 등을 담고 있으므로 이를 통해 "사업에 신뢰"를 가져올 것이라고 주장했다. 그의 저서는 실로 독특한 상업 정보의 개론서로서, 프랑스를 위한 프로파간다의 측면에서도 아찔할 정도의 성공을 거둔 글이기도 하다. 콜베르는 프랑스야말로 영리사업의 표준과 전문성을 규정하는 세계의 중심임을 보여 준 것이다. 이는 20년 전만 해도 상상도 할 수 없는 일이었다. 콜베르는 모든 상업 거래에서 가장 중요한 것이 사실에 입각하는 것임을 알고 있었지만, 이와 더불어 중요한 것이 사람들의 환상을 이용하는 것이라는 점도 잘 알고 있었다. 심지어 그가 죽은 뒤인 1683년에도 그의 상법 법제화의 프로그램(그리고 이러한 법제화를 광고하는 프로그램)은 계속해서 큰 효과를 거두었다. 1685년에 프랑스 정부는 악명 높은 노예제 관련 법률인 『흑인법(Code noir)』을 반포한다. 훗날 애덤 스미스는 이 무시무시한 『흑인법』 덕분에 프랑스의 노예제가 잉글랜드 노예제보다 덜 잔인하고 더 효과적이었다고 상찬한다. 마치 그런 일이 가능하기나 한 것처럼.[20]

물론 콜베르는 베르사유궁전을 세우고 또 루이 14세의 여러 왕립 학회를 설립한 이로 알려져 있고, 이들은 오늘날까지도 남아 있다. 역사가들은 이 시대의 문화야말로 루이 14세의 "영광" 추구와 자신을 '태양왕'의 이미지로 드높이려는 도구였다고 여겨 왔다. 콜베르가 베르사유궁전을 세우고 유명한 왕립 학회들을 설립한 것이 루이 14세의 이미지를 크게 고양시킨 것은 분명하지만, 이는 상당히 피상적인 관점이다. 콜베르가 이러한 기관들을 통해 정말로 이루고자 한 것은 프랑스 상업에 대한 신뢰 그 자체였다. 프랑스가 최고의 과학자들과 가장 아름다운 예술 및 건축물들 그리고 사람들이 정말 갖고 싶어 하는 화려한 옷들을 갖추고 있다면, 이는 프랑스의 국제무역을 부양시키는 효과적인 방법이 된다는 것이다. 콜베르는 시장의 신뢰적인 측면에서 이미지가 얼마나 핵심적인 역할을 하는지를 너무나 잘 이해하고 있었다.[21]

콜베르는 과학의 전문성과 검증을 이용해 그것을 상업에 쓸 수 있다는 것도 알고 있었다. 그의 「비망록」을 보면, 과학·예술·문필의 "위인들"이 프랑스 왕국에 "명성"을 가져다주고, 또 외국의 소비자들과 상인들을 끌어들일 것이라고 한다. 이러한 이유에서 그는 스톡홀름에 살던 니콜라스 하인시우스(Nicolas Heinsius)와 당시 잉글랜드 윈저에 머물던 이삭 보시우스(Isaac Vossius) 등 유명한 과학자들과 역사가들에게 직접 서한을 보냈다. 이 서한에서 그는 루이 14세가 그들의 "위대함"을 높게 보고 있으며 큰 액수의 현금을 "감사의 표시"로 보낸다는 설명을 달았다. 또한 만약 그들이 자신의 중요한 저작들을 '태양왕'에게 헌정한다면, 말할 것도 없이 프랑스 왕의 감사는 더 이어져서 양쪽 모두에게 이익이 될 것이라는 말도 덧붙였다.[22]

1663년, 루브르궁의 동쪽 면을 디자인한 건축가이자 왕립 학술회원이기도 한 클로드 페로(Claude Perrault)는 콜베르와 함께 왕립 과학 아카데미를 건립하는 작업을 시작한다. 페로가 콜베르에게 보낸 서한을 보면, 이곳은 단순히 루이 14세의 영광을 받드는 곳에 그치지 않고, 프랑스 과학의 신뢰성을 홍보하고 "여러 발견을 출간하여 널리 알려" 프랑스가 "온 세계를 비추는 찬란한 불빛"이 되도록 하는 곳이라고 한다. 이 계획의 서두에 나오는 여러 노트를 보면 화학, 천문학, 기하학, 해부학, 대수학 등 실용적이면서도 프랑스의 상업 및 금융 사업에 쓸모가 있는 연구 분야들을 대상으로 하고 있음이 드러난다. 그 목적은 이 학술원이 연구 실험의 중심이자 공공 교육의 중심이 되어 과학의 권위를 왕에게 바치고, 이를 온 세계에 알린다는 것이다.[23]

1666년에 콜베르는 네덜란드의 수학자, 물리학자, 천문학자, 발명가인 크리스티안 하위헌스(Christian Huygens)의 도움을 받아 루이 13세의 재상 마자랭(Mazarin) 추기경이 소유한 궁전에다가 새로운 왕립 도서관과 과학 아카데미를 설치한다. 하위헌스가 1666년에 쓴 서한을 보면, 이 아카데미는 지구의 자오선과 경도를 측정하고 확립할 것이며, 여기에서 나온 측량치들은 "지구의 크기를 측량하고…… 그 어느 때보다도 더 정밀하게 지도와

해도를 만드는 수단"이 될 것이라고 한다. 하위헌스는 이렇게 새로 만드는 권위 있는 지도들로써 프랑스가 항해술을 개선하게 될 뿐 아니라 식민지 영토에 대한 주장을 내세우는 데에도 큰 도움이 될 것으로 보았다. 하위헌스가 천문학과 실용 과학에 걸쳐 계획했던 실험 목록은 아주 길었고, 여기에는 훗날 콜베르의 위대한 업적 중 하나가 되는 것도 있다. "진자를 사용하여 크기를 측량하는 보편적 척도를 확립할 것." 이 서한에서, 하위헌스는 임무를 띠고 식민지로 가는 선박들이 해상에서 경도를 정확히 계산할 목적의 "해상 시계(maritime clock)"인 실용적인 진자 시계를 만들고자 하는 자신의 계획을 제시한다.[24]

하위헌스는 아카데미의 매우 중요한 활동인 과학 실험들을 "평이하고" 이해하기 쉬운 언어로 설명하는 자연사 책들을 출간하여 대중이 그러한 성과들에 접근할 수 있도록 하라고 콜베르를 설득했다. 1665년에 콜베르는 국가가 관리하는 과학 저널인《주르날 데 스카방(Journal des sçavans)》을 창간하는 드니 드살로(Denis de Sallo)의 프로젝트에 자금을 대기 시작한다. 이 저널이 나오게 되면 프랑스가 과학적 권위에서 신뢰할 만한 위치에 서게 된다고 보았기 때문이다. 이 저널은 "지식의 공화국" 즉 국제적인 학문 세계에서 "새롭게 나온 성과들"을 소개하는 역할을 맡게 될 예정이었다. 이 저널의 발행인은 이를 통해 "유용한" 것들에 초점을 맞출 것이며, "매년 벌어지고 있는 주요한 사건들"을 찾아내는 역할을 할 것이라고 말하고 있다. 심지어 훗날 루이 14세의 전쟁 행각과 정치적·종교적 억압이 절정에 달했을 때에도, 유럽 전역의 학자들은 이 저널을 과학, 철학, 수학, 기계공학 그리고 "각종 기술 및 숙련" 즉 엔지니어링 등에서 매우 중요하고 권위 있는 간행물로 여겼다. 프랑스는 그 덕에 전쟁 기간 중에도 국제적인 신용을 얻었던 것이다.[25]

콜베르는 왕립 과학 아카데미를 지휘하여 기계학과 산업을 다루는, 도해가 포함된 거대한 백과전서를 편찬하는 작업을 시작한다. 그 안에서 콜베르는 실용적이고 상업적인 지식을 공식적인 학문과 동등한 지위에 놓았고, 이를 통해 전자에 명예를 부여했다. 특히 하위헌스와 페로가 다양한 발명 계획들을 제출했다. 콜베르의 백과전서 프로젝트는 18세기에 어마어마한 영향력을 미치며 예술, 과학, 기술 등에서 발전과 도약의 디딤돌이 됐고, 프랑스의 경제성장에도 필수적인 역할을 했다.[26]

이러한 과학 출간물들로 프랑스는 산업과 상업의 지도적 국가라는 높은 평판을 (심지어 과장된 평판까지) 얻게 됐다. 이 전략이 성공하여 1670년대에는 잉글랜드인들도 프랑스를 네덜란드보다 더 큰 상업국으로 보기 시작했는데, 이는 1661년의 시점에서는 전혀 상상조차 못 할 일이었다. 1668년에 콜베르는 자신의 동생인 크루아시 후작 샤를 콜베르(Charles Colbert)를 런던에 대사로 보냈다. 그리하여 그는 당시 찰스 2세의 호의를 얻고 마침내 프랑스가 네덜란드에 맞서 행하는 일련의 움직임을 비밀리에 지원해달라고 설득한다. 물론 그 대가로 찰스 2세 개인은 프랑스에서 연간 23만 파운드의 연금을 받기로 했다. 어쨌든 그로부터 몇 년 후, 콜베르는 프랑스를 진정한 상업 경쟁국으로 만들었고, (최소한 외양상으로는) 심지어 지도적인 국가로 만들었다.[27]

샤를 콜베르 후작은 형의 명령을 받고 잉글랜드의 여러 산업과 해군 프로그램들에 스파이 활동을 하고 있었는데, 이는 여러 사람이 이미 알고 있는 일이었다. 그런데 유명한 잉글랜드의 일기 작가이자 해군성 대신인 새뮤얼 피프스(Samuel Pepys)는 그러한 콜베르 후작의 활동을 경탄하며 바라보았다. 이로 인해 그의 형 장 바티스트 콜베르가 더욱더 무서운 경쟁자로 보였던 것이다. 피프스는 또한 콜베르의 상업 프로파간다 선전물을 열성적으로 탐독하기도 했다. 1669년 1월 30일에 쓴 일기를 보면, 피프스는 항해 문제에 관한 "프랑스 측의 논문을 읽는 일에 빠져들었다"고 한다. 이 글을 읽으면서 그는 프랑스의 해군과 무역 역량이 조만간 잉글랜드를 능가할 것이라는 인상을 받고 걱정했다고 한다. 이 글은 다름 아닌 프랑수아 샤르팡티에가 동인도회사의 설립에 대해 쓴 프로파간다였는데, 피프스가 프랑스는 이미 성공적인 무역국으로 환골탈태하여 잉글랜드의 중요한 경쟁국으로 변해 가고 있다는 인상을 받았다면, 그 책자는 소기의 목적을 달성한 것으로 보아야 할 것이다. 프랑스가 갖춘 기술 전문성 또한 경탄의 대상이었다. 피프스는 1690년대부터 작성한 자신의 "해군 회의록"에서 콜베르의 1671년 선박 제작 규칙과 1673년 갤리선 제작 규칙 등을 언급하면서 프랑스의 선박 제작 기술, 보트, 항구, 선원 등이 모두 세계 최고라고 말하고 있다. 피프스는 이 책자들을 통해 프랑스의 해군이 잉글랜드 해군보다 훨씬 앞섰다고 믿었으며, "우리 잉글랜드 해군이 마련한 훌륭한 규칙들은 모두 프랑스에서는 이미 오래전부터 확립된 것이 아닌가?"라고 탄식하고 있다. 콜베르의 여러 정책과 프로파간다는 그야말로 표적에 정확히 적중한 것이다.[28]

1683년, 장 바티스트 콜베르가 세상을 떠날 때 프랑스는 이미 잉글랜드의 시장을 개방하는 데에 성공을 거두었다. 프랑스는 심지어 잉글랜드와의 무역에서 흑자를 내기까지 했다. 이 기간 동안 잉글랜드 상인들은 위기를 느꼈고, 그래서 프랑스가 우위를 차지한 상황을 어떻게 해서든 막아야 한다고 생각했다. 17세기 당시에는 모든 나라가 경쟁적 우위를 얻기 위해 전투를 불사하는 때였으므로, 자유무역 조약의 진전은 빠르지 못했다.[29]

하지만 콜베르가 프랑스를 상업 국가로 변신시키려 한 여러 시도에 대해 '태양왕'이 불쾌하게 여긴다는 신호가 이미 나타나고 있었다. 루이 14세는 상인들을 천박한 벼락부자들이라고 경멸했으며, 콜베르가 이룩해 놓은 개혁 업적 중 다수를 다시 없애버렸다. 프랑스의 최대 무역 상대국이 된 잉글랜드와 더 자유로운 무역을 장려해도 시원치 않은 상황에서 그는 오히려 전쟁을 선택했다. 콜베르의 조언을 무시하고 그는 1672년에 네덜란드를 침공한다.

루이 14세는 외국 침공만으로는 만족하지 못하고 국내 질서를 온통 폭력과 혼란으로 몰아넣는 길을 가기 시작한다. 콜베르가 세상을 떠난 지 불과 2년 뒤인 1685년에 루이 14세는 그동안 프랑스의 개신교 소수자들을 보호했던 낭트칙령(Edict of Nantes)을 철회한다. 그리하여 20만 명 이상의 프랑스 개신교도들이 고문을 당하고, 개종을 강요당하고, 투옥당하고, 추방당했다. 루이 14세는 종교 억압이 교역에 나쁜 영향을 미친다는 이유에서 콜베르가 반대했다는 것을 잘 알고 있었다. 그런데도 모종의 사디즘적인 심리가 발동했는지 루이 14세는 콜베르의 아들인 세뇰레(Seignelay) 후작에게 이러한 강제 개종 조치를 직접 지휘하도록 맡겼다. 프랑스의 개신교도들은 네덜란드, 덴마크, 잉글랜드뿐만 아니라 독일과 미국 식민지의 여러 곳에까지 뿔뿔이 흩어지게 됐다. 이는 프랑스 상업에 끔찍한 타격을 가져왔다. 개신교인 "위그노" 상인들 및 기능공들이 프랑스를 떠나면서 콜베르가 그토록 많은 돈을 들여 발전시키려 한 전문성도 사라지고 말았다. 유리 제조업자, 은 세공인, 옷장 제작자, 그 밖의 수많은 교역자가 자신의 기술을 내세워서 유럽 전역의 군주들에게 큰 환영을 받았다. 사실 이 낭트칙령의 폐지 조치야말로 프랑스에서 시계 제조의 전통이 대단치 않게 된 이유다. 프랑스의 개신교 시계 제작자들이 모두 칼뱅파 제네바로 도피했고, 그 결과로 제네바는 오늘날에도 세계의 시계 무역의 중심지로 남아 있다.

경제사가들이 오랫동안 믿어 온 것과는 달리, 콜베르티슴을 사실상 불구로 만들고 시장 자유를 확장할 모든 희망을 앗아 간 것은 루이 14세였다. 그는 자신을 귀족들에 둘러싸인 찬란한 궁정의 중심에 앉아 만사를 주재하는 유서 깊은 왕조의 왕으로 보았으며, 천한 상인들의 왕이라고는 생각하지 않았다. 이제 그는 전쟁에 집착하기 시작한다. 1688년에 그는 자신의 영토를 늘리기 위해 라인강을 넘어 침략을 감행했고, 이로써 9년 전쟁(미국에서는 '윌리엄 왕 전쟁'이라고 불린다)이 시작된다. 루이 14세의 공격에 맞서기 위해 잉글랜드, 네덜란드공화국, 오스트리아 합스부르크 왕조의 신성로마제국, 스페인, 포르투갈, 사부아 등이 동맹을 맺어 하나로 뭉친다. 루이 14세를 격렬히 반대하는 위그노파 개신교도들의 영향력과 함께 전 유럽의 개신교 군주들은 '태양왕'을 영구적인 위협으로 보기 시작한다. 자유무역의 꿈은 이제 오랜 전쟁과 기근의 시대로 접어들면서 사라지고 만다.

1693년, 북부 프랑스에서는 흉작이 든다. 전쟁으로 인한 과도한 세금과 식량 부족의 압력까지 더해지면서 기근은 곧 장티푸스 사태로 이어진다. 이 병은 살모넬라균이 일으키는 병으로, 끔찍한 악취와 복통 그리고 발열을 일으키는 병이었다. 1693년부터 1694년까지의 대기근으로 인해 약 130만 명이 넘는 사람들이 사망했다. 병사들도 장티푸스에 걸리기 시작했고, 병이 든 상태에서 전투를 치러야 했다. 국가 재정은 엉망이 됐고, 인구가 대량으로 죽어 가는 비극이 도처에서 발생했다. 프랑스 사람들은 루이 14세의 망상에서 나온 전쟁들과 그 재앙적인 영향 아래에 시달리는 삶을 살게 됐다. 루이 14세는 마침내 자신이 네덜란드공화국이나 잉글랜드를 침략해 봐야 성공할 수 없다는 것을 알게 되자, 이번에는 전 세계의 상인들을 괴롭혔고, 서인도제도에서 인도를 잇는 무역 항로와 잉글랜드의 식민지들을 위협했다. 9년 전쟁이 마침내 1697년에 종식됐을 때에는 모든 나라가 심한 외상에 시달리고 있었다. 윌리엄 3세는 이제 잉글랜드를 프랑스와의 항구적인 전쟁 상태로 몰아넣었고, 잉글랜드의 상인들은 그 이웃인 프랑스를 군사적으로나 상업적으로나 하나의 위협으로 보기 시작했다.

이는 정말로 콜베르가 의도한 것과는 정반대의 결과였다. 국제 조약 그리고 국가 간의 동등한 상호 무역 이익에 근거하여 균형 있는 자유무역을 이루려고 한 콜베르의 꿈은 사라지고, 프랑스 내부에서 벌어진 떼죽음과 전쟁이 그 자리를 차지했다. 프랑스 안에서 개혁과 자유시장을 옹호하기 시작한 이들은 변화의 필요를 상기하기 위한 상징으로서 오래전에 작고한 재상 콜베르를 활용했다. 경제사에서 콜베르티슴과 콜베르가 차지하는 위치는 루이 14세의 후기 재임 기간 동안의 산사태로 왜곡되고 더럽혀졌다. 자유시장 사상은 콜베르가 실제로 취했던 경제정책들에 반대하여 발전하게 되는 게 아니라, 루이 14세의 호전적 절대주의에 입각한 경박한 행동들이 드리운 왜곡된 그림자에 반대하여 발전하게 된 것이다.

# 8장
# 태양왕이 가져온 악몽과 자유시장의 꿈

"우리의 여러 미덕이라는 것들은 알고 보면 보통
악덕들을 변장시켜 놓은 것이다." —라로슈푸코 공작,
『금언들』(1665)

9년 전쟁(1688-1697)이 끝날 때쯤 프랑스는 물론 유럽 전체가 모
두 지칠 대로 지친 상태였다. 특히 프랑스 국경을 둘러싼 유럽은
그 전에도 20년 가까이 지속적인 갈등을 견뎌야 했다. 루이 14세
는 스페인령 네덜란드 지역(네덜란드공화국 남쪽의 스페인 지배 지역
으로 오늘날의 벨기에 및 룩셈부르크와 대략 일치한다—옮긴이)을 습격
했고, 게다가 인근 국가들로 도망친 프랑스 개신교도들을 추적하
여 박해하는 데까지 자신의 영향력을 행사했다. 특히 사디즘 성
향을 가진 그의 최고군사책임자 루부아 후작(marquis de Louvois)은
유럽 대륙뿐 아니라 전 지구에 걸쳐 폭력적 통치를 이루고자 했
다. 엄청난 전쟁 비용을 충당하기 위해 국가는 엄청난 세금을 징
수했고, 이 때문에 프랑스인 대다수는 비참한 빈곤 상태에 빠졌
으며, 그 대부분은 헤어날 수 없는 굶주림 속에 살게 된다.

이렇게 끝날 기미가 보이지 않는 폭력과 고통의 악순환은 프랑스의 산업이 발흥하는 바람에 생겨난 것으로 보는 시각도 있었다. 이 때문에 많은 철학자가 좀 더 자유롭고 평화적으로 번영할 수 있는 경제모델을 찾아 시간을 거슬러 올라가야 했다. 일부 프랑스 사상가들은 키케로와 옛날 귀족들의 농업 가치들에 영감을 받아, 부의 창출이 오로지 도시, 혁신, 제조업뿐이라는 생각을 단호히 거부했다. 이들은 농업과 스토아철학적 도덕에 기초한 자유시장 모델을 발전시키고자 했다.

지금에 와서 돌이켜 보면 어쩌면 대단한 역설이지만, 이러한 개혁 운동을 이끈 이들은 다름 아닌 콜베르의 후손들이었다. 17세기가 끝날 때가 되면 콜베르의 자식들과 조카들이 프랑스 왕정에서 가장 강력한 집단을 형성하게 된다. 이들의 목표는 콜베르티슴을 새로운 개혁 시대에 맞게 개조하는 것이었다. 이들은 루이 14세가 제대로 된 정부 관리와 자유시장 및 평화의 추구를 무시하는 바람에 콜베르의 기본적인 정책들을 망쳐 놓았다고 믿었다. 따라서 이 가문의 대응은 일련의 정부 정책과 저서들을 기획하고 지원하는 것이었으며, 이러한 정책들과 저서들은 18세기의 자유시장 운동을 촉발하는 불꽃이 된다.

17세기 후반에는 점점 더 많은 사상가가 인간 본성과 인간 사회에 대해 아주 절망적인 관점을 취하게 된다. 이는 놀라운 일이 아니다. 전쟁과 억압으로 인해 철학자 일부는 세상은 자기 이익이라는 것이 지배하고 있으며, 항상 피눈물로 그득한 이 사바세계에서는 사심 없이 미덕 넘치는 행동이 불가능하다는 냉소적인 결론으로 치닫게 된다. 키케로가 로마의 토지 귀족들 사이에서 사랑, 의무, 우정 등의 감정이 시장 교환을 촉진하고 또 보장하는 것이라는 생각을 처음으로 제기한 뒤로, 철학자들은 인간의 감성과 경제학 사이의 관계에 대해 이전부터 논쟁을 벌여 왔다.

기독교사상가들은 천국의 구원에 대한 열망을 시장에 도입했다. 그리하여 그들은 지상의 보물을 천국의 보물로 바꾸고자 하는 개인의 자유의지와 욕망이 신이 마련한 메커니즘을 계속 작동하게 만드는 힘이라고 주장한 바 있었다. 이제 철학자들은 그다지 고상하지 않은 인간의 욕망에 멍에를 씌워 대중의 윤택한 삶에 기여하도록 만드는, 좀 더 실용적인 경제 및 정치 시스템을 찾기 시작했다. 사람들이 지닌 여러 욕망의 에너지를 이제 종교적 신념이라든가 귀족들의 전쟁 승리의 영광 같은 것이 아니라, 교환이라는 협정에 쏟도록 활용할 수 있다는 것이다. 다시 말해, 사람들이 합리적인 자기 이익을 실현할 수 있는 상업적 협정이 그 답이라는 것이다.[1]

잉글랜드의 정치 이론가 토머스 홉스(Thomas Hobbes)는 이미 그의 1651년 저작 『리바이어던(Leviathan)』에서 인간의 자기 이익이야말로 정치적·경제적 생활의 기초라는 생각을 제시한 바 있다. 홉스는 성 아우구스티누스와 마키아벨리의 이야기를 되풀이하면서 인간은 그 가장 깊숙한 본질까지 속속들이 악한 존재라고 말했다. 또한 그는 "이득" "명성" "자기 보존"에 대한 내재적인 욕망을 가지고 서로 끊임없이 다투는 인간을 "모든 이의 적"이라고 보았다. 자연법에 따라 인간은 무슨 희생을 치르더라도 각자의 목숨과 재산을 보존할 권리가 있다고 한다. 이렇게 재산을 둘러싼 항시적인 전쟁 상태에서 벗어나는 유일한 길은 사람들이 보편적인 "계약"을 맺어 정치체를 구성하고 평화로운 상업 교환에 참여하는 것뿐이라는 것이다. 절대주의자 장 보댕과 마찬가지로 토머스 홉스도 개개인은 자신의 개인적 자유를 절대군주에게 양도해야 하고, 그러면 절대군주는 조심스럽게 "그 공통의 이익을 달성"할 것이라고 한다.[2]

17세기의 철학자 중 자기 이익의 개념을 다룬 가장 중요한 인물은 모범적인 프랑스 귀족이던 프랑수아 드 라로슈푸코 공작 (François, duc de La Rochefoucauld)이었다. 그의 저작은 개인의 기회주의가 상업 사회와 시장을 추동하는 원동력이라는 믿음을 널리 퍼뜨렸으며, 이후 자유시장 사상에서 핵심적인 위치를 차지한다. 그는 교환의 추동력이 사랑과 우정이라는 키케로의 주장에 회의적이었으며, 인간은 선의에서 행동하는 것이 아니라 자신의 관심과 걱정에 따라 행동하게 된다는 성 아우구스티누스와 토머스 홉스의 생각을 따랐다. 그리하여 라로슈푸코는 욕망 그리고 그가 "자기애(프랑스어로 amour propre)"라고 부르던 것이 인간의 행동에 어떤 영향을 미치는가를 이해하고자 했다. 그는 좀 더 나은 조건이라면 사람들도 스토아철학의 기율을 통하여 미덕을 갖출 수 있을 것이라고 믿었다. 하지만 절대왕정에다 도덕적으로 파산한 왕이 군림할 경우에는 그러한 윤리적 자유가 불가능하다고 했다. 라로슈푸코는 특히 루이 14세의 절대주의 왕권이 귀족들의 오래된 농업적 미덕들을 빼앗아 간 과정에 반대했다. 그는 베르사유 궁전을 귀족들이 이윤을 얻기 위해 명예와 특권을 거래하는 "주식시장"에 비유했다. 루이 14세가 만들어 낸 세상에서는 모든 행

동과 우정이 "오로지 자기 이익에만 기반하게" 됐다고 그는 불만
을 토로한다.[3]

　　그렇지만 라로슈푸코는 희망을 보았다. 그는 이러한 이기적
인 감정들이 좋은 방향으로 흘러갈 수 있도록 물길만 제대로 내
준다면 공동선에 복무하게 만들 수 있다고 믿었다. 그는 "자기 이
익이라는 것은 여러 악행의 원흉으로 지목되지만, 훌륭한 행동의
원천으로 칭송받아 마땅할 때도 많다"라고 자유시장 사상의 핵
심 교리를 표출했다. 라로슈푸코는 자기 이익은 "교역이 계속 돌
아가게 만드는 힘이며, 우리가 빚을 갚는 것은 계좌를 제대로 정
리하는 게 옳은 행동이라고 여겨서가 아니라 그렇게 함으로써 사
람들이 기꺼이 더 많은 돈을 빌려주게끔 하기 위해서다"라고 덧
붙인다. 이렇게 탐욕과 욕망은 교환을 추동하는 강력한 힘이며,
사람들이 자신의 이익을 위해서라도 정직해지지 않을 수 없도록
압박한다는 것이다.[4]

　　루이 14세의 가톨릭 탄압을 주도적으로 비판한 사람들은 얀
선주의(Jansenist) 가톨릭 신자들이었다. 이들은 라로슈푸코와 마
찬가지로 해롭지 않은 자기 이익이란 것을 선한 무언가로 바꾸
는 시스템을 찾았다. 17세기 초, 플랑드르 이에페르의 주교 코르
넬리스 얀선(Cornelius Jansen)에게 영감을 받은 프랑스 얀선주의자
들은 영적인 완벽만을 추구한 것이 아니라 원죄를 완화하고 세속
의 삶을 개선할 수 있는 시스템을 추구했다. 이들은 성 아우구스
티누스의 저작을 탐독하면서, 신이 완벽한 세상을 만들었지만 인
간이 죄를 지어 그것을 흩트려 놓는 결과를 낳았다고 믿었다. 루
이 14세의 탐욕과 나르시시즘에 지친 얀선주의자들은 스스로 지

탱하는 상업 시장이야말로 인간의 죄와 욕망을 미덕으로 바꾸어 놓을 수 있는 최선의 가능성을 제공한다고 생각했다. 이들은 기적의 시대가 끝났으며, "신께서는 숨어 계신다"고 확신했다. 신의 은총을 통해 구원을 받을 수 있는 선택된 소수 집단을 제외하면, 신은 인류를 구원하러 오지 않을 것이며, 인류는 헐벗고 고독한 상태로 남아 스스로 죄악의 본능에 쉬운 먹잇감이 되고 만다는 것이다. 유명한 극작가 장 라신(Jean Racine)과 같은 몇몇 프랑스 사상가들은 얀선주의 사상에 영향을 받아 세속을 완전히 떠나 골방에 틀어박혀 아우구스티누스가 말하는 자기 헌신과 경건함을 추구했다. 인간 대다수는 사회에서 생존하기 위해 죄와 자기 이익을 완전히 피할 수 없다는 것이었다. 실제로 루이 14세의 프랑스에서는 그의 체제에 참여하지 않는 이들은 사회에서 제대로 된 역할을 할 수가 없었다. 그래서 어떤 이들은 인간의 탐욕과 자기 이익이 지배하는 세계를 최소한 관리하고 다룰 수 있는 방법이라도 찾으려고 했다.[5]

얀선주의자로서 영향력 있는 로마법 전문가인 장 도마(Jean Domat)는 시민적 선으로서의 상업이 국가를 부유하게 만든다는 옛날 피렌체식 이상의 기독교 버전을 만들어 냈다. 그는 시장이 죄악의 방향을 바로잡고 심지어 없애 버리기까지 하는 메커니즘을 자세히 분석하면서, 오랫동안 영향력을 갖게 되는 자유시장 사상의 기독교적 개념 틀을 고안해 낸다. 세계적인 명성을 얻은 그의 로마법 개론서인 『자연 질서에서의 민법(The Civil Law in Its Natural Order)』(1689–1694)은 시장이 인간의 여러 욕망과 감정에 대응하여 자유롭게 작동하는 방법에 대해 명확한 비전을 내놓는다. 도마는 키케로를 따라서, 우리가 자연에 내재한 불변의 법칙들을 찾아내어 그것들이 자유롭게 작동할 수 있도록 허용한다면, 돈만 추구하는 개개인의 성향을 억제해 줄 역동적인 시장 시스템이 가동하게 된다고 생각했다.

도마는 육체노동을 신이 에덴동산의 "순진무구 상태"에서 벗어난 인간에게 "내린" 처벌이라고 보았다. 인간은 "상업"을 위해 "물건"과 부를 만드는 노동을 사용하여 신이 내린 징벌에 보속할 방법을 찾아내야만 한다는 것이다. 도마의 이론에 따르면, 신은 "여러 공동의 재화"를 지상에 내놓았고, "인간"은 이를 가지고 "농업, 상업, 예술, 과학" 등으로 그리고 "생명의 여러 욕망이 요구하는" 모든 것으로 "바꾸어 낼" 수 있다. 그러면 이 "물건들"이 "약속", 즉 사회 안에서 여러 계약의 기초가 된다고 한다. 사람은 거래를 함으로써 자신의 "의무"를 수행하며, 그 사람의 여러 행동은 아무런 공공의 "무질서"를 초래하지 않고, 오히려 "배신, 이중 거래, 기만, 부정행위, 그 밖에 손상과 잘못을 일으키는 행동"과 같은 부정적인 "약속들"로 사람들의 에너지가 소모되지 않도록 한다. 시장이란 여러 죄악이 상업 교환을 거치면서 서로를 상쇄해 버리는 시스템이기 때문에, 그 물결이 사람들을 미덕으로 몰아간다는 것이다. 이러한 방식으로 노동이라는 신의 징벌은 부를 창출하고, 또 이것은 국가의 공공재를 위해 "각종 조세"를 지불하게 하여 시민적 삶의 이익으로 변환된다. 도마의 시스템은 구원이 거래되는 옛날 기독교의 성스러운 시장을 행복과 시민적 미덕이라는 완전히 세속적인 시장으로 전이시켜 놓았다. 법의 목적은 개인이 교역을 통해 만족과 구원을 찾도록 하는

것이라고 단언하면서, 도마는 상업 사회를 위한 종교적 정당성을
제공하게 된다.[6]

라로슈푸코와 도마와 같은 철학자들이 개인의 악덕을 공공
의 미덕으로 바꾸어 줄 공식을 찾았다면, 루이 14세의 국가 운영
에 직접적으로 관련된 많은 인물은 이 나라의 뿌리 깊은 병폐를
치료해 줄 처방을 찾고 있었다. 피에르 르 프장(Pierre Le Pesant), 즉
부아기유베르 씨(sieur de Boisguilbert)는 루앙 출신의 얀선주의 조
세 징수원으로서, 자유시장과 경제의 균형(equilibrium)을 이론화
한 개척자였다. 그는 루이 14세의 재무장관들에게 직접 자유시
장을 해법으로 제시한 바 있는데, 그 재무장관 중에는 콜베르의
조카이자 재무장관이라는 직업도 잇게 된 니콜라 데마레(Nicolas
Desmaretz)도 있었다.

부아기유베르는 콜베르가 가장 큰 성공을 거둔 상업지역이
자 모직물 제조업으로 번창하던 도시 루앙에서 경찰 감독으로 일
했다. 그는 자신의 행정 담당 구역뿐만 아니라 자신의 영지에서
도 조세 징수를 담당했고, 그 경험을 활용하여 국가정책에 실용
적으로 적용할 수 있는 근대 최초의 자기영속 시장(self-perpetuating
market)의 개념을 발전시켰다. 그는 프랑스의 경제적 빈곤이 자연
의 문제가 아니라 인간의 판단 착오의 결과라고 믿었기에, 어떻
게 하면 경제가 스스로 움직일 수 있을지에 대한 저작을 집필하
기 시작했다. 그의 1695년 저작인 『프랑스의 세부 사정(Detail of
France)』은 오롯이 스스로 지탱하는 시장 메커니즘에 관심을 둔
최초의 포괄적인 경제사상서다. 이 책에서 그는 프랑스에도 화폐
가 유통되지만 거기에서 부가 창출되지 못하고 있다고 불평한다.

그 이유는 화폐가 오로지 부자의 이익에만 복무하거나 조세로 다 흘러가고 있기 때문이다. 농민들에 대한 공정하지 못하고 징벌적인 성격을 띤 조세가 징수되는 바람에 소비가 마비되고, 농업이 잠식되며, 화폐의 가치와 유통이 줄어들며, 부의 생산을 방해하고 마침내 시장 자체가 불구화된다는 것이다.[7]

부아기유베르는 여러 면에서 옳은 주장을 펴고 있는데, 특히 시장이 소비에 기초할 필요가 있다고 믿은 점에서 그렇다. 하지만 그는 부가 근본적으로는 농업에 근거한다고 보았다. 그 또한 전통적인 관점을 가진 귀족의 한 사람으로서, 잉글랜드 상인들을 그토록 위협한 루앙의 모직물 산업의 경제적 힘을 파악하지 못한 것이다. 오히려 그는 또다시 키케로와 같은 주장을 펴면서 모든 부는 농업에서 비롯된다고 보았으며, 화폐의 가치는 농업생산에서 나온다고 믿었다. 동시에 그는 공정하지 못한 봉건적경제에 반대했다. 부아기유베르는 시장이 작동하려면 농장 노동에 더 좋은 보수를 주어야 한다고 생각했다. 프랑스의 방대한 농업경제가 결딴난 것이 바로 그 이유 때문이라는 그의 주장도 틀린 것은 아니었다. 당시 루이 14세는 프랑스 인구의 대다수를 이루고 있던 농민들에게 과도한 조세를 매겨 굶주림과 빈곤으로 몰아넣었다.

부아기유베르는 가난한 농업노동자들에 대한 조세를 폐지하여 화폐가 "혈액처럼" 돌고 돌아 경제의 몸 전체에 자유롭게 흐르게 해야 한다고 주장했다. 가난한 이들에게 부과하는 불공정한 조세야말로 자연적인 시장 시스템에 "인위적인 교란 요인들"을 만드는 것이라고 믿었던 그는 성장을 위한 조세 개혁의 선구자였던 셈이다. 부아기유베르는 귀족들에게 조세를 거두지 않는 대신 인두세(*capitation*) 혹은 단일 세율의 인두세를 평균으로 조정한 세금을 제안했다. 다시 말하면, 그는 일하지 않는 부자들에게도—즉 귀족들과 부유한 성직자들에게 각각의 소득에 따라서—세금을 매기고자 했으며, 반면 농업노동자들에게는 세금을 낮추어 주고자 했다. 만약 귀족들이 세금을 내고 가난한 이들이 세금에서 풀려난다면, 이는 분명코 소비와 성장의 선순환을 일으킬 것이며, 생활수준을 올리고 또 농민들의 노동과 생산 역량도 개선될 것이라는 주장이었다.[8]

제대로 균형이 잡힌 시장은 스스로 부를 창출하는 도구라고 설명하는 부아기유베르의 주장은 장 도마의 초기 경제 균형(equilibrium) 이론을 반영했다. 그는 세금을 낮추는 가장 좋은 방법은 전쟁을 멈추는 것이라고 지적했다. 부아기유베르는 평화주의를 자유시장 사상과 명시적으로 연결시킨 최초의 인물이었다. 그는 전쟁이 기근을 만들고, 농업을 파괴하며, 조세 부담을 올리고, 교역과 건강한 시장 메커니즘을 침식시킨다고 주장했다. 국가가 만약 평화를 이루고 농업의 조세 징수를 멈춘다면 자연적인 시장 시스템은 스스로 기능하게 될 것이라고 했다. 부아기유베르의 선구적이고 이상주의적인 자유시장 계획은, 가난한 이들이 부를 이룰 수 있게 농업을 자유화해야 하며, 그렇게 되면 가난한 이들이 만인을 위해 부를 창출해 줄 것이라는 내용이었다. 어떤 의미에서는 키케로의 버전을 거꾸로 세운 것이었다.[9]

부아기유베르는 추상적인 사유에만 능한 인물이 아니었다. 그는 고위 조세 징수원으로서 재무장관이자 콜베르의 조카인 니콜라 데마레와 직접 소통한 인물이기도 했다. 최초의 자유시장 경제 이론가와 콜베르에게 재무부를 넘겨받은 인물이 함께했다는 것은 콜베르의 유산이 이 새로운 사상에 대해 상당히 열려 있었다는 것을 뜻하며, 이는 경제사에서 가장 널리 알려진 통념과 반대되는 일이었다.

데마레는 콜베르 옆에서 재정 감독관으로 일하는 동안 콜베르에게 훈련받은 모든 기술을 깊이 숙지하고 있었다. 콜베르는 데마레의 실적에 만족했던 것이 분명하며, 그를 자신의 후계자가 되는 길 위에 올려놓았다. 그래서 데마레는 1703년에 재정 지휘관이 됐고, 1708년에서 1715년까지는 재무장관으로 일했다. 그는 삼촌이 만들어 놓은 정부 규제와 산업 보호 정책뿐만 아니라 루이 14세의 여러 명령을 받드는 과제도 안고 있었다. 또한 그는 특정한 경제 이데올로기를 신봉하지 않았고 부아기유베르의 자유방임 사상에 대해서는 놀랄 만큼 호의적으로 받아들였다. 부아기유베르는 먼저 자신의 자유시장 사상에 대한 저작물들을 콜베르 가문의 가까운 친구이자 1699년에서 1708년까지는 재무장관, 1701년에서 1709년까지의 전쟁 기간에는 국무부 장관을 맡은 미셸 샤밀라르(Michel Chamillart)에게 보냈다. 샤밀라르도 루앙의 재정감독총장을 지낸 바 있으니, 그는 부아기유베르에게 "이론을 실제로 전환"시키는 방법에 대해 자신의 생각을 답장으로 보냈다. 샤밀라르는 결국 부아기유베르의 서한들을 데마레와 공유한다. 이 편지들은—그 여백에는 부아기유베르의 이론들을 현실에 적용하는 방법을 구상하는 메모들이 휘갈겨 쓰여 있었다—비록 처음에는 회의적이었지만, 두 장관들이 결국 루앙 출

신의 조세 징수원이 제시한 자유시장 사상과 본격적으로 씨름하게 되었음을 잘 보여 준다.[10]

콜베르티슴이 자유시장 사상의 대립물이라고 보는 현대의 관점은 일종의 수면제처럼 퍼져 있지만, 데마레의 서한들을 보게 되면 이것이 얼마나 부정확한 것인지를 알 수 있다. 콜베르와 데마레는 근대의 경제사가들이 묘사한 이른바 "중상주의자들"이 아니었다. 콜베르 가문의 개혁 프로젝트는 스스로 자기 이익을 세심히 관리하는 것을 특징으로 하며, 여기에는 시장을 구축하고 법적·외교적 전문성과 더불어 여러 상업적인 경영 기술—회계, 항해로 관리 등—을 정부가 도입하는 것이 필요하다는 믿음이 결합되어 있었다.

1704년에 부아기유베르는 데마레에게 그의 『프랑스의 세부 사정』에서 발췌한 글들을 보내기 시작한다. 데마레가 곡물 무역을 자유화하고 조세를 개혁하자는 자신의 생각에 귀를 기울여 줄 것을 기대한 것이다. 부아기유베르는 그렇게만 한다면 자연의 섭리 시스템이 작동하여 프랑스의 경제가 움직이게 될 것이라고 생각했다. 그가 데마레를 일컬어 경제라는 "시계 장치의 주권적 수행자"라고 지칭한 것은 참으로 많은 것을 말해 준다. 이 말에는 시장 시스템은 시계처럼 스스로 끊임없이 움직이지만, 동시에 시계를 맞추는 역할로 강력한 정부 각료들이 필요하다는 그의 믿음이 담겨 있다. 또한 데마레는 국가 재정의 방향을 결정하는 이로서, 국가의 부를 풀어 더 많은 부를 재생산하고 또 조세 규정을 공정하고 효율적으로 만들어 시장이 스스로 작동하도록 만들 수 있는 권력을 가졌다는 것이다. 그 서한들 중에는 초기 자유방임

주창자인 부아기유베르가 자신의 아들을 위해 국가 공직을 요청한 내용이 있다는 것도 기억해야 한다.[11]

데마레는 자신의 조수들에게 부아기유베르의 편지들이 흥미로운 생각들을 담고 있다고 말하기는 했지만, 그 편지의 여백에 현재 프랑스가 당면한 재정적 문제로 볼 때 그의 제안들이 현실성이 없고 적용이 불가능하다고 불평을 써 놓기도 했다. 하지만 1705년에 데마레는 절망적인 상황에 몰려 부아기유베르의 조세개혁에 관한 제안들을 다시 검토하게 되고, 이것들에 진지한 "성찰"을 해 보겠다고 약속한다. 데마레는 생각의 갈피를 잡지 못한 게 분명했다. 그는 이후에 부아기유베르의 조언 중 일부만을 받아들였고, 결국 그가 제안한 프로젝트의 정신 자체는 잠식되고 만다. 프랑스는 전쟁 자금 조달로 거의 경제적인 파국에 처한 상태였지만, 데마레는 단기적 보편세인 10분의 1세(*dixième*)를 제도화할 수 있었다. 문제는 그가 이를 기존의 세금들을 그대로 놓아둔 상태에서 덧붙였다는 것이다. 즉 이 제도를 통해 부자들도 이제는 일정한 세금을 내게 됐지만 가난한 이들은 더 많은 세금을 내게 됐음을 뜻했다. 하지만 루이 14세의 전쟁으로 온 나라의 화폐가 다 빠져나가는 상황에서 이상수의적 계획을 더 이상 추진할 여력은 없다고 데마레는 부아기유베르에게 설명한다. 콜베르의 조카도 자유방임 개혁을 시도하고 싶어 했지만, 때가 좋지 않아 더 기다려야만 한다는 것이었다.[12]

콜베르의 유산 상속자인 데마레가 펼친 정책에서 자유시장 철학이 작동하는 예는 이것만이 아니었다. 17세기 말 무렵이 되면 콜베르 가문은 사실 자유시장 사상의 최전방에 서게 된다. 데마레 말고도 자유시장 개혁을 위해 다른 이들과 협력한 콜베르 가문 사람들은 또 있었다. 콜베르의 사위도 캉브레의 대주교인 프랑수아 드 살리냐크 드라 모트 페늘롱(François de Salignac de la Mothe Fénelon)과 긴밀하게 협력했는데, 그는 열정적인 자유방임 이론가일 뿐 아니라 당대의 영향력 있는 저술가이기도 했다.

페늘롱은 루이 14세의 후계자로 여겨진 젊은 부르고뉴 공작(duc de Bourgogne)의 가정교사가 되어 왕가의 일원으로 참여한 뒤, 왕과 왕의 가족 그리고 왕의 각료들까지도 정기적으로 만날 수 있게 된다. 페늘롱은 설교자로서의 재능뿐 아니라 자유방임의 비전을 제안한 17세기 저자들 가운데 가장 널리 알려진 이다. 그는 루이 14세의 으뜸가는 신학자 자크베니뉴 보쉬에(Jacques-Bénigne Bossuet)의 보호를 받았으며, 종교에 입각한 절대왕정 체제 이론뿐 아니라 종교적 비관용을 옹호했고, 베르사유궁전의 예배당에서 설교를 했다. 1685년 낭트칙령 철폐 이후 루이 14세는 보쉬에와 페늘롱을 프랑스의 남서쪽 대서양 연안 도시 라로셸 근처로 보내 개신교도들을 개종시키라는 임무를 맡긴다. 여기에서 페늘롱은 루이 14세의 정치 및 경제 정책들에 대해, 또 종교의 개종에 폭력을 사용하는 것에 대해서도 환멸을 느끼게 된다.

페늘롱은 왕실과 뛰어난 인맥을 가지고 있었기에 콜베르의 사위이자 제2대 생테뇽 공작인 폴 드보빌리에(Paul de Beauvilliers)와 친분을 맺었으며, 이를 통해 자연스럽게 데마레와도 가까워진다. 드보빌리에 공작의 또 다른 친구이자 당시 궁정에서 막 떠오르던 실권자도 있었다. 그는 콜베르의 또 다른 사위인 뤼느 공작(또 다른 가문인 셰브뢰즈 공작으로도 알려져 있다) 샤를오노레 달베르트(Charles-Honoré d'Albert)였다. 콜베르의 두 사위 드보빌리에와 셰브뢰즈 공작이 궁정에서 권력을 가졌고, 데마레는 재무장관이었으며, 콜베르의 다른 조카인 토르시 후작 장 바티스트 콜베르[콜베르 드토르시(Colbert de Torcy)로 불린다]는 1696년에 외무장관으로 지명된 상태이니, 콜베르 가문은 루이 14세의 궁정에서 또 정부의 최고층에서 누구도 꺾을 수 없는 로비 세력을 형성한다. 이들의 서한을 보면, 이들은 하나의 가문 단위로 움직였으며, 심지어 페늘롱의 아이디어를 지지하면서도 가문의 재산을 불리는 데에 신경 썼다는 걸 알 수 있다. 이 권력 집단은 드보빌리에와 데마레의 지휘로 함께 뭉쳐 좀 더 자유로운 시장을 구축하기 위해 콜베르의 훌륭한 정부 행정을 되살리는 방법을 모색한다.[13]

드보빌리에는 또한 왕실 자녀들의 관리자였기에 왕실에서 엄청난 영향력을 가졌다. 루이 14세는 이들이 한 팀으로 움직인다는 것을 알고 있었기 때문에 콜베르 가문의 정부 관료들, 즉 콜베르 드토르시, 드보빌리에, 데마레 등을 공식 회합에 소집하곤 했다. 또한 페늘롱을 훗날 왕위 계승자가 되는 자신의 7세 손자 부르고뉴 공작의 가정교사로 붙였다. 드보빌리에와 페늘롱은 개혁으로 가는—또한 당연히 자신들의 권력을 위한—길은 이 어린 왕자에게 달렸다고 믿었다. 이들의 구상은 콜베르의 통치관에 기초하여 어린 왕자를 가르치겠다는 것이었다. 1697년에 드보빌리에와 페늘롱은 부르고뉴 공작을 위한 프로젝트를 시작하여 엄청난 양의 통계 서적인 『숀느 표(The Tables of Chaulnes)』의 집필을 의뢰한다. 이는 왕자에게 경제를 자유화하는 일련의 정부 개혁들을 통해 프랑스의 인구와 상업을 팽창시키는 방법을 보여 주고자 한 것이었다. 그 초점은 프랑스 왕국 내에 편재한 모든 부와 관할권을 세고, 측정하고, 지도로 작성하는 콜베르의 옛날 통계 방법에 있었다. 또한 이는 더 좋은 조세 계획이기도 했으며, 조세 징수가 가능한 모든 부를 문서화하는 것이었다.[14]

1699년에 콜베르 가문은 페늘롱의 소설 『텔레마코스의 모험(The Adventures of Telemachus)』을 어린 부르고뉴 공작의 교육에 쓰도록 강력히 촉구했다. 이 소설은 농업적인 자유시장 사상의 언명이자 당대의 가장 큰 영향력을 미친 저작으로서, 18세기에 베스트셀러가 되었을 뿐 아니라 모차르트에서 애덤 스미스에 이르기까지 많은 이에게 영감을 주었다. 『텔레마코스의 모험』은 호메로스의 『오디세이』에서 빠진 부분을 오디세우스의 아들 텔레마코스의 교육과 모험 이야기로 메꾼 것이다. 소설 전체에 걸쳐서 텔레마코스는 현명한 교사인 "멘토"와 함께하는데, 페늘롱이 밝혔지만 이 인물은 사실 지혜의 여신인 미네르바가 변장을 하고 나타난 모습이었다.[15]

이 소설은 루이 14세에 대한 찬양이 아니었다. 자유무역을 촉구하는 힘찬 외침일 뿐 아니라 베르사유궁전에서의 루이 14세 통치에 대한 비난을 담은 내용이었다. 여기에는 텔레마코스가 루이 14세의 반대 인물로서 훌륭한 왕이 되는 법을 배우는 과정이 그려진다. 페늘롱이 묘사한 이상적인 왕은 전쟁, 궁정의 신하들, 사치품들, 패션의 변화, 쓸모도 없으면서 요란하기만 한 건물들을 단호히 배격한다. 그는 정의를 지지하며 자신의 신민들에게 친절하고 너그럽다. 또 그는 키케로의 말을 인용해 "미덕"과 좋은 교환은 우정과 신실함 속에서 찾을 수 있다고 믿는다. 그리고 왕 스스로가 "신의, 겸손, 불편부당함…… 정의에 대한 사랑" 등의 기독교 및 스토아철학적 가치들을 사람들에게 일깨워야만 한다. 즉 신민들에게 "냉철하고 진지하게" 농업 활동에 초점을 두라고 압력을 가해야 한다는 것이다.[16]

페늘롱에 따르면, 미덕이 있는 군주들은 "모든 시민의 자유"를 높이 여긴다. 그는 가장 "절대적인" 지배자가 가장 약한 지배자라고 경고한다. 페늘롱은 공포로 지배하려는 이들은 "인류의 질병"과 같다고 말한다. 그런 지배자들은 "자신의 눈으로 직접 진리를 보지 못하"며, "아첨"하는 무리들에 둘러싸여 있다고 한다. 결국 훌륭한 왕이 해야 하는 일은 전쟁을 피하는 것이다.[17]

소설 『텔레마코스의 모험』은 왕의 미덕에 대한 키케로적 비전과 콜베르식의 일반적 처방을 섞어 놓은 내용이다. 페늘롱도 콜베르와 마찬가지로 "항해", 잘 준비된 "병기창" "해상 제국" 등으로 뒷받침되는 훌륭한 상업을 발전시켜야 한다고 말한다. 콜베르의 상법을 언급하면서, 그는 훌륭한 "규제들"을 통하여 "파신"을 막고 상인들의 장부에 대해 감사를 실시할 필요를 제기한다. 또한 그는 "벌칙들"로써 상인들이 정직하지 못한 사업들로 남의 재산을 위험에 빠뜨리는 짓을 하지 못하게 해야 한다고 말한다. 하지만 페늘롱은 사치품에 기반한 산업 경제에 대해서는 반대한다. 왕실의 온갖 어리석은 짓들을 보고 겪은 그인지라, 왕들의 "사치와 연약함" "음악" "연회" 여러 채의 궁전 등을 금할 것을 강력하게 요구한다. 신민들은 지위 고하를 막론하고 농사일, 고된 노동, 심지어 폭력배들을 다룰 줄도 알아야 한다고 한다. 그는 프랑스인들이 "비싼 수예품, 금은 접시" 그리고 "독한 술과 향수" 등 "외국에서 제조한" "물건들"에 돈을 쓰는 것을 원치 않았다. 페늘롱은 "사치는 나라 전체에 독을 뿌린다"고 경고한다. 이렇게 되면 부자와 가난한 이가 분열되면서 마침내 "악덕"이 "미덕처럼 칭송된다"는 것이다.[18]

페늘롱은 자유방임 경제를 "단순하고 명시적인" 규칙들을 갖춘 것으로 그려 낸다. 무엇보다 중요한 것은 모든 개인이 자신이 선택한 직종을 자유롭게 추구할 수 있어야 한다. 이러한 자유가 있으면 외국인들뿐 아니라 더 많은 부가 프랑스에 매력을 느낄 것이다. 특수한 훈련을 받은 국가 권력자들은 자유무역을 유지할 뿐 아니라, 아주 복잡한 프로젝트의 경우 지식을 갖추지 못한 상인들을 대신하여 그것을 수행할 "회사들"을 설립하는 것을 돕는다. 결국 모두를 위해 자유, 그리고 자연적인 부의 창출을 보장하는 것이 훌륭한 왕이 할 일이라는 것이다.[19]

페늘롱은 로마의 보수적인 농업주의자 카토를 방불케 하는 구절들을 통하여 통치자는 자신의 토지를 절대로 소홀히 해서는 안 되며, 또 너무 많은 세금을 부과해도 안 된다고 촉구한다. 그는 토지 소유자들에게 자신의 자원으로 수확량을 늘리는 데에 쓸 수 있도록 자유가 허락되어야 하며, 동시에 그들의 가족은 건강하게 토지를 경작해야 하고, 공공 학교에 다녀야 하며, "육체적 훈련"에도 참가해야 한다고 말한다. 제조업과 무역이 가져오는 건강하지 못한 "인위적 부"는 경멸받아 마땅하다는 것이다. 요컨대, 농장 관리야말로 부유한 국가의 기초이며, "잘 경작된 들판이 진짜 보배"라는 것이 페늘롱이 강조하는 바다.[20]

말할 필요도 없는 것이지만, 루이 14세는 페늘롱이건 콜베르 가문의 다른 누구건 신경을 쓰지 않았다. 페늘롱의 자유시장 개혁 계획 중 어떤 것도 실현된 것이 없었다. 오히려 루이 14세의 통치 기간 후기는 콜베르와 그 상속자들의 진정한 야심이 파괴된 시기라고 볼 수 있다. 루이 14세는 페늘롱의 여러 비판에 노발 대발하여 1699년에 그를 왕궁에서 추방하고, 이어 스페인 왕위 계승 전쟁(1701–1714)을 벌인다. 이야말로 페늘롱이 경고했던 악몽이었다. 루이 14세의 여러 전쟁 때문에 프랑스는 잉글랜드, 네덜란드공화국, 오스트리아 대공국 그리고 나중에는 스페인과 사부아까지 참여하는 "거대 동맹(Great Alliance)"과 맞서게 된다. 군사 분야 역사가들은 이 전쟁들 때문에 70만 명에서 120만 명가량이 목숨을 잃었다고 추산한다. 게다가 그 전에 이미 프랑스는 1693년부터 1694년 사이의 대기근에서 약 120만 명의 죽음을 맞이해야 했다. 1709년에는 태양의 흑점이 야기한 급작스러운 추위['큰 추위(Great Frost)']로 60만 명이 프랑스에서 목숨을 잃었다. 이렇게 프랑스의 인구는 약해질 대로 약해지고, 굶주리고, 아무런 희망도 없는 상태에서 수백 만 명이 감소하는 사태를 겪는다.

그리고 드보빌리에와 페늘롱이 공들여 살 교육했던 부르고뉴 공작은 홍역에 걸린 아내의 곁을 한사코 지키다가 병이 옮아 1712년에 사망한다. 그때까지 이미 그의 자식들 중 두 명이 그로부터 병을 옮아 사망한 상황이었다. 그중 가장 어린 아이는 유모가 문을 잠가 지켰으며, 나중에 루이 15세가 된다. 1715년에 그 아이의 증조부인 루이 14세가 다리의 괴저병으로 숨을 거두었을 때 그 아이는 불과 다섯 살이었다. 루이 14세의 질병은 그가 이끈 체제를 그대로 보여 주는 메타포였는데, 부르봉왕조는 이미 안으로부터 썩어 가고 있었고, 그의 치세 동안 프랑스는 심한 외상, 굶주림, 파산 상황을 겪는다. 그가 죽었을 때 슬퍼하는 이는 아무도 없었고, 그의 장례 행렬이 지나갈 때 길거리는 텅텅 비어 있었다. 어떤 이들은 몰래 자기들끼리 모여 축배를 들었다.

　루이 14세는 콜베르의 유산을 결딴내 버렸고, 이와 더불어 상업의 자유나 경제성장의 희망도 모두 죽어 버렸다. 하지만 이 모든 사태 속에서도 콜베르의 가장 중요한 개혁들 일부는 살아남았다. 프랑스는 계속 귀족들과 절대군주가 다스리는 농업사회로 남아 있었지만, 프랑스의 여러 산업은 생산을 계속 이어 가면서 글로벌 상업의 무대에서 잉글랜드인들과 경쟁했다. 프랑스는 전 세계에서 과학 강국으로 군림했을 뿐 아니라, 과학의 발전과 진보 사상의 다양한 흐름과 함께 근대 자유시장 철학의 중심 자리를 차지하는 유럽의 계몽주의가 태어난 요람이 됐다. 프랑스의 경제사상가들은 철학자 샤를 루이 드 세콩다 몽테스키외 (Charles-Louis de Secondat Montesquieu) 남작이 "점잖은" 상업이라고 부르는 것을 통하여 평화와 번영으로 가는 영구적인 방식을 추구했다. 그들은 이러한 상업으로 자기애(self-love)의 전쟁 본능 대신 교역이라는 상호적인 자기 이익(self-interest)이 들어서게 될 것이라고 보았다. 이 점에서 프랑스는 잉글랜드의 경제철학에도 근본적인 영향을 주게 된다. 이 두 나라 모두가 만약 인류가 농업시장을 자유화하여 제대로 자연을 활용하게 된다면, 그리고 시장이 그 기적을 행할 수 있도록 허락한다면 결국 시장이 무한한 부를 생산하게 될 것이라고 믿었다.[21]

## 9장
# 행성의 운동과 잉글랜드 자유무역의 신세계

> "교역은 본래 자유로운 것이어서 스스로 통로를
> 찾아낼 뿐 아니라 스스로 길을 잘 알아서 펼쳐 나간다.
> 교역에 규칙, 지휘, 한계, 제한 등을 두는 모든
> 법률은 결국 개인의 특수한 목적을 위한 것일 뿐,
> 공공에는 아무런 이익도 주지 못한다."
> ──찰스 대버넌트, 『동인도 무역에 대한 논고』(1696)

16세기 초 폴란드의 수학자이자 천문학자인 니콜라우스 코페르니쿠스는 우주를 이해하는 데에 태양 중심의 새로운 모델을 만들어 냈고, 태양 주변의 행성들은 정해진 운동법칙에 따라 태양을 돈다고 설명했다. 20세기 철학자 루드비히 비트겐슈타인(Ludwig Wittgenstein)은 코페르니쿠스의 발견을 자연이 작동하는 방식에 관한 "새로운 관점"이라고 불렀다. 즉, 행성들이 지적인 설계로 보이는 패턴을 따라서 원을 그리며 운동한다면, 이는 사회와 경제학에도 마찬가지로 적용되어야 한다는 생각이었다. 그때까지 자연을 신만이 아는 신비로 보았던 세계에서 이러한 생각은 실로 큰 흥분을 자아낼 만한 것이었다. 행성의 운동과 유

사한 균형(equilibrium)을 인간사에 가져온다면 이 지상에도 평화
와 번영을 가져올 수 있을 터이니, 17세기 철학자들은 그러한 힘
을 찾기 위해 자기영속적인 시스템에 대한 연구에 집착했다. 이
들의 눈에는 이제 사방에서 영구적인 운동법칙이 보이기 시작했
다. 별, 계절의 순환, 인체, 인간의 법, 경제시장 등이 그것이었
다.[1]

1600년대에 피렌체의 신사이자 천문학자 갈릴레오 갈릴레이는
코페르니쿠스의 연구를 이어 가면서, 엄정하고 객관적인 수학 법
칙을 통한 기본 물리학이 행성의 운동에도 적용될 수 있다고 주
장했다. 갈릴레이는 행성운동을 관성의 힘을 통해 이해하고자 했
는데, 행성들이 방향의 변화에 저항하여 태양 주변을 계속 운동
하게 되는 것은 관성의법칙 때문이라는 것이었다. 갈릴레이의 여
러 발견은 17세기 초반에 큰 영향을 미쳤지만, 동학(dynamics)을
연구한 지도적인 과학자는 그 말고도 더 있었다. 1628년에 잉글
랜드의 의학자 윌리엄 하비(William Harvey)는 『심장과 혈액의 운
동에 대한 해부학적 연구(Anatomical Account of the Motion of the Heart
and Blood)』를 출간하여 심장이 일종의 자기영속적인 순환 고리를
통해 몸 전체에 혈액을 보내는 것임을 보여 주었다. 즉 인체는 운
동과 흐름의 유기적인 기계라는 점에서 별들의 시스템을 그대로
반영하고 있다는 것이다. 갈릴레이와 하비는 프랑스 철학자 르네
데카르트(René Descartes)의 저작 『세계론(The World)』(1633)에서 영
감을 얻었는데, 이 책은 물질의 운동은 신비적인 힘이 아니라 사
물들 간의 상호작용으로 추동되어 스스로 자연의 경로를 따르게

된다는 것을 보여 주었다. 그는 운동의 역학은 신에게서 오는 것이 아니라 미세 입자들 사이의 기계적인 상호작용에서 나온다고 생각했다.[2]

잉글랜드의 자연철학자이자 수학자 그리고 천문학자인 아이작 뉴턴은 자연이 예측 가능한 방식으로 작동하며, 물리학의 자기 영구화 법칙을 따른다고 주장했다. 이로 인해 뉴턴은 신은 자연의 작동을 감독만 할 뿐이지 방향을 지휘하는 것은 아니라고 보고, 신의 행동에 대한 기존과 다른 새로운 의견을 제시한다. 예를 들어, 천둥과 번개는 신이 징벌로 창조한 게 아니며 혜성은 불길한 징조가 아니다. 이런 것들은 그저 자연이라는 거대한 기계의 부품일 뿐이라는 것이다. 뉴턴은 그리하여 자연현상들은 인간이 수학을 통해 얼마든지 이해할 수 있는, 불변의 물리학 법칙들에 따른다고 주장했다. 심지어 그는 행성에 적용되는 것은 사회와 시장에까지도 적용된다고 생각했다. 사회와 시장도 그것을 추동하는 메커니즘만 이해한다면 얼마든지 그 움직임을 예측할 수 있다는 것이다.[3]

뉴턴은 만약 인간이 자연의 과정을 이해할 수 있다면 무한정한 금과 은을 창조하는 비밀도 손에 넣을 수 있다고 믿었다. 연금술의 오랜 신비주의 전통에 따라, 그는 지구가 "식물 정신"의 힘을 통해 움직이고 스스로 호흡하고 "원기 회복"을 꾀하며 자신의 생명을 유지하는 "거대한 동물"이라고 보았다. 뉴턴은 지구가 그 내부에 유황 수은이라는 "철학자의 돌"에서 나오는 비밀의 에너지를 갖고 있다고 생각했다. 이를 순전히 마술적인 사유라고만 보아서는 안 된다. 뉴턴의 대표 저작인 1687년의 『자연철학의 수학적 원리(Principia mathematica)』는 행성의 중력 운동과 태양 중심설에서 나타나는 수학적 원리들을 보여 주었는데, 이는 우주의 혼돈을 근거로 신의 계획 따위는 없다고 보는 무신론의 주장을 불식시키려는 의도에서 나온 것이었다. 이 시스템은 근본적으로 기계적인 시스템으로서, 창조에 작용한 신의 손을 보여 주는 명확한 패턴들에 기반하고 있다는 게 뉴턴의 믿음이었다.[4]

독일의 개신교 철학자 고트프리트 빌헬름 폰 라이프니츠 (Gottfried Wilhelm von Leibniz)도 뉴턴과 같은 시기에 우주의 추동력을 찾아내는 작업을 진행하고 있었다. 그는 미적분학과 근대 물리학의 발명에 일조한 다재다능한 인물이었으며, 신이 인간의 생명과 자연을 무한의 운동성을 가진 복잡한 시계와 같이 작동하도록 창조했다는 생각을 했다. 그는 독일어로 시계의 평형 바퀴를 말하는 단어가 Unruhe임을 주목한다. 이 말은 "동요" 혹은 "쉬지 않음" 등으로 번역할 수 있다. 라이프니츠에 따르면, 이러한 "쉬지 않음"이야말로 운동을 만들어 낸다고 한다. 우주는 "예정된 조화의 시스템" 안에서 순환하는 만물의 무한 합계(infinite sum)라는 것이다. 그는 이해하기 쉽지 않은, 결코 쉬는 법이 없는 운동에 대한 개념을 "연속체 구성의 미로(the labyrinth of the composition of the continuum)"라는 수사법으로 설득력 있게 보여 주기도 했다.[5]

17세기 철학자들은 중력에서 행성의 운동이 생겨나듯이, 인간의 도덕적 선택에서 사회와 경제의 운동이 생겨날 거라고 가정했다. 개개인의 행동이 세속의 여러 메커니즘의 추동력이라는 생각은 훗날 자유시장 사상의 기초가 된다. 잉글랜드의 철학자 윌리엄 페티(William Petty)는 그의 유명한 경제 및 사회통계 저작인 『정치산술(Political Arithmetick)』(1672)에서 개개인이 어떻게 경제 전체에 영향을 주는지에 대해 새로운 개념을 제시한다. 페티의 주요 생각 중 하나는, 부는 인간 노동의 효율성과 천연자원의 가치로 계산할 수 있다는 것이다. 어떤 사람들의 노동은 사회에 더 큰 부를 창출한다고 말하면서, 그는 잉글랜드 인구의 다양한 계층의 경제적 생산성을 활용하여 국가 순자산의 초기적인 대차대조표를 계산해 낸다.[6]

페티는 잉글랜드가 프랑스와의 무역에서 적자를 낸다고 걱정하는 이들이 국가의 부라는 개념을 근본적으로 오해한 것이라고 주장했다. 영국의 경제는 총산출, 즉 오늘날 우리가 국내총생산(GDP)이라고 부르는 것으로 이해해서는 안 되며, 잉글랜드인의 1인당 생산량의 순가치로 보아야 한다는 것이다. 그리고 잉글랜드 생산물의 가치는 프랑스보다 낮지만 잉글랜드의 인구가 사실상 더욱 생산적임을 보여 주는데, 그는 무역의 여러 수치, 직종별 1인당 산출량, 조세 소득 통계 등을 계산하고 두 나라를 비교하면서 자신의 이론을 증명한다. 실제로 프랑스는 여전히 잉글랜드의 상업을 위협하는 존재였으며, 7년 전쟁(1756–1763)까지는 프랑스 경제의 총생산이, 특히 제조업에서 잉글랜드를 앞질렀던 것이 사실이다. 하지만 페티는 잉글랜드의 경제가 현재의 경로를 그대로 유지한다면 장차 프랑스를 규모 면에서 능가하게 될 것이라는 올바른 결론을 내놓고 있다.[7]

프랑스 경제의 약점은 가톨릭주의와 결부되어 있을 것이라고 페티는 시사한다. 그는 가톨릭주의가 개인의 노동생산성을 약화시킨다고 믿었다. 그는 오래된 반(反)가톨릭의 논지를 사용하여, 가톨릭교회의 경제적 역할이 큰 데다가, 성직자·수도승·수녀 등이 많은 인구수를 점하고 있어, 이들이 상업적인 부를 창출하지 못하고 자산을 소모하게 되면서 1인당 효율성과 프랑스 경제 전체를 방해하게 된다는 것이다. 페티에 따르면, 프랑스에서 종교의 자유가 주어지면 개신교가 지원을 받게 되고 그리하여 비효율적인 성직자의 수가 줄어서 생산성을 끌어올리게 될 것이라고 한다. 또한 대출 제한을 없애고 경제적으로 성공적인 직업들에 감세 혜택을 주는 것도 산업을 촉진시킬 것이라고 한다.[8]

페티는 시장의 효율성을 신봉했고 자유방임주의 정책들을 권장했다. 하지만 그는 만약 사회와 경제라는 시계태엽 장치가 스스로 작동하지 않는다면 인간이 (그리고 종종 국가가) 나서서 제대로 맞추어야 한다고 믿었다. 인간은 에덴동산에서 추방당했고 완벽하지 못하기 때문에 신이 창조한 자연의 시스템에 줄을 댈 수 있을지는 항상 인간 행동에 달려 있다는 것이다. 페티는 만약 아일랜드인들이 충분히 생산적이지 못하다면(페티는 실제로 그렇다고 믿었다) 그들의 소유권은 몰수당해야 하며, 잉글랜드 국가는 아일랜드를 정복하여 그 토지를 취할 도덕적 특권을 가지게 된다고 한다. 아일랜드 가톨릭 교회가 가진 재산을 좀 더 생산적인 성공회 잉글랜드인들에게 분배한다면 아일랜드가 더 부유해질 것이라는 게 그의 주장이었다. 그는 올리버 크롬웰의 아일랜드 정복(1649-1653)에 참여했는데, 이때 잉글랜드군은 실제로 아일랜드인들의 토지를 몰수하고 야만적으로 주민들을 빈곤에 몰아넣은 바 있다. 아일랜드를 식민지 정복의 17세기 실험실로 삼아서,

페티는 토지를 잉글랜드의 군인 정착민들에게 나누어 주고, 또 몰수한 토지와 그 잠재적 생산성에 대한 경제적 측량을 실시했다. 그러면서 자신의 경제 데이터가 이 나라를 다스리는 데에 필수적이라고 주장했다. 하지만 이러한 통계들은 아마도 자신의 토지 수탈을 정당화하는 논리에서나 유용했던 것 같다. 그가 일군 재산은 자유 교역이 아니라 약탈을 통해서였으니까. 그는 종국에는 토지 5만 에이커를 획득했고, 그리하여 의류상의 아들로 태어난 그의 신분은 부유한 지주 신사로, 또 옥스퍼드 브래스노스 칼리지의 유명 선임 연구원에서 부총장까지 올라선다.[9]

정치사상가 존 로크는 인간 사회가 합리적 원칙에 따라 스스로를 조직한다는 비전을 제시했다. 이는 뉴턴의 운동 역학 이론을 반영한 것이며, 동시에 개개인이 자유 선택을 통하여 경제적 효율성을 창출할 수 있다는 페티의 생각을 반영한 것이다. 정치적 절대주의에 격렬히 반대한 로크는 입헌정치와 개인의 권리를 옹호하는 당대의 가장 영향력 있는 이론가가 됐다. 로크가 『통치이론(Two Treatises on Government)』(1689)을 집필한 것도 잉글랜드 스튜어트왕조와 프랑스 부르봉왕조의 절대왕정이 개인의 자유를 짓밟는 것에 깊은 혐오감을 느꼈기 때문이었다. 기케로와 기독교에서 얻은 영감을 결합하여 그는 사적소유야말로 정치적 자유와 시장의 기능에 중심축이 된다고 설명했다. 에덴동산에서는 모든 것이 공동소유였지만, 아담이 에덴동산에서 쫓겨난 사건으로 인해 사적소유와 노동에 대한 필요가 생겨났다는 것이다.[10]

로크의 사적소유는 토지 소유자들에게 개인의 선택에 따라 경제적 생산을 극대화할 수 있는 가능성을 부여하는 장치였다.

토지 소유자들은 무엇을 구매할 것인지, 누구와 사업을 할 것인지 등을 자유롭게 선택하여 시장의 조건들을 창출할 수 있다는 것이다. 또한 로크는 자유란 남을 해치거나 남의 재산을 침범하지 않는 한에서 자신이 원하는 것을 행한다는 의미라고 보았다. 따라서 개인들은 공동선에 대해서도 생각을 해야만 한다. 인간은 선출된 시민 정부, 계약, 통화 및 교환을 규제하는 법률 등을 통해 자신의 재산을 보존할 권한을 부여받았는데, 즉 인간은 "자연법"에 의해 지배받는다고 한다. 그리고 로크는 인간이 자연을 생산적으로 관리해야 하는 책임도 부여받았다고 한다. 재산 소유자들은 공동선을 위해 생산하고 교역할 책임이 있다는 것이다.[11]

로크의 법의 통치라는 비전은 정치, 종교, 경제에서의 자유를 보호하는 것이기도 하지만, 국가가 규제를 행할 수 있는 여지도 남겨 놓았다. 로크는 사회에서 자기 조정 시스템의 가능성도 보았지만, 원죄 이론에 따라 인간은 반드시 실패할 수밖에 없는 것들이 있고 여기에는 정부가 개입해야 한다고 생각했다. 정부가 필요한 이유는 인간이 타락한 상태고, 또 그 이유는 에덴동산에서 공동체 삶을 잃어 버렸기 때문이라는 것이다. 그는 정부란 "다수의 결정"이 법을 결정하는 일종의 협약이라고 한다. "노동과 근면이 재산 소유의 시작이라면, 그것이 안착되는 것은 협약과 합의를 통해서다." 그리하여 여러 협약을 맺으면 재산 소유의 역동성이 촉진된다고 한다. 로크는 경제에서 혹은 사적소유에서 국가의 개입을 배제하지 않았다. 단, 이는 헌법이 정한 대의 과정을 따라 구성된 의회를 통해서 이루어져야 하며, 그러한 대의 과정은 자연법을 정치에 반영한 것이라고 그는 믿었다.[12]

그런데 로크는 이와 동시에 자유가 모든 이에게 주어지게 되는 것은 아니라고 생각했다. 사적소유, 농업, 교역 등이 발전하지 못한 사회는 자유를 얻지도 못한다는 것이다. 그는 오로지 사적인 재산을 소유하고 법적 구속력이 있는 계약 제도를 갖춘 기독교 사회에 살아가는 이들만이 완전한 자유를 누릴 수 있다고 보았다. 사적소유와 계약 등의 제도를 갖추지 못한 사회는 마땅히 무력을 통해 그것을 갖춘 사회의 일부로 병합되어야 한다고 생각했다. 이것이 식민화를 통해 시장 활동을 촉진하고 팽창해야 한다는 로크의 주장이었다. 그는 노예들과 아메리카대륙의 원주민들은 자연적인 자유를 갖고 태어나지만, 그리고 이 "인디언들"은 유럽인들보다 "점잖고 예의 바른" 이들이지만, 그럼에도 불구하고 이들이 자유로워지기 위해서는 협약을 맺어야 하고 소유에 기초한 사회로 발전돼야 한다고 주장했다. "원주민들"은 토지와 천연자원들을 넘치게 가지고 있지만—이를 "자연이 모두의 소유로 제공한 바 있다"—이들은 보다 더 큰 선을 위해 사적소유, 농업, 상업을 만들어 내는 데에 실패했고, 자신의 자연적인 부를 쓸데없이 소모하고 말았다는 것이다. 따라서 그는 북아메리카대륙에 시민지 정부가 들어서서 이러한 도덕적·경제적 실패를 바로잡고 그들이 시장에 참여하도록 강제할 필요가 있다고 말한다. 이를 위해서 기독교적 식민국가는 강력한 무력 기관을 가져야 하며, 그 목적은 식민지들을 평화롭게 유지하는 것, 그리고 유럽인과 원주민에게 똑같이 사적소유와 그 효율적인 활용을 보장하는 것 두 가지 모두라고 한다. 하지만 로크는 토지를 빼앗긴 원주민들이 어떻게 스스로 재산 소유자가 될 수 있는지는 충분히 설명하지 않았다.[13]

로크의 철학은 대내에서는 법의 통치를 인정하면서 대외에서는 식민지 정복을 부 창출의 열쇠로 보는, 다소 역설적인 17세기 말 영국 경제사상의 한 부분이다. 토리파 경제학자, 철학자, 세금 징수원 그리고 의회의 일원이던 찰스 대버넌트(Charles Davenant)는 잉글랜드식 개인의 자유와 함선 제국주의를 통한 자유무역을 가장 웅변적이고 솔직하게 옹호한 이였다. 대버넌트는 자유무역이라는 것이 교역의 "고리들"과 "사슬들"을 통해 존재하며, 경제에 대한 가장 유리하고도 자연적인 접근이라는 옛날식 관점을 내놓았지만, 그래도 국가가 상업 "전체를 신의 섭리에 따라 돌보는" 역할을 해야만 한다고 주장했다.[14]

대버넌트는 프랑스와의 전쟁으로 국가부채가 생겨났으며, 이것이 다시 부패 그리고 전문적인 채권자 계급의 과두정으로 이어질 것을 염려했다. 따라서 그는 단단히 똬리를 틀고 앉은 기생적 금융 계급을 제거하기 위해서는 그 해결책으로 식민지무역을 통해 국가부채를 갚아 버리는 것을 제시했다. 대버넌트는 국가가 자유와 투명성을 수호하고 과두정, 참주정 그리고 부패의 끊임없는 위협을 물리치려면 부유한 상태를 유지하고 부채를 피해야 한다는 예전의 마키아벨리식 비전을 다듬어 내놓았다.[15]

대버넌트는 국내에서는 정치적 자유와 시장을 옹호했지만, 국외에서는 부 창출의 핵심 방책으로 억압 정책을 주장했다. 로크가 제국과 노예제라는 크나큰 도덕적 딜레마의 논의를 회피했다면, 대버넌트는 아주 뻔뻔스럽게 자유시장 경제학에 기반한 제국주의와 노예제를 모두 기꺼이 수용했다. 그는 『동인도 무역에 대한 논고(An Essay on the East India Trade)』(1696)에서 잉글랜드의 평화, 번영, 정치적 자유로 가는 길은 플랜테이션 노예제와 식민지 무역을 통해 가능하다고 설명한다. 그는 머나먼 영토에서 약탈을 통해 번 돈으로 잉글랜드인들의 자유를 사들인다는 생각에 아무런 모순도 역설도 없다고 생각했다. 그는 나중에 복잡한 주식회사를 통해 아프리카 노예무역을 잘 관리하면 그것이 잉글랜드의 부와 "국가적 우위(National Advantage)"의 기초가 될 것이라는 점을 자세히 설명한 글을 썼고, 훗날 애덤 스미스는 이에 부분적으로 동의를 표하게 된다. 또한 "교역이란 본질적으로 자유로운 것이어서 스스로 통로를 찾아낼 뿐 아니라 스스로 길을 잘 알아서 펼쳐 나간다"는 그의 주장 또한 유명했다.[16]

대버넌트는 잉글랜드가 제국을 건설하여 자유무역 지대를 만들면 국내의 공산품과 소비재의 가격을 낮추는 한편 시민의 생활수준은 올라갈 것이라고 믿었다. 그는 플랜테이션을 두면 필수적인 상품들을 싼 비용으로 생산할 수 있으면서 동시에 잉글랜드 본국에 있는 "제조업체들"을 위한 핵심적인 시장들도 늘어나게 될 것이며, 노예제 플랜테이션은 이렇게 "그것을 낳은 모국에 마르지 않는 보화의 광산"이 될 것이라고 말한다. 이런 계획은 인도에서의 교역에도 필요했는데, 그 이유는 그것을 통해 비단 가격을 25퍼센트나 낮출 수 있기 때문이었다. 대버넌트는 인도에서의 교역을 지켜 내려면 해군과 "유격대"가 있어서 거대한 무굴 제국의 통치자들이 잉글랜드인들을 "모욕"할 수 없도록 해야 한다고 주장한다. 그는 네덜란드와 휘호 흐로티위스가 외국 무역의 자유로운 시스템을 유지하기 위해서는 무력이 꼭 필요하다는 것을 보여 준 바 있으니, 이제 잉글랜드인들도 이러한 상업 전략을 통해 미증유의 천하무적인 제국을 건설할 수 있을 것이라고 한다. 잉글랜드 정부는 카리브 해안의 플랜테이션 운영을 비롯하여, 전 지구에 걸쳐 있는 군사화된 자유무역 지대로 진출해 인도 및 다른 부유한 식민지들을 약탈하는 행위까지도 마다해서는 안 되며, 그렇게 번 돈으로 잉글랜드 국내의 산업혁명에 필요한 것들을 조달해야 한다는 것이다.[17]

대버넌트의 『동인도 무역에 대한 논고』는 이전 콜베르의 접근법을 잉글랜드인들이 어떻게 빌려 왔는지를 잘 보여 준다. 대버넌트는 정부가 구역을 자유화하고 경제를 부양하는 데에서 중요한 역할을 수행해야 한다고 보았다. 그는 국가가 입법권을 사용하여 노역소(workhouse)를 설치하고 여기에서 궁핍한 이들을 낮은 임금에 고용하여 제조업 비용을 낮추고 더 저렴한 제품들을 생산할 것을 권고했다. 그와 동시에 그는 자유무역을 신봉했을 뿐 아니라 그것이 나름의 역학 법칙에 따라 기능한다고 믿었다. 하지만 대버넌트가 제시한 초기 버전의 일반균형이론은 잉글랜드인들에게만 일방적으로 유리하게 되어 있었다. 국내에서 낮은 물가를 유지하면서 비싼 사치품들을 수출하는 것이 잉글랜드에 큰 부를 가져다줄 것이라고 그는 생각했다. 또한 그는 잉글랜드의 내부 시장을 위해 지역 차원에서 좀 더 저렴한 사치품 산업을 육성할 것을 주장했다. 이렇게 되면 국가의 부와 나라 전체의 미덕도 빠져나가는 일이 없을 거란 것이다.

로크와 대버넌트의 관점은 당대의 과학 및 정치와 잘 들어맞는다. 실제로 1688년의 명예혁명으로 윌리엄 오라녀와 그의 부인 메리는 그녀의 오빠인 절대주의적 경향을 띤 제임스 2세를 몰아내고 권리장전(bill of rights)을 갖춘 입헌군주제를 들여왔으며, 그야말로 잉글랜드의 전 지구적인 상업시대를 진정으로 개시했다. 이제 지구적인 경제적 우위를 놓고 잉글랜드와 프랑스 사이에서 그 어느 때보다도 더 격렬한 전투가 치러지게 된다. 역설적인 일이지만, 이 두 나라가 경제적 지배권을 놓고서 싸움을 벌인 것이 새로운 정치 및 경제 사상을 불러오는 촉매가 된다. 이 두 나라가 상업과 산업을 놓고서 더 심하게 싸울수록 철학자들은 키케로의 농업경영 및 평화에 대한 신앙과, 영구적인 운동과 부의 창출이라는 개념들을 혼합하여 자유무역이라는 그들의 이상을 열성적으로 달성하고자 한다.[18]

## 10장

# 영국 대 프랑스: 무역 전쟁, 부채, 낙원 발견의 꿈

"이렇게 모든 부분을 꽉 채운 사악,
하지만 그 덕분에 벌집 전체는 낙원을 이루어 희희낙락."
— 버나드 맨더빌, 『꿀벌의 우화』(1714)

스페인 왕위 계승 전쟁은 자유시장 사상이 창시되는 데에 커다란 역할을 한다. 철학자들은 전쟁을 끝내고 지속적이면서도 자기 영속적인 평화를 찾고자 했다. 또한 이들은 상업적인 시기심과 국가 간의 전쟁이 없이 부를 창출할 수 있는 시스템을 찾고자 했나. 하지만 이 문제들보다 더욱 절박한 것은 공공부채의 문제였는데, 부채 총액을 인구수로 나눈 수치는 영국이나 프랑스나 거의 비슷했다. 영국은 전쟁이 끝날 무렵 총부채액이 약 5000만 파운드라는 전대미문의 수준이었고, 프랑스는 국가부채와 다양한 채무를 합치면 약 23억 리브르(영국 화폐 1파운드는 프랑스 화폐 13리브르에 해당)라는 아찔한 수치에 이르렀다. 이는 1675년 부채액의 세 배이며, 국가 총산출의 약 70퍼센트에 해당하는 금액이었다.[1]

이제 경제학자들은 이러한 압도적인 공공재정의 문제를 관리하기 위한 시장적 해법을 찾는 일에 착수한다. 18세기 초에 이르러 두 나라의 주요 경제학자들이 골몰한 작업은, 민간 회사들이 독점체의 위치를 보장받는 대가로 공공부채를 갚도록 하는 구조를 설계하는 일이었다. 이는 자유시장의 해법처럼 들리지 않을 수도 있겠으나, 사실은 여러 면에서 자유시장의 해법이었다고 볼 수 있다. 이러한 생각의 기초가 되는 전제가 있었다. 경제학자들과 기업가들이 무한한 자연의 부라고 여기던 아메리카대륙을 제대로 활용할 수만 있다면, 그렇게 해서 나타날 식민지 시장 시스템은 정부와 조세만으로는 해결할 수 없는 부채 문제를 풀어 줄 것이며, 동시에 전체 경제까지 끌어올린다는 것이었다.

당시의 잉글랜드는 금융 혁명의 한복판을 통과하고 있었다. 1694년, 윌리엄 3세 정부는 잉글랜드와 프랑스의 전쟁을 위해 돈을 꿀 수 있는 신용 조건을 개선해야 하는 상황이었다. 이 때문에 정부는 부채 관리가 가능한 이자율로 돈을 대출하고 신용 시장에 신뢰를 구축하며 큰 사업 프로젝트들의 자금을 조달할 수 있도록 영란은행(Bank of England)의 설립을 도왔다. 존 로크가 주장한 바 있듯이, 사회는 협약과 합의 시스템들을 갖추어야만 시장에서 신뢰를 구축할 수 있다. 하지만 잉글랜드의 부채는 계속해서 불어났고, 1688년에 100만 파운드에서 1697년이 되면 1900만 파운드까지 늘어난다. 이 부채는 7퍼센트의 연금, 일시차입금, 복권 대출, 영란은행과 동인도회사에서의 대출 등이 복잡하게 혼합되어 있었다. 영란은행을 새로 세웠지만 국가부채는 여전히 다루기 힘든 문제로 남아 있었다.[2]

여기에 더하여 잉글랜드는 정치적으로 변화의 흐름 속에 놓이게 된다. 1707년에 잉글랜드와 스코틀랜드는 연합을 결성하여 그레이트브리튼(Great Britain)이 된다. 메리 여왕의 여동생인 앤 여왕은 후계자를 남기지 않은 채 1714년에 세상을 떠나며, 이 때문에 명예혁명 이후에 헌법으로 생겨난 왕위계승법(Act of Settlement)이 발동된다. 이 법에 따르면, 왕위는 죽은 여왕과 촌수가 가장 가까운 개신교도 친척에게 돌아가게 되어 있었는데, 그 해당자는 바로 독일의 하노버 선거후인 브룬스비크-뤼네부르크 공작 조지 루이(George Louis)였다. 그가 그레이트브리튼의 조지 1세가 된다. 그는 1714년 8월 1일에 왕좌에 오르면서 영국의 국가부채도 함께 상속하게 된다.[3]

이러한 복잡한 경제 상황 그리고 도무지 통제되지 않을 것 같은 부채 폭증에 대응하여 정부 각료, 기업가, 철학자, 연금술사, 과학자 들이 모두 이 끝없는 재정위기를 해결하기 위해 무한의 부를 창출할 마법을 찾아 헤매기 시작한다. 이들은 아메리카 대륙의 부가 해법을 제공할 것이라고 기대했다. 탐험가인 월터 롤리 경이 오리노코강(오늘날의 콜롬비아와 베네수엘라)을 따라 내륙으로 들어간 이야기에 영감을 받아, "엘도라도"를 찾으려는 노력은 18세기 초 경제사상의 주요 요소가 된다. 케임브리지대학에 중심을 둔 하트리브 서클(Hartlib Circle)이라는 국제적인 학자 집단은 "연금술과 과학"이 "숨겨진 자원을 끌어낼" 힘이라고 주장했다. 어떤 이들은 이러한 숨겨진 자원을 아메리카대륙에서 찾으려 했으며, 또 다른 이들은 부에 이르는 길이 시장 역학의 비밀을 아는 것이라고 믿었다. 후자에 해당하는 이들은 신용, 확률법칙,

심지어 도박까지도 연구 대상으로 삼았다. 리스크와 돌발 변수를 계산하는 이론 혹은 심지어 손에 든 카드가 몇 장인지를 계산하는 이론 등이 투자가들에게 보험이나 믿을 만한 투자계획을 설계하는 데에 도움을 주었다.[4]

이러한 아이디어들은 곧 공공의 관심을 얻게 된다. 1707년 런던에서는 환상적인 제목의 팸플릿이 익명으로 출간된다. 이는 바로 「**무엇**이면 충분할까에 대한 설명, 혹은 토울론의 등가물: **아메리카**대륙 남서부 지역의 **무역**을 개선하고, 동인도 무역과 왕실 수입에서 **지금**(地金)의 양을 연간 약 300만 파운드로 늘리게 할 계획에 호의적인 연명(連名)을 해 달라는 제안(An Account of What Will DO; or, an Equivalent for Thoulon: In a Proposal for an Amicable Subscription for Improving TRADE in the South-West Part of AMERICA, and Increasing BULLION to About Three Millions per Annum, Both for the East India Trade and the Revenue of the Crown, Which by Consequence Will Be Produced if This Is Encouraged)」이다. 이 팸플릿은 아메리카대륙이야말로 "금과 은의 유일한 원천"이며, 그것을 소유한 자는 "전 세계의 모든 물질적 보화"를 가지고 "전 우주의 교역"까지 통제할 것이라고 주장하면서, 영국은 프랑스보다 먼저 서인도제도를 지배해야 한다고 강력하게 촉구한다. 또한 국가는 영국이 이 모든 부를 통제하도록 하기 위해 "모험 사업가들(projectors)"이 아메리카대륙을 장악하도록 도와야 하며, 필요하다면 폭력적인 수단도 서슴지 말고 동원해야 한다고 말한다. 그러면 영국은 다른 어떤 나라보다도 우월한 해군력을 구축할 수 있으며 전 지구적인 제국을 세울 수 있다는 것이다.[5]

이러한 분위기 속에서, 영국-네덜란드의 풍자작가이자 의사이며 경제철학자인 버나드 맨더빌(Bernard Mandeville)은 『꿀벌의 우화: 개인의 악덕은 공공의 이익이다(The Fable of the Bees: or, Private Vices, Public Benefits)』(1714)를 출간한다. 이는 초기 자유시장 철학에서 가장 명쾌하면서도 가장 큰 추문과 명성을 불러온 저작이기도 하다. 맨더빌은 우선 영국의 상업 사회를 비판하면서도 희망에 찬 비전이 무엇인지를 간략히 서술한다. 마키아벨리, 홉스, 라로슈푸코 등이 묘사한 인간 본성에 대한 냉소적인 관점을 그대로 따랐던 그는 상업은 한 국가라는 벌집 내부에 창궐하는 온갖 악덕에 둘러싸여 작동하게 된다고 말한다. 맨더빌은 법률가, 사업가, 성직자, 상류 지주 계층 모두가 "사기, 사치, 오만" 등 무겁지 않은 정도의 악덕에 중독되어 있으며, 그 점에서 "도박꾼, 포주, 뚜쟁이, 소매치기, 화폐 위조범, 사기꾼, 점쟁이" 들과 다를 바가 없다고 한다. 급기야 그는 "모든 무역과 장소가 알고 있는 그 나름의 속임수(cheat) / 모든 소명에는 반드시 있는 속임수(deceit)"라고 압운까지 맞추어 말하고 있다. 그는 "이기심"이라는 게 인간의 여러 행동을 추동하는 원동력이라고 믿었다.[6]

하지만 맨더빌은 또한 개인의 악덕은 벌집 인에서 집단의 부를 창출하는 원동력이므로 완전히 악한 것은 아니라고 주장한다. "이렇게 모든 부분을 꽉 채운 사악(vice) / 하지만 그 덕분에 벌집 전체는 낙원(paradice)을 이루어 희희낙락." 맨더빌을 유명하게 만든 것은 개인의 여러 악덕이 공공에는 혜택이 되며, 또 악덕과 "속임수"가 조화를 이뤄 부를 창출하며, 이는 여러 행성이 모여 "찬란한 빛"을 만들어 내는 것과 같다는 주장이었다. 그는 영국 경제가 성장하기 위해서는 무역에서 흑자를 내야 한다고 믿었고, 따라서 사치재를 소비하지 말고 수출을 해야 한다고 생각했다. 맨더빌은 시장 활동을 추동하는 에너지는 탐욕이라고 보았다. 이는 그야말로 가증스러운 견해라고 볼 수 있다. 콜베르조차도 사업가들은 키케로가 말한 점잖은 정직함을 가져야 한다고 믿었다. 하지만 당시에는 무역을 둘러싼 끝없는 전쟁과 전투로 많은 사람이 질릴 대로 질린 상태였다. 그래서 맨더빌과 같은 인물들은 옛날의 얀선주의자들처럼 여러 죄악도 교역의 시스템으로 포섭되기만 하면 이 지상에 낙원을 만들어 낼 수 있다는 불경한 생각을 그대로 따랐던 것이다.[7]

영국과 마찬가지로 프랑스도 부채 문제와 무너져 가는 경제 시스템에 대한 기적의 해법을 찾고 있었다. 프랑스는 기근으로 무너져 경제가 거의 파산 상태였다. 1714년에 콜베르의 조카 니콜라 데마레는 프랑스의 사실상 파산 상태를 해결할 방법을 찾아 머리를 쥐어짜고 있었다. 모든 개혁은 교착상태에 빠졌고, 그는 이미 거덜 난 프랑스인들에게 한 푼이라도 더 세금을 짜내기 위해 기를 쓰고 있었다. 프랑스에는 국가 은행도 없었고 조세 기반도 취약했다. 프랑스의 귀족들은 정기적으로 세금을 내려고 하지 않았기 때문이다. 절망에 빠진 데마레는 결사적으로 움직였다. 그는 유명한 스코틀랜드의 경제이론가이자 도박꾼 존 로[John Law, 그의 이름은 프랑스어로 '존 라(John l'as)'로 발음된다. 여기에서 'as'는 카드의 '에이스'를 뜻하는 말이었다]에게도 귀를 기울인다. 존 로는 스코틀랜드에서 국가 은행과 지폐에 대한 개혁 계획을 제안한 인물이었고, 1705년에는 『화폐와 교역에 대한 고찰(Money and Trade

Considered)』이라는 특출한 논고를 쓰기도 했다. 한 나라의 화폐가 많아질수록 더 많은 교역을 만들어 낸다는 것이 이 글의 주된 주장이었다. 그러니 화폐를 부의 한 형태로 보지 말고 지폐로 찍어 내어 부를 창출할 촉매제로 쓰라는 내용이었다.[8]

　　로는 근대적인 시장 도구(market tools)의 선지자였다. 그는 은과 토지의 가치에 연동하여 지폐를 생산할 것을 제안했다. 암스테르담, 뉘른베르크, 스톡홀름, 런던의 은행들은 이미 주화를 준비금으로 잡아 거기에 근거해 지폐를 발행하고 있지 않은가. 로의 이론은 이러한 움직임을 지지했다. 화폐는 가치가 안정되어 믿을 수 있어야 할 뿐 아니라 빠른 속도로 성장하는 영국의 교환과 경제를 떠받칠 수 있을 만큼 양이 충분해야 한다는 것이다. 지폐는 귀금속 주화와 달리 시간이 지나면 질이 떨어지거나 사람들이 깎아 써먹을 염려가 없다. 그래서 지폐는 실제로 주화보다 가치가 더욱 안정적인 데다가 시장에서 더 많은 신뢰를 창출한다는 것이 로의 주장이었다.[9]

　　하지만 로는 스코틀랜드의 국가 은행과 지폐 통화 프로그램을 만드는 데에는 실패했다. 그 후 그는 프랑스 정부에 자신의 프로젝트를 제안했다. 그는 콜베르의 조카 데미레야말로 시장개혁이라는 도전을 기꺼이 끌어안을 사람이라고 보았다. 데마레는 로의 계획을 루이 14세에게 제시하려 했지만, 노쇠한 국왕은 이미 병든 상태여서 혁신을 밀어붙일 수 있는 상황이 아니었다. 하지만 1715년에 루이 14세가 죽자, 로에게 기회가 열리게 된다. 이때는 데마레가 그 자리에서 떠난 상태였지만, 로는 그 새 루이 14세의 조카인 필리프 2세 오를레앙 공작(Philippe II, duc d'Orléans)과 친분을 쌓아 놓은 상황이었다. 그리고 오를레앙 공작은 다섯 살인 국왕 루이 15세를 대신하여 섭정을 하게 된다. 그리하여 로는 오를레앙 공작에게 그의 더욱 야심찬 계획을 제안하고, 공작은 자금이 간절히 필요한 상황이었는지라 기꺼이 모험에 동참하기로 결심한다.[10]

스코틀랜드인 존 로와 프랑스 섭정 오를레앙 공작은 파리의 상류층 도박장에서 만났다. 로는 돈을 따기 위해 확률을 연구했을 뿐 아니라 리스크 자체에 중독된 도박꾼이었다. 이런 두 가지 특성을 모두 가진 사람이 프랑스의 재무장관이 된다는 것은 분명코 큰 사고를 예견하는 일이었다. 1716년에 오를레앙 공작은 로에게 민간에서 자금을 모아 방크 제네랄(Banque Générale)을 설립하고, 저축된 금을 준비금으로 하여 지폐를 발행하도록 허락한다. 그리고 프랑스 정부는 이 은행에서 발행한 지폐를 세금 납부 수단으로 받기로 한다. 1718년에 로의 방크 제네랄은 왕립 은행(Banque Royale)이 된다. 그리하여 이 은행은 예금업과 대출업을 시작할 뿐 아니라 수익성 높은 식민지 담배 무역에 대한 국가 독점권까지 얻게 된다. 같은 해에, 로는 '서부 회사'(본래 미시시피 회사였다)를 설립했고, 이를 다시 노예무역을 행하던 '세네갈과 기니 회사'와 합병한다. 1719년에 로의 회사는 프랑스 동인도회사와 중국 회사까지 흡수하여 전 지구적인 금융 기업집단인 '영구적 인도 회사(Compagnie Perpetuelle des Indes)'가 된다. 이 회사는 노예무역을 포함한 식민지무역으로 큰 이윤을 거둔다. 이를 허락한 오를레앙 공작이 희망한 것은 로의 독점체가 국가 자금을 관리하면서 절실히 필요했던 자금을 구해 오는 것이었다.[11]

1720년에 오를레앙 공작은 존 로를 콜베르와 데마레가 일한 재무장관에 임명한다. 스코틀랜드의 도박꾼은 이제 프랑스 국가의 최정상 자리에 오른 것이다. 그는 왕립 은행과 영구적 인도 회사를 하나로 합쳤고, 식민지무역 독점의 대가로 정부부채를 떠맡기로 한다. 이러한 조치는 대책이 없던 프랑스의 재정문제들을 해결할 수 있을 것처럼 보였다. 하지만 로의 식민지 회사가 이러한 의무를 수행하기 위해서는 많은 돈을 아주 빠르게 벌 수 있어야 했다. 이미 섭정의 신뢰를 한 몸에 받은 존 로는 이제 대중에게 자신의 새로운 프로젝트에 투자하라고 설득해야 했다.

당시 '로 시스템(Law's System)'이라고 불리던 이런 일들은 얼핏 보면 자유시장의 이야기와는 전혀 다른 것처럼 느껴진다. 하지만 로의 화폐 이론과 회사가 국가부채를 해결할 수 있다는 참신한 아이디어는 최소한 부채관리의 문제에 대해 시장을 기반으로 하여 대응책을 구상했고, 실제로 그렇게 선전됐다. 도박꾼 존 로는 신용을 지탱하고 시장을 추동하는 데에 상상력이 중요한 역할을 한다는 점을 잘 알고 있었으며, 따라서 대중에게 자신의 은행과 회사의 주식에 투자하도록 설득하려고 아메리카대륙의 잠재적 부를 홍보하는 광범위한 선전전을 전개힌디. 미시시피 밸리(Mississipi Valley)는 존 로의 '엘도라도'였으며, 프랑스식 아메리칸 드림이었다. 존 로는 지주 귀족(sieur de La Salle: 프랑스어로 '큰 홀이 딸린 장원의 주인'이라는 뜻으로, 영지를 가진 귀족을 뜻한다. 하지만 이 말은 군 출신의 귀족과 달리 돈으로 장원의 영주 자리를 구매한 이를 뜻한다― 옮긴이) 르네 로베르 카벨리에(René-Robert Cavelier)가 미시시피 지역을 탐험하면서 묘사한 글을 언급했고, 루이지애나의 광활한 미개척 탐험지를 잘 표현한 기욤 들릴(Guillaume Delisle)의 지도들을 출간하기도 했으며, 또한 왕립 아카데미의 회원들을 고용해 프랑스의 '신대륙'이 지닌 자연의 부를 높이 상찬하는 책들을 쓰게 하기도 했다.[12]

프랑스의 성직자 장 테라송(Jean Terrasson)의 『무한한 창조에 대한 논고(The Treatise on the Creation of Infinity)』(1695–1715 무렵)는 루이지애나를 기적의 노다지로 그린, 로의 비전을 지지하는 주요 선전물이었다. 이 저작은 지구의 부는 "절대적으로 무한한" 것이며, 거기에 존재하는 부도 무한하여 아메리카대륙으로 가는 이들에게 무한히 열려 있다는 내용이었다. 이 글은 파리에서 유통되어 큰 인기를 모았다. 테라송은 전문가, 금융 관리자, 회계사 등이 국가경제를 이끌게 할 필요가 없다고 주장했다. 경제란 한마디로 신앙에 의해 추동되는 것이어서 자기 조정 시스템으로 인해 저절로 안착된다는 것이었다. 왕립 은행은 로의 회사에 투자하려는 모든 이에게 돈을 대출해 주었고, 이에 "온 나라를 한 덩어리의 거래자들"로 바꾸어 놓았다. 그리고 이러한 국가적 투자 계획은 영구적 인도 회사와 지폐 발행으로 얻어 낸 경제적 연료로 뒷받침됐다. 이러한 방식으로 부가 공유되고 일반화되어 사회의 모든 성원이 주주로 참여할 수 있었다. 투자 위험도 있을 리 없었다. 왜냐하면 그 어떤 문제가 생겨나도 "계몽된" 그리고 최고의 권력을 가진 군주 섭정이 다 해결해 줄 것이기 때문이었다.[13]

로는 자신이 신용, 끊임없는 화폐 공급, 미시시피의 무한한 부 그리고 비즈니스 친화적인 절대왕정의 정부 등으로 추동되는 완벽한 시장 계획을 고안하여 세금을 낮추는 일을 해냈다고 주장했다. 하지만 큰 문제가 하나 있었다. 이게 폰지사기(Ponzi scheme: 신규 투자자의 돈으로 기존 투자자에게 이자나 배당금을 지급하는 방식의 다단계 금융사기를 일컫는 말—옮긴이)였다는 점이다. 로는 자신이 만든 은행이 보유한 귀금속 준비금의 가치를 훨씬 넘는 지폐를 발행했을 뿐 아니라, 자기가 만든 회사의 실제 기업가치를 넘는 가격으로 주식을 팔기 시작했던 것이다. 로를 향한 반석 같은 신앙으로 눈이 먼 테라송은 1720년 5월 18일에 '로 시스템'을 옹호하는 그의 마지막 편지를 출간한다. 한편, 로의 적들은 그동안 계속 주식을 사들여 "미시시피 거품"이라고 불리게 될 만큼 주가를 끌어올리고, 그다음에는 자기들이 동원할 수 있는 최대의 주식을 팔아 현금으로 바꾸면서 은행의 준비금을 모두 소진시킨다. 이 공격은 결국 성공한다. 현금 준비금보다 더 많은 지폐가 돌아다니면서 "로 시스템"도 무너지고 만다.

　1720년 5월 21일에 프랑스 정부는 로가 판매하는 주식의 가치를 주당 9000리브르에서 5000리브르로 낮추라고 명령하지만 대주주들은 여기에 반기를 들었다. 사람들은 공황 속에 빠져들었고, 성난 군중은 왕립 은행 밖에서, 또 파리 구시가지의 유명한 주식거래 지역인 캥캉푸아 거리에서 시위를 벌였다. 정부는 로가 발행한 지폐의 가치를 무효화해 버렸고, 결국 왕립 은행은 무너졌다. 그리고 이렇게 최초로 자기 조정 시장의 설립을 시도한—스탠리 큐브릭 감독의 영화 〈배리 린든(Barry Lyndon)〉(1975)에 나오는 18세기 모험가 겸 도박꾼의 실제 인물—존 로는 자신의 이름을 숨기고 프랑스를 떠나 브뤼셀로, 그다음에는 베네치아로 도망쳤으며, 여기에서 도박으로 연명하다가 1729년에 사망한다. 한편 그가 끌어들인 주식 투자자들은 모든 것을 잃고 만다.[14]

　로가 남긴 사태 속에서 섭정 오를레앙 공작은 국가 재정 전문가이자 전문 회계사인 두 '파리(Pâris)' 형제를 불러들인다. 산더미처럼 불어난 국가부채를 관리하고 회계장부를 다시 맞추기 위해서였다. 눈 깜박할 사이에 부가 쏟아진다는 꿈은 깨어졌고, 그 자리에 남은 것은 대차대조표뿐이었다. 그리고 그 대차대조표는 상태가 좋지 않았다. 클로드 파리 라몽타뉴(Claude Pâris La Montagne)는 섭정에게 보낸 손으로 쓴 비밀 논고에서 존 로의 계획으로 인해 부패만 무성하게 됐고, 그 유일한 해독제는 투명성이라고 말한다. 이제부터는 복식부기의 "믿음직한 표"와 같은 "탄탄한 기하학적 계획"만이 모든 국가 재정을 감시 감독하는 "재무장관"이 되어야 한다. 건전한 공공재정 관리야말로 "공공재"의 기초라는 것이 그의 결론이었다. 그는 부를 창출하는 시장 시스템이라는 것은 아메리카대륙의 황금과 같은 꿈에서 찾을 것이 아니라 회계장부의 결산에서 찾아야 한다고 말한다. 이를 정확하게 기록하기만 하면 그 나름의 중력 법칙을 보여 주게 된다는 것이다. 하지만 대중은 골치 아픈 대차대조표 따위는 원하지 않았다. 이들은 아메리칸드림을 원했다. 존 로는 비록 실패했지만 자유시장 사상의 근본이 되는 무엇인가를 밝혀 주었는데, 그것은 바로 자유시장을 추동하는 것은 정확한 증거가 아니라 정념과 욕망이라는 것이다. 장 도마와 버나드 맨더빌은 자유시장이 탐욕과 자기 이익과 같은 "개인의 악덕들"로 촉발되므로 자동적으로 작동하게 된다고 주장했지만, 이는 그릇된 것이었다. 물론 이를 통해 큰 부가 나타날 수도 있지만, 또한 폭락과 경제적인 파국이 나타날 수도 있다.[15]

영국은 정교한 금융 그리고 세련된 정치 및 상업 계급을 가지고 있었음에도 불구하고 공공부채를 놓고 프랑스와 비슷한 계획을 실험했다는 사실은 참으로 놀랍다. 하지만 영국은 아메리카대륙의 부가 가진 가능성 그리고 그것으로 신용 시장을 떠받칠 수 있다는 희망에 홀려 있었다. 금융과 재정의 모든 문제를 해결할 시스템에 대한 꿈은 참으로 강력한 것이었다. 초대 재무장관이던 로버트 할리(Robert Harley)는 1711년에 존 블런트(John Blunt)—그는 복권 사업자 출신이자 다른 주식회사 및 은행의 이사였다—와 힘을 합쳐 남해회사(South Sea Company)를 설립한다. 영국 왕실은 이 회사에 남미대륙의 동해안—이곳은 전설적인 무한의 보고 오리노코강에서 티에라델푸에고(Tierra del Fuego) 지역까지 포함한다—과 서해안 전체에 대한 무역 독점권을 부여했다. 1719년에 이 회사 또한 존 로를 흉내 내어 모든 정부부채 소유자들에게 자기 회사의 주식을 주겠다고 한다. 그리하여 영국에서도 정부부채는 마법처럼 남해회사의 주식으로 전환됐다.[16]

강력한 휘그당 정치가이자 장차 수상이 되는 로버트 월폴(Robert Walpole)은 시장을 통해 자금을 꾼다면 투자자들도 "이 유리한 기회를 이용할 수 있고, 대중은 번창하는 공공 신용의 이점에 참여할 수 있게 될 것"이라고 희망했다. 그는 이를 투자자들에게 배당금을 제공하면서 국가부채도 갚을 수 있는 근대 금융의 기적이라고 칭송했다. 그러나 프랑스와 마찬가지로 그러한 예상 소득은 실현되지 못했다. 이 회사도 잘못된 이윤 보고서에 의존했으며, 이 때문에 투기 거품만 불어났다. 존 로가 이용한 것과 같은 폰지사기의 형태를 따르게 되면서 남해회사도 배당금을 지불하기 위해 갈수록 더 많은 주식을 발행하게 됐다.[17]

당연한 일이지만 1720년 8월이 되면 주식 가격이 곤두박질

치며 전체 시스템이 붕괴하여 투자자들은 엄청난 손실을 안게 됐고, 그중에는 대귀족들과 정부 각료들도 있었다. 심지어 아이작 뉴턴도 최고조에서 투자하는 바람에 2만 파운드라는 엄청난 돈을 잃게 됐다. 행성의 운동 시스템을 발견한 천재 뉴턴은 영국 조폐청장이 됐으며, 자신의 저작을 통해 많은 이에게 시장은 중력 법칙처럼 작동한다고 믿게 한 바 있다. 하지만 뉴턴은 이렇게 시장이 스스로 지탱하기 때문에 결코 붕괴되지 않는다는 사기극에 당하여 현실의 쓴맛을 보아야 했다.[18]

하지만 프랑스가 국가 은행과 지폐를 필요로 한다는 존 로의 주장은 옳았다. 이러한 전대미문의 실패들이 벌어지긴 했지만 시장 메커니즘에 대한 이해와 신앙은 더욱 깊어졌으며, 이에 따라 언젠가 좋은 날이 오면 부의 창출을 가져올 완벽한 방법이 발견되리라는 희망은 계속 살아남았다. 아주 주목할 만한 일이지만 (혹은 어쩌면 너무나 당연한 일일 수도 있지만), 스스로 지탱하는 자유시장이라는 철학은 루이 14세의 파산을 낳은 꿈의 나라 베르사유궁전에서 다시 살아났다.

# 11장
## 프랑스의 자연숭배와 계몽주의 경제학의 발명

"토지는 물질의 원천이며 여기에서 모든 부가 생산된다."
— 리샤르 캉티용, 『상업론』(1730)

18세기 중반, 세계적인 경제 강국인 프랑스와 영국은 모두 주식 폭락 사태를 경험했고, 여전히 큰돈이 들어가는 파괴적인 전쟁에 줄줄이 휘말려 있었다. 당시 두 나라는 애덤 스미스의 멘토인 스코틀랜드 철학자 데이비드 흄(David Hume)의 유명한 표현처럼 상업에 대한 "질투에 찬 공포"에 사로잡혀 서로에게 뒤처지고 있다고 느꼈다. 주목할 만한 일은 비록 프랑스가 금전적으로 또 외교적으로 더 크게 잃은 상태였지만 여전히 모직물 무역에서만큼은 지배력을 가지고 있었다는 점이다. 콜베르의 산업정책에서 비롯된 루앙과 리옹의 제조업 성공 등으로 인해 프랑스는 이제 수출액에서는 영국을 앞지르고 있었다. 더욱 놀라운 일이 있었다. 프랑스는 국가 은행이 없었을 뿐 아니라 금전적이나 외교적으로도 여러 문제를 안고 있었는데도 루이 15세가 영국 정부와 똑같은 이자율로 돈을 빌릴 수 있었다는 사실이다.[1]

하지만 경제 전망은 전혀 밝지 않았다. 프랑스는 존 로의 실험이 빚어낸 아수라장에서 왕립 은행과 지폐를 모두 잃었다. 시장의 제도들과 신뢰를 창출하려는 노력은 무너졌으며, 프랑스는 이제 거의 붕괴 직전의 부채를 상환해 줄 효과적인 자본 및 주식 시장을 건설할 수 없는 상태였다. 철학자들과 귀족들은 농업이 사회를 지배해야 한다고 보아 산업보다 농업을 우선시했으며, 이에 따라 막 일어서던 상업 계급은 큰 퇴보를 겪게 된다. 이제 중농주의자들(physiocrats, "자연"을 뜻하는 그리스어 phusis에서 온 단어)이라고 알려진 일군의 프랑스 경제학자들이 출현한다. 이들은 사회계층 구조와 경제는 단지 시계와 같은 자연의 기계적인 "인과관계"를 반영한 것일 뿐이라는 키케로의 믿음으로 돌아가는데, 정부가 산업에 세금을 부과하고 농업경영자들이 세금이나 규제 없이 농장을 경영할 수 있어야만 부를 창출할 수 있다고 열렬히 주장했다.[2]

농업적 자유시장 사상은 계급의식의 역사에서 주목할 만한 순간을 만든다. 토지에 기반한 위계질서와 농업이 지배하는 세계를 신봉하던 사람들이 이제 절대주의 정부 그리고 상업 계급의 발흥이라는 위협에 대한 자연적인 대응책으로 농업의 자유방임을 바라보기 시작한 것이다. 1720년의 주식 폭락 사태 이후 프랑스의 경제적 신뢰도는 더욱더 바닥을 치게 됐고, 경제철학자들은 존 로의 계획과 그것을 낳은 금융 세계에 대해 비난하고 공격하게 된다. 이들은 국가 은행, 지폐, 초기 형태의 국채 등과 같은 금융 도구들을 불신했고, 대신 사회적 미덕으로 본 농업경영에 기반한 자기 추동적 경제 시스템을 고안하고자 했다. 상인들은 아직 프랑스의 사회나 경제를 충분히 통제하지 못했으며, 18세기 초기의 자유시장 개혁가들은 농업경영의 경제적 지배력을 보존하려는 태도를 군건히 했다.

키케로와 뉴턴 방식의 자연숭배를 지지하는 사람들은 프랑스에서도 강력한 자유시장 정책의 로비 집단을 형성하고 있었다. 1730년대 초에 아일랜드-프랑스의 자유시장 경제학자 리샤르 캉티용(Richard Cantillon)은 농업경제학의 근간이 되는 『상업론(Essay on the Nature of Trade in General)』을 쓰고 있었으며, 이 책은 수고(手稿)의 형태로 회람되다가 그가 죽은 뒤인 1755년에 출간된다. 캉티용의 에세이는 단순하면서도 기계적인 관점을 신봉하고 있다. 즉 농업을 조세와 규제에서 해방시키면 자본을 생산할 것이며, 이것이 경제성장을 가져온다는 것이다. 19세기의 윌리엄 스탠리 제번스(William Stanley Jevons)와 20세기의 조지프 슘페터(Joseph Schumpeter)는 캉티용이야말로 애덤 스미스 이전 최초의 "체계적인" 경제사상가였다는 명예를 부여한다. 이들이 말하는 '체계적인' 경제학이란 경제적 균형(equilibrium) 이론과 조금이나마 비슷하다는 의미다. 하지만 실제로 보면, 캉디용은 혁신과 산업이 가진 부를 낳는 잠재력을 이해하지 못하여 부유한 사회를 만들려면 농업을 해방시키는 방법밖에 없다고 여긴 수많은 사상가 중 한 명이었다.[3]

아일랜드의 지주 아들로 태어난 캉티용은 18세기 초에 프랑스로 이주하여 스페인 왕위 계승 전쟁 중에 금융업과 군복 사업 등으로 재산을 모았다. 그도 존 로의 계획에 초기부터 가담한 투자자였다. 실제로 그의 투자 예측이 주식가격을 최고치로 끌어 올리기도 했다. 그는 자신의 주식을 제때에 팔아 엄청난 돈을 벌었으며, 그 후에는 "로 시스템"이 무너질 것을 자신이 예상했다고 주장하고 다녔다. 하지만 그가 주식을 사도록 설득한 다른 이들은 모두 파산하고 만다. 부자가 된 캉티용은 유럽을 전전하다가 나중에는 런던에 정착한다. 그는 죽을 때까지 많은 사람에게 사기꾼 취급을 받았으며, 여러 법적 분쟁으로 투자자들과 채권자들에게 시달렸다. 심지어 그가 죽은 것도 채권자들에게 도망치기 위해 런던의 집에 스스로 불을 지른 자작극이라는 소문까지 나돌았다고 한다.[4]

캉티용은 농업 노동가치론의 선구자이기도 했다. 17세기의 경제철학자 윌리엄 페티는 국가의 부를 추동하는 것이 인구와 생산성이라고 주장한 반면, 캉티용은 오롯이 농업 노동에만 기초하여 "토지는 물질의 원천이며 여기에서 모든 부가 생산된다"는 주장을 내놓았다. 캉티용의 공식에 따르면, 농업 노동의 비용은 다른 모든 종류의 비용, 가격, 가치의 기초가 된다. 그래서 농업이야말로 으뜸가는 경제의 추동력이며, 이에 대한 조세, 규칙, 규제 등이 없어진다면 부가 창출되고 시장의 균형(equilibrium)이 달성된다고 한다. 캉티용에게 '경제적 균형을 창출'한다는 말은 자본의 가장 중요한 생산자가 누구인지를 찾아내어 그들에게 완전한 자유방임의 권위를 부여한다는 것을 의미한다. 그는 토지 귀족 계층을 위한 이론을 근대적 형태로 만들어 낸 인물이었다. 캉티용은 토지 소유자들은 부 창출 과정의 지도자들로서, 국가로부터 "독립적"이며, 오히려 국가가 이들에게 종속돼야 한다고 주장했다.

"영주와 토지 소유자"는 정부의 권위뿐 아니라 상업과 산업에 종사하는 저 열등한 "사업가나 기계공"보다도 더 위에 서는 거의 신성한 존재라는 것이다.[5]

캉티용은 자유무역을 신봉했지만 이는 어디까지나 농업에만 국한된 것이었다. 그래서 그는 제조업품의 교역에서는 규제를 옹호했다. 이러한 버전의 자유방임은 오로지 경제의 승자들에게만 적용되는 것이었다. 그는 외국의 구매자들이 농산물의 대금을 금으로 지불하여 농업 노동이 산업보다 더 큰 가치를 갖도록 해야 하며, 그렇게 해서 제조업품의 가치를 떨어뜨려야 농업을 보호할 수 있다고 보았다. 당시 영국에서 일어난 산업적 부의 중요성을 생각할 때, 이는 참으로 이해하기 힘든 생각이라고 볼 수 있다. 하지만 농업을 중시하는 편견은 버리기가 쉽지 않았다. 캉티용은 궁극적으로 모든 시장의 힘이 농업 노동의 비용에서 촉발된다는 이론을 내놓으면서, 모든 시장가격은 농부들이 치르는 비용과 지대에서 시작해 계산되어야 한다고 주장했다. 일단 농업에서의 여러 가격이 먼저 결정되어야만 비로소 시장에서 수량과 공급이 가치를 결정하는 역할을 하게 된다는 것이다.[6]

캉티용은 스스로 마련한 그나시 과학적이지 못한 통계하에 의지하여 토지에서 수확물을 거두는 데에 필요한 노동량에 따른 농업 산출량의 순가치를 계산했다. 그리고 수확 중에 얼마나 많은 양이 토지 소유자에게 노동, 지대, 유지비 등의 명목으로 돌아가는지를 설명했다. 그는 이 수치들을 표로 제시했지만, 상업 데이터를 사용하거나 농업과 제조업에서의 노동생산성을 비교하지는 않았다. 그가 말하는 농업 버전의 자유시장 이론은 이미 수백 년에 걸쳐 쌓인 도시의 상업 통계들을 모조리 무시한 것이었다. 그런데 이러한 여러 결함에도 불구하고, 이 초기 형태의 노동가치론은 이후 애덤 스미스, 데이비드 리카도, 카를 마르크스에 이르는 주요 경제 사조에 하나의 주춧돌로 기능하게 된다.

칸티용은 제조업품의 가치가 원자재의 가치로 결정되는 것으로 보고 있지만, 산업이 원자재에 어떻게 부가가치를 부여하는지는 말하지 않고 있다. 그는 "사업가" 즉 상인과 산업가는 제조업품의 가격 책정을 관리하는 거간꾼이며, 농산물의 내재적 가치에다가 시장의 수요를 뒤섞어 최종적인 판매가격을 정하는 것뿐이라고 말한다. 그리고 이들의 노동과 기술은 아무런 가치가 없다고 한다. "사업가"가 아무리 중요하다고 한들 이들이 여러 재화의 가격에 미치는 영향은 아주 최소한일 뿐이며, 상품의 가격은 토지에서 행해진 노동의 가격에 기반을 둔다는 것이다. 칸티용은 심지어 교역과 제조 부문이 농산물을 시장에 출시하고 가격에도 영향은 미치지만, 이는 사실상 토지 소유자들의 자본을 빼앗는 일이며, 그렇게 하여 경제의 순가치를 오히려 줄어들게 하는 행위라고 주장한다. 그에 따르면, 산업은 농업을 보조하기는 하지만 자산이 아닌 부채다. 따라서 만약 산업이 경제를 지배하도록 내버려 둔다면, 그것이 농업은 물론 국가의 부 전체를 빨아먹어 나라를 약하게 만든다는 것이다. 국가가 시장에 대한 개입을 삼가고 토지 소유자들이 자유롭게 농업경영을 할 수 있도록 한다면, 경제는 지수함수와 같이 비약적으로 증가할 것이라는 게 칸티용의 잘못된 믿음이었다.[7]

칸티용의 저서는 이후의 여러 농업 자유시장 사상가들에게 큰 영향을 미치게 된다. 하지만 동시대의 다른 경제학자들은 농업적인 경제 자유주의를 신봉하면서도 여전히 산업, 상업, 금융 등을 경제성장의 중심 요소로 인정했다는 점에서 캉티용과 차이가 있었다. 이들은 농업경영이 산업보다 더욱 생산적이라는 생각에는 당혹스러워했다. 존 로의 전 비서이자 프랑스의 경제사상가 장 프랑수아 멜롱(Jean-françois Melon)은 시장 건설에 대한 콜베르의 옛날 아이디어들을 자기영속적인 경제 시스템의 아이디어와 연결시켰다. 멜롱의 영향력 있는 저작인 『상업에 대한 정치적 소고(Political Essay on Commerce)』(1734)는 경제발전과 상업활동의 확장을 돕는 데에 지폐가 얼마나 중요한지를 거듭해서 강조한다. 하지만 멜롱은 이와 함께 국가가 나서서 이를테면 도량형의 표준화 등과 같은 조치를 통하여 여러 시장을 부드럽게 작동하도록 연결시켜야 한다고 믿었다.[8]

멜롱은 "상업의 자유"를 신봉했고, 상인들은 어떤 상황에도 규칙과 규제를 피해 가는 법을 찾게 마련이니 좀 과하다 싶을 정도로 상업의 자유를 허용하는 쪽이 더 낫다고 믿었다. 동시에 그는 키케로와 로크의 사상을 반영한 자유로운 상업에 대한 비전을 말했다. 그에 따르면, 자유는 "만인이 사기 멋대로 하도록 두는 방종"이 아니라 "보편적 선(general good)"을 위해 일하라는 명령이라고 한다. 멜롱은 상인들이 워낙 남을 잘 속이는 자들이기 때문에 이들을 고삐 풀린 말처럼 놓아두는 것은 "신중하지 못한" 일이라고 경고한다. 그리고 정부는 제조업에 필수적인 소중한 천연자원들이 해외로 팔려 가지 않도록 무엇을 수출하고 수입할 것인지 잘 선택해야 한다. 다시 말하면, 멜롱은 시장을 작동하게 만드는 길은 자유와 경제 전략을 위해 설계된 국가 규제를 놓고 이들의 균형을 잘 유지하는 것이라고 믿었다.[9]

멜롱은 한 걸음 더 나아가서, 프랑스가 유럽 경제를 지배하기 위해서는 몇 개의 국가 독점기업이 필요하다고 주장한다. 그는 정부가 경제성장을 위해 신용과 자본을 창출하는 시스템 구축 작업을 포기할 것이 아니라 존 로가 시도했던 것보다 더 좋은 버전으로 설계해야 한다고 말한다. 멜롱은 프랑스를 부유하게 만들기 위해 "만사에 보편적으로 적용되는" 경제적 접근법을 정부가 만들길 바랐다. 하지만 그는 그러한 시장 시스템을 창출하는 일은 큰 과업이며, 모든 경우에 통용되는 보편적인 모델을 만들 가능성은 낮다는 점을 인정했다. 프랑스는 "백지상태(tabula rasa)"가 아니라 고유의 역사와 특수한 조건들에 묶여 있다는 게 그의 경고였다. 따라서 성공적인 경제 시스템을 설계하려면 프랑스의 특수한 맥락을 반드시 고려해야 한다는 것이다.[10]

하지만 다른 사상가들은 중력 법칙이나 행성운동 법칙처럼 작동하는 좀 더 보편적인 경제적 접근을 추구했다. 프랑스의 철학자 몽테스키외는 그의 저서 『법의 정신(On the Spirit of Laws)』(1748)에서 번영의 원천은 평화이며 따라서 사회와 국가는 서로 조화로운 방식으로 스스로를 관리해야 한다고 주장했다. 그는 나아가 "상업의 자연적인 결과는 평화를 가져오는 것"이라고도 주장했다. 여러 나라가 무역에서 협조해 나감으로써 서로가 서로에게 "신사적"으로 행동하게 만드는 공동의 이익을 모두가 얻게 된다는 것이다.[11]

이렇게 계몽주의 철학과 경제사상이 발전해 나가는 가운데

1752년에는 프랑스의 상업 감독관인 자크 클로드 마리 뱅상 드 구르네(Jacques-Claude-Marie Vincent de Gournay)가 프랑스의 상업적 도전들에 대응하고 시장 메커니즘을 구축하는 다양한 접근법들을 발전시키기 위해 경제사상가들의 "서클"을 만들기로 결심한다. 구르네는 프랑스의 생말로 출신으로 스페인의 가족 회사에서 국제 무역업에 종사한 바 있었다. 또한 그는 실제 비즈니스 경험에다가 콜베르가 마련한 국가 감독관들의 전통 상법에 능통했고 경영자 훈련까지 받은 이였다. 그는 국가의 일관된 경제정책이야말로 상업을 올바르게 관리하는 방법이라고 믿었다. 구르네는 프랑스가 더 많은 경제적·정치적 자유를 담은 개혁이 필요하다는 사실을 잘 알았고, 그러한 목적에서 많은 젊은 경제사상가가 자신의 서클에 합류하도록 초빙한 것이다.[12]

구르네는 일정한 정부 개입을 분명히 지지했지만, 그의 모토는 상거래는 원하는 대로 하게 두고 원하는 것이 일어나도록 놓아두라("Laissez-faire, laissez-passer")는 것이었다. 저명한 철학자이자 경제사상가, 리모주의 행정감독관이며 장래의 재무장관이 되는 올른 남작, 안 로베르 자크 튀르고(Anne Robert-Jacques Turgot)는 구르네의 사상을 두 단어로 표현할 수 있다고 했다. "자유와 보호, 하지만 무엇보다도 자유." 또한 구르네는 관료제(*bureaucratie*)라는 말을 만들었으며, 이 말은 본래 탁상행정을 비꼬는 풍자였다. 그는 심한 국가 규제와 비밀주의를 비판하고, 공공 여론과 사람들의 취향 등이 시장을 추동하는 힘이 되기를 희망했지만, 한편으로 콜베르식의 발전주의와 자유방임주의 사이에서 중립적인 입장을 취했다.[13]

구르네의 서클에는 오로지 경제사상에만 몰두하는 일군의 철학자들이 모여들었다. 이 집단의 지도적 인물인 프랑수아 베롱 드 포르보네(François Véron de Forbonnais)는 의류업 가문 출신의 금융업자에서 조폐청 감독원장이라는 높은 자리까지 오른 인물이었다. 그는 부를 농업으로 설명하는 이론에 동의하지 않았고, 상업의 자유를 믿었으며, 국가가 산업 발전을 돕기 위한 구체적인 목표들이 있지 않은 한 경제에 개입해서는 안 된다는 신념을 가지고 있었다. 그의 저작 『상업의 요소들(Elements of Commerce)』(1754)은 조심스럽게 캉티용을 비판한다. 포르보네는 농업과 제조업 모두가 부의 원천이기는 하지만, 부의 진정한 원천은 제조업과 상업이라는 정확한 주장을 강하게 내세운다. 그는 콜베르와 마찬가지로 국가 간의 무역이 일정 수준으로 평등하게 유지되면 이를 자유화시켜야 한다고 생각했다.[14]

포르보네는 자유로운 무역이라는 것이 과연 관리되지 않은 상태에서도 작동할 수 있을지에 회의적이었고, 무역정책은 각국이 가진 힘에 따라 또 필요에 따라 설계해야 한다고 믿었다. 그는 각국이 평등하면서도 호혜적인 교환의 시스템을 발전시켜 양측 모두가 혜택을 볼 수 있게 하라고 조언했다. 포르보네는 일단 각국이 잘 설계되고 서로에게 혜택을 주는 무역협정을 확립하고 나면 그 국가들 사이의 관세도 철폐될 수 있고 시장도 자유화할 수 있을 것이라고 말한다. 만약 국가와 상인이 함께 "상업의 완벽한 평등"을 설계할 수 있다면 국가 간에도 평화와 번영이 찾아오게 된다는 것이다.[15]

포르보네는 만약 산업 생산이 활발히 이뤄질 때 농업생산이 부족하다면, 선진국들은 네덜란드 모델을 따라 외국에서 농산물들을 사들여 오면 된다고 말한다. 그는 콜베르를 언급하면서, 한 나라가 해야 할 가장 중요한 일은 신뢰, 전문성, 제조업 등을 구축하기 위해 예술과 과학을 발전시키는 일이라고 강하게 주장한다. 그리하여 캉티용에 맞서서, 경제적인 창의성은 흙밭에서 나오는 게 아니라 한 나라가 교육에 얼마나 투자하는가 그리고 보호하고 장려되어야 할 혁신과 제조업에 얼마나 투자하는가에 달려 있다고 한다. 그 예로, 그는 영국이 부유하고 성공적인 무역국이 된 것은 바로 의류업에 그러한 세심한 발전을 이루었기 때문이라고 지적한다.[16]

하지만 국가 산업 발전에서 이렇게 자유주의적으로 순화된 콜베르주의적인 비전은 철학자들의 거센 저항을 받았다. 구르네와 포르보네는 콜베르의 발전주의와 자유방임주의의 중간 지점에 있다고 볼 수 있지만, 캉티용의 농업 모델을 단호하고 목청 높여 옹호하는 저작이 구르네 서클의 한 성원에게서 나타났다. 그는 바로 프랑수아 케네(François Quesnay)였다. 농민의 아들로 태어난 케네는 의학 공부를 하여 의학박사가 됐다가, 나중에는 중농주의 경제학파의 아버지가 된다. 케네는 캉티용의 사상을 더욱 세밀하게 구성하여 수학적인 접근법을 통해 초기 경제 균형이론을 창조했다. 그의 이론에 따르면, 곡물의 수입과 수출을 자유화하고 조세를 낮춤으로써 전반적으로 물가가 낮아지고 농업 생산량이 늘어나며, 더 많은 양을 다시 농업에 투자할 수 있는 잉여를 만들 수 있게 된다고 한다. 이 점에서 카를 마르크스는 케네를 자본주의와 잉여가치를 꿰뚫어 본 선구적 사상가라고 보았으며, 20세기에 노벨상을 수상하는 미국 경제학자 폴 새뮤얼슨(Paul Samuelson)은 그를 균형이론의 발명가라고 보았다. 또한 케네는 자유무역 철학과 함께 농업이야말로 부의 유일한 형태이며, 산업과 상업은 농업생산을 장려하는 데에 도움이 되지만 그 자체로는 아무것도 낳지 못하는 "불모의" 존재라고 믿었다. 캉티용과 마찬가지로 그는 농업 노동의 가치가 제조업품의 가격을 결정한다고 믿었다. 그리하여 그가 작성한 국가 대차대조표를 보면 상업과 산업은 경제적 손실로 계산되며, 오직 농업만이 잉여를 낳는 것으로 되어 있다.[17]

케네는 베르사유궁전에 거주하면서 일했는데, 이때 사혈(瀉血) 치료법이라는 치명적인 기술이 의학적인 이점이 있다고 말하는 방대한 저서를 쓰기도 했다. 그의 의학 지식은 경제도 혈액의 순환처럼 작동할 수 있다는 믿음에 영향을 끼쳤다. 그는 루이 15세의 화려한 정부(情婦)이자 철학자들의 후원자인 퐁파두르 부인(Madame de Pompadour)의 주치의였고, 그 임무의 공로로 귀족으로 서품되어 크게 기뻐하기도 했다. 이 두 사람은 모두 벼락출세를 했으며, 루이 14세의 권력 암투의 궁정에서 큰 영향력을 가진 위치에 오른 인물이었다. 실제로 퐁파두르 부인은 케네의 경제 철학이 후원을 받도록 돕기도 했다. 그녀는 지적인 능력, 많은 재산, 유려한 대화술 등을 한 몸에 갖추고 파리의 지식인 살롱에서 빛나는 인물이 된다. 그 후에 루이 15세의 눈길을 사로잡기 위해 애쓴 그녀는 결국 1745년에 국왕의 공식 정부가 되었으며, 그리하여 왕은 추문에 시달리게 된다. 루이 15세는 이 평민 여성에게 자신의 애정을 공공연히 표현했으며, 그녀에게 퐁파두르 후작이란 작위를 내려 주었을 뿐 아니라 파리의 가장 아름다운 건물인 호텔 데브뢰(Hôtel d'Évreux)를 사 주기도 했다. 이 건물은 오늘날 엘리제궁전으로 불리며 대통령 관저로 쓰이고 있다.

    퐁파두르 부인이 권좌에 오르기 1년 전, 케네는 베르사유궁 전의 지하실에 있는 아파트로 이사한다. 자유시장 사상가들의 초 기 운동에서 가장 강력한 영향력을 미치게 될 이 인물은 그의 저 작을 왕의 궁전에서 저술하게 된다. 이렇게 자유시장 사상은 그 토록 많은 자유시장주의자가 철학으로 맞서려고 한 지극히 절 대주의적이며 산업에 호의적이던 국가의 내부에서 자라났다. 하 지만 케네는 이러한 모순에 전혀 개의치 않았다. 그는 지독한 형 용모순이라고 할 법적 전제주의(legal despotism)라는 것을 열렬 히 지지했다. 그는 철학자 피에르 폴 르메르시에 드 라 리비에르 (Pierre-Paul Lemercier de la Rívière)에게 영감을 얻어, 자연 시스템은 군주의 의지를 통하여 표출된다고 믿었다. 케네는 시장을 자유화 시키고 토지 소유자들에게 더 많은 부를 만들어 줄 힘을 가진 것 은 오로지 왕뿐이라고 말하기도 했다.[18]

    케네는 파리의 퐁파두르 부인의 궁전을 방문하곤 했으며, 거기에서 당대의 대표적인 철학자들을 모아 만찬을 열기도 했 다. 그 손님 중에는 당대의 베스트셀러 『백과사전(Encyclopédie)』 (1751–1772)의 주요 저자인 드니 디드로(Denis Diderot)와 장 르 롱 달랑베르(Jean le Rond D'Alembert)뿐만 아니라, 루이 15세의 폴란 드 출신 아내 마리 레슈친스카(Marie Leszczyńska) 여왕의 의사이 자 무신론자이며 평등주의 철학자 클로드 아드리앵 엘베시우스 (Claude-Adrien Hélvetius), 저명한 자연학자이자 왕실 정원인 파리

식물원의 총책임자 조르주루이 르클레르(Georges-Louis Leclerc) 뷔퐁 백작, 그리고 위대한 자유방임주의 경제학자 튀르고 등이 있었다. 퐁파두르 부인은 왕의 정부였기 때문에 공식적으로는 그러한 인물들을 만찬에 초대할 수도 자신의 살롱에 부를 수도 없었다. 그래서 케네가 모임을 주최했으며, 여기서 케네의 손님들은 우아한 분위기에서 형이상학과 경제학의 새로운 개념들에 대해 토론했다. 케네의 고귀한 손님들은 아찔할 정도의 사치, 왕실 주방에서 만들어져 나온 각종 산해진미, 게다가 퐁파두르 부인을 통해 직접 왕의 귀에 접근할 수 있는 특권 등을 누리면서 농업 자유방임에 대해 철학적 토론을 즐겼다.[19]

이렇게 파리의 여러 살롱에서는 산업보다 농업적 부가 우선해야 한다는 주장이 갈수록 열기를 띠었지만, 영불해협에서는 전혀 다른 현실이 펼쳐지고 있었다. 제1차 산업혁명은 영국 경제의 힘을 엄청나게 부풀리고 있었다. 이때 증기기관이 등장했다. 영국인 토머스 세이버리(Thomas Savery)는 1698년에 이미 피스톤이 없는 엔진을 만들었고, 1712년에는 토머스 뉴커먼(Thomas Newcomen)이 지속적인 에너지와 운동을 생성하는 증기기관 펌프를 만들었다. 증기기관뿐만 아니라 18세기에는 기계를 쓰는 방직 기술도 나타나기 시작했다. 1733년에 존 케이(John Kay)가 실패에 감겨 있는 실을 처리하는 데에 플라잉셔틀을 발명하여 손으로 짜던 방직의 속도를 끌어올렸다. 1738년에는 루이스 폴(Lewis Paul)과 존 와이엇(John Wyatt)이 모직 및 면화 제조업을 위해 정방기(spinning frame)를 만들었다. 케네와 그의 제자들이 저술 활동을 하

던 1750년대와 1760년대에 영국 제조업자들은 이미 대규모 공
장에서 수력을 광범위하게 활용하고 있었다. 1750년에 영국에
서 손으로 움직이는 직조기로 처리되는 원사의 양은 250만 파운
드였지만, 1780년대에는 영국의 직조 기계가 사용되면서 그 양
이 2200만 파운드를 넘어선다. 이는 유럽 전역의 농업사회 질서
와 귀족 지주들에게 큰 위협이었다. 산업이 성장하자 여전히 봉
건적이며 농업이 지배하는 프랑스 사회에서는 상업의 지위를 놓
고 전투가 벌어진다. 자유시장 사상가들은 다시 농업에 유리한
자리를 돌려주기 위해 싸웠다. 이들은 곡물 무역을 자유방임주의
로 개혁하게 되면 자연의 잠재력이 풀려나올 것이며 농업경영은
다시 경제를 지배하는 왕자의 자리에서 포효하게 될 것이라고 믿
었다.[20]

　　1756년에 북아메리카에서 7년 전쟁이 발발했다. 이 전쟁은
유럽에서 남미와 북미를 거쳐 인도 및 아프리카에까지 걸친 최
초의 지구적 갈등이었고, 영국과 프랑스는―다른 유럽의 강대국
들이 모두 끌려 들어가게 된다―국제무역에 대한 지배권을 놓
고 싸움을 벌이게 된다. 이 전쟁을 통해 농업사회가 이제 새로운
상업 사회에 자리를 내주고 있음이 분명해지면서 프랑스의 자유
시장 사상이 더 발전하는 촉매가 된다. 프랑스의 귀족 지배계급
은 너무나 당연하게 상인들이 권력을 쥐는 것을 그냥 앉아서 수
수방관하지 않았다. 일부에서는 귀족들이 생산수단을 산업 계급
으로부터 빼앗아야 한다고까지 주장했다. 1756년에 프랑스의 성
직자이자 산업을 지지하는 경제사상가인 가브리엘 프랑수아 코
예(Gabriel François Coyer)는 귀족이 지배하는 농업사회 질서를 공

격하는 『상업적 귀족(The Commercial Nobility)』이라는 전복적인 저작을 내놓는다. 코예는 구르네 서클의 일원으로서 귀족들이 생산적인 일은 하지 않으면서 그저 땅에 도사리고 앉아 농업에서 부를 쥐어짜려고 한다고 비판했다. 그는 이들에게 그런 행위를 이제 그만두고 군인과 성직자라는 직업을 포기하라고 요구했다. 또한 그는 프랑스는 경제적 경쟁과 전쟁으로 쪼들리고 있으니 교역과 산업적 부를 늘려야만 하는 처지라고 경고한다. 그래서 코예는 귀족들이 경제의 추동자이기는커녕 기생충들에 불과하다고 규정했다. 프랑스의 봉건법에서는 귀족들이 교역에 참여하는 것을 금지하고 있기 때문에 결국 이들은 경제적으로 "아무 쓸모가 없다"고 공격했다.[21]

코예는 농업과 이에 결부된 봉건 시스템은 상업 및 제조업과 비교하면 위험할 정도로 비생산적이라고 믿었다. 그는 귀족들의 지위를 바꾸어야 한다고 주장했다. 영국에서 귀족의 둘째 아들부터 교역에 종사할 수 있는 것처럼, 프랑스의 귀족들도 그렇게 상인이 되어 일하게 된다면 프랑스가 훨씬 부유하게 될 것이라는 게 그의 생각이었다. 이는 사실상 프랑스의 봉건제를 전복시키자는 주장이었다. 코예의 저작은 큰 인기를 끌었고, 저명한 문예잡지 《메르퀴르 드 프랑스(Mercure de France)》에서도 다뤄졌으며, 수많은 언어로 번역되고 또 중판을 거듭했다.[22]

이에 대한 대응도 신속했다. 아르크 기사(chevalier d'Arcq) 필립 오귀스트 드 생트푸아(Philippe-Auguste de Sainte-Foix)라는 귀족은 즉각 『상업 귀족에 반대하는 군사 귀족, 혹은 프랑스 애국자(The Military Nobility Opposed to the Commercial Nobility, or The French Patriot)』

(1756)라는 저작을 내놓아 전통질서를 옹호했다. 이렇게 글을 통한 공방전이 오갔고, 그러자 마침내 정부가 나서서 코예의 귀족 신분의 지위 변화를 요구하는 모든 관련 저작을 금지시켰다. 하지만 상업과 산업을 신봉한 구르네와 포르보네는 계속해서 공공연하게 코예를 지지했다.[23] 코예와 그 추종자들은 경제적 자유만을 원한 것이 아니라 산업화와 상업을 통한 광범위한 사회 변화도 함께 원했다. 토지 소유 귀족들은 이렇게 커져 가는 위협에 대한 대응이 필요했으며, 그 대응은 자유시장 농업주의 철학을 좀 더 목청 높여 외치는 형태를 취했다.

권력을 쥔 프랑스 귀족들은 많은 특권을 누리고 있었다. 귀족들은 프랑스 토지의 대부분을 소유하고 있었을 뿐 아니라, 전시와 같은 특수 상황을 제외하면 세금을 내지 않는 특권 또한 가지고 있었다. 부아기유베르와 데마레가 부유한 귀족들에게 세금을 물리려 시도했을 때, 17세기 끝 무렵 귀족들은 중앙집권화된 왕권에 적대적인 태도를 취한 바 있었고, 이 때문에 부자에게 세금을 물리는 문제와 빈민 및 생산계급을 보호해야 할 필요를 연결시키는 경제 논리가 최초로 등장하기도 했다. 토지 소유 귀족들은 여전히 자신들에게 세금을 물리려는 시도가 불평등을 더욱 악화시키는 것이라고 보았다. 왜냐하면 자기들만이 부를 창출하며, 농장에 세금을 물릴 경우 경제성장 자체가 잠식될 것이라는 게 이들의 주장이었다. 이들은 자유시장이 공정하고도 평등한 조세 체제에 근거해야 한다는 생각을 거부했다.[24]

자유시장 중농주의자들의 지도자인 케네는 산업의 발흥과 농업 과세에 대해 강력하게 반대했다. 그는 부르주아 상인들로 구성된 기업 및 제조업 계층을 "백치들"이라고 딱지 붙였으며, 이들의 모든 특권과 자유를 제거할 것을 소리 높여 요구했다. 케네는 자유방임의 농업경제에 기반한 사회를 신봉하는 이들과, 콜베르가 키우고자 한 상인, 제조업자, 고위 정부 행정가 등 프랑스의 미래가 산업과 교역에 있다고 생각한 계층을 서로 적대적 관계로 몰아가려 했다.[25]

18세기 중반에 일어난 산업과 교역의 부흥을 생각해 보면 케네의 생각은 참으로 놀라운 것이었다. 그는 디드로와 달랑베르가 『백과사전』에서 펼친 주된 개념, 즉 이제는 기술, 실용적인 기계, 교역, 기술공의 숙련, 산업 등이 너무나 중요해서 이들의 지식을 신학 및 철학과 나란히 공적인 지식으로 자리매김해야 한다는 주장을 완전히 무시했다. 『백과사전』은 여러 면에서 부르주아 상업 계급이 서유럽 사회의 전면에 나서고 있음을 공표하는 저작이었다. 『백과사전』은 여러 경제학파와 사상들을 절충적으로 혼합하려는 기획이었고, 여기에 케네의 자유시장 농업 이론도 덧붙이고자 했다. 그래서 그들은 케네에게도 『백과사전』에 글을 쓰도록 요청했지만, 이런 정도로는 케네를 만족시킬 수 없었다. 케네는 자신의 생각이 지배적 위치를 차지할 것을 원했다.

케네는 제자들에게 중농주의를 지배적인 이데올로기 운동으로 만들라고 부추기기 시작했다. 1757년에 그는 젊은 미라보 후작, 빅토르 드 리케티(Victor de Riqueti)를 베르사유궁전 지하실에 있는 자신의 아파트로 초대했고, 농업경제의 이론을 정초한 농업경제학자 리샤르 캉티용의 저작을 놓고 토론했다. 미라보 후작은 대귀족 가문 출신으로 (그의 아버지인 미라보 백작은 프랑스혁명의 지도자 중 한 사람으로 유명한 혹은 악명 높은 인물이다) 몽테스키외의 친구였다. 그는 『인류의 친구, 인구에 대한 논고(The Friend of Mankind, or Treatise on Population)』(1756)에서 귀족들의 소유권과 조세 면제권을 옹호하며 정부의 개입에 반대했다. 케네는 젊은 미라보 후작에게 자신의 새로운 프로젝트인 『경제표(Tableau économique)』의 집필을 도와 달라고 부탁했다. 이 저작은 국부를 분석하는 사이비 과학적 대차대조표를 수단으로 하여 모든 부는 토지에서 생겨나며 산업의 발전은 오히려 국부를 잠식한다는 캉티용의 이론을 증명하고자 하는 시도였다. 이 저서는 이후 중농주의와 18세기의 자유시장 사상의 바이블이 된다.[26]

미라보 후작은 케네와 대화하면서 자연을 숭배하는 경제학이라는 종교로 "개종"하는 경험을 했다고 훗날 회고했다. 자신만의 과학적 접근이 결합된 농업에 대한 케네의 맹신은 당시 밀려오던 산업의 물결에 맞서면서 주요 철학자나 정책 입안자들의 신뢰를 얻기 위해 필요한 것이기도 했다. 이들은 즉각 『경제표』작업에 착수하여, 토지를 잘 관리하면 농업의 잉여를 통해 큰 부를 가져올 수 있다는 단순한 이론을 제기하며, 프랑스 농업의 확장을 원하는 이들에게 호소하고자 했다.[27]

케네의 모델은 납득하기 어려운 것이었지만, 7년 전쟁의 맥락에서 보면 일국의 자급자족을 호소한다는 점에서 베스트셀러로서의 매력을 가지고 있었다. 프랑스가 농업을 자유화하고 개선하기만 한다면 더 큰 부를 일구어 존속할 수 있다는 것이었다. 프랑스의 농장들이 영국보다 생산성이 떨어진다는 케네의 지적은 옳았다. 그는 세금을 낮추고 모든 농업 규제를 제거한다면 귀족들 사이에 농업경영에 대한 새로운 윤리가 생겨날 것이라고 희망했다. 이 귀족들은 엄청난 양의 토지를 소유하고 있었고 농민 소유의 40퍼센트에 해당하는 토지에도 봉건적 권리를 가지고 있었지만, 토지 개선에 투자하지 않는 부재지주일 때가 많았던 것이다.[28]

하지만 케네의 『경제표』는 농업 개혁의 실용적 매뉴얼은 아니었다. 그는 농업 시장을 자유화해야 한다는 논리를 주장하기 위해, 오로지 토지만이 부를 생산한다는 이론에 기초한 프랑스의 경제 생산물에 대한 사이비 과학적 계산법을 사용했다. 『경제표』에서 케네는 경제의 생산적 측면을 수입이라는 명목으로 왼쪽에 기재하고 있다. 이는 농업, 임업, 초원, 가축, 원자재, 일부 제조업품 등이다. 그리고 지출이라는 명목 아래 오른쪽에는 제조업품, 창고업, 상업 비용, 판매 등 "불모의 계급"이 내놓은 경제적으로 "파괴적인" 비농업 생산물들을 놓고 있다. 그다음에는 양쪽의 다양한 경제활동을 지그재그 화살표로 그어 오로지 농업만이 부를 생산한다는 것을 보여 준다. 산업과 상업은 오히려 케네가 한 나라의 "순생산물"이라고 부르던 것을 줄이는 것으로, 그는 『경제표』 3판에서 그 숫자까지 계산하고 있다. 케네는 노동의 가치가 부를 생산한다는 것도 이해했으며, 자본 잉여의 중요성도 이해하고 있었다. 하지만 그가 이해하지 못한 것 하나는 산업 생산이 그 어떤 농업 생산물보다도 많은 부가가치와 수익을 가져온다는 점이었다.[29]

케네는 토지 소유자들을 위한 시장의 자유를 설파했지만, 이를 창출하고 유지할 수 있는 것은 오로지 강력한 국가뿐이라고 믿었다. 중농주의자들은 왕을 유아독존의 권력을 가진 전제군주이자 토지 소유 계급의 경제적 자유를 보장하는 존재로 만들고자 했다. 케네의 모델은 중국이었다. 그의 저작 『중국의 전제주의(Despotism in China)』(1767)를 보면, 중국 황제는 자연적인 가부장적 농업 질서를 유지하여 이것이 신민들에게 "농가 관리(husbandry)"에 힘을 쏟도록 훈련시켜 농업의 기율을 만들어 낸다고 주장하고 있다. 케네는 중국 황제의 절대권력이란 곧 절대로 법을 어기지 않고 일반이익(이는 황제 본인의 이익과 동의어라고 한다)에 반하는 일도 결코 하지 않는 것을 뜻한다고 주장한다. 이렇게 중국 황제의 신민들은 아무런 방해도 없이 농업경영을 추구할 수 있는 순수 자유를 만끽한다고 그는 주장한다.[30]

　케네에 따르면, 프랑스 또한 산업을 옆으로 밀어내고 독점체들과 쓸데없는 규제들을 제거할 수 있는 전능한 전제군주가 필요하다고 한다. 그는 이 전제군주가 중요한 역할을 할 수 있는 영역이 바로 식민지 문제라고 한다. 케네는 식민지무역에 걸려 있는 여러 독점권을 폐지하고, 노예노동으로 사탕수수 경작이 이루어지는 프랑스의 플랜테이션 농장주들에게 자유를 부여해야 한다고 말한다. 이렇게 자유로운 "군주정 제국"이 들어선다면 식민 국가들의 농업경영 능력뿐만 아니라 노예들의 생산력도 촉진될 것이라고 한다. 케네의 계획에 따르면, 노예들도 일정 기간의 노동 계약을 맺고 일하여 결국 자유를 얻는 신분이 될 수 있다는 것이다. 케네는 플랜테이션 농장주와 노예들에게 자유를 부여하기만 하면 똑같이 프랑스의 재생에 도움을 가져다줄 것이라고 말한다. 하지만 플랜테이션 농장주들이 자신의 노예들을 포기할 리는

없었다. 결국 이는 절대군주제에 대한 너무나 이상적이며 아무런 쓸모가 없는 비전으로 끝났을 뿐이다.[31]

하지만 중농주의자들은 비판에 전혀 개의치 않았다. 심지어 구르네 서클의 다른 저명한 성원들이 케네의 통계에 대해 구체적으로 지적하는 문제들도 그들은 무시해 버렸다. 포르보네도 케네의 잘못된 수치들을 소리 높여 비판했다. 그는 프랑스의 농업생산이 케네가 주장하는 것보다 높으며, 『경제표』에 나오는 수치 대다수가 정확하지 않음을 보여 주었다. 그는 케네가 왜 농업 경영자들은 생산적이며 상인들은 생산적이지 않다고 생각하는지 도대체 이해할 수가 없다고 하면서, 케네가 말하는 일국의 순생산물의 계산에 대해서도, 또 재화와 화폐가 유통되는 과정에 대해서도 심각한 오류가 있다고 지적한다. 포르보네가 지적한 마지막 문제점은 케네의 『경제표』가 경제학을 "초월적인 경제적 진리들"로 이해할 수 있다는 생각에 기초하고 있다는 점이었다. 그는 하나의 보편적 경제모델이 시간과 장소를 초월하여 적용될 수 있다는 케네의 생각에 동의하지 않았고, 케네의 엉터리 통계는 경제가 자유방임으로 저절로 작동할 수 있다는 이론을 입증하는 데에 실패했다고 결론을 내린다.[32]

하지만 케네와 그의 제자들은 이런저런 비판들에 개의치 않고, 농업의 자유와 왕의 전제주의라는 비전을 지칠 줄 모르고 계속 확산시켜 나갔다. 프랑스혁명가이자 노예제를 비판한 열정적인 중농주의자 피에르 사뮈엘 뒤퐁 드 느무르(Pierre-Samuel du Pont de Nemours)는 케네가 키운 성공적인 제자 중 한 명이었다. 뒤퐁 드 느무르는 개신교도 시계 제작자의 아들이었지만 집에서 뛰쳐 나와 파리에서 야망을 좇았고, 중농주의라는 종교에 미라보의 제자로서 합류한다. 1765년에 뒤퐁 드 느무르는 "자연적 권리"에 대한 일련의 논문들을 쓰며, 이를 기초로 하여 그의 유명한 저작 『중농주의(Physiocracy)』(1768)를 펴내게 된다. 이 책에서 그는 토지와 재산의 절대적인 자연적 권리를 옹호하는데, 이 권리는 곧 인간이 토지를 소유하고 그 위에 노동을 투입하여 부를 누릴 권리가 있음을 뜻한다. 뒤퐁은 개개인은 자신을 지킬 권리를 가지며 다른 사람의 재산을 침해하지 않는 한 마음껏 스스로 부유해질 수 있다는 로크의 생각을 그대로 반복한다. 정부의 역할이란 개인의 자유와 사적소유를 보장하는 것이라고 한다. 이러한 의미에서 뒤퐁은 노예제를 반대한다. 그는 노예제가 모든 인간에게 본질적으로 주어진 자연적 자유를 제한하는 것이라고 보았기 때문이다. 또한 뒤퐁이 케네와 마찬가지로 귀족적 봉건제의 원칙들을 지지했다는 점도 주목해야 한다. 실제로 루이 15세가 그에게 귀족 작위를 하사하자 그는 이를 덥석 받아들이기도 했다.[33]

뒤퐁과 목소리를 맞추어, 케네는 국제적인 곡물 무역에 자유를 부여한다면 농업경영이 유리한 위치에 서게 될 것이며, 각국은 자연적 비교우위를 통해 자국이 필요로 하는 농산물들만을 조화롭게 수입하는 시스템도 생길 것이라고 강력히 주장했다. 자유무역의 본질은 경쟁이 아니라 조화에 있다는 것이다. 그는 자연이 각 나라마다 서로 다른 독특한 지역적인 농업의 부를 부여했다고 한다. 따라서 아무런 규칙 없이 각국은 그저 자국이 필요로 하는 것만을 수입 및 수출하게 될 것이니 직접적인 경쟁을 피할 수 있게 된다는 것이다. 이는 실로 단순하고 명쾌하면서도 희망적인 메시지였으며, 특히 7년 전쟁을 거치면서 영국이 산업 발전으로 나아가는 가운데 빈곤과 부채와 파산의 늪으로 점점 빠져들어가는 프랑스의 상황에서는 설득력을 가질 수밖에 없었다.[34]

1763년에 영국은 7년 전쟁에서 승리하며 식민지 시장과 노예무역을 공고히 한다. 그와 동시에 영국은 제1차 산업혁명을 겪으며, 제조업자들은 발명가들의 힘으로 수공업을 벗어나 증기 및 수력을 사용하여 기계화 공장, 화학 생산, 제철 산업 등의 단계로 넘어간다. 실용적인 관점에서 보자면, 이러한 상황으로 중농주의는 일련의 개념적 이상들을 내놓는 것 이외에는 아무것도 보여 줄 것이 없게 됐다. 뒤퐁 드 느무르의 후손들은 나중에 '신세계'에서 회사 듀폰(DuPont)을 창업할 뿐 아니라, 미국에서 노예를 해방시킨 것이 자연이 아니라 대포를 가진 북부군의 산업화의 힘 덕분이라는 것을 똑똑히 보게 된다.[35]

영국의 산업력이 분명하게 드러나는 중에도 중농주의자들과 그 추종자들은 여전히 농업경영이 경제성장을 낳는다는 향수 어린 생각에 집착한다. 이런 국면에서 자유시장 사상은 경제적 현실과 유리되어 강력한 상업 국가들의 경제정책에 거의 아무런 영향력도 행사하지 못하게 된다. 영국, 유럽 그리고 북미 대륙에서 산업혁명이 서서히 동터오자 오히려 복잡한 경제시장을 구축하고 유지하는 데에 국가의 역할이 필수적이라는 콜베르의 접근법이 다시 태어나게 된다. 이것과 더불어 민주주의라는 굉음이 몰려오고 있었다. 영국이 입헌군주제와 무역을 통해 경제에서도 성큼성큼 나아가는 상황에서, 프랑스에서 전제군주와 소규모 농업 귀족 엘리트가 온 나라의 경제적 안녕을 감독할 수 있다는 생각은 이미 1000년의 봉건제를 겪고 난 사람들에게 확신을 주기란 거의 불가능한 일이었다.

12장

# 자유시장 대 자연

"인간은 자유롭게 태어나지만, 어디에서나 사슬에 묶여
있다." —루소, 『사회계약론』(1762)

제조업이 성장하고, 식민지 제국이 팽창하고, 국제무역이 호황을
이루는 시대에 중농주의와 같은 경제이론이 인기를 끌 수는 없었
다. 비록 근대의 자유시장 사상가들은 중농주의 철학자들의 저작
을 높이 칭송하지만 당대에는 잘 팔리는 책이 아니었다. 실제로
18세기에 잘 팔린 경제 서적들을 보면 경제를 완전히 자기 조정
에 내맡긴다는 생각에 비판적이었다. 경제성장의 최전선에 있는
사람들은 시장을 자유롭게 하는 것과 너불어 산업 발전을 더욱
장려할 방법도 함께 찾고 있었다. 이는 곧 자유방임의 요소뿐 아
니라 거기에다 건설적인 경제를 위한 국가의 역할을 설계하여 덧
붙인다는 것을 뜻했다.

　그렇기 때문에 유럽 자본주의와 교역의 탄생지인 이탈리아
에서 산업을 지지하는 개혁운동이 성장한 것은 어찌 보면 당연한
일이다. 이탈리아의 철학자들은 새로운 법률 시스템과 계몽된 정

부 제도들을 통해 시장을 건설한다는 좀 더 콜베르적인 경로를 추구했다. 성직자이자 박식한 역사가이며 밀라노의 거대한 암브로시아나 도서관의 사서인 로도비코 안토니오 무라토리(Ludovico Antonio Muratori)는 콜베르와 몽테스키외에게 영감을 얻어 저작 『공공의 행복에 대하여(On Public Happiness)』(1749)를 집필한다. 이 글은 정부가 개혁과 입법을 통해 안전, 교육, 보건, 종교 생활 등을 개선하는 것으로써 이 세상을 "좀 더 행복한" 장소로 만드는 방법을 설명하고 있다. 오스트리아의 여제 마리아 테레지아(Maria Theresia)와 같은 몇몇 절대군주들은 그의 조언을 받아들여 자연과학과 종교적 관용을 지지하고, 제한된 테두리 안에서 헌정을 통한 개인과 시장의 자유를 확장해 나갔다. 이탈리아와 오스트리아의 계몽주의 사상가들은 파리, 런던, 스코틀랜드의 계몽주의 사상가들과 긴밀히 소통하면서 좀 더 정의로운 사회를 건설하는 길을 찾았다. 이러한 사회의 개념을 일부 이탈리아 사람들은 "사회주의(socialism)"라고 불렀는데, 이는 근대화된 법정과 법률, 학교, 인프라 등의 국가 제도를 통해 사회와 시장을 건설하려는 하나의 프로그램이었다. [역사가 이슈트반 혼트(István Hont)는 이러한 생각을 가진 이들을 "사회주의자들(society-ists)"이라고 불렀다.] 이 운동은 훗날 애덤 스미스에게 영향을 미치게 된다.[1]

이탈리아의 이러한 국가 주도의 시장 건설을 주장한 이들 중에서도 가장 중요한 이는 나폴리의 정치경제학자 안토니오 제노베시(Antonio Genovesi)였다. 그는 애덤 스미스의 선도자로서, 경제를 일련의 자기영속적인 시장 메커니즘들의 연쇄라고 보았다. 선견

지명을 가진 시장 사상가인 그는 정부가 시장이 작동할 수 있는 조건을 구축해야 한다고 생각했다. 그는 노동 자체가 가격을 창출한다는 생각을 받아들이지 않았으며, 대신 무형의 사회 및 노동 조건이 가격을 창출한다고 믿었다. 널리 찬사를 받은 그의 저서 『상업에 대한 교훈들, 시민 경제학에 대하여(Lessons on Commerce, or On Civil Economics)』(1765)에서, 그는 노동의 가치와 상품의 가치를 결정하는 것은 효용성, 대인관계, 공공의 신뢰라고 주장한다. 국가는 시장을 자유롭게 해야 하지만 또한 세심하게 키워 가는 일도 해야 한다. 예를 들어, 도로를 건설하고 강도들에게서 행인들을 지키는 일은 국가가 해야 한다는 것이다. 멜롱, 흄, 몽테스키외 등을 인용하면서, 제노베시는 생산적인 농업과 제조업 사이의 상호작용에서 부가 창출된다고 본다. 포르보네의 관점과 유사하게, 그도 상업의 장애물들을 제거하는 것이 일반적으로 좋은 일이지만, 상인들은 규제를 따라야 하며 일정한 관세를 내야 한다고 말한다. 자유로운 시장이란 이렇게 국가와 상인들 사이의 끊임없고 세심한 주고받기의 과정이라는 것이다. 이를 이룰 수 있는 유일한 비법 같은 것은 없다. 그저 지역의 상황에 따라 신뢰와 상업의 자유를 구축하고 유지하는 협상의 과정이 있어야 하고, 이러한 현실적인 깨달음만이 필요할 뿐이라는 것이다.[2]

이탈리아와 오스트리아는 영국만큼 산업이 발전하지 못한 나라들이었다. 특히 이탈리아의 국가 지도자들은 영국과 네덜란드가 과거에 했던 방식으로 혁신을 촉발하는 작업을 해야 한다고 믿었다. 북부 이탈리아는 중농주의자들이 내놓은 개념들을 거부하고 대신 좀 더 콜베르적인 경로를 따랐으며, 결국은 전 세계에서 가장 부유하고 고도로 산업화된 지역에 속하게 된다. 밀라노의 철학자 피에트로 베리(Pietro Verri) 등 초기의 도시산업 사상가들은 중농주의자들을 근대의 산업 개혁을 막아서는 반동적인 훼방꾼들이라고 여겼다. 피에트로 베리는 산업이 "불모"라는 중농주의 사상은 심각한 경제학적 오류라고 주장했다. 모든 주민이 근면과 전문성을 높게 유지하는 것이야말로 "풍요"의 원천임이 분명하다는 것이다.[3]

모든 이탈리아 경제사상가들 중에서 중농주의와 가장 적대적으로 맞선 이는 나폴리 사람으로서 로크의 저작을 번역한 페르디난도 갈리아니 신부(abbé Ferdinando Galiani)였다. 1759년 나폴리의 왕 카를로스 7세는 이 똑똑한 경제학자를 파리 대사의 비서로 보낸다. 갈리아니는 파리에서 사교계와 화려한 살롱의 단골손님이 됐으며, 또 디드로의 친구가 되어 그에게 경제 연구를 소개하기도 했다. 그는 나폴리의 화폐개혁 작업에 참여하면서 중농주의자들과 긴밀하게 접촉하게 되지만, 케네의 충직한 추종자 집단이 지닌 농업에 대한 낙관이 실로 참을 수 없을 정도로 무지하다고 생각했다. 그는 사회가 자연과 함께 일을 해야지 단순히 자연을 따라가서는 안 된다고 믿었다. 그의 저서 『곡물 거래에 관한 대화(Dialogues on the Commerce of Grains)』(1770)를 보면, 흉작·기근·전쟁의 시기에 식량 부족을 해결할 수 있는 존재는 오로지 국가뿐이라는 주장이 나온다.[4] 그는 자연과 사회가 각자의 시스템을 가지고 돌아간다는 점에 동의하며, 제조업이 농업에 의존한다고 생각했다. 하지만 그는 농업경영이 시장 시스템 전체를 완전히 통제할 만큼 의지할 수는 없는 존재라고 주장한다. 한 해만 흉년이 들어도 농업뿐 아니라 해당 산업 모두가 정지해 버리며, 사회는 경제적으로도 국가 재정에서도 재앙에 처하게 된다는 것이다. 국가가 곡물을 저장하고 관리하지 않는다면 농부들은 다음 해에 뿌릴 씨앗 등 "모든 자원을 빼앗기는" 상태에 이르기 쉽다. 다시 말해, 성공적인 농업 시스템을 갖추기 위해서는 그냥 자연에 내맡겨서도 또 시장에 내맡겨서도 안 된다는 게 갈리아니의 생각이었다. 그는 자연에서 생겨나는 재앙이 너무나 크기 때문에 그것을 관리할 수 있는 것은 오로지 국가뿐이라고 강력히 주장했다.[5]

구르네 서클에서도 가장 유명하고도 영향력이 컸던 프랑스 철학자이자 행정감독관 튀르고가 드디어 재무장관이 된 것은 1770년대였다. 그는 농업 자유시장의 원리를 수용하여 국가정책에 적용하려 한 최초의 정치지도자였다. 하지만 그가 시도한 바는 결국 실패로 끝나게 되고, 이는 대중의 봉기뿐 아니라 국가의 간섭이 배제된 농업을 시장의 기초로 삼을 수 있다는 생각에 대한 철학적 저항까지 불러일으킨다. 부유한 귀족이자 정부 각료인 튀르고는 인류와 사회의 진보를 믿는 사람이었다. 그래서 그는 경제학에서도 자유주의적 비전을 고수했고, 화폐수량설을 신봉했으며, 정부 독점체와 국가 규제에 반대했다. 그는 생산능력에 한계가 있을 때는 더 많은 노동을 투여해 봐야 이전 만큼의 부를 생산할 수가 없으며 따라서 효율성이 떨어지게 된다는 농업에서의 수확체감의법칙 이론을 만들었다. 그는 사회와 경제도 자연과 마찬가지로 자연적 균형을 지닌다고 믿었다. 그리고 국가는 이 균형을 흔들어 인간에게 부를 창출할 자유와 도움을 주는 쪽으로 기울일 수 있다고 했다.[6]

튀르고는 자유시장을 지지했지만 그가 1757년에 『백과사전』의 "정기시장과 시장" 항목에 쓴 글을 보면 그저 중농주의의 논지를 반복해서 외친 케네보다는 더 세련됐다는 걸 볼 수 있다. 튀르고는 중세의 대규모 정기시장—훗날 위대한 프랑스 역사학자 페르낭 브로델(Fernand Braudel)은 이를 자본주의의 발흥과 연관시켰다—이 억압적인 독점체였다고 주장했다. 중세기의 정기시장은 프랑스의 샹파뉴처럼 주요 국가와 지역을 지나는 핵심 무역로의 결절점에 자리하고 있었다. 그리고 그곳에서 1년에 몇 주씩 농부, 기술공, 무역상, 은행가 들이 각자의 제품과 재주를 가지고 나와 거대한 상업 지대를 창출했고, 이것이 중세 경제를 추동하는 힘이었다. 그런데 "편의" 때문에 이 정기시장이 특정 장소에서 고정적으로 열리게 됐으며, 그리하여 정기시장은 가격을 통제하는 독점체로 변해 버렸다고 튀르고는 말한다. 시장이 열리는 곳이 특정 장소로 고정되면서 시장에 참여하는 이들 또한 고정되어 버렸으니 경쟁도 제한됐고 교역량도 제한될 수밖에 없었다는 것이다. 이렇게 정기시장이 열리는 장소가 고정되면서 국가도 재화에 대한 조세의 흐름을 조절하고 통제할 수 있게 됐다. 그래서 튀르고는 정기시장이라는 것이 부의 창출보다 국가의 조세에 더 큰 이익을 가져온 "비합리적" 접근법이라고 말한다.[7]

튀르고의 주장에 따르면, 정작 필요한 것은 1년에 몇 번 특정 장소에서만 열리는 정기시장이 아니라, 수요가 있는 곳이면 아무 조세도 없이 언제나 항시적으로 이루어지는 자유 교역이다. 이러한 경제적 자유가 있다면 사회도 진보할 수 있게 된다. 만약 일체의 특권이나 규칙이 사라진다면 오히려 교역이 더욱 꽃을 피울 것이다. 군주는 일부 조세수입을 잃게 되겠지만, 사회 전체는 더욱 부유해질 것이라고 그는 말한다. 튀르고는 중농주의자들에 비하면 상인들을 좀 더 가치 있게 평가했다. 그는 거래량이 많아지면 여러 상품의 가격도 낮아지고 또 경쟁과 생산이 촉진되므로 교역이 더 효율적으로 진행되면서 추가적인 편익이 창출될 것이라고 보았다. 튀르고는 네덜란드에서는 정기시장이 열리는 날이 따로 정해져 있지 않다고 주장했다. 그는 사실상 교역은 언제나 어디에서나 벌어지며, 네덜란드인들은 그로 인해 훨씬 더 큰 부자가 됐다고 말한다. 하지만 튀르고는 네덜란드가 농업을 교역과 산업의 경제기반으로 삼는 일을 포기한 것은 물론이고, 네덜란드 정부가 상업 규제뿐 아니라 이러한 탈농업 정책에도 적극적인 역할을 했다는 점은 모르고 있는 듯하다.[8]

튀르고가 볼 때, 시장을 추동하는 것은 개개인의 재산 소유자가 아니라 농업노동자였다. 뒤퐁드 느무르와 공동 작업한 『부의 형성과 분배에 관한 성찰(Reflections on the Formation and Distribution of Wealth)』(1766)을 보면, 모종의 효용에 입각한 노동 개념으로 봉건적 귀족정을 옹호하는 혁명적인 근대적 논리가 등장한다. 토지 소유자는 생산적인 존재가 아니지만 그가 아무런 일도 하지 않는 것에는 정당성이 있다는 것이다. 그는 귀족의 토지 소유권이 경제에서 사회적으로 필요하다고 주장한다. "경작자는 소유권자를 필요로 하지 않는다. 그렇게 되는 것은 오로지 인간 세상의 관습과 민법의 힘 덕분이다." 튀르고는 키케로, 로크, 몽테스키외의 논지를 받아서 토지 소유주들 자체는 아무런 경제적 활동도 하지 않지만, 시스템 전체의 균형에는 없어서는 안 될 존재라고 주장한다. 왜냐하면 이들은 농업을 경영하고 사회를 이끌 뿐 아니라 과학, 인문 교양, 법률을 포함한 도덕적 역량을 한 몸에 지닌 엘리트 집단을 배출하기 때문이라는 것이다.[9]

이와 동시에, 튀르고는 자신의 효용적 농업 노동 이론을 사용하여 노예제와 식민주의를 비판한다. 그는 자유는 긍정적이어야 하며 어떤 누구도 이를 침해해서는 안 되는 것이라고 말한다. 그런데 노예제는 "폭력적인 인간들"이 노동자들을 잡아 그들이 "경작한" "생산물들"에서 그들이 차지해야 할 자연적인 몫까지 빼앗는 것이니, 재산 소유권의 개념을 노예제에 적용하는 것은 불가능하다고 튀르고는 주장했다. 그는 한 걸음 더 나아가 식민지 경제 자체가 도둑질에서 생긴 장물이니 지속될 수 없는 것이라고 비판했다. 그는 봉건제에 대해서도 동일한 견해를 가지고 있었고, 노동자들이 자유롭게 자신이 원하는 분야에 전문화되어 더욱 생산성을 높일 수 있는 초기적인 버전의 노동 분업 개념을 옹호했다. 이는 귀족이자 농업경제의 옹호자이며 왕정의 각료인 사람이 품었던 생각으로 치면 실로 혁명적인 것이라고 할 수 있다.[10]

튀르고는 그저 살롱과 베르사유궁전의 아파트에서 자신들의 노동 이론을 설파한 중농주의자들과는 달리, 행정감독관으로서 프랑스 사회로 나아가 자신의 자유시장 이론을 현실 세계에 적용해 보려고 실질적인 노력을 기울였다. 1761년에서 1774년까지 그는 프랑스 중서부의 가난한 도시인 리모주에서 감독관으로 있었다. 이곳에서 그는 왕권의 대리인으로서 조세 및 곡물 시장 개혁을 통해 이 지역의 빈곤을 완화시키려고 노력했다. 중농주의자들이 농업경영을 옹호한 논리는 그저 곡물 시장의 생산과 유통을 빌려준다는 것에만 초점을 두었지만, 튀르고는 가난한 이

들에게도 부를 확산시켜서 곡물 시장이 사회 전체에 경제적 발전
을 가져오는 것을 목표로 삼았다.[11]

　　중농주의자들은 튀르고가 국가에 의존한다고 비판했지만,
튀르고는 국가가 광범위한 개혁들을 먼저 이루지 않는 한 시장은
그 잠재력을 충분히 발휘할 수 없다는 콜베르적인 생각을 고수
했다. 튀르고는 시장을 자유화하기 전에 먼저 그것이 가져올 직
접적인 시장 충격에서 가난한 이들을 보호해야만 하며, 먹을 것
과 일자리가 없는 이들을 돕기 위해 국가가 개입해야만 한다고
믿었다. 그래서 그는 토지 소유자들에게 가난한 이들을 부양하
도록 강제했고, 봉건영주들이 그들에게 강제로 부과하는 도로 건
설 노동인 부역(corvées)을 종식시키기 위해 사적인 도로 건설 행위
에 대한 세금을 신설했다. 또 그는 가난한 이들에게 일자리를 공
급하기 위해 국가 재정으로 운영되는 "자선 노역장(Charity Offices
and Workshops)"을 설립하여 여성들에게도 "공공 일자리"를 제공
했다. 가장 중요한 프로젝트는 도로 건설이었다. 이것이 곡물과
여타 생산물들의 자유로운 유통을 원활하게 해 줄 것이기 때문이
었다. 튀르고는 빈곤에 찌든 자신의 지역을 부양하고 일할 수 없
는 이들을 먹여 살리기 위해 심지어 식량 수입까지 시도했다. 그
리고 콜베르의 정신을 본받아 자신이 동원할 수 있는 국가권력을
활용하여 오늘날까지도 유명한 리모주 도자기 산업의 터전을 닦
는다. 튀르고는 이렇게 콜베르식의 개혁과 중농주의적 개혁을 비
정통적인, 하지만 대단히 실용적인 방식으로 혼합했고, 여기에서
어느 정도의 성과를 확인하자 그는 더욱 야심에 찬 계획들에 대
한 열망을 키우게 된다.[12]

　　튀르고는 1774년에 콜베르와 마찬가지로 재무장관이라는

권좌에 오른다. 동시에 그는 자신의 정책들을 시험해 볼 수 있는 기회를 얻게 된다. 그가 장관으로서 행한 초창기의 행보는 큰 성공을 거둔다. 그는 국가 차입 중지를 강하게 주장했고, 이자율을 낮추는 데에도 성공했다. 하지만 곡물 무역을 자유화하고자 한 튀르고의 시도들은 큰 낭패로 끝나고 말았다. 그가 가격 통제와 정부 보조금을 중단하는 조치를 취하자마자 프랑스의 복잡하고도 오래된 밀가루와 빵 유통 시스템이 해체된 데다가 여기에 흉작까지 덮쳤다. 식량 부족, 혼돈, 투기, 물가앙등, 기근 등이 겹치자 마침내 1775년 4월과 5월에는 밀가루 전쟁이라고 알려진 폭동이 곳곳에서 일어나게 된다. 갈리아니는 이를 기회로 삼아 자연재해의 상황에서는 정부가 개입해야 한다는 자신의 논지를 반복하여 주장했다. 빈민 구호 없이 규제를 풀어 버린 그의 시도는 결국 재앙으로 끝나 버린 것이다. 튀르고는 시장 발전에서 자신이 견지한 규칙을 스스로 망각한 셈이다.[13]

밀가루 전쟁이 절정에 이른 무렵, 자크 네케르(Jacques Necker)는 『곡물의 상업과 입법에 대하여(On the Legislation and the Commerce of Grain)』(1775)를 펴내며 튀르고와 중농주의자들을 공격한다. 네케르는 큰 성공을 거둔 스위스의 개신교도 은행가, 금융가, 철학자로서 당시 파리에 살았으며 프랑스 정부에도 큰돈을 대부해 준 이였다. 경제사상가로서 그는 자유가 규제보다 낫다는 점 그리고 일반적으로 볼 때 교역의 자유가 바람직하다는 점에 동의했다. 그는 누구나 자신의 돈, 노동, 근면을 가지고 스스로 원하는 것을 할 권리가 있다고 주장했다. 네케르도 콜베르를 따라 국가의 입법자는 곡물 교역에서 "자유의 남용"이 벌어져 기근을 야기하는 일이 없도록 "금지적 법률"을 만들어야 한다고 강력하게 주장했다. 또한 자연은 너무나 변덕스럽고 사회는 너무나 취약하기 때문에 곡물의 거래를 그냥 시장의 힘에 내맡겨서는 안 된다는 갈리아니의 주장에도 동의했다. 이렇게 네케르는 시장의 자유가 열쇠이지만 이는 어디까지나 필수적이지 않은 생산물에 가장 잘 맞는 조치라는 오래된 주장을 내놓았던 셈이다.[14]

튀르고는 이러한 비판을 무릅쓰고서 자유화를 향한 개혁들을 계속 밀고 나갔다. 그는 봉건영주가 농민들에게 강제 노역을 시킬 수 있는 특권 그리고 길드의 여러 특권을 혁파하고자 했다. 그런데 그런 과정에서 농민들과 상인들 그리고 귀족들에 이르기까지 모든 이들을 그의 적으로 만들고 말았다. 또한 정부의 분파들이 하나로 뭉쳐 튀르고의 개혁과 궁정의 비밀 모임에 맞서게됐다. 그리하여, 1776년에 루이 16세는 튀르고의 사임을 발표한다. 농업적 자유방임을 추구한 그의 거대한 자유주의적 실험은실로 처참한 실패로 간주됐다. 그의 다른 근대화 개혁 조치들 또한 그의 창피스러운 실패의 혼돈 속에서 망실되어 버렸다.[15]

튀르고의 실패는 자유시장이 정부의 개입이 없어도 자동으로 작동할 것이라는 생각에 대한 반대를 더욱 확고하게 만든다. 일부급진적인 철학자들은 봉건제의 사회와 문화에 필요한 것은 개혁이 아니라 혁명적 변화라고 생각했다. 군주정 아래에서의 정부각료들이 이렇다 할 결과물들을 내놓지 못하자 철학자들은 다시라로슈푸코와 맨더빌의 생각, 즉 시장의 으뜸가는 추동자는 감정이라는 생각으로 되돌아가게 된다. 이들은 이러한 인간의 감정들이 어떻게 하면 좀 더 정의로운 시장 사회를 창출할 수 있는지를 이해하고자 노력했다.

스위스에서 태어난 철학자 장 자크 루소(Jean-Jacques Rousseau)는 경제학과 관련하여 인간의 감정들에 대한 몇 가지 강력한 사상을 창안한다. 루소도 농업이 경제에서 최우선 순위라고 믿었지만, 튀르고와는 다르게 토지 소유 귀족들이 지배하는 사회 시스템에는 반대했다. 그는 토지를 공동으로 관리하고 땅에서 나온 여러 결실을 공유하는 원초적인 자연 상태에 기반한 민주적이고 평등한 농업사회를 구상했다. 루소는 시장이 어떻게 작동하는지에 대한 자신의 비전을 얻기 위해 라로슈푸코의 저작으로 돌아갔다. 그는 자연이 건강하고 조화로운 사회적·경제적 질서를 저절로 만든다고 믿지 않았다. 그 반대로 "자연"과 농업은 사회에 여러 카스트 신분을 낳으며, 이로 인해 빈곤, 불의, 불평등 등이 생겨난다고 보았다. 그는 귀족들이 세금 내기를 거부하는 것이야말로 프랑스 경제문제의 근원이라고 보았다. 루소는 프랑스 사회가 아찔할 정도로 불평등한 상황이라는 것에 격노했으며, 이것이 급진적인 저작 『인간 불평등 기원론(Discourse on Inequality)』(1755)에 영감을 주게 된다. 이 책은 엘리트의 자유방임 철학과, 마키아벨리 및 홉스의 정치사상에 입각한 부자에게 세금을 물리고 시장을 견제하는 급진적이고 공화주의적인 민주주의 요구를 둘로 나누고, 그 사이에 분명한 선을 그었다. 루소는 다수에 의해 구성된 정부는 토지 영주들의 권력, 상업, 부 등을 무겁게 규제해야 한다고 분명히 말한다. 그는 키케로처럼 자연 상태를 숭배하고 사회가 자연의 불변 법칙들을 그대로 모방할 경우에 정의롭지 못한 상태가 나타난다고 한다. 따라서 이러한 "자연적" 위계를 혁파하고 좀 더 정의로운 세상을 세우기 위해서는 민주주의 정치가 여기에 개입해야만 한다는 것이다.[16]

　루소는 당대의 가장 유명한 저자이자 위대한 급진주의자가 되며, 그의 사상은 토머스 페인(Thomas Paine)을 비롯하여 대서양 양쪽의 혁명가들에게 큰 영감을 불어넣는다. 그의 짧은 정치 논고 『사회계약론(The Social Contract)』(1762)은 유럽 기성 권력의 주춧돌을 흔들어 놓게 되며, 국민주의와 민주주의라는 정치 담론의 틀을 구축하게 된다. 여기에 루소의 유명한 한탄 섞인 말이 담겨 있다. "인간은 자유롭게 태어나지만, 어디에서나 사슬에 묶여 있다." 홉스나 로크와는 반대로 루소는 사회가 사람을 선하게 만든다고 생각하지 않았다. 오히려 사회는 인간들을 그 본래의 선한 상태에서 타락시킨다. 진정한 원죄는 사회와 재산 그 자체라는 것이다. 루소가 볼 때, 개개인은 자기애와 자만심에 사로잡혀 남과의 비교 속에서 자신을 정의하려 하며, 불평등은 바로 이러한 자기애와 자만심의 산물이다. 사람들은 자신의 자만심을 충족시키고자 자연적이지 못한 "여러 관습"과 "여러 특권"을 만들며, 모종의 위계질서로 인간을 구별 짓고 찬양한다는 것이다. 여기에는 로크와 중상주의에 반대하는 목소리가 담겨 있다. 인류를 묶어 놓은 쇠사슬은 사적소유와 엘리트이며, 소수에 의한 정치와 경제의 지배라는 것이다.[17]

　루소는 인간의 가장 긍정적인 가치는 동정심이란 감정에서 찾을 수 있다고 주장했다. 이 감정은 "합리적 정의라는 고상한 준칙"과 궤를 함께하는 것이다. 동정심은 공감의 본능을 일으킨다.

이는 타인의 고통을 보게 되면 누구나 그 사람과 자신을 동일시할 수 있게 하며, "남들이 나에게 하기를 원하는 대로 남에게 행한다"는 이상을 실천할 수 있게 한다. 이렇게 인간은 남을 품고 타인에게 베풀 줄 아는 감정을 타고나는 존재며, 그렇지 않았다면 인류는 이미 오래전에 소멸했을 것이라고 루소는 믿었다. 나아가 그는 소유라는 것이 인간을 타락시키는 악덕이며, 이에 맞서서 정치적인 노력으로 동정심, 공감, 경제적 평등을 위해 싸워야 한다고 보았다. 그는 대귀족 지주와 농민이 나뉘어 존재하는 것을 지적하며, 줄곧 이어져 온 인간의 관습을 바로잡을 필요가 있다고 말한다. 루소는 인간이 에덴동산에서 쫓겨나면서 소유의 법을 만들었다는 로크의 기독교적인 소유의 역사를 공격했다. 반대로, 그는 최초로 땅을 잡고 "이것은 내 것이다"라고 말한 인간이야말로 "주제넘게 권력을 참칭한 사기꾼"이며, 인류에게 빈곤과 불평등을 안긴 책임자라고 항의한다. 왕들과 귀족들이 재산 소유를 인정하면 사람들은 자신의 개인적 권리를 그들에게 넘겨주게 되며, 이것이 봉건제, 과두정, 참주정 등의 긴 경로로 인류를 몰아간 첫발이었다고 한다. 루소는 법률은 소유에서 나오거나 혹은 예의범절에서 나와서는 안 되며, 사회 구성원 대다수의 민주적 공동체적 결정에서 나와야 한다고 주장한다. "한 줌도 안 되는 인간들이 넘쳐 나는 재물로 배가 터지게 먹어 치우는 동안, 한편에서 대다수의 군중이 생필품이 없어서 굶주리는 상태는 명백하게 자연법에 반대된다는 것이다."[18]

루소의 여러 저작은 이익으로 추동되는 시장에 반대하면서 급진적 민주주의를 통한 시장의 평등주의를 열정적으로 주장했다. 그는 이로써 모든 경제학자에게 악몽과 같은 난제를 제기하게 된다. 인간의 여러 욕정이 시장 교환을 추동하는 강력한 힘이라고 본 마키아벨리, 맨더빌, 도마 등과 같은 초기의 경제이론가들과 달리 루소는 개인의 악덕이 (혹은 도마의 기독교적 어휘로는 죄악이) 공공의 선을 낳을 수 있다는 생각을 간접적으로 거부한 것이다. 오히려 사람들 대다수는 더 행복하고 더 평등하고 더 정의로운 사회를 위해 자만심과 자기애라는 악덕을 의식적으로 거부하고 대신 동정심과 공감이라는 인간적인 감정을 동원해야 한다는 것이다.

　루소의 철학은 군주정, 성직자, 귀족뿐 아니라 부로써 귀족을 능가하기 시작한 사업가와 금융가 등 당대에 존재한 모든 권력을 직접적으로 위협했다. 이는 만사에서, 특히 농업경영에서 인민주권을 요구하는 목소리였고, 그 어떤 개인이나 과두적 권력 집단도 국가보다 부유해서는 안 된다는 마키아벨리의 생각을 극단적 형태로 내놓은 것이라 볼 수 있다. 또한 이는 예의와 위계 사회가 자연 질서를 반영한 것이라는 키케로의 믿음에 대한 공격이었다. 루소는 믿을 수 없을 만큼 대중적인 저작을 통해 농업의 민주화를 요구했고, 대중이 경제문제에 대해서도 마땅히 입법 발언권을 가져야 한다고 확신했다.

　루소는 단지 평등을 추구하는 정치적 급진주의의 선구자만은 아니다. 인간의 여러 감정과 경제학에 대한 그의 분석은 애덤 스미스에게 주된 영감의 원천이 된다. 스미스는 루소에게서 자유시장에 대해 생각하는 법을 보았고, 아이러니하게도 그것을 궁극적으로 정당화하는 방법도 찾아냈다. 하지만 스미스는 루소의 등식을 거꾸로 세웠다. 루소가 동정심과 공감이라는 고상한 인간의 감정을 시장을 추동하는 탐욕, 자만심, 자기애라는 욕정에 대한 해독제라고 본 것에 반하여, 스미스는 시장을 추동하는 것은 단순히 탐욕이 아니며 공감과 도덕적 의무 등의 인간적 미덕들도 시장을 추동하는 힘이라고 말한 것이다. 루소는 공감이라는 연료로 움직이는 급진적 민주주의가 평화롭고 도덕적인 사회로 가는 길이라고 믿었다. 반면에, 스미스는 의회로 조직되는 전통적인 영국의 농업사회야말로 자연적인 도덕을 담고 있고, 올바른 상황에서는 이것이 탐욕과 위계질서를 탈바꿈시켜 자비로운 자유시장을 창출할 수 있으며, 이러한 자유시장이 공동선을 위해 작동하게 된다고 믿었다.

# 13장
# 애덤 스미스, 자애로운 자유무역 사회

> "그들(상인들과 제조업자들)은 자기들의 이익이
> 무엇인지에 대해 우월한 지식을 가지고 있으므로, 이를
> 활용해 그(농촌의 상층 지주계급)의 베풀 줄 아는
> 너그러움을 이용해 먹고, 그가 자신의 이익은 물론 공공의
> 이익도 포기하도록 설득한다. 그의 이익이 아닌 자신의
> 이익이야말로 공공의 이익이라는 아주 단순하지만 솔직한
> 확신에서 나온 행동이다. 하지만 시장 거래자들의
> 이익은 항상 특정한 직종이나 제조업 분야에서도 어떤
> 측면에서는 공공의 이익과는 다르며 심지어 정반대가
> 된다." —애덤 스미스, 『국부론』(1776)

루소와 마찬가지로 애덤 스미스는 탐욕을 좋아하지 않았다. 또한
맨더빌의 『꿀벌의 우화』에 나오는 냉소주의도 심히 불편해했다.
글래스고대학에서 스토아학파의 도덕철학을 가르치는 교수이던
그는 이런저런 악덕이 미덕으로 변할 수 있다고 믿지 않았다. 미
덕은 땀 흘려 일하는 것이며, 그의 임무는 이를 가르치는 것이었
다. 스미스는 인간의 본래 타고난 감정들에 (탐욕이든 동정심이든)
입각한 루소의 비전에 동의하지 않았고, 사회가 본질적으로 악한

것이라는 루소의 주장에도 동의하지 않았다. 키케로의 스토아철학은 개인이 자기 기율과 도덕을 익혀 사회를 선하게 만들 수 있다고 가르치고 있으며, 스미스는 이를 믿었다. 스미스의 경제학 저작에서 분명하게 끌어낼 수 있는 생각이 있다면, 이는 시장이 기능하는 데에 도덕이 필수적이라는 것이다. 『국부론』은 스미스가 근대의 경제적 자유주의자가 아니며, 자유 지상주의자는 더더욱 아니라는 점을 분명하게 보여 주고 있다. 그는 강력한 엘리트가 통치하는 도덕적인 농업사회가 아니면 자유시장을 창출할 수도 유지할 수도 없다고 믿었다.

　이는 근대 경제학자 대다수가 스미스를 이해한 방식이 아니다. 그는 탐욕과 영리적 이익을 옹호하는 주장과 결부될 때가 많다. 하지만 콜베르처럼 스미스 또한 근대 경제학자들에 의해 희화화되었으며 실제의 그와 전혀 다른 무언가로 왜곡된 것이다. 한 예로, 1944년에 프리드리히 아우구스트 폰 하이에크(Friedrich August von Hayek)는 스미스를 경제적 효율성에 초점을 두어 모든 종류의 국가개입에 반대한 사상가로 그려 냈다. 밀턴 프리드먼은 이러한 맥락을 이어받아 『국부론』에 나오는 "보이지 않는 손"이란 구절을 경제생활에서 정부를 제거하라는 뜻으로 읽어 버렸다. 프리드먼의 주장에 따르면, 스미스의 "핵심적인 혜안"은 경제적 협력이란 "그 어떤 외적인 힘도, 강제도, 자유의 침해도 없이" "엄밀하게 자발적"으로 이루어져야 한다는 것이다. 하지만 하이에크나 프리드먼은 모두 스미스의 저작에서 자신이 원하는 것들만 골라 뽑았으며, 그렇게 함으로써 스미스를 도덕철학자—상인들과 독점사업체들을 불신하고 강력한 엘리트 정부, 식민 통치,

노예제, 공교육, 표적 관세 등을 신봉한 철학자—에서 근대적 대기업 주식회사에 무한의 자유를 허하라고 요구한 자유 지상주의자로 변모시켜 버렸다.[1]

비난만 할 일은 아니다. 스미스의 거의 1000페이지에 달하는 『국부론』을 읽는 일은 엄청난 도전이며, 또 그의 책에서 가져온 여러 인용구를 보면 그가 완전히 자유방임을 옹호한 것처럼 보이기도 한다. 그는 정부가 "민간인들에게 자본을 어떤 방식으로 사용할 것인지를 지휘하려는 것"이 어리석은 일이라고 경고했다. 또한 그는 개인들의 경제적 결정에서 정부가 개입하는 것을 비판하기도 했다. "인간 사회의 거대한 체스판에서는 말 하나하나가 다 자신만의 고유한 이동 원칙을 가지고 있는 법이며, 그 말을 강제하려는 어떤 입법 행위도 그 이동 원칙과는 다르게 마련이다." 그리고 그는 비록 훗날 조세 징수원이 되지만 조세가 빈곤을 초래한다는 생각도 갖는다. "한 정부가 사람들의 주머니에서 돈을 싹 뽑아내기 위해 배우는, 바로 실행에 옮길 수 있는 기술로서 이에 필적할 만한 것이 없다." 스미스는 생산과 소비도 정부의 방해를 받지 않아야 한다고 믿었다. "소비는 모든 생산의 유일한 목적이며, 생산지의 이익은 오로지 소비지의 이익을 증진하는 데에 필요한 만큼만 고려해야 한다." 스미스의 저작들 중 어떤 것들은 그를 완전한 자유시장의 옹호자로 보이게 한다. "(교역의 여러 제약이 없다면) 자연의 자유라는 자명하고도 단순한 시스템이 저절로 확립된다. 모든 사람은…… 자신의 이익을 자신의 방법으로 추구할 수 있는 완벽한 자유를 갖게 된다."[2]

하지만 시장의 자유에 대한 스미스의 여러 인용구를 각각의 역사적 맥락에서 읽게 되면, 그의 비전이 근대의 자유시장 사상가들의 비전과 얼마나 다른지가 명확하게 드러난다. 『국부론』은 당대의 농업 과두정과, 상업 및 제국의 부상과 함께 발흥하던 자기 조정 시장이라는 비전을 서로 화해시키고자 한 야심에 찬 시도였다. 스미스는 교역이란 오로지 상인들의 이익을 제한하면서, 스토아학파적 미덕을 장려할 수 있는 지주 엘리트들의 통치 아래 농업이 지배적 위치를 점하는 사회에서만 번성할 수 있다고 믿었다. 로마의 도덕철학을 가르치는 교수로서, 스미스는 이러한 키케로적인 도덕을 다시 일으키는 데에 좋은 위치에 있던 사람이었다.

영국과 프랑스 사이의 갈등이 계속되면서 사람들은 농업, 자유시장, 국가 간의 평화로 돌아가자는 중농주의의 희망을 내동댕이쳤다. 두 나라 모두 세계시장의 지배를 놓고 전투를 벌이는 가운데 자국의 산업을 성장시키기 위한 보호주의 전략을 추구했다. 18세기 전반에는 영국이 경제적 슬럼프에 빠진다. 프랑스의 의류 제조업은 영국 경제에 악영향을 미쳤다. 프랑스는 지중해 시장을 철저하게 통제하면서 영국이 튀르키예 및 스페인과 행한 교역을 막았으며, 설탕 시장마저도 통제했다. 프랑스의 총수출량은 영국과 같거나 오히려 능가하고 있었다. 1740년대가 되면 프랑스의 해외무역은 영국의 세 배 속도로 성장한다. 1720년과 1750년대 사이에 프랑스의 수출은 연간 3~5퍼센트로 성장한 반면, 영국의 수출 성장률은 1.5퍼센트였다. 영불 대리전인 오스트리아왕위계승전쟁(1740–1748)은 세계 제국의 무대에서 두 강대국이 맞붙게 만들었으며, 7년 전쟁(1756–1763)은 상업과 제국의 패권을 놓고 더 큰 규모로 벌어진 전 지구적인 싸움이었다. 이 싸움은 유럽 대륙을 넘어 아메리카대륙, 인도, 서아프리카에까지 걸쳐 벌어졌다. 이제는 양국 사이에 협정이 필요한 때였고, 많은 경제사상가는 자유시장의 원리로 평화를 가져올 수 있다고 믿었다.[3]

스미스는 학계에 속한 학자로서, 국제적인 학술 교류 또한 자유로운 교환이 상호 혜택을 가져온다는 사실을 입증한다고 생각했다. 프랑스와 영국은 군사적으로 서로 적대국이었지만, 두 나라 사이의 지적·과학적 교류는 놀라울 정도로 자유로운 상태를 유지했다. 양국의 주요 사상가들이 해협을 건너 서로 지적인 작업을 교류하는 전통은 오래전부터 뿌리내려 있었다. 두 나라는 갈등에서나 또 우정과 배움에서나 함께 성장한 나라들이라고 볼 수 있다. 토머스 홉스는 1630년대에 프랑스에서 교육을 받았고, 영국의 내란이 시작되던 1640년에는 정치적 위험을 피해 다시 프랑스로 도주했다. 그가 『리바이어던』(1651)을 쓴 것도 프랑스에서였다. 이러한 교류는 쌍방향으로 이루어졌다. 프랑스 철학자 볼테르는 런던으로 망명하여 영국의 철학, 정치 그리고 삶에 대한 글을 썼다. 18세기 중반에는 유럽과 아메리카대륙 전역에서 온 지식인들이 파리의 여러 살롱에 모여들었고, 여기에서 철학자들은 과학, 정치, 끝없는 지구적 갈등 그리고 시장이 내놓는 여러 문제에 대해 대안적인 해법을 토론했다. 이러한 프랑스와 영국 간의 지적 교류 전통은 스미스의 자유시장 이론에 핵심 역할을 차지한다.[4]

스미스는 사회생활에서나 지적으로나 자신의 멘토인 스코틀랜드 철학자 데이비드 흄에게 의존했다. 그는 흄이 가진 프랑스의 지적 뿌리와 그의 자유시장에 관한 여러 에세이를 기반으로 『국부론』으로 가는 길을 닦았다. 흄의 저작은 스미스 저작의 청사진과 같았다. 흄은 가난한 귀족 집안의 신동으로 태어나 에든버러대학에서 학위를 받은 뒤 프랑스에서 자신의 "문학 재능"을 "발전"시키기 위해 계속 공부했다. 1734년에서 1739년 사이에 흄은 프랑스 앙주 지역의 루아르 계곡에서 공부했는데, 그곳은 르네 데카르트를 배출한 곳으로 유명한 라플레슈의 예수회 대학이었다. 이 대학에 거주하는 예수회 신부 다수는 선교사 출신으로서, 이들은 자신들이 경험한 아시아와 남미대륙 항해에 관한 이야기를 학생들에게 들려주어 젊은 흄의 마음을 들뜨게 했고, 여러 사회와 민족 간의 비교에 대해서도 깊은 매혹을 느끼도록 영감을 불어넣었다. 흄은 대학 도서관에 소장된 그리스 및 유럽 대륙의 철학은 물론 프랑스의 역사 사상, 도덕 사상, 경제사상에 대한 방대한 서적들을 마음껏 활용할 수 있었다.[5]

흄은 라플레슈에서 그의 선구적 저작 『인간오성론(Essay on Human Understanding)』을 저술했으며, 1738년에 런던으로 돌아오자마자 이를 출간했다. 이 책은 인간이 어떻게 사물에 대해 배우고 인식하는지를 연구한 저술로서, 계몽주의 인식론에 초석이 되는 저작이었다. 흄은 윤리에 대한 이해를 통하여 도덕적인 경제 시스템과 사회를 구축할 수 있다고 믿었다. 또한 그는 그리스의 스토아학파 및 에피쿠로스학파 철학자들이 자연의 운동과 행태를 설명하는 원리들을 묘사하고, 이를 프톨레마이오스 및 코페르니쿠스가 행성과 항성의 운동에 대한 이해로 발전시킨 과정과 비교했다. 그는 스토아철학과 천문학을 혼합한다면 인간의 행태와 경제학에 대해서도 혜안을 얻을 수 있을 것이라고 믿었다. 이러한 접근법은 스미스의 경제사상에도 깊은 영향을 주는 밑거름이 된다.[6]

종교 회의론자인 흄은, 인간은 신을 이해하기 위한 노력을 통해 진보하는 게 아니라 관찰로써 자연과 사회를 인식하고 이해하는 능력을 통해서 진보한다고 생각했다. 그는 합리적이고 과학적인 이해 방법을 채택하지 않는 종교적인 철학책들은 모조리 "활활 타는 불"에다가 "던져 버리라"고 외쳤다. 흄은 결코 자신이 무신론자라고 선언한 적은 없지만, 어떤 것이라도 초자연적인 기적에 기대어 설명하는 것을 거부했다. 만사만물의 원인은 자연과 확률에 있다는 것이 그의 주장이었다.[7]

흄은 자신의 역사 연구에 기초하여 인간이 사회의 붕괴를 막을 수 있는 방법은 사상, 교육, 예술, 과학의 자유 그리고 자유로운 교역을 통해서라고 주장했다. 그는 기독교의 원죄 개념을 렌즈로 하여 삶을 바라보지 않았으며, 키케로, 마르쿠스 아우렐리우스 황제, 스토아철학자 에픽테토스(Epictetus)에 의지하여 세속적인 의무에 기초한 미덕이라는 낙관적 비전을 만들어 냈다. 이 의무는 정의와 자선에 대한 의무로서, 인간은 이를 통해 행복과 번영에 이르게 된다는 것이다. 마르쿠스 아우렐리우스 황제는 "범죄자의 관점"을 고찰함으로써 시민적 평화에 접근한다는 철학적 방법을 고안해 낸 바 있다. 이렇게 한다면 개개인의 허영도 길들일 수 있고 너그러운 마음으로 모두에게 베풀고자 하는 마음도 기를 수 있다는 게 아우렐리우스 황제의 주장이었다. 또한 아우렐리우스는 플라톤과 키케로를 따라서 인류를 완벽하게 만드는 길은 "예술과 기술 그리고 과학"에 있다고 주장했다. 이러한 배움이 꽃피게 할 수 있는 유일한 길은 자유로운 정부 그리고 "예의 바르고 배움이 있는 사회"를 통하여 동료 시민을 마구 짓밟는 "폭정"을 막을 방벽을 세우는 것뿐이라고 한다. 흄도 이렇게 오랜 전통을 가진 스토아학파의 비법을 따르면서, 영국의 지도자들이 도덕적이며 농업에 기초한 자유로운 교역을 받아들이는 좋은 법을 제정하기를 희망했다.[8]

흄은 자유무역과 상업이 꽃피우기를 원한다면, 영국은 프랑스와의 관계에서 "무역수지에 대해 품는 그 질투에 찬 공포"를 극복해야만 한다고 주장했다. 그는 프랑스에 대한 그러한 "증오심"은 "끝이 없으며" 따라서 행복과 번영을 잠식하게 된다는 입장을 밝힌다. 콜베르와 몽테스키외 또한 그러한 희망을 품은 바 있었다. 그들은 일단 상업 사회가 성숙기에 이르면, 자유무역이 평화 그리고 상업적 부의 혜택을 가져올 것이라고 예측했다. 흄은 프랑스에서 자신이 겪은 긍정적인 경험들을 근거로 하여, 무역흑자를 바라거나 사치가 없는 세상을 추구하는 것보다 프랑스와 "열린 상업"을 추구하는 것이 조화, 즉 두 나라 모두가 혜택을 보는 결과를 얻게 될 것이라고 말한다.[9]

흄과 스미스는 잉글랜드와 스코틀랜드가 그레이트브리튼으로 통합된 1707년의 연합법(Act of Union) 이후의 시기에 글을 썼다. 이 연합으로 스코틀랜드인들은 잉글랜드와 그 식민지 시장에 접근할 수 있게 됐다. 에든버러와 글래스고도 제국의 부유한 무역도시가 됐고, 유리한 조약과 계약을 얻어 낼 수 있는 위치에 서게 됐다. 흄과 스미스는 모두 이러한 경제적 팽창 그리고 거기에서 오는 혜택을 똑똑히 목격했다. 1747년에 글래스고는 프랑스 식민지에서 오는 담배 수입의 독점 협정을 체결했다. 그리하여 글래스고를 지나는 클라이드강은 담배와 여러 제조품의 허브가 되며, 스코틀랜드 상인들은 50년 전에는 감히 상상도 할 수 없 던 무역의 순환 고리에서 노예를 주고 이것들을 가져올 수 있었 다(1745년에 프랑스 왕실은 프랑스 영토로 들어오는 담배 수입에서 글래스 고의 상인들에게 독점권을 부여한다. 글래스고의 클라이드강은 유럽 대륙은 물론 영국을 중심으로 한 대서양 무역에서 접근성이 뛰어난 곳이었고, 항구 의 크기 덕분에 큰 배들이 입항하는 것도 가능했다. 이에 글래스고 상인들은 여러 제조품을 아프리카로 가져가서 흑인 노예로 바꾼 뒤, 이 노예들을 카리 브해 등의 플랜테이션 농장주에게 넘겨주고 담배와 다른 것들을 얻어 귀환 하는 대서양 삼각무역을 행하여 큰돈을 벌게 된다—옮긴이). 담배, 노예, 목화, 설탕, 럼주 등으로 스코틀랜드 상인들은 부자가 되며, 큰 대학들이 발전하면서 도시가 번영하게 된다. 스코틀랜드도 마침 내 부의 맛을 보게 되는데, 그 맛은 참으로 자극적이면서도 유혹 적이었다. 데이비드 흄과 그의 피후견인 애덤 스미스가 1707년 의 연합법 그리고 자유무역과 제국이라는 넓은 비전을 지지하게 된 것도 바로 이러한 제국의 자유무역이 가져오는 풍요라는 구체 적인 약속이 있었기 때문이다.[10]

애덤 스미스는 이러한 갈등, 경제적 팽창, 지적 열망의 시기 를 거쳐 성년으로 자라났다. 그는 1723년 에든버러의 포스만 어 귀에 위치한 스코틀랜드의 오래된 상업 도시 커콜디에서 태어났 다. 그의 아버지(애덤 스미스가 생후 2개월 때에 사망했다)는 법률가 이며 세관 검사관이었다. 그의 모친은 상류 지주계급이었고, 애덤 스미스는 이 도시의 우수 학교인 버러 학교에 다니면서 풍부한 고전 교육을 받아 라틴어 기초를 확실하게 다진다. 그는 글래스고대학에 14세에 입학한 신동이었으며, 유명한 도덕철학자 프랜시스 허치슨(Francis Hutcheson)과 함께 공부하게 된다. 허치슨의 카리스마 넘치는 격려에 힘입어 스미스는 로마의 윤리, 과학, 자유 발언, 로크의 자유사상 등을 중시한 당대의 계몽주의 분위기에 맛을 들이게 된다. 1740년에 스미스는 옥스퍼드의 밸리올칼리지에서 학부 이후에도 연구를 계속할 수 있는 장학금을 얻어낸다. 스미스는 옥스퍼드를 싫어했다. 그곳이 부패했을 뿐 아니라 지적으로도 자극과 도전이 없다고 여겼기 때문이다. 그는 스스로 광범위한 독서를 했고, 간혹 신경쇠약 발작으로 고통을 겪기도 했다. 그는 장학금이 아직 다하지도 않은 1746년에 옥스퍼드를 떠난다. 1748년에는 에든버러대학에서 강의를 시작했으며, 1750년에는 글래스고에서 교수직을 얻어 고전 수사학, 도덕철학, 법률, 순수문학(belles lettres) 등을 가르치게 된다.

스미스의 저술 활동은 1756년에 《에든버러 리뷰(Edinburgh Review)》에 루소의 불평등 이론과 공감 이론을 비판하는 편지를 보낸 것이 시작이었다. 스미스는 인간에게 내재된 도덕성이 오직 동정심에 근거한다는 루소의 생각을 거부했다. 스토아철학자인 스미스는 도덕의 원천은 교육, 사회, 소유, 배움을 나누는 철학적 교류, 개인적인 기율 훈련 등이라고 믿었다. 그가 판단하기로 루소의 냉소적인 사회관은 허무주의적인 "선악 무차별론"을 만들어낼 뿐이라고 한다. 스미스는 상업 사회가 악하고 탐욕스러운 경향들을 낳는다는 것은 인정하지만, 선의와 "자비심(compassion)"을 지닌 부유하고 법을 준수하고 토지를 소유하고 교육을 받고 합리적인 남성이 지도적 시민이 되어야 한다고 주장하면서 루소의 입장을 반대한다. 그렇지 않으면 이 세계가 전쟁과 "절망"에 빠져들게 될 것이라고 그는 시사한다.[11]

1759년에 스미스는 『도덕감정론(Theory of Moral Sentiments)』을 출간하는데, 이 책에서 그는 스토아학파식 도덕철학을 통하여 도덕적인 사회를 건설할 수 있다는 자신의 핵심 아이디어를 내놓는다. 스미스는 홉스와 루소가 인간의 여러 감정이 태생적이며 야만인 시절부터 비롯됐다는 것에 반대하여, 도덕적 감정들은 함양시킬 수 있으며 이로써 좋은 사회를 만들 수 있다고 말한다. 이는 스토아철학의 이상을 따른 것이다. 스미스는 "슬픔과 분개라는 쓰디쓴 고통의 감정들은 더욱 강력하게 동정심이라는 치유의 위안을 필요로 한다"고 생각했다. 1750년대 후반 프랑스와의 갈등 상황에서 이 글을 쓰면서 그는 전쟁의 손아귀에서 벗어나기 위한 철학적 처방을 찾고자 했고, 전쟁 또한 인간의 도덕적 실패에서 비롯된 결과로 보았다.[12]

스미스는 에픽테토스의 저작에 의지하여 탐욕을 거부하는 철학을 창조해 냈다. 그는 사회와 시상이 세대로 작동하려면 도덕적인 개인들이 있어야 하며, 이들은 분노와 욕망 등의 열정을 통제할 줄을 알아야만 한다고 말한다. "오류에 빠진 사람들에게 절대로 화를 내지 않는 것"이 반드시 필요하다. 대신 사람은 "공평한 방관자"가 되어야만 하며, 오류에 빠진 이들에게 그들 삶의 방식이 왜 잘못되었는지 그리고 "그들의 잘못을 어떻게 고칠 수 있는지"를 보여 주어야만 한다는 것이다. 스미스는 이러한 자기 통제 및 공평성과 같은 스토아학파적 개인의 이상을 제대로 추구할 방법을 찾아내어 이를 사회에 적용시키기를 원했고, 이를 통해 더 나은 세상이 만들어지기를 희망했다.[13]

스미스의 저작들은 분명히 기독교적인 정조를 띠고 있지만, 성경에 대한 언급은 전혀 없다. 그의 언어는 확실하게 이신론적인 성격을 보여 준다. 그는 신을 "자연을 만든 전지적 주재자"라고 묘사한다. 그러한 신이 "형제들의 행동을 감독하도록 지상으로 내려보낸 대리 섭정"으로서 인간을 창조했다는 것이다. 또한 스미스는 신을 "우주의 최고 감독관(Superintendent of the Universe)"이라 부르기도 했다. 하지만 이러한 신격은 도덕적 재판관은 아니며, 그는 인간이야말로 다른 사람들의 행동을 판단하는 판관이 되어야 한다고 말한다. 스미스가 자기 조정 사회를 건설하고자 한 것은 뉴턴의 인과율 개념들을 통해서, 그리고 도덕성을 통해서였다. 초고로 남아 있는 1773년 에세이 『천문학의 역사(The History of Astronomy)』에서 그는 "물체들의 보이지 않는 사슬이 온 세상에 익숙한 순서로 발생하는 두 사건을 묶어 준다"고 말하고 있다. 이미 그전에 뉴턴은 "보이지 않는 손"이 합리적인 시계 장치의 균형을 만드는 "모종의 시스템"을 보여 준 바 있었다.[14]

스미스가 볼 때 인간의 도덕적 행동, 사랑, 협동 등은 사회 메커니즘을 균형 있게 유지하고 영구적으로 움직이게 하는 지렛대였다. 그는 교역이라는 것이 농업에 초점을 두고 자유롭게 도덕적으로 이루어진다면, 이것이 노동 분업이라는 기계 장치에서 핵심이 될 것이라고 믿었다. 즉, 도덕적 행동 등은 다양한 협력 제조업 및 교역 활동들을 효율적으로 배분하여 사람들이 평화롭게 부를 창출하도록 함께 일하게 만든다는 것이다. 스미스는 키케로를 끌어와서 "나라 사이에, 개인 사이에, 단체와 우정의 연대 속에 반드시 있어야 할" 것으로 상업을 언급한다. 만약 사람들과 국가들이 경제적으로 협력한다면 모두를 위한 부가 창출된다는 것이 스미스의 큰 혜안이었다.[15]

하지만 모두에게 혜택을 주고, 협동적이면서, 자기 조정적인 사회라는 스미스의 이상은 저절로 실현될 수 없었다. 이는 지도자들과 입법가들이 필요했다. 스미스는 이런 사람들은 오로지 교육받고 부유한 귀족 지주들일 수밖에 없다고 생각했다. 스미스는 통치의 여러 법적 원리를 불완전하게나마 이해하는 사람들이 극소수라는 것을 오래전부터 이야기해 왔다. 그는 아리스토텔레스와 키케로를 끌어와서 이상적인 입법가란 교양 있고, 공손하고, 베풀 줄 알며, 법을 고수하는 것 말고는 아무런 편견도 파당도 없는 이라고 묘사했다. 입법가에게 필수적인 자기 절제와 시민법의 "과학"을 제대로 실천에 옮길 줄 아는 사람들은 오로지 이들뿐이라는 것이다.[16]

스미스는 루이 14세의 위대한 비판자 페늘롱이 『텔레마코스의 모험』에서 묘사한 것처럼 도덕적인 귀족 정부가 자유와 부를 가져올 것이라고 말한다. 그는 프랑스가 영국보다 부유할지는 모르겠지만, "동료 시민들이 안전하고 훌륭하고 행복한 조건"을 유지하는 데에 필요한 자유로운 의회 정부가 없기 때문에 지도적 상업 국가에 필수적인 도덕적 사회가 결여되어 있다고 보았다. 프랑스의 왕정은 관용이 없는 전제정체이며, 정치적·사회적 미덕이 결여되어 있기 때문에 그 사회는 모두에게 진정한 혜택을 주는 방향으로 작동할 수가 없다는 것이다. 그는 1688년의 명예혁명 이후 영국에서 실현된 대의제 정부만이 "외국과의 전쟁 및 국내의 분파 싸움"을 피할 수 있으며, 행복하고 풍요로운 나라를 만들 수 있는 유일한 길이라고 보았다. 또한 이것이 자유시장으로 가는 유일한 길이라고 한다. 하지만 주목할 만한 점은 영국이 프랑스와 거의 한 세기에 걸쳐 전쟁 상태에 있었으며, 또 자유시장의 법률들을 통과시킨 것도 아니라는 사실을 스미스가 전혀 설명하지 않고 있다는 것이다. 그러나 그는 영국이 그가 열정적으로 신봉한 진보를 이루기 위한 도덕적 기반을 가지고 있었다는 점을 낙관적으로 본 듯하다.[17]

애덤 스미스의 철학은 대중적으로 큰 성공을 거둔 『도덕감정론』에 도움이 된 그의 사생활과 물질적 환경을 떼어 놓고 이해할 수 없다. 스미스는 흄의 도움으로 재산을 형성했고, 또 그의 작업을 홍보해 주는 강력한 네트워크를 열심히 구축해 나갔다. 스미스의 『도덕감정론』이 1759년에 처음으로 출간됐을 때, 흄과 《에든버러 리뷰》의 친구들은 스미스의 출판업자인 앤드루 밀러(Andrew Miller)에게 스코틀랜드에서 권력과 영향력을 행사하는 대귀족인 맨스필드 경(Lord Mansfield), 아가일 공작(Duke of Argyll), 셸번 백작(Earl of Shelburne), 버클루 공작(Duke of Buccleuch)의 계부 찰스 타운센드(Charles Townsend)는 물론이고 왕의 총애를 얻던 재상 뷰트 백작(Earl of Bute)에게 꼭 한 권씩 보내도록 단단히 일렀다. 흄의 가까운 지인들에 의하면, 『도덕감정론』은 당시 "잘 차려입은 이들이라면 모두 다 한 권씩 손에 지니고 다니는" 책이었다고 한다.

스미스의 이력과 그의 저작이 알려지는 과정은 이러한 강력한 손들에 의해 만들어진 것이었다.[18]

1759년 여름에 스미스는 셸번 백작 1세의 작은아들인 토머스 피츠모리스(Thomas Fitzmaurice)의 가정교사가 된다. 이를 시작으로 스코틀랜드 대귀족의 아들들을 가르치는 신나는 시간이 이어진다. 그는 이들에게 철학, 법률, 로마의 귀족적 미덕 등을 가르친다. 학문에만 몰두하는 만년 독신자였던 그는 사치품을 좋아했고 값비싼 옷을 입는 취미를 길렀다. 그가 살던 시기는 영국의 "과두정치 시대(Age of Oligarchy)"라고 불리는 때였는데, 사회 지배계층인 "독립 농촌 상류층"이 토리당과 보수적 휘그당으로 하원을 장악한 때였다. 이 세습 귀족의 족장들은 거의 전례 없는 수준으로 의회의 권력을 쥐게 됐다. 비록 스미스는 자의적인 사회 위계를 비판했지만, 그도 스코틀랜드의 토지 귀족 사회에서 꼭대기까지 오른 이였고, 이를 아주 행복하게 여겼다. 그의 경제 비전이 그의 후원자들을 위해 맞춤형으로 만들어진 것도 우연은 아닐 것이다.[19]

스미스가 훗날 젊은 버클루 공작의 가정교사이자 여행 동반자로 고용된 것도 『도덕감성론』을 선물한 것이 부분적으로 도움이 됐다. 버클루 공작의 계부는 스미스에게 연간 500파운드(오늘날로 치면 10만 달러가 넘는다)를 교습비로 지급했고, 이후에는 연간 300파운드의 봉급을 죽을 때까지 지급한다. 이러한 고액 연봉에 더하여, 버클루 가문은 나중에는 스미스가 큰돈을 받을 수 있도록 정부 공직인 관세청장의 자리까지 잡도록 도와준다.[20]

흄은 항상 그랬듯이 자신의 피후견인인 스미스가 자라날 수 있도록 환경을 조성해 주고, 스미스의 성공을 자신도 확실히 공유할 수 있도록 했다. 1763년에 하트퍼드 백작(Earl of Hertford)은 흄을 파리의 영국 대사 비서로 초청하는데, 이는 아주 이익이 많은 자리였다. 흄은 스미스에게 보낸 편지에서 이 초청으로 "아주 멋진 전망과 기대가 따라오게 됐다"고 말하고 있다. 프랑스는 7년 전쟁의 패배로 아주 우울한 상태에 있었다. 그런데도 흄은 파리에서의 사교계 생활이 아주 풍요로워서 "도무지 책을 볼" 시간조차 없이 유명한 철학자들과의 사교에 몰두했다고 한다. 타운센드의 풍족한 자금 지원 아래에 스미스는 흄을 따라 1764년에 유럽 대륙으로 간다. 그는 이 기회를 이용하여 "역사에 길이 남을 작은 책의 집필"을 시작했다고 말한다. 이 책이 바로 『국부론』이었다.[21]

흄의 소개로 스미스는 프랑스의 가장 영향력 있는 경제사상가들을 만나고, 당대의 주요한 사상들을 접한다. 제네바에서는 볼테르를 만난다. 파리에서 흄은 유명한 프랑스-독일의 무신론 철학자인 돌바크(d'Holbach) 남작, 폴 앙리 티리(Paul-Henri Thiry)에게 그를 소개했고, 돌바크 남작은 다시 스미스를 자신의 서클에 초대한다. 서클의 멤버인 케네와 중농주의자들도 스미스를 반겼다. 스미스는 이렇게 사교계에서 주목받는 인물이 되는데, 여기서 더욱 놀라운 점은, 그가 당시의 교육받은 사람으로서는 아주 드물게 유럽 엘리트들의 공통어인 프랑스어를 유창하게 구사하지 못했다는 점이다. 그는 당시의 가장 유명한 살롱들의 단골손님(habitué)이 됐으며, 오페라하우스에서는 파리에서 유행하는 근사한 옷을 입고 멋진 자태를 뽐냈다. 이때는 사상 최초로 유럽의 큰 도시들을 여행하며 경제철학자들의 사교 집단을 만날 수 있던 시대였다. 스미스는 중농주의자들과의 대화를 가장 편하게 여겼으며, 중농주의자들은 그에게 자신들이 쓴 초고와 가장 중요한 저작들의 초판본을 선물했다. 케네, 뒤퐁 드 느무르, 미라보 등이 모두 스미스에게 자신의 주요 사상을 소개했는데, 이들 사상의 요지는 한 국가의 부가 생겨나는 유일의 원천은 바로 토지라는 것이었다. 스미스는 이 중농주의자들에게서 자신과 비슷한 지적 영혼을 발견했다.[22]

그는 1766년에 여행을 끝내고 스코틀랜드로 돌아온다. 1년 후 그는 다시 건강 문제로 커콜디로 돌아와 모친과 함께 살게 된다. 그가 『국부론』을 쓴 것은 이때였다. 스미스에게 영감을 준 것은 영국과 그 제국이며, 최소한 수사적 차원에서 그 반정립은 절대주의 프랑스였다. 자유시장에 대한 스미스의 생각은 뚜렷하게 영국이라는 국가와 제국의 입장이라는 것이 어조에 나타나 있다. 그가 말하는 자유시장이란 특히 영국과 그 식민지들을 이야기하는 것이었다. 그는 이것이 입헌군주제와 권리장전을 갖춘 영국에서 가능한 일이지만, 전혀 다른 사회적·정치적 시스템을 가진 유럽의 다른 나라들에서는 불가능하다고 믿었다.

『국부론』에서 스미스는 자기 나름의 중농주의 경제학을 전개한다. 그 시작은 부가 농업에서 나온다는 오래된 원칙이었다. 스미스는 농업 노동이 모든 부의 원천이며, 농업 생산물의 잉여가 산업적 부의 생산에 기초가 된다는 케네의 생각에 동의했다. 산업은 부를 생산하지 못하며, 그저 잉여 농업 생산물의 가치를 확산시키는 일만 한다는 것이다. 스미스는 케네의 『경제표』가 어떻게 농업 생산물이 상업의 원료가 되어 경제성장과 "풍요"로 이르는지를 보여 주었기에, "우리 시대의 위대한 발견"이라고 칭송한다. 흄과 마찬가지로 스미스는 농업의 생산력을 보호하기 위해서는 농업에 조세를 매겨서는 안 된다고 믿었다. 또한 그는 산업에 대한 투자를 신뢰하지 않았다. 건강하고 자연적인 시스템에서라면, 농업뿐 아니라 상업과 산업의 이윤도 농업으로 다시 투자해야 한다는 것인데, 그 이유는 "똑같은 양으로 더 많은 생산적 노동을 움직이게 할 수 있는 자본은 단연코 농업인의 자본"이기 때문이라는 것이다. 스미스는 유량, 즉 플로우의 개념 그리고 어떻게 경제가 신비한 균형 상태(equilibrium)를 달성할 수 있는지를 연구했지만, 자본이 농업이 아닌 기술과 산업에 투자되는 것만이 비약적인 부를 창출할 수 있는 유일의 방법이라는 점은 이해하지 못했다.[23]

스미스는 산업과 특혜를 받는 민간의 독점사업체들(corporations)이 사회의 잠재적인 적이라는 깊은 의심을 가지고 있었고, 회사들이나 무역 길드들은 모두 독점체로 이어질 뿐 아니라 노동자들을 마구 다루게 된다고 공격했다. 『국부론』의 상당 부분은 "대규모 독점사업체들"과 "길드의 장인들"이 임금, 정직성, "노동자(workmen)"(이들은 "고객들"을 직접 상대하는 더 생산적인 이들이라고 한다)의 노동을 어떻게 훼손해 가는지를 논하는 데에 쓰이고 있다. 스미스는 대규모 독점사업체들이란 임금을 깎아 내리는 거간꾼 기생충들이라고 생각했다. 산업을 일으키는 것은 발명가, 회사, 투자자 들이 아니라 노동자들이라는 것이다. 그는 만약 노동자들이 회사들에서 해방된다면, 임금도 전반적으로 오를 뿐 아니라 사회도 진보적으로 나가게 될 것이라고 생각했다.[24]

스미스는 케네와 마찬가지로 상인들과 제조업자들은 부를 창출하는 초기 과정에서 무익하다고 주장했다. 그는 "기능공들 그리고 제조업자들의 노동은 토지에서 갓 생산된 소출의 연간 전체 생산량에 아무것도 추가하지 못한다"고 말한다. 상업 계급이 "그들이 속한 사회의 수입과 부를 증가시키는 법"은 오로지 자본을 농업에 재투자하는 것뿐이라는 것이다. 그가 볼 때, 농업이 부유해져야만 상업도 확장되고, 산업도 성장하고, 심지어 "산업 빈민"들의 임금도 올라가게 된다고 한다. 그래야만 이들의 가족들도 "건강한" 식료품, 좋은 의복, 편안한 주거 등을 공급받을 수 있게 된다는 것이다. 이러한 이유에서 스미스는 농업 생산을 자유롭게 해 주고 토지 소유주들이 사회를 지배하게 만든다면, 상업을 농업의 도덕적 품 안으로 들어오게 만드는 "보이지 않는 손"이라는 것이 만인에게 혜택을 베풀고 또 미덕이 넘치는 사회를 만들게 될 것이라고 주장한다.[25]

스미스의 '보이지 않는 손'이라는 비유는 그의 저작들에서 세 번 나온다. 한 번은 『도덕감정론』, 또 한 번은 『천문학의 역사』, 마지막이 『국부론』이다. 그때마다 이 말의 의미는 상당히 애매하고 심지어 비판적이기까지 하다. 그래서 역사가 에마 로스차일드(Emma Rothschild)는 그가 이 메타포를 "아이러니의 방식으로" 사용했다는 가설까지 내놓았을 정도다. 스미스는 마치 장기판의 말처럼 시스템이 인간을 움직이게 한다는 생각을 좋아하지 않았다. 그는 사람들은 사회 안에서 스스로 움직이며, 그들이 집단적으로 혜택을 볼 수 있는 방식으로 움직이도록 돕는 것이 도덕이라 생각했다. 하지만 스미스는 상인들을 그들이 만든 장치들에 그냥 내맡겨 둔다면 그들의 경제적 선택이 도덕적으로 훌륭할 것이라고 생각하지 않았다. 그는 상인들이란 이기적인 이들이며, 어떤 상인이 혹시 선한 일을 행한다면 이는 "전혀 의도한 것이 아닌, 그 목적을 실현하려는 보이지 않는 손에 이끌려" 그렇게 하는 것이라고 생각했다. 이렇게 상인들을 본능적 탐욕에서 끌어내는 "보이지 않는 손"이란 바로 사회며, 이를 이끄는 이들은 "눈에 보이는" 지주 지배 엘리트들인 것이다. 이 엘리트들이 산업보다 농업을 지원하기 위해 세심하게 고안한 조세 시스템을 통해 자연을 자유롭게 하여 부를 창출한다는 것이다. 모든 사람은 사회가 은근히 강요하는 도덕의 힘을 필요로 하지만, 농업인과 농업 관련 노동자들은 그럴 필요가 없다. 이들이 이미 농업생산에서 행하는 노동 분업은, 스미스가 보기에 무슨 지혜 같은 것에서 나오는 것이 아니라 인간이 태어날 때 타고나는 무언가, 즉 바로 효용적 교환을 지향하는 "인간 본성의 성향(propensity)"에 의해 짜이기 때문이다. 스미스는 사회의 지도자들이 농업을 정치적으로 지원함으로써 경제의 균형을 창출해야만 한다고 말한다. 바로 이런 방식을 통하여 그들은 로마의 키케로가 그린 미덕을 모방할 수 있다는 것이다.[26]

스미스는 사회의 지도자들은 상인들이 정치를 통제하지 못하도록 단단히 관리해야 한다고 주장한다. 만약 그런 일이 벌어진다면, 이들이 독점체들을 만들어 시장을 잠식시킨다는 것이다. 스미스는 콜베르가 상인들과 산업가들에게 너무나 많은 권력을 주는 오류를 범했다고 믿었다. 콜베르가 정부 규제를 너무나 많이 통과시키게 된 것도, 게다가 터무니없게도 농업의 가치를 깎아내리면서 "도시의 산업"을 과대평가하게 된 것도 바로 이들의 영향력 때문이었다는 것이다. 스미스는 "중상주의 시스템 (mercantile system)"이라는 말을 최초로 사용했으며, 이 말이 의미하는 바는 상인들의 이익을 위해 그들에 의해 운영되는 정부였다. 독점을 늘려 가려는 상인계급의 경향은 시장의 도덕과 자유에 가장 큰 위험을 낳으며, 따라서 국가는 이를 견제할 힘을 제공해야 한다는 것이 스미스의 강력한 주장이었다. 정부의 역할은 도덕적 시장이 상인들을 다시 모든 부의 원천인 농장으로 끌고 갈 수 있도록 함으로써 자연을 자유롭게 할 뿐만 아니라 상인들의 파괴적인 독점 경향을 막는 것이라고 한다.[27]

하지만 이러한 그의 비판에도 불구하고 스미스의 생각은 콜베르의 생각과 많은 공통점을 가지고 있었다. 그는 콜베르의 "위대한 여러 능력"과 "정직성"을 높이 상찬한다. 오늘날에는 콜베르와 중상주의가 경제적 민족주의와 결부되고 있지만, 스미스는 이를 반대하기는커녕 『국부론』의 일부 절에서, 특히 그가 제국의 무역 지대를 구축하는 방법을 서술하는 절에서 콜베르와 상당히 비슷한 이야기를 하고 있다. 스미스는 보이지 않는 손의 임무 중 하나는 상인들이 "외국의 산업"보다 "국내 산업"을 지원하도록 지도하여 "최대의 가지"를 생신하도록 하는 것이라고 한다. 그는 또 보호주의를 담고 있는 1651년의 항해법을 상찬하면서, 이것이 "아마도 잉글랜드에서 이루어진 모든 상업 규제 가운데 가장 현명한 것"이라고 말한다. 왜냐하면 외국 상인들이 영국의 무역을 잠식하지 못하게 막으면서 국내 및 제국 시장의 팽창을 지원하는 법이었기 때문이라는 것이다.[28]

근대적 기준에서 보자면, 스미스가 상찬한 영국 사회는 결코 자유주의의 낙원 같은 곳이 아니었다. 18세기의 귀족들은 땅을 갈아먹고 사는 이들에게 강제적인 봉건 권력을 행사했다. 이들은 자신의 영지에서 판사, 경찰, 사병뿐 아니라 모든 시민의 공적인 삶과 사생활까지도 통제했다. 그리고 국가도 결코 부드러운 존재가 아니었으니, 이때는 강제 징집대가 돌아다니면서 길거리의 가난한 남자들과 소년들까지 동의도 없이 닥치는 대로 잡아들여 일생 동안 해군에 집어넣던 시대였다. 1723년에 영국은 피의 법전(Bloody Code)을 확립하며, 사형으로 처벌받는 범죄(양이나 토끼의 절도, 허락 없이 나무를 베는 행위 등)의 목록이 무려 200개에 달했다. 이 시대는 교수형 집행인의 올가미가 모두의 머리 위에 드리워 있던 시대며, 범죄자들은 낙인이 찍히는 것이 보통이었다. 스미스는 루소가 아니었다. 그는 영국을 변화시키는 것을 원하지 않았다. 하지만 그는 국가의 부를 팽창시켜 온건한 사회 진보를 가져오는 것은 분명히 희망했다. 그가 뜻한 바는, 일하는 사람들과 그들의 가족이 충분히 먹고 편안한 집에서 따뜻한 옷을 입고 살 수 있도록 괜찮은 생활수준을 마련하는 것이었다.[29]

　영국 사회의 보이지 않는 손은 그 문명화의 힘을 식민지에도 전파하라는 임무를 띠게 된다. 이는 곧 도시 중심에서 멀리 떨어져 성숙한 상업 사회로 발전하려면 시간이 필요한 곳의 주민들을 교육한다는 의미였다. 스미스는 상인들이 통치라는 과업에는 전혀 맞지 않는 자들이라는 자신의 주장을 펼치기 위한 방증으로 아메리카대륙의 상인들을 예로 든다. 이들은 의사결정을 할 때에 오로지 자신의 이익만을 고려할 뿐이라는 것이다. 스미스는 사업가들이 "괴상한 부조리에 사로잡혀서 군주의 인격을" 자신의 교역과 이익에 따라붙는 "맹장(appendix)" 정도로 여기면서 그저 경쟁을 막을 방법만을 찾아 헤맨다고 불평한다. 따라서 진보된 상업 사회가 아직 형성되지 않은 곳에서는 존 로크가 말하는 것과 같은 계몽된 엘리트 정부가 문명화의 영향력으로 개입하여 자연의 손을 이끌어야 한다는 것이다. 하지만 그는 메릴랜드의 담배 독점체를 만든 것이 사업가들이 아닌 존 로크 자신이었다는 사실은 전혀 언급하고 있지 않다. 스미스가 글을 쓰던 당시는 미국독립전쟁이 벌어지던 때이며, 그는 미국 식민지가 대영제국을 깨고 나가는 것에는 반대했지만 만약 그런 일이 일어날 경우에는 두 나라가 자유무역 동맹을 맺기를 희망했다. 하지만 현실에서는 새로 탄생한 미합중국이 그 정반대의 길을 가며, 아직 연약한 발전 도상의 경제를 보호하기 위해 1783년에는 모든 외국 상품에 관세를 물리게 된다.[30]

스미스는 사회의 진보가 단계를 거친다고 믿었으며, 또 영국식의 농업에 기반한 로크 방식의 계약으로 구성되는 사회를 신봉했다. 그는 발전된 영국이 "사냥꾼들과 낚시꾼들의 야만 민족"에게 농업사회를 가져다줄 것이며, 그러면 야만 민족은 잉여를 생산하면서 상업 사회의 계몽된 "안락함"으로 진보해 나갈 것이라고 암시했다. 그는 프랑스 식민지에서 흔히 일어나던 고문, 강간, 사지절단 등에 대해 모르고 있었음이 분명하다. 그래서 그는 프랑스의 노예제는 "노예의 부드러운 사용(gentle usage)"이기 때문에 족쇄를 찬 이들을 더욱 충직하고 생산적으로 만들어 주고, 그들의 "지능"까지 올려주어 "자유로운 하인들"로 나아가게 하며, 또한 그들의 이익을 주인들의 이익과 연결시킬 수 있도록 해 준다고 말한다. 스미스는 경제를 바라보는 방식으로 자유를 바라본다. 즉 자유도 여러 단계를 거쳐 진보가 이루어지는 연속선의 일부라는 것이다. 보이지 않는 손은 노예들에게도 작동할 수 있지만, 이를 위해서는 그는 이들이 더 높은 도덕적·사회적 지평으로 올라서야만 가능한 일이라고 한다.[31]

스미스는 노예제에 아무런 근본적인 문제가 없다고 보았기때문에 인간에 대한 속박에 반대한 중농주의자들의 주장을 무시했을 뿐 아니라, 그의 바로 눈앞에서 전 세계에 근본적인 혁신을일으키던 제1차 산업혁명의 경제적인 잠재력 또한 무시했다. 그는 산업용 증기기관의 발명가인 제임스 와트(James Watt)와 아는사이였으며, 와트가 글래스고대학의 실험실을 쓸 수 있게 도와주기도 했다. 하지만 스미스가 산업 방직기와 방직공장의 진정한경제적 의미는 물론이고 심지어 와트의 증기기관이 얼마나 혁명적인 힘을 가졌는지 이해하고 있었다는 증거는 없다.[32]

와트와 같은 혁신적인 산업 발명가들은 부라는 것이 농업이아니라 부가가치를 생산하는 혁신적 제조업과 산업에서 오는 것이라는 점을 잘 알고 있었다. 1775년에 매슈 볼턴(Matthew Boulton)과 와트는 자신들의 엔진 제조 회사를 설립하며, 1781년에는 잉글랜드의 미들랜드 지방에서 대규모의 산업 방직공장을 시작하게 된다. 스미스는 이때에도 건강하게 생존해 있었고, 조세 징수원의 일을 하고 있었다. 창의적 발명, 자연과학, 혁신적 창업, 산업, 석탄 광맥, 산업과 식민지를 후원하는 정부 정책 등을 통해 영국 경제는 우위를 점하게 된다. 스미스는 『국부론』의 재판본을 1778년, 1784년, 1786년, 1789년에 네 번이나 펴내면서 스토아철학 등 여러 핵심 주제에 대한 구절들을 수정하지만, 이 시절에 일어난 기술적 진보와 노동의 변화에 대해서는 일언반구도 없다. 이는 2000년에 샌프란시스코의 경제에 대한 글을 쓰면서 하이테크 혹은 소프트웨어가 부를 창출하는 상황에 대해 아무 말도 하지 않는 것과 상당히 비슷한 일이다. 어찌 되었든 자유시장 경제학의 역사에서 가장 큰 영향력을 발휘한 책의 저자인 스미스는 고위직과의 연줄을 가진 조세 징수원이라는 많은 봉급을 받는 국가 관료로 살면서, 로마인들의 도덕과 경제적 자유에 대한 자신의 저작을 수정하면서 여생을 보낸다.[33]

오늘날 돌이켜 보면, 스미스의 사상에는 모순이 내재하는 것으로 보인다. 그의 사상은 도덕과 교환으로 지탱되는 시장이라는 것을 그리고 있다. 또 국내의 발전을 돕고 자본투자가 국내에 머물도록 하기 위해 보호주의 및 제국을 추구했다는 점에서 보면 콜베르주의적이다. 농업이 부의 추동력이라고 생각한 점에서는 중농주의적이다. 스미스를 사회적 자유 지상주의자로 그려 내는 오늘날의 경제학자들의 생각과는 정반대로, 그는 재산을 가진 과두제적 귀족들의 권력이 제한된 존 로크식의 대의 정부를 지지하여, 특정한 경우에서는 이 정부가 상인들의 자기 이익 추구 경향을 교정하는 것을 옹호했다.[34]

스미스는 막 생겨나던 경제학이라는 과학을 진보시키는 데 큰 역할을 한다. 그는 상업과 제조업이 있는 사회에서 노동 분업—특정 영역에 전문화된 산업들의 협력—의 중요성을 이해했다. 그는 자유경쟁과 임금 상승을 보장하기 위해서 독점체를 억제하는 데에 정부의 입법이 핵심 역할을 한다는 점을 이해했다. 그는 불황기에는 고용을 유지할 수 있도록 부자들이 지출을 늘려야 한다고 말하면서 케인스 방식의 경기부양책을 예견했다. 또한 그는 정부가 개인의 재산권과 소비자의 권리에 너무 많이 개입하거나 침범하는 일이 없어도 농업 노동, 수요와 공급, 대의제 정부, 도덕적 사회 등이 시장의 작동과 가격 산출 시스템을 유지한다고 하는 일반균형이론의 한 형태를 신봉하기도 했다.[35]

결국 따지고 보면, 스미스의 중심 프로젝트는 새로운 상업시대를 위해 고대의 도덕을 다시 작업한 것이었다. 일단 토지 소유주들이 엉망으로 설계된 각종 조세와 여타 경제적 "금지 사항들"에서 해방되기만 한다면, 자유로운 농업 교역이 계속 일어나서 영국에 풍요, 질서, 만인의 혜택을 가져다준다는 것이다. 또한 이는 평화도 가져올 것이라고 한다. 키케로가 약속한 바 있고 또 스미스가 『도덕감정론』에서 설명한 바와 같이 자유와 농업은 건강한 우정을 가져오기 때문이다. 스미스는 상업이 불화와 적대의 근원이 아니라 개인과 국가 모두에 "연합과 우정의 유대"가 될 수 있다고 강력하게 주장했다.[36]

좀 더 결정적인 점이 있다. 스미스는 성 암브로시우스, 성 아우구스티누스, 성 프란체스코를 그토록 가혹한 종교적·물질적 금욕으로 몰아간 에덴동산이라는 고대의 도덕적 문제를 해결했다. 기독교 전통에서 인간은 기독교의 구원을 추구하는 것 외에는 아무런 진보도 이룰 수 없는 타락한 피조물에 불과하다. 스미스는 원죄의 문제뿐 아니라, 인간과 시민사회에 대해 루소가 품은 아우구스티누스적이며 칼뱅주의적인 비관주의를 우회할 수 있는 새로운 방법을 찾아냈다. 아담과 이브의 실수는 에덴동산의 규칙을 깼고, 이 행동으로 인해 이들은 축출당했으며, 타락한 인간 세상을 낳는다. 그런데 스미스는 스토아학파적 도덕 훈련과 좋은 정부를 통해 인간이 지상의 농업 낙원에 흡사한 어떤 상태로 되돌아갈 수 있다는 낙관적인 믿음을 보여 주었다. 만약 이들이 자연을 품기만 한다면 심지어 상업마저도 윤리적으로 될 수 있으며, 또 세속적 진보의 일부가 될 수 있다는 것이다. 신 혹은 자연은 (신학적 관점에 따라 어느 쪽도 될 수 있다. 스미스는 이 점에서 결코 자신의 입장을 분명하게 밝히지 않았다) 이러한 지상의 풍요와 진보를 달성하기를 원한다. 흄과 스미스는 계몽주의 시대의 다른 많은 주요 사상가와 마찬가지로 진보를 자연의 일부로 보았으며, 인간의 자유, 교육, 과학, 남에게 베풀고자 하는 감정들, 농업, 상업 등을 통해 진보를 실현할 일만 남았다고 보았다. 스미스의 철학은 인류가 스스로 인식하지도 못하는 가운데 진보로부터 혜택을 볼 수 있는 가능성을 열어 놓았으며, 볼테르의 표현을 빌자면 "모든 가능한 세상 중 최상의 세상"을 만들어 낼 수 있는 가능성을 열어 놓았다.[37]

스미스는 만년에 들어 산업의 발흥으로 야기된 승리나 도전에 대해 일언반구가 없었다. 이때가 되면 매슈 볼턴, 제임스 와트, 조사이아 웨지우드(Josiah Wedgwood)와 같은 발명가들이 상상도 못할 부유한 산업가가 되며, 미래의 부가 나아갈 길은 산업에 있음을 입증했다. 하지만 비록 제조업으로 인해 많은 사람에게 듣도 보도 못한 크기의 부가 생겨났지만, 다른 이들에게는 끔찍한 노동환경과 생활환경을 낳기도 했다. 상업 사회와 시장의 자유가 물결처럼 밀려들어 왔지만, 모든 배가 다 떠오른 것은 아니었고, 임금도 균형을 이루며 오른 것은 아니었다. 어떤 면에서는 스미스가 산업에 대해 가지고 있던 공포가 현실이 된 것이다. 와트와 웨지우드조차도 끔찍한 공해가 나타나 노동자들뿐 아니라 자신과 가족의 목숨까지 빼앗아 갈 수 있다는 것을 깨닫기 시작했다.

이 방대한 새로운 부와 경제발전은 또 다른 도전들도 내놓았다. 자유나 농업적 유토피아 같은 것은 찾아오지 않았다. 1770년대 말과 1780년대에 영국은 지상에서 가장 부유하고 가장 고도로 산업화된 나라가 됐고, 세계 무대에서 대제국으로 우뚝 서게 된다. 하지만 영국은 여전히 프랑스인들과 북미의 독립 문제 및 인도양의 식민지 지배권을 놓고서 싸우고 있는 중이었다. "점잖은 상업"을 통하여 세계평화를 얻는다는 꿈은 전혀 실현되지 않았다. 하지만 상업 사회가 장래에는 도덕적이며 선한 무엇인가로 바뀔 수 있다는 희망은 스미스의 유산이 됐으며, 오늘날에도 경제사상의 중심을 이루고 있다. 이러한 시장이라는 새로운 세속적 이상은 빅토리아시대의 영국에 강력한 영향을 미친다. 이제 영국은 향후 약 80년에 걸쳐 무역, 산업, 혁신을 지배하면서 다른 모든 나라와 비교해 경쟁적 우위를 차지하는 나라가 된다. 그런 입장에서 보면, 자유시장에는 부가 잠재해 있으니 그저 손을 뻗어 취하기만 하면 된다는 자유시장의 확신은 아주 매력적일 수밖에 없었다.

그런데 참으로 믿을 수 없는 일이 벌어진다. 세계의 지배자가 된 영국인들이 애덤 스미스를 제조업과 기업의 지지자로 완전히 탈바꿈시켜 버린 것이다. 무엇보다도 이들은 자유시장이라는 사상을 자신들이 향유하는 산업 및 제국 권력의 시대에 적용시키려고 들었다. 문제는 자유시장 사상이라는 것이 (부분적으로는 스미스가 설계한 것이기도 하다) 경제의 승자들과 "지상의 대리 섭정"을 위한 철학이었다는 것이다. 그리하여 자유시장을 완전히 받아들인 사상가들까지도, 부라는 것이 전혀 자연적으로 찾아오지 않는 이들을 위해 자신들의 철학을 적용할 방법을 계속해서 찾게 된다.

# 14장
# 자유시장 제국

"생각해 보십시오. 보호무역으로 도대체 어떻게 한 나라의
부를 늘린다는 말입니까? 입법이라는 방법으로
국부를 단 한 푼이라도 더 늘릴 수가 있습니까? 입법으로
한 세기에 걸친 노동의 결실과 축적을 단 하루
저녁에 파괴해 버릴 수는 있습니다. 하지만 국가의 부를
우리 하원의 입법을 통해 단 한 푼이라도 늘릴 방법이
있습니까? 아시는 분은 제발 제게 좀 가르쳐 주십시오.
부는 근면과 지성에서 생겨나는 것입니다. 그러니
부는 제가 가진 본능에 그대로 맡겨 두는 것이 최상의
방법입니다."
— 리처드 코브던, 1846년 하원에서의 연설

19세기가 지나는 동안 자유시장 사상은 근본적인 변화를 겪게
된다. 이런 움직임의 중심이 된 것은 영국과 영국의 산업이었다.
자유시장 이론가들은 정부가 제조업에 대한 관세와 규제를 제거
하면 나라 전체가 번창할 것이라고 믿었다. 이러한 조치를 취하
게 되면 생활수준도 올라가게 되며, 제조업과 소비주의에 기초한
시장균형이 창출될 것이라고 했다. 하지만 산업 시대의 경제이론

가들은 해묵은 문제 하나를 만나게 된다. 여전히 시장균형을 유지하는 데에 국가가 중요한 역할을 맡고 있다는 점이었다.

애덤 스미스의 유산을 물려받은 이로서, 18세기 말과 19세기 초의 가장 중요한 시장 사상가들은 제러미 벤담(Jeremy Bentham), 토머스 맬서스(Thomas Malthus), 데이비드 리카도(David Ricardo)였다. 이 셋은 노동과 가치에 대한 스미스의 비전에 기초하여 자기영속적이면서 부를 창출하는 시장의 개념과 씨름했고, 동시에 스미스의 관점을 여러 부분 수정하거나 심지어 논박하려고 들었다. 또한 이들은 스미스가 말하는 도덕과 경제학의 "장엄한 역동성(magnificent dynamics)"을 자신들만의 버전으로 설계하고자 노력했다. 하지만 정치적 분위기가 변했고, 스미스 다음 세대의 철학적 추종자들은 시장이 행복한 결실을 가져올 것이라는 그의 낙관론을 유지하는 데에 많은 어려움을 겪어야 했다.[1]

　벤담은 영국의 법학자이자 공리주의 철학의 창시자로서, 스미스의 유산 상속자들 가운데 아마도 가장 생기가 넘치는 인물일 것이다. 그는 인간의 여러 감정이 경제활동을 추동하여 최대 다수의 사람에게 행복을 가져다준다고 주장했다. 그는 그리스 철학자 에피쿠로스의 믿음을 취하여 행복의 추구야말로 도덕적이며 선한 것이라고 말했다. 벤담이 말한 "행복의 미적분학(felicific calculus)"에 따르면, 사람들은 자신이 만들어 내는 행복과 고통의 균형에 따라 행동을 선택한다. 벤담의 저서 『도덕과 입법의 원리(Principle of Morals and Legislation)』(1781)는 쾌락과 고통이라는 두 가지 감각이 사회에 가장 유용한 것들이 무엇인지 결정하는 과정을 설명하고 있다. 벤담이 상정한 가상의 세계에서는 어떤 사람이 부유해질수록 추가적으로 들어오는 부가 가져오는 쾌락도 줄어들며, 따라서 그 사람은 좀 더 고차원적인 지적 성취와 사회 진보의 즐거움에 더 많은 무게를 두게 된다고 한다. 그의 미적분학에 따르면, 재물 획득에서 얻는 쾌락이 감소하는 것은 탐욕을 자연스럽게 억제시키며, 이로 인해 부를 창출하는 이들은 공동체로 투자를 돌려 여기에서 오는 도덕적 보상을 추구하게 된다는 것이다.[2]

벤담은 개인의 욕망과 자유가 경제를 추동할 뿐 아니라 경제적·사회적 진보로 이어진다고 믿었다. 그는 개인의 자유를 지지한 초기 사상가 중 한 명으로서, 여성의 권리, 동성애의 자유, 성적 문제의 자기결정권(sexual nonconformity) 등을 옹호했다. 하지만 그의 행복의 미적분학은 경제의 순탄한 작동을 유지하기 위하여 종종 정부가 나서서 수리할 것을 요구하기도 했다. 벤담은 쾌락과 고통으로 추동되는 시장이 선한 결과물을 낳지 못할 때에는 정부가 개입해야만 한다고 확신했다. 예를 들어, 정부가 나서서 감옥의 개혁, 공립학교의 개선, 해외 이민의 금지 등을 행하여 사회의 안녕과 행복을 증진시켜야만 한다는 것이다. 또한 그는 정부가 생산적인 노동자들의 이민, 필요에 따른 도시의 확장, 보건 서비스의 보장 등에 자금을 대야만 한다고 주장했다.[3]

이렇게 비교적 낙관적인 시장 비전을 가진 벤담의 생각에 반대하는 이들도 많았다. 프랑스혁명이 폭력으로 추락하고 그 뒤를 이어 나폴레옹전쟁이 벌어지자, 일부 경제사상가들은 자유시장이 과연 행복한 결과를 가져올 수 있는지에 대해 회의론을 피력하기도 했다. 빛나는 지성과 음침한 성격을 가진 케임브리지대학의 교수 토머스 맬서스는 중농주의자 및 애덤 스미스와는 반대로 시장의 힘을 신봉하면서도 동시에 그 여러 위험에 대해 경고했다. 인류가 원죄로 흠결 있는 존재가 됐다고 보는 성공회 교회의 성직자인 그는 개인의 선택이라는 미덕과 인간 진보의 자연적 시스템이라는 계몽주의의 신앙을 단호히 거부했다. 비록 그는 인간의 욕망이 시장 시스템을 움직인다는 생각만큼은 다른 경제학자들에 동의했지만, 이것이 진보를 낳는다고 보지는 않았다. 맬서스가 볼 때 시장을 움직이는 것은 성욕이며, 이것이 결국에는 세상을 파괴할 것이라고 한다. 스미스는 노동자들을 기본적으로 제대로 된 존재라고 생각했지만, 맬서스는 이들을 오로지 성적 욕망의 동물적 강박으로만 움직이는 굶주린 짐승들의 무시무시한 떼거리라고 보았다. 그의 초기 저작들은 자기영속적인 시스템이라는 스미스의 생각을 채택하면서, 여기에 새롭고 좀 더 위협적인 변화를 주고 있다. 인간은 원시인들이며 죄인들이기 때문에, 이들은 타고난 성욕에 노예가 되어 끊임없이 아이들을 생산한다는 것이다. 그는 결국 과잉인구가 지구의 부를 다 소모할 날이 오게 될 것이고, 사람들은 자연의 균형 상태에서 추락하여 자멸하고 말 것이라고 말한다.

맬서스의 과잉인구 이론은 모든 부는 농업에서 나오며 시장을 추동하는 것은 감정이라는 오래된 중농주의자 그리고 최근 스미스의 생각에 기반을 두지만, 그는 부가 증가하여 영구적인 인간의 풍요와 혜택을 낳는다는 그들의 생각은 단호히 거부했다. 대신 맬서스는 부의 증가로 인해 인구가 기하급수적으로 증가할 것이며, 그 "증가율"은 땅이 생계를 책임질 수 있는 능력을 금세 앞지르게 될 것이라고 믿었다. 스미스도 『국부론』에서 비슷한 주장을 내놓은 바 있었다. "모든 동물 종은 생계 수단이 늘어나면 자연적으로 그 숫자가 몇 배로 증가하게 된다." 스미스는 부가 불어나면 가난한 노동자들에게 의복과 음식 등 더 좋은 생활환경이 주어질 것이라고 믿었지만, 동시에 가난한 노동자들의 출산율을 두려워했다. 점잖은 독신자이자 학자인 스미스도 다음과 같은 말을 남긴 바 있다. "반쯤 굶은 스코틀랜드 고지대 지방의 여인이 무려 스무 명 이상의 아이를 낳는 일이 허다하며, 반면 금지옥엽으로 자라난 세련된 상류층 여인은 한 명의 아이도 낳지 못할 때가 많다."[4]

물론 스미스는 출산 문제에 대한 전문성은 없었으며, 맬서스도 산업 경제에서 큰 규모의 인구가 얼마나 생산력을 발휘할 수 있는지에 대해 거의 몰랐다. 그런데도 맬서스는 가난한 이들의 출산 문제에 대한 스미스의 공포를 그대로 가져왔고, 구빈법과 자선이 "개인 불행의 강도를 조금이라도 덜어 주는" 데에 아무런 도움도 되지 않았다고 주장했다. 그는 빅토리아시대의 노동계급이 겪게 되는 끔찍한 빈곤을 내다보았지만, 혁신과 산업이 생활 수준을 개선할 가능성에 대해서는 완전히 무지했다. 그리하여 도시빈민의 거대한 인구는 결국 질병과 고통 속에서 파멸할 것이라고 그는 예언했다. 치명적인 돌림병이 "최후의, 가장 두려운 자연 재원인" 기근으로 그리고 최악의 시장 폭락으로 이어질 것이며, 이 시장 폭락 하나만으로도 인류 중 살아남을 자를 솎아 내고 인구를 통제하게 될 것이라고 한다. 중농주의자를 비판한 이탈리아

인 갈리아니와 마찬가지로, 맬서스는 자연은 잔인하다고 경고한
다. 그는 스미스가 인간의 선함과 "인간이 완벽한 존재가 될 가
능성"을 믿은 것을 비판했고, 이 잔인하고 불확실한 세상에서 구
원의 희망을 줄 수 있는 것은 오로지 기독교 신앙뿐이라고 주장
했다. 그도 말년에는 세속의 규제가 인간의 충동을 억누르는 데
에 유용한 역할을 할 수 있으며, 정부가 인구의 상한선을 명령으
로 정하면 경제적·사회적 안정을 증대시킬 수 있다고 생각하게
된다.[5]

스미스의 초기 추종자들 가운데 가장 큰 영향력을 발휘한
데이비드 리카도는 스미스의 자기 조정적인 자연적 시장 시스템
에 대한 믿음을 그대로 따랐다. 그는 스미스와 마찬가지로 모든
부의 기초는 농업이라고 믿었다. 자유시장 이론가들은 가톨릭과
개신교, 이신론자와 무신론자에 걸쳐 고르게 분포되어 있었지만,
리카도는 자유시장 경제학의 저명한 이론가 중에서 첫 번째 유
태인이었다. 하지만 그는 21세가 되는 1793년에 유태교를 버리
고 퀘이커파 신자와 결혼하여 유니테리언파(Unitarian: 삼위일체 교
리를 거부하고 예수 그리스도를 신이 아닌 인간으로 보는 입장의 교파—옮
긴이)로 개종한다. 이를 통해 리카도는 스미스의 믿음에 한 걸음
더 가까이 다가가게 된다. 그는 일찍부터 자유시장 사상에 흥미
를 느끼고 벤담과 맬서스와 서신을 교환한다. 리카도는 투자 사
기를 설계하여 국채 시장을 조종함으로써 큰 재산을 벌어들인다.
1815년에 나폴레옹이 '백일천하'의 마지막 전쟁에서 패배했다는
믿을 만한 정보를 입수하자마자 리카도는 정반대로 나폴레옹이
승리를 거두었다는 거짓 소문을 퍼뜨려 수많은 영국 국채 보유자

들이 시장에 매물을 내놓게 만든다. 채권시장이 붕괴되자, 그는 그 모든 국채를 매입했으며, 결국 영국이 나폴레옹에 승리를 거두었다는 것이 밝혀지면서 큰돈을 벌어들인다. 가짜 뉴스를 믿고 반응한 불운한 투자자들을 이용해서 그는 돈을 벌었던 것이다.

일단 부자가 되자 그는 농촌 지배계급의 지위를 확고히 하며, 농업을 좀 더 생산적으로 만들려는 목적으로 경제철학의 저술 활동을 이어 간다. 그는 개트컴 파크의 소유주가 되고, 글로스터셔의 치안 및 행정 담당관을 맡을 뿐 아니라 의회에까지 진출한다. 이렇게 높은 관직까지 지낸 지주인데도 불구하고, 그는 자신이 생각한 최대 다수의 최대 선을 위해 농산물 가격을 낮추어야 한다고 주장한다. 그리하여 그는 자신이 속한 토지 계급의 이익과 맞서 싸우는 다소 아이러니한 삶을 살게 된다.

19세기 초에 리카도는 스미스의 유산에 몰입해 그의 사상을 옹호했으며, 또한 부의 원천이 농업이라고 강력하게 주장했다. 하지만 스미스와는 달리 그는 부에는 한계가 있다고 생각했다. 그는 『정치경제학과 과세의 원리에 대하여(On the Principles of Political Economy and Taxation)』(1809)에서 "지대 이론"을 발전시켰는데, 그 이론의 기초는 토양의 비옥도가 노동의 가치를 결정한다는 생각이었다. 가격과 임금의 수준을 결정하는 데에 수요는 아무런 역할도 하지 않는다. 물가(이 표현을 흔히 우리가 사용하는 물가지수에 근거한 인플레이션이나 디플레이션과 동일한 것으로 생각하면 리카도의 생각과는 달라진다. 리카도는 모든 상품의 상대가격이 다른 속도로 변화하기 때문에, "일반적인 물가수준의 등락"이라는 개념은 성립할 수 없다고 생각했기 때문이다. 원문은 'prices'이며, 이는 19세기 초의 리카도나 다른 고전파 경제학자들의 저작에도 사용된다. 그저 '여러 상품의 물가'라는 폭넓은 의미로 읽어 둘 필요가 있다—옮긴이)와 임금 수준은 토지의 생산역량에 따라 등락한다는 것이다. 리카도는 맬서스의 영향을 받아 자신의 '임금 철칙'[Iron Law of Wages: 이 말은 리카도가 쓴 표현이 아니고 1850년대 독일의 사회주의자 페르디난트 라살레(Ferdinand Lasalle)가 조롱의 의미로 만든 말이다—옮긴이]을 발전시켰는데, 이에 따르면 빈민의 소득은 생계를 유지할 수 있는 최하의 수준으로 항상 내려가게 된다고 한다. 농업노동자들이 임금을 받아 삶을 유지하게 되면 결국 더 많은 아이를 낳게 되므로 설령 임금이 인상되더라도 항상 제자리로 돌아오게 된다는 것이다(아이들이 더 늘어나면 노동시장에서 '노동 공급'이 늘어나 임금이 떨어진다는 논리. 신생아가 노동시장으로 진입하려면 18년 이상이 걸리는 현대인에게는 황당하게 들릴 수 있지만, 당시 빈민아동들은 7~8세에 임금노동을 시작하는 경우가 허다했다는 것도 기억할 필요가 있다. 마르크스는 이렇게 인구법칙과 결합된 '임금 철칙'을 '인류에 대한 모독'이라고 비난했고, 대신 임금이 생계 수준으로 고정되는 메커니즘을 자본가들이 기계 도입으로 임금 상승을 누르는 경향이라고 말했다—옮긴이). 따라서 임금을 올릴 수 있는 유일한 길은 국제곡물 시장을 개방하여 경쟁을 창출해 영국의 토지 소유주들이 자기들 농장에 투자함으로써 생산성, 임금 그리고 가능하다면 생활 수준까지 끌어올리게 만드는 것이다. 하지만 리카도는 토지 소유주들의 자본 총액이 고정되어 있으므로, 지주들이 노동자들에게 임금을 올려 줄 경우에는 자기들의 농장에 재투자할 돈이 부족해질 것이며, 이 때문에 다시 임금이 하락 압력을 받게 될 것이라고 생각했다.[6]

리카도는 임금에 관해 이렇게 비관적이었지만, 경제적으로 우위에 있는 영국만큼은 국제무역을 자유롭게 하여 물가를 낮추고 더 많은 상업을 창출하고 또 생활수준을 올리는 일이 가능하다고 낙관적으로 보았다. 세계경제에서 영국이 차지한 지배적 위치로 볼 때 리카도의 생각은 옳았다. 완전히 개방된 경제 토너먼트에서 승자가 될 나라는 바로 영국이었기 때문이다. 또한 그는 비교우위(comparative advantage)라는 오래된 생각을 다시 꺼내어 들었다. 이는 각국이 다른 나라가 생산하고 판매하지 않는 것을 생산하고 판매한다면(이 부분은 오해를 일으킬 위험이 크다. 여러 나라가 서로 '절대적 차원에서' 더 싼 비용으로 생산할 수 있는 것에 특화하여 무역을 하면 이득을 본다는 것이 애덤 스미스의 '절대우위' 이론이었다. 리카도의 '비교우위' 이론은 설령 어떤 나라가 절대적 차원에서 모든 상품을 더 싼 비용으로 생산할 수 있다고 해도 상대적 비용, 즉 '기회비용'의 차원에서 더 적은 비용으로 생산할 수 있는 나라와 무역을 하면 그 또한 이득을 볼 수 있다는 이론이다—옮긴이) 국가적 효율성을 얻을 수 있을 뿐만 아니라 시장도 더욱 넓어지며, 생활조건도 개선될 수 있다는 생각이다. 리카도는 세계무역을 자유롭게 하면 모든 이가 거기에서 혜택을 볼 수 있으므로 전 세계가 더 부유해질 것이라고 보았다.[7]

스미스와 리카도는 무역을 하는 양국의 경제적 역량이 어떠하든 자유무역 협정을 맺으면 양국 모두가 항상 이익을 볼 수 있다고 보았는데, 그 예로 든 것이 영국과 포르투갈의 무역 그리고 1703년의 메수엔조약(Methuen Treaty)이었다. 스미스는 무역에서 설령 한쪽이 다른 쪽보다 더 큰 이익을 얻게 된다고 해도 경쟁이 증가하면서 결과적으로는 잠재적인 부가 촉발될 것이라고 주장했다. 스미스와 리카도가 볼 때, 두 나라가 시장을 완전히 개방한 결과로 포르투갈의 포도주 산업(상당 부분 영국 항만업자들이 소유하고 있었다)과 영국의 의류 산업 그리고 두 나라 경제 전체에 큰 도움이 됐다는 것이다. 하지만 이들의 주장은 이론에 더 가까우며 사실과는 조금 차이가 있다. 막상 포르투갈의 경제는 영국의 질 좋고 값도 싼 제품들에 치여 침몰하게 되며, 다시는 영국과 경쟁할 만큼 자국 산업을 발전시킬 수 없게 된다. 오늘날에도 한쪽으로 기울어진 이 흥정 때문에 영국이 경쟁적 우위를 얻게 된 반면, 포르투갈의 산업 발전은 심각하게 잠식당했다는 것이 정설로 받아들여지고 있다. 여하튼, 리카도가 만들어 낸 경제 이론들이 영국과 영국의 지속적인 경제 지배력을 위한 것이라는 점은 분명하다.[8]

19세기 초 영국은 전 세계에서 지도적인 산업국가인 동시에 식민지를 거느린 '전 세계의 공장'이라고 할 만한 국가였다. 또한 영국은 곡물 생산에서도 선두에 위치한 나라였다. 리카도가 의회에서 이루고자 한 목표는 자유무역이었다. 그는 곡물법 철폐를 지지했다. 이 법은 나폴레옹전쟁 말엽인 1815년에 영국의 토지 소유주들을 외국의 저렴한 곡물의 공격에서 지켜 주기 위해 만든 보호주의 곡물관세였다. 자유무역에 뉴턴식의 자기 조정적 작용이 존재한다는 스미스의 믿음을 바탕으로, 리카도는 토지 소유주들이 곡물에 대한 국가 관세를 만들어 가격을 올리는 방식으로 이용했다고 주장했다. 비록 그가 살아생전에 보지는 못했지만, 1846년에 마침내 영국에서는 곡물법이 폐지됐다. 이를 이끈 리처드 코브던(Richard Cobden)은 맨체스터의 산업가이자 하

원의원이었으며, 역사가들이 일컫는 영국의 "자유무역 국가" 시대의 시작을 상징하는 인물이었다.[9]

곡물법의 폐지는 자유주의 영국의 시작일 뿐 아니라 자유시장이라는 여러 정치적 신화의 시작을 알리는 사건이기도 했다. 자유무역을 선동한 이들은 어디에나 보편적으로 적용되는 시장 법칙이라는 깃발을 높이 들고, 영국의 농촌 엘리트들—애덤 스미스가 그토록 소중히 여긴 이들—을 제물로 삼아 제조업의 기득권 집단들에 바쳤다. 제조업 집단들은 노동자들의 생계비를 낮추기 위해 외국의 값싼 곡물들이 필요했기 때문이다. 자유주의적이면서 제조업 집단 편인 휘그당은 자유시장 사상과 그것이 열망하는 여러 특징을 적극적으로 옹호하는 경제적 내러티브를 성공적으로 만들어 냈다. 휘그당 정치가들은 '반곡물법 동맹(Anti-Corn Law League)'이야말로 부패와 귀족정에 맞서 보통 사람들의 힘으로 얻은 승리라고 찬양했다. 하지만 이것은 또한 빅토리아시대의 사회적 질서와 부의 상승이 본격적으로 일어나는 계기가 되기도 했다.[10]

하지만 영국은 비록 세계시장을 지배하는 위치에 있었지만, 여전히 빈곤과 부의 불평등이라는 난공불락의 문제들에 직면해 있었다. 맬서스가 경고했듯이, 시장이 스스로 만들어 낸 장치들에 그냥 내맡겨진다면 이러한 문제들은 해결될 리가 없었다. 경제철학자이자 정치철학자인 존 스튜어트 밀(John Stuart Mill)은 자유무역이 양날을 가진 칼이라고 보았다. 거기에 담긴 자유주의는 상찬할 대상이지만 그것이 빈민들에게 더 높은 생활수준을 가져다주지 못한다는 점도 그는 분명히 인식했다. 밀은 19세기 전반의 자유시장 사상에 담긴 내부적 모순들을 가장 잘 드러낸 사상 가였다. 자유시장의 여러 생산적 역량을 인정하면서도, 좀 더 정의로운 경제 시스템을 창출하기 위해 국가가 여러 사회개혁을 추구할 역할이 있는 것도 인정함으로써, 이 두 부분이 균형을 취해야 한다는 것이 그의 신념이었다.

1806년에 태어난 밀은 벤담의 공리주의 철학을 추종한 아버지의 손에서 자라나 정치경제학자가 된다. 그는 경제학의 역사에서 또 하나의 아이러니한 존재다. 위대한 자유주의 사상가인 그는 국가 독점체인 동인도회사에서 일하다가 그 회사가 민영화되어 해고되지만, 그런데도 끝까지 동인도회사와 영국 제국주의를 옹호했다. 밀은 스미스를 따라 자유시장이 부와 사회적 진보를 가져올 것이라고 믿었다. 그는 국제무역이 자기 조정 시스템이라고 생각했으며, 이를 통해 영국의 물가를 낮추는 동시에 생산, 자본, 경제발전 등을 모두 증가시킬 것이라고 보았다. 이러한 시스템은 "잉여"의 재화를 생산할 것이며, 이는 다시 싼 가격의 각종 수입품과 어우러져 사회적·경제적 조건을 개선할 것이라고 믿었다. 그는 "자유방임"은 마땅히 "일반적 관행"이 돼야 하며, 여기에서 이탈하는 것은 "모종의 악"이라고 말하기도 했다.[11]

하지만 밀은 스미스의 진보 시스템과 리카도의 시장 신뢰에 대해 하나의 유보 조건을 달기도 했다. 스미스와 리카도는 부를 낳아 주는 "우주의 최고 감독관"이라는 이신론적인 믿음을 가지고 있었지만, 밀은 이를 거부하고 대신 키케로와 로크식의 정치학을 민주주의적으로 개조한 버전을 믿었다. 그는 최상의 정부는 과두정이 아니라 보통의 시민들에게서 찾아야 한다고 말했다. 시민들이 의무적으로 성실하게 교육을 받는다면 도덕적인 입법가로 자라날 수 있다는 것이다. 밀은 경제가 기계적으로 작동할 수는 있지만, 이는 종국에 가면 자연적 한계들에 부딪치게 되어 빈곤과 비참을 겪게 될 이들이 많아질 것이라고 주장했다. 밀은 가치를 창출하는 것은 노동자들뿐만 아니라 투자하는 자본가들도 포함된다고 믿었다. 하지만 그는 이와 함께 산업에서의 한계효용 체감의법칙을 예견하여 제조업 제품들의 양이 늘어나게 되면 물가가 낮아지고 평균임금도 낮아져서 맬서스가 예언한 바와 같이 "노동의 보상"이 떨어지는 결과가 나온다고 강하게 주장했다.[12]

밀은 스미스와 마찬가지로, 부자들이 스스로 만족할 만큼 충분한 부를 얻게 되면 시장에 상한선이 오게 될 것이라는 순진한 믿음을 가지고 있었다. 일단 상류계급이 충분히 높은 생활수준에 도달하면, 그들은 돈 버는 일을 피하려 들 것이며 따라서 자연스럽게 여가와 배움 등을 추구하는 쪽으로 변하게 된다는 것이다. 밀은 그 결과로 규칙적이면서도 일정한 부의 흐름을 이어 갈 수 있는 "정상 상태(stationary state)"의 경제가 나타나게 될 것이라고 말한다. 이 지점에 도달하게 되면, 국가는 맬서스가 말하는 임금 함정에 빠진 "일하는 사람들"과 빈민들을 돕기 위한 "사회주의적" 개혁들을 실행해야만 한다고 그는 생각했다.[13]

또한 밀은 자본 소유자들과 노동자들 그리고 그들이 만든 노동조합 사이의 경쟁이 더 좋은 사회를 만들 것이라고 보았다. 이상적으로 보자면, 국가는 노동자들이 재산을 획득할 수 있도록 도와야 한다. 그렇게 되면 노동자들도 빈곤에서 탈출하여 재산 소유와 경쟁이라는 도덕적이면서도 공리적인 상태로 들어오게 될 것이다. 밀은 사적소유에 대한 로크의 믿음과 스미스의 이신론, 벤담의 공리주의, 맬서스의 아우구스티누스적 비관주의를 혼합하여 사회민주주의의 문턱까지 도달했던 것이다.[14]

밀은 1869년에 『사회주의론(Chapters on Socialism)』을 쓴다. 찰스 다윈의 『종의 기원(The Origin of Species)』(1859)이 출간된 후 10년이 지나서였다. 다윈은 생물학을 상업의 렌즈로 바라보았으며, 그의 진화론은 자유시장 사상에 깊은 흔적을 남긴다. 그의 이론에 따르면, 진화는 일종의 긍정적이고 초도덕적인 스미스의 이상주의적 진보의 비전과, 약자를 죽여 걸러 내는 맬서스의 가혹한 자연의 비전을 혼합한 것과 닮아 있다. 다윈은 『인간의 유래와 성선택(The Descent of Man, and Selection in Relation to Sex)』(1871)에서 맬서스의 "영원히 기억될" 저작을 인용하지만, 맬서스의 기독교적 도덕과는 단절한다. 그가 말하는 자연은 이제 구약성경에 나오는 창조 이야기를 완전히 벗어나서 오로지 스스로의 인정사정없는 가혹한 논리에 따라 작동할 뿐이다. 키케로식이나 기독교의 고상한 윤리 따위는 찾아볼 수 없는 자연선택에 따르면, 오로지 가장 적합한 자만이 생존하며 자식을 낳게 된다.[15]

다윈의 자연선택설은 그와 동시대이자 독일 저널리스트이며 공산주의 경제학의 창안자인 카를 마르크스의 이론에도 영향을 미친다. 마르크스는 스미스와 리카도의 "고전파 경제학"을 연구했다. 그는 비록 스미스 이론의 대부분을 거부하지만 지대 이론은 부분적으로 옳은 이론이라고 믿었다. 마르크스는 무신론자였지만 경제학이 자기영속적인 시스템일 수 있다는 관점에는 스미스와 의견이 같았다. 하지만 그는 시장이 부정적인 방향으로 움직인다는 점에서는 맬서스를 따랐다. 그는 자본과 노동의 분리를 설명하는 스미스의 이론은 역사적 맥락을 완전히 사상한 채 공식화됐으며, 자비로운 자연 신이 인간의 진보와 경제를 추동한다는 스미스의 주장이 "유치한 오해"에 불과하다고 공격했다. 스미스는 자본을 자연에 존재하는 "자연적" 요소라고 보았고 심지어 밀조차도 노동계급의 빈곤을 시장 메커니즘에 본질적으로 내재한 것으로 이해했지만, 마르크스는 이 모든 경제 현상들이 불평등한 사회권력의 역사가 낳은 산물이라고 보았다. 마르크스에 따르면, 자본가들은 축적된 자본재(stock), 노동 분업, 기계류 등을 사용하여 노동계급의 잉여노동을 그저 훔쳐 갈 뿐이다. 시장 메커니즘은 부를 창출하지 않으며, 아주 간단히 말해서 유산계급이 무산계급을 속이기 위해 고안해 낸 시스템일 뿐이라는 것이다. 이러한 차등적 권력에 맞서는 방법으로, 마르크스는 밀이 말하는 사회개혁의 이론들이 무용지물이라고 생각했다. 그는 시장과 역사의 진로를 바꿀 수 있는 것은 오로지 프롤레타리아혁명뿐이라고 주장한다.[16]

자본주의와 자유시장을 비판한 이는 마르크스만이 아니었나. 영국의 자유시장 정책은 그저 경쟁적 우위를 강화하고 국제 경쟁을 파괴하려는 의도일 뿐이라고 주장하는 외국의 경제학자들도 나타났다. 19세기 후반에 빠르게 경제성장을 이루던 미국, 프로이센, 일본 등의 국가들은 총체적인 자유시장 접근법을 거부했고, 대신 17세기에 영국과 콜베르가 추구한 발전 전략을 따랐다. 미국 최초의 재무장관인 알렉산더 해밀턴(Alexander Hamilton)은 콜베르의 시장 구축 모델과 긴밀하게 닮은 경제정책들을 제도화시켰고, 미국은 한 세기 이상 이 경로를 따라가면서 1930년대가 될 때까지도 자유방임 경제학에 저항했다. 미국은 새로이 나타난 상업 공화국이었으며, 리카도식의 비교우위와 자유무역과는 정반대의 노선을 취했다. 미국의 경제는 보호주의에 기반하여 국가의 수익을 증대시키고 이민과 노예제 그리고 국가의 여러 개혁에 의존했으며, 그러면서 미국은 영국의 자유방임 교리들을 완전히 뒤집어 버렸다.[17]

해밀턴은 콜베르가 농업 중심의 프랑스를 중앙집권화된 조세, 도량형의 통일, 국가보조금을 통한 통신체계 등의 정책을 통해 강력한 산업국가로 바꾸어 놓은 것을 경모했다. 그는 프랑스가 "저 위대한 콜베르의 능력과 지칠 줄 모르는 노력" 때문에 농업에서 제조업으로 전환하여 번영을 누리게 됐다고 말했다. 해밀턴은 무모해 보일 정도로 대담한 인물이었고, 능수능란한 정부 관료이기도 했으며, 신생국에 맞는 명확한 경제적 비전을 가진 인물이기도 했다. 만약 미국이 영국이나 프랑스와 같은 초절정의 선진국들에 시장을 개방한다면 값싼 제품들의 홍수에 휩쓸려서 자국 제조업의 기반이 붕괴될 것이다. 그리고 엄청난 부채가 있고 해군력도 미약한 미국이 자유방임을 실행했다가는 금세 취약한 위치에 처하게 될 것이다. 따라서 해밀턴은 이 신생국은 영국이 17세기 초에 그랬던 것처럼 원시적인 상태의 경제를 발전시켜야 하며, 이를 정부가 이끄는 역할을 해야 한다고 생각했다.[18]

해밀턴은 공화국을 건설하기 위해서는 강력한 정부가 있어야만 한다고 확신했다. 그는 "프랑스에서 그랬던 것처럼"—그가 나중에 『연방주의자 논설집(Federalist Papers)』 35번에서 주장하듯—재정 및 금융과 같은 각각의 분야에 전문성을 보유한 이들이 장관이 되어 강력한 권한으로 국가를 운영해야 한다고 강하게 주장한다. 그가 1791년에 작성한 글인 「미국 의회 제조업 위원회 보고서(Report to the Congress on the Subject of Manufactures)」를 보면 갓 태어난 신생국의 정부는 농업보다 산업을 발전시키는 데에 초점을 두어야 한다는 주장이 나온다. 농업은 비록 인간의 삶에 필수적인 것이지만, 중농주의자들, 흄, 스미스가 주장한 것처럼 부를 창출하는 기반은 아니라는 것이다. 해밀턴은 이러한 자신의 생각을 대중 앞에서 논쟁할 수 있기를 원했으며, 영국의 "어마어마한 진보"의 원인은 농업이 아니라 산업적 "방적공장"이라는 논지를 분명히 했다.[19]

해밀턴은 콜베르를 따라 정부가 국가의 시장을 보호해야 할 뿐 아니라 이민정책을 통해 유아적 상태에 머물러 있는 여러 산업을 건설할 재능 있는 사람들을 끌어들여야 한다고 믿었다. 자급자족을 신봉한 그는 미국이 독립전쟁 중에 "스스로의 필요를 공급"하는 데에 "지독한 곤란"을 겪었기 때문에, 이제 시장을 개방하기 전에 "제조업을 장려"하지 않을 수 없다고 결론을 내린다.

미국이 이러한 '유치산업 발전모델'을 따르도록 강력히 추동한 인물은, 미국 상원의원이자 국무부 장관으로서 관세, 국가 상업은행, 산업 보조금 등을 추진한 헨리 클레이(Henry Clay)였다. 그는 자유무역 이론을 "영국 식민주의" 이론이라고 공격하면서 신생 공화국이 번영하기 위해서는 영국으로부터 자국 산업을 보호하는 길밖에 없다고 주장했다. 미국의 수출은 1790년에 2000만 달러에서 1807년에는 1억 800만 달러로 늘어나며, 1870년까지 계속해서 무역흑자로 나아가게 된다.[20]

독일의 경제학자 프리드리히 리스트(Friedrich List)는 해밀턴과 클레이의 미국 시스템에서 영감을 얻는다. 1825년에 미국 펜실베이니아로 이주한 그는 외국에 대한 관세로 보호받는 미국의 내부 자유무역지대에서 자극을 받는다. 그리하여 그는 독일에서도 여러 측면에서 경제 연합체를 구성하는 독일 관세동맹(*Zollverein*)의 창설을 옹호한다. 그의 『정치경제학의 민족적 체계(National System of Political Economy)』(1827)를 보면, 독일의 작은 나라들이 국내의 여러 산업을 지원하기 위해 서로 간에 무역 조약을 맺어야 하는 이유가 설명되어 있다. 외부에 관세를 매긴다면 독일 내 산업들을 경쟁에서 보호할 수 있으며, 결국 국제적인 경쟁력을 갖도록 발전시킬 수 있다는 것이다. 리스트의 사상은 프랑스에서도 인기를 얻었다. 프랑스인들은 그의 생각처럼 관세동맹을 만든다면 국내에서 자유로운 교역이 발전하고 효과적으로 작동할 수 있을 것이며, 영국이라는 거대한 산업의 힘에 맞서 경제발전을 추동할 방법은 전략적 보호주의라고 생각한 것이다.

미국에서 자유무역을 옹호한 이들은 농업지대의 노예 소유주들인 경우가 많았다. 미국의 제7대 부통령으로서 목화를 더 쉽게 수출할 방법을 찾으려 한 존 캘훈(John Calhoun)도 그중 하나였다. 하지만 목화와 노예제는 미래가 아니었다. 해밀턴과 마찬가지로 리스트는 농업보다는 산업의 발전을 옹호했고, 노예제는 한 나라의 약함을 보여 주는 신호로서 "공공의 재앙"이라고 비난했다. 리스트는 부를 창출할 방법은 무지막지한 농업 자유 교역이 아니라 오로지 산업 개발 전략뿐이라고 확신했다. 결국 독일은 분명하게 리스트의 국가 발전 모델과 거기에 함축된 전통적인 콜베르식 접근법을 채택한다. 19세기 말엽이 되면 독일은 미국과 함께 영국 경제를 능가하는 위치에 오르게 된다. 오늘날과 마찬가지로 당시에도 세계경제를 지배하는 나라는 자유방임 정책을 취했으며, 선진국과 경쟁하는 나라들로서는 세심한 시장 구축 정책이 성공적인 대응책이었던 셈이다.

이렇게 자유로운 교역에 대한 여러 비판이 있었고 또 반대의 모델들도 나타났지만, 19세기 영국의 자유주의 경제사상가들의 열정적인 신념은 전혀 수그러들지 않았다. 대영제국과 그 경제는 누구도 넘보기 힘든 경쟁적 우위를 누리고 있었으므로, 자유시장 사상가들은 자신들의 시장 경쟁은 신경 쓸 필요가 없다고 느꼈던 것이다. 반곡물법 동맹의 창설자인 리처드 코브던은 자유무역의 교리를 선전하는 '맨체스터학파(Manchester School)'를 이끈 인물이다. 하지만 그는 또한 산업의 중요성을 받아들이고 제조업의 부와 시장의 자유가 맺는 관계를 포착함으로써 자유무역의 사상을 새롭게 변화시켰다. 자유 교역이 자연의 질서를 그대로 받아들이는 것이라는 오랜 농업주의의 주장도 여전히 중요하지만, 이제는 자유무역의 지지자들도 누가 경제적 승자인지를 선택해야만 하는 상황이었다. 산업국가인 영국에서 그 대답은 당연히 제조업이었던 것이다.[21]

코브던은 자유무역이야말로 전쟁을 종식시킬 수 있는 열쇠라는 오래된 자유시장 사상의 명제를 받아안았다. 그는 열정적인 평화주의자이고 노예제 폐지론자일 뿐 아니라 여성의 권리를 신봉하는 인물이었다. 또한 제국주의라는 것이 너무나 많은 비용을 치른다고 비판하는 주장을 하기도 했다(그는 그 자금이 국내에 쓰이길 원했다). 그래서 그는 스미스를 따라서 무역을 자유롭게 하면 평화가 올 뿐만 아니라 노동자들과 인류 전체가 혜택을 보게 될 것이라고 확신했다. 1843년에 코번트가든에서 행한 연설을 보면, 그는 곡물관세의 철폐를 거의 종교적인 십자군에 맞먹는 것으로 규정하고 있다. "우리는 상업의 자유가 오게 되면 지적·도덕적 자유도 발전하게 될 것이며, 여러 다른 계급이 서로가 서로에게 의존하고 있다는 것을 일깨워 줄 것이고, 나아가 세계의 여러 나라도 형제애의 유대 속에 하나로 묶어 줄 것이라고 믿습니다." 코브던은 노예제가 비도덕적이라고 공격했으며, 브라질산 설탕을 보이콧해야 한다고 요구하기도 했다. 1849년에 그는 한 걸음 더 나아가 자유무역이 이루어지면 국가 간에 평화가 올 뿐만 아니라 식민지를 방어할 필요도 없어진다고 주장하게 된다. 각국은 자유무역을 법으로 채택하는 것과 함께 무장 또한 해제할 것을 강력하게 촉구한다. 코브던의 평화주의적 비전이 식민화된 민족들에게까지 확장된 것은 아니라는 점도 주목해야 한다. 그는 식민주의가 제국과 식민지 모두에 이익이 된다는 상호의 공감 속에서 평화적으로 낮은 비용으로 유지되어야 한다고 주장했다. 하지만 그는 또한 식민지 현지의 "야만적 부족들"을 짓누르는 것이 필요할 때를 대비하여 식민국들이 경찰 권력을 보유해야 한다고 믿었다.[22]

코브던의 맥락에서 보면 그의 자유주의는 급진적인 성격을 띠고 있었다. 그에게 자유무역이란 평화주의, 정치적 자유, 어느 정도의 관용, 사회적 진보 등을 뜻하는 것이었다. 이는 또한 언론의 자유를 뜻하는 것일 뿐 아니라 당시로서는 거의 상상조차 하지 못할, 프랑스와의 우정까지 의미하는 것이었다. "다른 나라들에도 명예와 정직성이라 할 무언가가 존재한다고 믿는" 것이 반드시 필요하다고 주장한 코브던은, 자유무역을 통해 각국이 서로의 경제를 합치게 되면 세계평화가 오게 될 것이라고 확신했다. 그는 영국 정부와 프랑스 황제 나폴레옹 3세가 1860년의 역사적인 코브던–슈발리에 조약(Cobden–Chevalier Treaty)에 조인하도록 설득했다. 이 조약은 여러 면에서 볼 때, 콜베르의 자유무역의 꿈을 실현하는 것일 뿐 아니라 오랜 두 숙적 국가에 평화를 가져오는 것이기도 했다. 이제 제조업품에 대한 관세가 30퍼센트로 줄어들면서 프랑스에 대한 영국의 수출은 두 배로 늘었고, 동시에 프랑스 포도주의 수출도 두 배로 늘었다. 이렇게 뭐라고 규정하기 힘든 평화를 이루려는 꿈이야말로 그 전 두 세기 동안 경제사상가들이 자유시장 사상을 추동했던 원동력이기도 했다. 하지만 슬프게도 이는 불과 32년밖에 지속되지 못했다. 프랑스는 영국과의 경쟁으로 인해 자국의 산업과 제조업 일자리가 잠식당하는 것을 감지하고, 1892년에 영국 상품에 멜린 관세(Méline Tariff)를 도입하여 더 이상 자국의 손실을 막으려 한다. 하지만 그렇다고 해도, 코브던–슈발리에 조약은 자유주의적 무역협정으로 엮인 새로운 유럽의 네트워크가 만들어지는 방아쇠 역할을 했으며, 이 네트워크는 결국 오늘날 유럽연합 내부에 존재하는 좀 더 진전된 자유무역지대의 창출로 이어지게 된다.[23]

하지만 영국에서는 자유무역과 제국에 대한 강한 믿음이 지배하고 있었다. 영국의 경제사상가들은 시장경제 이론을 종교와 혼합하기 시작했고, 종교적 부활의 정신까지 끌어내어 강력하고도 독특한 국민운동을 만들어 냈다. 스미스의 이신론적인 자연신이라는 믿음은 사라지고, 그 자리는 이제 복음주의 기독교가 채우게 된다. 영국의 복음주의 부흥목사들은 스토아학파적 도덕에는 관심이 없었으며, 신앙과 자유무역만 있다면 "알뜰함, 검약, 직업의 몰두, 금융의 올바름" 등을 통해 신의 자연적 힘을 풀어내어 사회를 개선할 수 있다고 확신했다.[24]

하지만 이러한 복음주의 자유시장 운동의 해맑은 낙관주의는 빅토리아시대 영국 노동자들의 끔찍한 현실과 대조를 이룬다. 영국의 생활수준은 산업화와 함께 개선됐지만, 소설가 찰스 디킨스(Charles Dickens)가 묘사한 바 있듯이, 이는 영국 경제가 자유롭고 공정하다는 것을 뜻하는 것도 아니었고 누구나 마음만 먹으면 자신의 경제적 상황을 개선시킬 수 있음을 뜻하는 것도 아니었다. 산업에 따라오는 참상, 아동노동, 저임금, 열악한 생활환경, 노동조합 활동, 노동계급의 분노 등이 합쳐지면서 사회주의와 공산주의 발흥의 불길에 기름을 부었다. 빅토리아시대는 결단코 스미스나 코브던의 도덕적 기준에 이르지 못했다. 그리하여 자유무역 논쟁은 단지 경제학자들과 정치가들 사이의 주제에 그치는 것이 아니라 노동조합 활동가들, 차티스트운동 노동자 협회들, 산업 자체에 반대하는 러다이트운동가들 등의 공격도 감당해야 했다. 노동계급이 처한 곤경이 원인이 되어《이코노미스트》의 편집자이자 영향력 있는 저널리스트인 월터 배젓(Walter Bagehot)과 같은 일부 영국 자유주의자들은 비관론에 빠지기도 했다. 자유방임에 대한 사회적·경제적 불만은 마침내 1900년 영국 노동당의 창설로 이어졌다.

자유무역 정책의 여러 결함에도 불구하고 영국의 자유시장 사상가들은 계속해서 낮은 조세, 제한된 정부, 자립의 태도, 개인의 자유 등과 같은 정치적·경제적 자유주의의 가치들을 신봉했다. 유니테리언파 경제학자인 윌리엄 스탠리 제번스는 자유무역 정통 교리에 대한 반석 같은 신앙을 가진 인물이었다. 그는 콜베르티슴의 미국, 독일, 일본이 제아무리 성공을 거두어도 또 노동계급의 고통이 제아무리 심해도 전혀 흔들리는 법이 없었다. 제번스는 당대의 과학적 접근법을 따라서 경제분석에도 수학을 사용해야 한다고 강력하게 주장했다. 그의 『정치경제학(Political Economy)』(1871)은 벤담의 논지를 그대로 반복하여 모든 인간의 활동은 "쾌락과 고통"이라는 "샘물"에서 나오는 것이며, "개별 데이터"를 이해하고 또 하나로 모으기 위해서는 "정량적 방법"이 반드시 필요하다는 이론을 제시한다. 여기에는 키케로와 같은 고상한 도덕철학 따위는 존재하지 않는다. 제번스는 이렇게 데이터로 추동되는 경제학이야말로 엄격한 자연과학과 같은 것이라고 주장하면서 이를 지질학에 비교하기도 했다. 그는 경제학이란 단순하고도 직선적인 것이라고 강력하게 주장한다. 여기에는 리카도와 밀의 경제학처럼 문리적 해석의 기술이 필요한 것이 아니라, 효과적인 수학 연구와 그래프만 있으면 된다는 것이다. "부"와 "인간적 효용"의 정량화가 그 예라고 한다.[25]

　　제번스는 정량적 방법을 사용하여 스미스와 리카도의 노동가치론을 공격한다. 그는 어떤 사물의 "가치란 전적으로 효용에 달려 있다"고 믿었으며, 그 사물이 농업 노동에서 얼마나 가치를 갖는가와는 무관하다고 보았다. 제번스는 벤담의 쾌락 원리를 채택하여 이를 소비자의 효용 원리로 전환시켰다. 그가 볼 때 행복

은 무언가를 가장 싼 가격에 가장 손쉽게 구매함으로써 극대화된
다는 것이다. 이러한 일련의 논리를 통해 그는 자신의 한계효용
이론을 전개하게 된다. 만약 어떤 물건의 값이 싸다면 그것을 사
는 것이 이익이므로 사람들은 그것을 원하게 될 것이다. 하지만
그 물건의 가격이 올라서 현실의 시장가치에 도달하게 되면 사려
고 하는 사람이 적어질 것이다. 그걸 사서 얻는 이득이 줄어들기
때문이다. 만약 그 물건의 가격이 시장가격을 넘어서면 그 이득
의 양은 또다시 변하며, 그것을 사서 얻는 쾌락과 효용은 사라지
기 시작할 것이다. 제번스에 따르면, 욕망, 효용, 이용 가능성, 수
량 등이 모두 가격을 결정하는 요소들이라고 한다. 이 모든 것들
을 그는 수학 원리에 따라 정리했고, 이로써 노동가치론을 잠재
웠으며 경제학의 혁명이 일어나는 데에 일조한다.[26]

　　제번스의 효용가치설에는 다원주의적인 요소도 있지만, 그
는 사회 개혁주의를 신봉했다. 한 예로, 그는 노동자들이 노동조
합을 통해 자신의 요구를 표출하여 기업 소유주들과 협상을 벌이
고 노동조건, 임금, 심지어 노동과 기술의 효율성까지도 개선할
수 있다고 믿어 노동조합을 지지했다. 또한 제번스는 노동과 자
본의 협력이 부유하고도 도덕적인 경제로 가는 열쇠라고 믿었으
며, 이것이 "노동과 자본 간의 조화"를 가져다주어 불평등이라는
"악"을 "치유"할 수 있을 것이라고 보았다. 맬서스와 밀보다 낙
관적인 관점을 가진 제번스는 산업과 노동 사이의 협력이 벌어
진다면 자본가들을 자유롭게 하여 공정한 임금을 지불할 수 있
게 할 것이며, 그렇게 되면 노동자들은 자신의 탁월성에 대한 "보
상"도 받을 수 있게 될 것이라고 굳게 믿었다. 스미스는 "불편부

당한 방관자"가 역할을 해야 한다고 보았지만, 제번스는 자본가와 노동계급 사이에 공식적인 "조정자들"이 있어야 한다고 했다. 그래서 그 조정자는 양측이 서로 공통의 이익을 이해하고 또 "자발적 협상"을 통해 양쪽 모두가 이득을 볼 수 있게끔 도와야 한다고 보았다. 제번스가 생각한 협상은 순수하게 시장상황을 반영하는 것이 아니며, 이러한 협상을 통해 자본가들이 노동자들과 어떻게 이윤을 나누는 것이 좋을지 계산하는 데에 도움을 줄 것이라고 그는 생각했다. 하지만 노동계급의 생활 조건이 곪아 터지고 있던 빅토리아시대의 영국에서 제번스의 모델이 큰 성공을 거두지 못했음은 말할 것도 없다. 노동계급의 이익을 만족스럽게 대표하려면 새로운 급진적인 정치운동밖에는 길이 없다고 많은 이가 믿기 시작하던 시점이었으니까.[27]

합리적이고도 지속 가능한 경영에 대한 제번스의 믿음은 석탄(그는 경제성장이 이루어지고 수요가 늘어나면서 석탄이 고갈될 것이라고 예견했다)과 같은 천연자원을 관리하고 아껴 쓰는 데까지 확장된다.[28] 맬서스가 제기한 인구 증가로 인한 과잉 소비와 성장의 한계 문제에 대한 그의 해답은, 천연자원의 관리 그리고 공정임금, 자기 규제, 여러 대체에너지 등과 같은 핵심 문제들을 놓고서 사람들이 서로 협력할 역량이 있음을 굳게 믿는 것이었다. 이렇게 제번스는 산업과 사회가 새로운 동력 원천을 찾아내는 문제 등에서 끊임없이 새로 적응해 나가야 한다고 생각했다. 그는 마법처럼 모든 사람을 자유롭게 해 주는 시장이 아니라 공리주의에 입각하여 사람들의 협동을 믿은 것이다. 오늘날과 마찬가지로, 그 당시에도 시장은 결코 에너지 문제에서 완전히 자유롭지 못했다. 유럽의 강대국들과 미국은 석탄과 유전을 놓고 싸움을 벌이기 시작했으며, 각국의 정부는 알자스-로렌에서—이곳의 풍부한 석탄 자원을 놓고 프랑스와 독일은 세 번의 전쟁을 벌인다—옛 러시아제국의 바쿠, 아제르바이잔의 거대한 유전에 이르는 머나먼 지역에까지 자국 기업들이 천연자원을 손에 넣을 수 있도록 도움을 주었다.[29]

미국, 독일, 일본이라는 거대한 보호주의 경제 강국들이 영국의 경제성장을 따라잡던 바로 그 시점에 케임브리지대학의 철학자 앨프리드 마셜(Alfred Marshall)이 지치지 않고 자유무역 교리의 깃발을 높이 들고 흔든 것은 참으로 괄목할 만한 일로 보인다. 마치 케임브리지는 바깥세상과 단절된 섬처럼 느껴지는 대목이다. 마셜의 『경제학 원리(Principles of Economics)』(1890)는 밀의 『정치경제학 원리(Principles of Political Economy)』를 밀어내고 영국에서 가장 유명한 경제학 교과서가 됐고, 마셜은 케임브리지의 주요 경제사상가로 이름을 올렸다. 그는 제번스가 남긴 한계효용 등의 개념을 발전시켰을 뿐 아니라 후대의 경제학에 중요한 개념이 되는 가격탄력성, 수요와 가격결정의 관계, 부분균형이론 등을 고안해 냈다. 어떤 단일시장의—예를 들어 모직물 시장—수요 공급의 흐름을 검토함으로써, 그는 경제 전체에 대한 전반적인 관점이 아니라 경제의 특정 부분들이 작동하는 법에 대해 정교한 분석들을 제공했다. 마셜은 수요와 공급이 경제활동의 "연속적 사슬"을 만들어 내는 기계처럼 작동한다고 보았으며, 가격을 결정하는 것은 바로 이 기계라고 말했다. 이 기계는 시장에 "균

형"을 가져와 시장이 스스로 작동하면서 끊임없는 수익을 창출하도록 한다는 것이다.[30]

스미스와 마찬가지로 마셜 또한 도덕철학을 가르치는 교수였다. 그의 초점이 총량과 한계효용가치에 있기는 했지만, 그도 여전히 경제 "법칙"을 자연에서 찾았으며 자연이 경제학을 천문학 등의 자연과학과 비슷한 것으로 만든다고 믿었다. 이렇게 마셜은 천문학과 물리학의 유비를 통하여 스미스가 말하는 보편적 힘으로 움직이는 경제 시스템을 이해하고자 했다. 그는 경제학의 "개인 연구자"가 "자신의 학문에 대해 권위를 가지고 발언"할 수 있기를 원했다. 먀셜에 따르면, 부의 창출과 경제활동이란 산업의 생산가격, 수량, 효율성, "수요의 점차적 층위", 경쟁 등이 서로 맞물려서 성장을 만들어 내는 복잡한 혼합물로 이해해야 하는 것이다.[31]

비록 빈곤이 뿌리 깊게 계속되는 현상에 대해 당혹스러워하기는 했지만, 마셜은 그래도 경제의 여러 문제를 풀 수 있는 것은 오로지 시장뿐이며 궁극적으로는 임금도 오르고 생활수준도 개선될 것이라고 믿었다. 그가 전혀 보지 못한 것은 그의 위대한 경제 기계가 곧 붕괴하기 직전이었다는 것이다. 그는 1924년에 세상을 떠났으니, 이때는 1929년의 월 스트리트 주식시장 붕괴 및 대공황이 덮치기 5년 전이다. 마셜은 새로운 시장 메커니즘을 계속해서 찾아보려 했지만, 시장 자체가 붕괴할 것이라는 생각은 전혀 하지 못했다. 20세기의 일부 자유시장 사상가들 또한 마셜의 뒤를 따라 소설 『모비딕』에 나오는 에이허브 선장처럼 시장에 집착한다. 그래서 시장이 스스로 작동하는 장치며, 정부는 경제문제에서 거의 전혀 낄 자리가 없다는 정통 학설을 갈수록 더 심하게 고수하게 된다.

# 15장
# 미덕의 종말: 자유주의와 자유 지상주의

> "반대로 시스템을 좇는 이는 스스로가 지극히 지혜롭다는
> 오만에 빠지기 십상이며, 이상적인 정부에 대해
> 스스로가 만들어 낸 계획이 너무나 아름답다는 생각에
> 푹 빠진 나머지 거기에서 조금이라도 벗어나는 꼴은
> 절대로 용납하려 들지 않는다."
> ― 애덤 스미스, 『도덕감정론』(1759)

19세기에는 자유시장 사상이 영국의 제국주의 열망과 궤를 같이하면서 산업 경제를 포용하는 쪽으로 움직였다면, 20세기에는 세계라는 무대에서 고전파 경제학이 더욱더 폭넓은 정치적 역할을 맡게 된다. 소련과 공산주의 중국이 부상하게 되자 자유시장 사상가들은 스스로를 전체주의국가에 맞서 개인의 자유를 수호하는 사람이라고 여기게 됐다. 경제학자들에는 학자들만 있는 것이 아니었다. 그들 중에는 십자군처럼 결연한 태도로 싸우는 냉전의 전사들도 있었고, 이들은 자신의 사상에서 조금이라도 모순이 있거나 정리되지 않은 부분이 있는 것을 견디지 못했다. 정치와 마찬가지로 경제학도 선량한 자유시장 국가들과 로널드 레이

건 대통령의 말처럼 국가에 의해 운영되는 사회주의의 "사악한 제국들"로 나뉘어 양자택일하는 전투장이 되어 버렸다.

프리드리히 폰 하이에크에서 밀턴 프리드먼에 이르는 20세기 자유시장 사상가들의 저작을 지금 역사적 회고의 시각으로 읽다 보면, 이들의 공적을 부분적으로 인정하지 않을 수 없게 된다. 이들은 유럽은 물론 심지어 미국에서도 장차 나타나게 될—좌우 양쪽에서의—권위주의 및 전체주의의 위험을 예견했고, 이에 대응하는 강력한 보수세력을 형성해 냈다. 하지만 자유시장 사상가들의 이러한 위대한 도덕적 성취와 경제적 혜안에는 아주 독특한 형태의 피해망상증, 이념적 집착, 근시안적 사고 등이 함께 뒤따랐다. 그리하여 스미스가 말한, 널리 사회를 이롭게 하는 도덕적 훈련, 교육, 급진적 과학, 농업 숭배 등을 통해 진보를 이룬다는 비전은 완전히 사라져 버렸다. 20세기의 경직된 정통파 자유시장 경제학자들은 순수하게 자신의 욕망에 따라 개인이 움직이는 것이야말로 사회와 경제의 모든 선을 촉진하는 것이라고 믿었다. 이러한 관점에서 조금이라도 벗어나는 체제가 있다면 이들은 의심의 눈초리로 바라보았다. 이는 학문적 입장이라기보다는 모종의 종교적 신앙이었다.

앨프리드 마셜과 함께 케임브리지대학의 교수로 재직하던 윌리엄 커닝엄(William Cunningham)은 1905년에 경직된 정통파 자유시장 사상을 강렬히 비판하는 『자유무역 운동의 흥망(The Rise and Decline of the Free Trade Movement)』이라는 저작을 출간한다. 커닝엄은 여기에서 영국 경제학의 경직된 정통파 학설을 공격하면서,

튀르고와 스미스에서 시작된 "사회를 하나의 메커니즘으로 다루는 경제학"의 전통이 "어느 정도까지는 값진 진리를 내놓은 것은 사실이지만 이는 결코 온전한 진리가 아니다"라고 선언한다. 정말로 경제학이 하나의 과학으로 취급받고자 한다면 인간의 경제활동 중 대다수는 메커니즘처럼 작동하지 않는다는 것을 인정해야 한다는 것이 그의 논점이었다. 그는 다원주의의 언어를 사용하여 사회란 오히려 "그 환경에 스스로 적응해 나갈 힘을 가진 유기체"라고 말했다. 사실 시장에서 기계라 볼 수 있는 것은 오직 일부분에 불과하며, 이 또한 툭하면 깨진다는 것이다. 커닝엄은 이 기계를 계속 굴러가게 하려면 "계속 반복하여 시험"을 해 보아야 하며, 그렇게 하더라도 자유시장 사상이 표방하는 저 위대한 기계적 진리라는 것은 전혀 작동하지 않을 수 있다고 말한다.[1]

커닝엄은 경제학이 "따분한 읽을거리"가 되었으므로, 수요와 공급과 같은 깔끔한 원리들로 대체하여 이를 극복할 수 있다고 믿었다. 그는 여기에서 "자유로운 교역의 원리"라는 매력을 발견했다. 이 원리는 재화와 서비스의 교환에 어떤 제약도 없으며 소비자들이 자유롭게 생산물을 선택하여 안락과 효율성을 추구할 수 있는 세상을 그려 낸 것이기 때문이다. 커닝엄은 냉소적이고 빈정거리는 표현을 동원하여 "자유로운 교역을 옹호하는 이들이 전제로 삼는 목적들에 진심을 담아 전적으로" 공감하지만, 만약 보호주의 국가인 미국 뉴욕에 가서 어느 부자를 만나 같은 견해인지 묻는다면, 아마 전혀 다른 태도를 취하는 것을 보게 될 것이라고 말한다.[2]

1900년의 영국은 여전히 자유무역 국가였으며, 여기에서 자유로운 교역이라는 사상은 거의 종교에 가까운 양상이었다. 소비자는 왕이며, 자유무역의 십자군 리처드 코브던은 국가 영웅이 되어 그를 기리는 동상과 기념비가 사방에 세워졌다. 하지만 커닝엄은 이 이데올로기가 이제 파산했다고 선언한다. 대영제국이 애지중지하며 무한의 자유를 허락한 안락한 섬과 같던 케임브리지의 여러 대학에서 비판의 싹이 자라나기 시작한 것이다. 커닝엄은 유럽 그리고 이제 막 알에서 깨어난 미국이 "콜베르티슴적" 개혁을 통해 영국의 거대한 적수가 될 것이라고 경고한다. 그는 프리드리히 리스트의 국가 개발 모델이 여러 나라에서 성공적으로 작동했으며, 이것이야말로 자유무역이 가능한 선진국에 도달할 수 있는 유일한 접근법이라고 말한다. 그리고 코브던이 꿈꾼 평화와 무장해제의 희망은 결코 실현된 적이 없었다고 한다. 커닝엄은 오히려 미국과 유럽에서는 군국주의만 자라났으며, 영국은 최고의 권력을 가진 제국이지만 여전히 해군과 육군의 힘에 의존하는 상태라는 다소 예언자적인 말을 남긴다. 제국 간의 경쟁은 1899년에 남아프리카의 보어전쟁(Boer War)과 같은 식민지 분쟁을 계속 낳았다.[3]

커닝엄은 이러한 영국과 전 세계의 여타 산업 강국들과의 "거대한 격차"는 평화와 영국 경제에 위협이 되고 있다고 믿었다. 그는 자유무역주의자들이 자신들이 믿는 경직된 정통 학설을 지지해 줄 진리를 더 찾아내기 위해 구약성경을 읽고 또 읽는 "유태교 랍비 주석가"처럼 되어 버렸다고 경고한다. 자유무역은 이제 더 이상 현실에서 실용적인 의미를 갖는 원칙이 아니라 낡고 구속적인 소비주의 종교가 되었으며, 이로 인해 영국은 "아무런

이탈도 없는 엄격한 규칙"을 따르다가 파멸에 이를 운명이 된다는 것이다.[4]

영국은 경제적인 면에서 이제 정점에 도달했고, 독일, 미국, 일본 등은 자유무역의 핵심 교리 몇 가지를 거부했는데도 불구하고 비약적인 경제성장을 이루고 있었다. 커닝엄은 독일과 미국의 산업 팽창과 인구 증가는 이 나라들에게 더 크고 효율적인 성장 잠재력을 가져다준다고 믿었다. 반대로 영국은 인구 감소의 가능성과 연료 부족의 불길한 징조까지 나타나고 있었다. 그래서 커닝엄은 스미스의 이야기를 다시 꺼내면서 "자유방임이라는 원리"가 "모험적 사업에 뛰어드는" 사람들을 통해 국가이익을 구축하던 "시절"도 있었지만, 이제는 그것이 탐욕 그리고 공동선에 대한 "무관심"을 "은폐하는" 데에 쓰이는 "얕은 속임수로 전락"하고 말았다고 한다. 그는 대영제국의 내부 시장은 그 부를 시기하고 탐내는 다른 나라들이 제국 무역에 대한 "질투"를 갖게끔 했으며, 더 나쁜 것은 코브던과 "맨체스터 사람들"의 대영제국 자유무역 정책이 실제로는 온 세계가 영국에 맞서 무장하도록 만들었다고 공격한다. 따라서 당대의 자유방임 원리는 이제 "퇴폐적인 무기력"이 되었으며, 만약 여기에 입각한 정책이 계속된다면 영국은 불리한 입장에 처해 국가와 제국 전체에 "치명적"으로 작용할 것이라고 한다.[5]

커닝엄은 자유무역을 표방하는 대영제국의 모습을 비판하는 데에 애덤 스미스를 이용한다. 그는 스미스라면 이렇게 위태롭고 무비판적인 사유를 결코 하지 않았을 것이라고 말한다. 그리고 스미스의 경제철학은 초강경 정통주의를 고수하는 그의 후예들과는 달리 정부의 역할에 대해 훨씬 개방적인 입장이었다는 것이다. 코브던과 제번스의 "사변적인 생각"은 그것이 갈망한 결과를 가져오지 못했다고 주장하면서, 그는 앞으로 전진할 방법을 찾으려면 "커콜디를 되돌아보는" 것이 필요하다고 말한다. 1651년의 항해법에 명시된 것처럼 스미스는 자유무역과 경제성장으로 가는 길이 경제개발에 국가가 적극 참여하는 데에 있다는 것을 잘 알고 있었다고 커닝엄은 정확히 지적한다. 또한 그는 스미스가 산업과 경제발전을 촉발하기 위해서는 "일시적인 독점체들"을 허용하는 게 종종 필요하다고 말한 것도 강조한다. 그래서 독자들에게 스미스가 사업가들과 무역상들이 이기심을 갖고 국가이익을 팔아 치우는 짓을 할 수 있다고 경고했음을 상기시킨다. 그리고 커닝엄은 스미스가 『도덕감정론』에서 키케로와 플라톤의 가르침을 따라 입법가들이 다른 나라들의 선례에서 교훈을 얻으라고 조언했다는 것도 덧붙인다.[6]

커닝엄도 밀과 비슷한 방식으로 스미스를 이용하여 "공동체의 안녕이 개인들의 이익을 압도한다"고 말한다. 만약 개인의 번영이 전체 시민을 위한 국가의 번영을 가져오지 못한다면, 그 시스템은 작동하지 않는 것으로 보아 새로이 적응하고 변화해야 한다는 것이다. 커닝엄은 19세기의 자유시장 사상가들이 스미스의 세련되고 미묘한 논리와 경고를 무시했다고 믿었다. 그래서 그는 스미스를 "모종의 정치 역학의 재료로 쓰기 위해" 경제원칙들을 정한 이가 아니라 입법가들이 따라야 할 지침을 마련한 이로 읽어 낸다. 커닝엄은 스미스가 자기 조정 시스템이라는 비전을 만들려고 한 사람이 아니며, 1905년 제국 간의 권력투쟁이라는 거대한 마키아벨리적 게임판에서 보호주의적 규칙이 필요하다는 것을 인식하고도 남을 만큼 실용적인 인물이라고 말한다.[7]

물론 스미스가 죽은 뒤 100년이 지난 시점에 다시 태어나서 그가 무엇을 했을지를 커닝엄이 예견할 수는 없는 일이다. 하지만 스미스가 당대의 자유시장 사상을 통해 나타나는 부흥회식의 복음주의와 승리를 확신하는 자신감이 반영된 폐쇄적인 시스템을 거부했을 것이라고 한 지적은 옳은 일이었다. 또한 제국 시스템이 지배하는 세계에서 영국이 "일방적으로" 자유무역을 추구한다는 커닝엄의 묘사는 1905년의 시점으로 보면 적합한 것이었다. 독일과 일본은 이미 무장 국가가 되어 이제는 대영제국에 눈독을 들이기 시작했다. 1898년과 1900년에 독일이 먼저 움직이면서 대영제국의 군사력에 맞서기 위해 독일 해군을 구축하는 일련의 함대법(Fleet Acts)들을 통과시켰다. 1904년에서 1905년까지의 러일전쟁에서는 근대화를 이룬 일본의 함대가 낡고 무력한 러시아 함대를 궤멸시켜 새로운 수준의 "총력전"이 가능한 군사력을 이루었다. 커닝엄의 두려움은 충분한 근거가 있는 것이었다. 제1차 세계대전이 불길하게 다가오고 있었고, 대영제국과 영국의 상업 지배력 또한 서서히 붕괴되기 시작했다.

현대전의 시대가 도래하면서 코브던식의 자유시장 복음주의 및 평화주의에도 엄혹한 후퇴가 나타나기 시작한다. 커닝엄이 스미스를 도덕적이고 사회적인 실용주의자이자 경제발전을 위한 보호론자로 본 것은 애덤 스미스를 해석하는 여러 합당한 방식 중 하나다. 그저 전형적이고 익숙한 방식이 아닐 뿐이다. 어찌됐든 자유무역에 대한 앨프리드 마셜의 신앙조차도 이제 시대의 큰 변화를 만나면서 기로에 서게 된다. 제1차 세계대전은 국제적인 자기 조정 경제 시스템이 평화를 가져다줄 것이라는 희망을 일시적으로나마 부수어 버렸다.

앨프리드 마셜이 가르친 학생들은 양차 세계대전이 일어나는 동안 완전한 자기 조정 시장 시스템이라는 개념에 대해 공격을 퍼붓기 시작한다. 케임브리지의 존 메이너드 케인스(John Maynard Keynes)는 자유시장을 지지하는 경제학자였다. 1920년대에 그는 공산주의와 개인주의적 자유방임주의 사이에 전투가 벌어지고 있음을 경고했고, 자유방임주의가 반드시 승리해야 한다고 주장했다. 하지만 자유시장 이론에 구멍이 많다고 생각한 케인스는 자유시장이 공산주의와의 싸움에서 승리하여 살아남기 위해서는 스스로의 여러 약점을 인식해야 한다고 보았다. 케인스는 자신의 멘토인 마셜과의 차이를 분명히 드러내면서, 자유시장을 보호할 방법을 찾아야 하지만 이를 시장이 알아서 하도록 맡겨 두면 결코 해결할 수 없다고 믿었다. 그가 『고용, 이자, 화폐에 관한 일반이론(General Theory of Employment, Interest, and Money)』(1936)에서 제시한 기본적인 경제학적 발견은 크게 두 부분이었다. 우선 미시적인 차원에서 그는 노동자들이 실질임금이 아닌 명목임금으로만 흥정할 수 있다고 말한다. 왜냐하면 그들의 공급가격(임금)은 경제에서 수백만 개의 가격 중 하나이기 때문이다. 따라서 그들은 하나의 가격만 통제하기 때문에 '직업에 대한 가격 책정'을 할 수 없다는 것이다. 또한, 거시적인 차원에서 그는 수요와 공급의 상호작용을 통해 완전한 고용 균형이 보장되지 않는다고 말한다.

그러한 행복한 상태는 수백만 개의 다른 행복을 가능하지 않게 하기 때문이라는 것이다. 이 두 가지 통찰력을 종합하며 케인스는 미국 대공황의 상황을 설명하는데, 만약 1929년에 일어난 주식시장 폭락 뒤의 상황처럼 경제에서 지출이—혹은 "총수요"— 급격하게 감소한다면 고용도 급감하게 되며, 이것이 총수요를 계속 줄여 나가는 악순한 고리를 형성하게 된다는 것이다. 더욱 나쁜 것은, 한계효용가치설이 오히려 시장에 적대적인 것으로 전환되어 아예 시장을 집어삼켜 버릴 수도 있다고 한다. 만약 자본의 한계효율(즉 투자 수익에서 이자를 초과하는 부분으로서, 인플레이션을 감안하여 미래의 시간 동안 투자의 수익성을 나타낸다)이 확보되지 못하면 시장은 투자의 동기를 제공할 수 없어서 성장과 고용이 일어날 수 있는 희망을 더욱 잠식해 버린다. 소비만으로는 총수요를 충분히 떠받칠 수 없다. 이는 미국의 허버트 후버(Herbert Hoover) 대통령이 대공황 당시 스스로 시장적 접근법을 취했다가 오히려 상황만 더욱 악화시키는 사태를 빚어 우리가 비극적으로 알게 된 바이기도 했다.[8]

이는 경제위기가 스스로를 키워 나가면서 일자리 및 부의 손실을 더욱 크게 만들어 갈 수 있다는 것을 뜻했다. 케인스는 유일한 해법이 정부가 지출을 늘리고 시장에 유동성을 공급하여 총수요를 떠받치는 것뿐이라고 말한다. 대공황과 같은 경우, 부유한 사람들의 소비만으로는 경제위기의 악순환을 막을 정도로 지출을 늘릴 수 없는 상황이었다. 그는 고용과 경제 전체의 메커니즘을 촉진할 자원이 있는 곳은 오로지 국가뿐이며, 국가는 총지출을 통해 이를 해소할 수가 있다고 말한다. 요컨대 대규모의 금융위기 혹은 경제위기에서는 눈에 뻔히 보이는 정부의 손을 통해서 총수요를 촉발해야만 한다. 이른바 시장의 보이지 않는 힘이라는 것으로는 절대 할 수 없는 일이며, 국가가 나서서 "직접 투자를 조직하는 데에 더 큰 책임"을 맡아야 한다는 것이다. 케인스는 이렇게 자유시장의 "고전파 경제학"과 수요와 공급이 스스로를 규제한다는 마셜의 생각을 비판하고 있다.[9]

마셜에게 배운 또 한 명의 유명한 학생인 조앤 로빈슨(Joan Robinson)도 여기에 가세하여, 자기 조정 시장 시스템이 완전히 실패할 수 있다고 주장했다. 로빈슨은 케임브리지대학의 교수이자 최초의 지도적 여성 경제학자로서, 경제적 파국까지 가져온 끔찍한 문화대혁명(1966-1976)의 기간에도 중국공산당 지도자 마오쩌둥을 지지하여 지금까지도 수수께끼로 남은 인물이다. 마오쩌둥이 벌인 사회 및 경제에 대한 폭력적인 국가개입을 지지한 것은 물론 잘못된 것이었지만, 이 행동은 가난한 나라들이 부유한 나라들과 경쟁하는 것이 불가능하며 모종의 충격적인 자극이 필요하다는 로빈슨의 신념에서 비롯된 것이 분명하다. 로빈슨은 개발 경제학의 창시자 중 한 사람이었으며, 마르크스의 저작에 대한 새로운 관심을 불러일으키기도 했다. 개발 경제학은 대규모 상업 및 산업 기반이 없는 나라들이 부유한 나라로 가는 길을 찾는 데 동원된 이론이었다. 그 뿌리는 17세기의 이른바 중상주의 저작들과 콜베르 그리고 알렉산더 해밀턴의 정책에 있었다. 20세기의 맥락에서, 이는 경쟁력 있는 상업 및 산업 기반을 근대화하고 구축하는 데에 필요한, 경제구조의 변화를 이룰 수 없는 경제적으로 낙후된 국가 혹은 "제3세계" 국가와 관련하여 출현한 이론이었다.

로빈슨이 이러한 주장을 내놓은 배경에는, 개발이 되지 않은 나라의 경제는 현실적으로 발전된 나라의 경제와 경쟁할 수 없으며, 불리한 위치에 있는 사람들은 기득권을 공고히 한 외국 기업이나 개인과 맞서서 경쟁할 수 없다는 생각이 있었다. 로빈슨은 저서 『불완전 경쟁의 경제학(Economics of Imperfect Competition)』(1933)에서 "수요독점(monopsony)"이라는 개념을 만들어 냈다. 이는 힘 있는 구매자 한 사람이 다른 구매자들에게 팔리는 재화의 가격까지도 모두 통제하게 된다는 개념이었다. 따라서 기업도시처럼, 한 기업이 모든 직종의 임금과 경제생활을 통제하는 경우에는 노동시장의 임금 결정에서 모종의 수요독점이 벌어지며, 시장가격 전체가 이로 인해 왜곡될 수밖에 없다는 것이다. "수요독점"은 한계효용의 논리를 잠식하게 된다고 한다. 구매자의 독점은 시장의 힘에 기초한 것이 아니라, 그저 소수의 구매자들이 내리는 결정 혹은 그들의 편견 따위에 기반해 벌어지며, 이들이 노동시장을 장악할 경우에는 임금수준이 그 노동의 한계생산물의 가치보다 낮은 수준으로 떨어지게 된다는 것이다. 로빈슨은 "수요독점"의 개념은 여성이 왜 남성보다 적은 임금을 받는지, 그리고 왜 여러 소수자가 특히 낮은 임금을 받는지를 설명한다고 말한다. 한 예로, 어떤 고용주 한 사람이 순전히 성적 편견 때문에 여성에 대한 임금을 낮추게 되면 이것이 여성 임금의 시장가치를 정하는 데에 일조하게 되며, 다른 기업들 또한 이런 추세를 따라가면서 여성의 임금은 전반적으로 떨어지게 된다는 것이다.[10]

1956년에 로빈슨은 『자본축적론(The Accumulation of Capital)』을 출간한다. 이 저서는 케인스의 전통을 이어, 일부 미개발 국가의 경제에는 오로지 자본가들과 노동자들만 존재한다는 것을 보여 준다. 로빈슨은 국가에서 노동자들의 소득은 간신히 생존을 유지할 수 있는 수준이며, 자본가들은 그러한 원시적 생산 경제에서 나온 제품들은 거의 소비하지 않고 외국 제품들을 구매하기 위해 돈을 계속 저축하기 때문에, 현지에는 부를 창출할 수 있는 지역 소비사회가 발전하지 못한다고 말한다. 이러한 개념은 수요와 공급으로 추동되는 경제모델을 가난한 나라에 적용할 수 있다는 생각을 비판한 것이다. 결국 자본은 더 발전된 나라의 시장으로 빠져나가게 되어 경제성장이 거의 일어나지 않을 뿐만 아니라 내부 발전을 더욱 약화시키게 된다.[11]

케임브리지대학은 한때 복음주의적인 자유시장 경제학의 산실이었지만, 이제는 케인스주의 경제학의 중심지가 됐다. 균형에 초점을 맞추는 자유시장 사상은 이제 영국에서 주도권을 잃어버렸고, 이를 신봉하는 강력한 추종자들이 오스트리아에서 새로이 나타나게 된다. 현대의 자유 지상주의(libertarian) 경제학 전통은 본래 이곳에서 시작됐고, 미국으로 건너가는 것은 훗날의 일이다. 물론 제2차 세계대전의 기간에 오스트리아학파가 미국에 있었다면 아마도 큰 영향을 미쳤을 것이다. 법률가이며 저널리스트이자 오스트리아학파의 창시자인 카를 멩거(Carl Menger)는 스미스의 노동가치론을 공격하고, 이를 한계효용 이론으로 대체하여 경제를 추동하는 것은 상호 간에 이익을 얻는 교환이라고 주장했다. 멩거의 자유주의 사상은 인간의 진보가 시장에 기반한 인간 욕구의 실현을 통해 나타난다고 본 스미스와 벤담의 생각을 단순화한 버전이었다. 제번스가 『정치경제학』을 출간한 1871년에 멩거도 『국민경제학 원리(Principles of Economics)』를 출간한다. 멩거는 스미스와 리카도의 노동가치론이 현실을 설명할 수 없다는 것을 명확히 알고 있었다. 그는 맨더빌의 『꿀벌의 우화』로 되돌아가서 경제를 추동하는 것은 단 하나, 재화에 대한 인간의 욕구라고 선언한다. 그는 악덕이 미덕을 창출할 수 있다고 주장하는 대신, "욕구"의 "원인과 결과"로만 추동되는 단순하고도 황량한 경제 시스템을 그려 내며, 이것이 사회적·경제적 관계들의 구조를 만들어 낸다고 보았다. 멩거는 사회주의자들은 (민주적이건 아니건 간에) 경제 관계를 계획할 수 없다고 생각했다. 그는 사람들이 재화를 원하고 이러한 수요는 공급을 창출하는데, 이것이 다시 좀 더 복잡한 상업 및 산업 사회로 발전하는 지속적인 순환 주기를 만들어 낸다고 보았다.[12]

귀족 작위를 받은 경제학자(미제스의 증조부가 귀족 작위를 받았다—옮긴이) 루트비히 폰 미제스(Ludwig von Mises)는 매우 지적인 인물이자 세계주의적 분위기가 지배하던 '비엔나 세계'의 일원이었다. 폰 미제스는 코브던과 마찬가지로 경제에 대한 정부의 개입을 반대했고, 전쟁과 그 안에서 개인이 허무주의적 명분에 종속당하는 끔찍한 상황을 저주했다. 1920년에 폰 미제스는 자신의 신념을 바탕으로 "사회주의 공화국"에서 일어나는 중앙 계획경제라는 개념에 공격을 퍼부음으로써 놀라운 예지력을 보여 주었다. 그는 소련에 존재한 중앙 계획이 수요와 공급이라는 자연적 과정만큼 정확하고 효율적으로 상품의 가치를 예견할 수 없다고 믿었다. 소련의 눈부신 경제적 실패가 일어나기 훨씬 전에, 폰 미제스는 사회주의적인 중앙 계획경제라는 것이 어떤 산업을 키

울지를 효과적으로 선택할 수 없다고 보았고, 이를 할 수 있는 것은 오직 자유시장뿐이라고 주장했다.[13]

또한 폰 미제스는 화폐가 시장 교환 이외에는 아무런 내재적 가치가 없다고 믿었다. 그는 심지어 화폐수량설조차 말이 되지 않는다고 보았다. 화폐의 가치는 오로지 재화와의 관계에서 갖는 가치로 결정된다는 것이다. 따라서 화폐의 가치는 여러 상품의 한계효용에 따라 변한다고 그는 주장했다. 꽤 간단해 보이는 이 원리는, 공산주의 계획경제를 가로막는 최대의 장애물 중 하나임이 입증된다. 소련 정부는 자국이 발행한 통화의 가치나 빵 한 덩어리의 가치를 선언할 수는 있지만, 수요와 공급은 여전히 가치를 창출하는 데에 결정적인 역할을 하기 때문에 이는 전체주의 국가도 완전히 통제할 수 없었던 것이다.[14]

오스트리아학파의 특징은 권위주의에 항시적으로 경계하는 태도를 갖는 것이었다. 폰 미제스는 공산주의에도 전체주의의 유령이 출몰하고 있음을 보았다. 그는 리스트의 "중상주의적"인 콜베르식 국가주의와 현대의 사회주의적 복지 계획이 권위주의 정부로 이어질 것이라고 확신했다. 하지만 그는 미국의 민주주의가 해밀턴과 클레이의 "중상주의 시스템"을 통해 태어나 자라났다는 사실은 언급하지 않았다. 폰 미제스는 사회주의의 전제정치에 심한 공포를 느꼈지만, 1940년에 막상 그가 미국으로 도망친 것은 아이러니하게도 우익의 나치즘 때문이었다. 또한 그는 자연스럽게 자유시장이 부의 창출뿐 아니라 자유민주주의에도 필수적이라고 강력하게 주장하게 된다. 하지만 그의 역사적 비전에서 더 큰 중요성을 갖는 것은 정치적 자유주의가 아니라 경제적 자

유주의였다. 이러한 관점은 오늘날의 시점에 이르게 되면 위험한 영향을 주게 된다.[15]

프리드리히 하이에크는 영국과 미국에서 오스트리아학파식 자유시장 사상의 지도적인 인물로서, 자유시장 사상을 주창하는 새로운 시카고학파를 창출하는 데에 큰 영향을 미친다. 그는 제2차 세계대전으로 입은 트라우마와 광신적일 정도의 반국가주의를 가지고 들어온다. 하이에크는 학자들을 배출한 부유한 농업 가정 출신이었다. 그는 세기말(fin de siécle), 두 차례의 세계대전, 냉전 등을 모두 거치며 살아왔으며, 1980년대에는 미국의 신자유주의 경제사상의 화신이 된다. 그의 도덕적 권위는, 그가 여러 독재체제와 전쟁의 트라우마에서 살아남았을 뿐 아니라 전후에 여러 산업화된 국가의 사람들이 경험한 독특한 평화와 번영의 시기도 함께 겪어 온 데에서 만들어졌다. 그는 소련이 생겨나고 무너지는 것을 일생에서 목격했으며, 마거릿 대처와 로널드 레이건 정권에서 경제의 탈규제가 시작되는 것도 보았을 뿐만 아니라, 중국 경제가 자유화되기 시작하는 것까지 보았던 사람이었다.

하이에크의 1944년 저서 『노예의 길(The Road to Serfdom)』은 전후 시대의 자유시장 및 자유 지상수의 경제학의 필독서가 된다. 이 책은 경제철학의 영원한 베스트셀러로 200만 부 이상 판매됐으며, 경제이론이라기보다는 시장 메커니즘을 이끄는 개인의 주도적 역할과 부의 배분에 대한 모든 정부 개입의 절대적 위험에 대해 말하는 완전한 자유 지상주의의 신앙을 표명한 선언서에 가깝다. 이 책은 제2차 세계대전 이후 경제성장에서의 정부 역할에 대한 지식과 회고를 바탕으로 하고 있음에도 불구하고,

전후 시대의 놀라운 경제성장의 현실에 대해서는 완전히 침묵하고 있다. 그리고 국가를 그저 악의 세력으로 보는 광신적인 비전을 제시하고 있다는 점에서 대단히 독특한 저서다.[16]

스미스가 자유시장을 사회적·경제적 진보를 가져오는 평화적이고 심지어 신사적인 과정이라고 보았던 것에 반해, 하이에크는 전투적인 관점을 취하여 시장의 자유를 선과 악의 투쟁에서 나타나는 것으로 바라본다. 정부가 아예 없는 경제적 자유주의를 선택하든가 아니면 노예가 되든가 둘 중 하나를 선택할 수밖에 없다는 것이다. 하이에크의 이러한 절박한 정서와 공포는 이해할 만한 것이기도 하다. 1944년은 아직 제2차 세계대전의 승패가 결정되지 않은 때였다. 그는 독일과 오스트리아에서 권위주의적 정치체제가 국가기관을 마음대로 사용하여 시민들에게 폭력 테러, 전쟁, 대량 학살을 벌인 것을 똑똑히 목격했다. 하지만 그의 시야는 한계가 있었다. 하이에크는 그의 악몽 같은 히틀러의 통치를 시작부터 끝까지 떠받친 것이 독일의 민간산업계였다는 사실을 알아야 했다. 나치즘의 경제학은 특권적 독점사업체들을 의심의 눈으로 보고 반대한 스미스의 생각이 들어맞은 사례다. 미국과 유럽의 주요 산업가들 또한 히틀러를 강력히 지지한 독일의 자본가 프리츠 티센(Fritz Thyssen)과 긴밀하게 협력했다. 어쨌든 하이에크는 파시즘이야말로 노조, 공산주의, 심지어 사회민주주의에 대한 매력적인 해결책이라고 본 독일 자본가들의 지지가 없었다면 그 권력을 잡지도 유지하지도 못했을 것이라는 사실을 배제하고 아예 잊기로 마음먹은 듯하다.[17]

하이에크는 『노예의 길』의 시작부터 불길하게 데이비드 흄

의 구절을 인용한다. "어떤 자유든 한꺼번에 모두 사라지는 일은
거의 없다." 하이에크는 인종주의와 권위주의를 저주하면서 위대
한 인본주의를 보여 준다. 하지만 그는 좋은 제도들을 구축하고
정부에서 일하는 것을 자랑스럽게 여긴 18세기 스코틀랜드 철학
자들의 온건하고 개방적인 감성은 공유하지 못했다. 하이에크는
모든 사회적 계획이 결국 전체주의의 한 형태라고 경고한다. 또
한 그는 민간의 사적인 독점기업들을 과두적 카르텔로 연결시키
지 않고 노조의 "생디칼리슴"과 국가와 결부시킨다. 이 기업들이
어떻게 작동하는지는 전혀 설명하지 않은 채로 말이다. 경쟁과
개인주의라는 순수한 비전을 훼손하는 그 어떤 것도, 그 어떤 집
산주의적 운동도 모두 일종의 독점이라는 것이다. 이러한 하이에
크의 피해망상적 논법에 따르면, 모든 집단적인 국가 목표는 모
조리 파시즘 아니면 공산주의로 귀결된다. "사회 전체를 조직한
다는 단일한 목표에 맞추어 사회의 모든 자원을 조직"하려 들면
서 국가의 역할은 결국 개인의 자유를 부정하는 것으로 끝나게
된다는 것이다. 하이에크는 자유 지상주의에 입각한 자본주의야
말로 권위주의에 맞설 수 있는 유일한 경쟁 세력이라고 믿었다.
그는 민주주의는 단지 이러한 경제적 목적을 달성하기 위한 수단
일 뿐이라고 말한다.[18]

하이에크는 이러한 중앙집권적 정부에 대한 의심을 카를 멩
거와 루트비히 폰 미제스에서 취했고, 이를 개인에 대한 절대적
믿음과 결합하여 상당히 축소된 새로운 자유 지상주의 자유시장
사상이란 비전으로 포장하여 묶어 냈다. 하이에크는 자유란 강제
가 사라진 상태를 뜻한다고 믿었다. 자유는 합리적 결정이나 도

덕에서 나오는 것이 아니라 다른 이들이 행하는 선택에 대한 균형과 견제에서 나온다는 것이다. 이러한 사상은 프랑스의 얀선주의자이자 법학자인 장 도마의 사상, 즉 죄악의 행동들이 서로 경쟁하면서 서로를 상쇄시킨다는 생각을 그대로 담고 있다. 이는 애덤 스미스가 말한 스토아학파적 미덕들을 전혀 다른 모습으로 바꾸어, 개인의 행동은 그 자체로 도덕적이며 오로지 이것만이 시장을 추동하게 된다는 믿음으로 전환시켜 버렸다.[19]

하이에크의 자유 지상주의 사상은 영향력을 발휘했지만, 이러한 자유시장 사상을 취하여 20세기 후반에 세계를 지배하는 이데올로기로 만든 것은 노벨상을 수상한 미국의 경제학자 밀턴 프리드먼이었다. 브루클린의 헝가리계 유태인 이민자 가정에서 태어나 시카고대학에서 교육을 받은 프리드먼이야말로 모든 현대의 자유시장 사상가들 중에서 가장 카리스마가 넘치고 큰 영향력을 발휘한 이였다. 그는 그의 연구, 수사학, 존재감 등을 기반으로 하여 자신의 학문 작업을 시카고 경제학파의 자유 지상주의적 정치 및 경제 이데올로기로 전환시켰다. 프리드먼은 1970년대의 미국이 직면한 가장 큰 문제 중 하나인 인플레이션이라는 수수께끼를 부분적으로 해결하게 된다. 그는 당시 널리 받아들여지던, 한 나라의 경제 엔진이 계속 돌아가게 하려면 정부가 무언가 해야 한다는 케인스의 믿음에 특정한 오류들이 있음을 발견했다. 경제학의 경험주의와 자유 지상주의적 자유시장 신앙을 섞은 기묘한 결합물을 만들어 낸 그는, 옛날 앨프리드 마셜의 믿음처럼 시장균형이 스스로 유지된다는 생각을 그대로 답습했고, 이를 위해서는 정부가 매년 정규적으로 통화 공급을 추가해야만 한다는 단서 조항을 달았다.

여러 면에서 볼 때, 프리드먼은 스미스식의 자유시장 사상의 전통을 전형적으로 보여 주는 인물이었다. 스미스와 마찬가지로 그는 자유로운 논쟁에 높은 가치를 두어 상대편의 생각을 진지하게 받아들이는 개방적인 대학교수였다. 게다가 명성과 사랑을 한 몸에 받는 교수이기도 했다. 또한 스미스와 마찬가지로 그는 관습적인 종교에 충실한 사람으로서, 정신적으로는 유태인이지만 신앙에서는 불가지론자라고 주장한 이였다. 그때까지만 해도 자유시장 사상가들 중에 유태인은 드물었지만, 그는 유태인들을 포용한 전후 세대의 경제학자들 중 한 사람이었다. 이제 자유시장 사상은 더 이상 유럽의 귀족들이나 영국의 복음주의자, 급진파, 제국주의자들의 전유물이 아닌 점점 더 미국적인 것이 되어 갔다. 또 프리드먼은 계몽주의자들의 무한한 낙관주의에 대한 믿음도 그대로 받아안았다. 하지만 그는 공교육, 대의제 정부의 집단행동, 계급적 기득권에 대한 스미스의 신뢰는 단호히 거부했다. 프리드먼은 자유시장 사상의 군살을 빼고 순수하게 소비자들이 추동하는 사회라는 비전으로 만들었는데, 이는 키케로와 스토아학파의 이상과는 거리가 멀었다. 그와 공저자인 부인 로즈 프리드먼(Rose Friedman)은 개인의 "선택의 자유"를 열렬히 옹호했지만, 그러한 개인들의 선택이 어떠한 도덕적 함의를 담고 있는가에 대해서는 결코 진지하게 논의하지 않았다. 스미스가 키케로를 따라 쾌락주의 원리를 너무 단순하다고 여겨 거부하고, 대신 도덕적 선택은 오로지 진지한 철학적 훈련을 통해서만 나올 수 있다고 믿었던 사실을 그는 알지 못했던 것으로 보인다. 프리드먼은 이러한 명제를 없애 버리고 욕망과 부에 대한 단순한 현대의 상업 계산법으로 그 자리를 채워 버린다.[20]

　　프리드먼은 교육, 의료, 사회 및 경제 생활에서 정부가 차지
하는 역할에 대해 아주 제한된 범위만을 그려 냈다. 또한 그는 과
세에 대해 순전히 부정적인 시각을 가지고 있었다. 기업에 대한
과세는 결국 일종의 강제이며, 따라서 국가가 기업을 소유하려는
행위에 해당한다고 주장했다. 그가 볼 때, 과세는 사적인 민간기
업을 강제로 일부 가져가는 것과 동일한 행위라는 것이다. 하지
만 하이에크와는 달리 그는 경제적 자유주의가 정치적 자유주의
보다 더 중요하다고 생각하지 않았다. 프리드먼에게 무엇보다 우
선하는 것은 자유였다.[21]

　　다른 자유시장 사상가들과 마찬가지로 프리드먼도 아이러니
한 삶을 살았다. 그는 프랭클린 루스벨트 대통령의 뉴딜 정권에
서 일하는 것으로 이력을 쌓았다. 처음은 예산 연구를 돕는 일로
시작했으며, 그다음은 전미경제연구소(National Bureau of Economic
Research)에서 일했다. 훗날 그는 정부의 일자리 창출 프로그램이
완벽하지 못했지만 대공황의 상황에서는 필요한 것이었다고 인
정한다. 하지만 프리드먼은 뉴딜의 다른 부분들에 대해서는 개인
의 경제생활을 "통제"하려는 마르크스주의적인 시도라고 무시했
다. 그는 루스벨트 대통령의 여러 개혁들을 회고하면서, 우선 첨
예한 당파적인 태도는 회피하고 루스벨트의 "고상한 의도"를 상
찬한다. 하지만 "사회보장", 복지, 공공주택, 그 밖의 모든 정부
프로그램은 완전히 실패했다고 한탄한다. 그는 스미스도 기업을
돕는 경제정책이란 그저 특수이익에만 복무할 뿐이라고 경고한
바 있다고 말한다. 프리드먼은 사회정책도 똑같은 결과를 낳았
고, 정부 보조는 "신 앞에서의 평등"이라는 원리를 무너뜨리고 말
았다고 주장한다.[22]

프리드먼이 경제학 분야에서 이룬 중요한 공헌은 1956년에 그의 통화주의 저작에서 시작된다. 통화주의란 경제 안정화를 위한 주된 방법으로 통화 공급을 통제하는 이론과 실천을 의미한다. 그의 유명한 논문 「화폐수량설의 재정립(Quantity Theory of Money: A Restatement)」은 경제가 매년 성장함에 따라 화폐수요도 안정적으로 창출된다고 주장한다. 그는 화폐의 가치가 경제 내에서 유통되는 수량에 관련되어 있다는 초기의 화폐수량설을 반복한다. 하지만 경제에서 정규적인 화폐 공급이 이루어지지 않는다면 경제 교환의 속도와 양도 줄어들 것이라고 염려하는 점에서는 콜베르와 비슷한 견해를 내놓는다. 그는 화폐의 가치에 관심을 가진 것이 아니라 경제가 스스로 작동하는 데에 필요한 화폐수요를 어떻게 창출하는가에 관심을 둔다. 이는 곧 정부가 경제의 연평균 성장과 맞먹는 화폐 공급을 매년 획일적으로 주입해야 한다는 것을 뜻한다. 그는 존 로의 지폐 이론으로 되돌아가서, 신뢰 즉 그가 경제 행위자들의 "합리적 기대"라고 부른 것을 구축하기 위해서는 안정된 화폐 공급이 꼭 필요하다고 주장했다.[23]

프리드먼의 화폐수량설은 정부가 지출을 통해 경제를 부양해야 한다는 케인스의 생각을 비판한 것이다. 군대와 경찰을 제외한 모든 국가 지출은 잘못된 것이며, 미국의 연방준비제도이사회가 통화 질서에 조금이라도 개입하는 것은 위험하다는 것이 그의 믿음이었다. 실제로 그는 통화 관련 제도가 모두 폐지되어야 하며, 화폐는 그저 통계적으로 나타나는 성장 기대치에 따라 매년 자동으로 발행되어야 한다고 주장했다. 그와 공저자인 안나 슈워츠(Anna Schwartz)는 『미국의 통화 역사(Monetary History of the United States)』(1963)에서 미국의 화폐 발행 저량(貯量)은 시간이 지나면서 꾸준히 증가해 왔음을 보여 주었다. 하지만 대공황 기간에 연방준비제도가 인플레이션을 잡기 위해 통화 공급을 제한한 바 있다고 한다. 프리드먼에 따르면, 이러한 행동이 대공황의 "대수축(great contraction)"을 악화시키고 또 장기화시켰다고 한다. 그와 슈워츠의 결론은, 만약 연방준비제도가 아무것도 하지 않았거나 아니면 경제에 화폐를 더 주입하는 조치를 취했더라면 성장과 팽창에 기여했을 것이라는 판단이다.[24]

경제, 인플레이션, 경제성장이 작동하는 방식을 이렇게 통화적 비전으로 엮어 낸 것은 실로 혁명적이었다. 프리드먼에 따르면 화폐수요의 속도 혹은 증가는 국내총생산(GDP)의 연간 증가량과 동일하다고 한다. 프리드먼의 이론은 당시 하나의 패러다임이던 필립스곡선을—이는 1958년에 뉴질랜드의 경제학자이자 발명가인 윌리엄 필립스(William Philips)가 고안한 것이다—뒤집은 것이었다. 금융긴축과 높은 이자율을 인플레이션의 원인으로 보는 것이 필립스곡선의 관점이었다. 프리드먼은 이것이 잘못된 사고방식이며, 통화의 팽창이 일시적인 인플레이션을 일으킬 수 있지만 궁극적으로 경제가 안정된다는 것을 보여 주었다. 경제에 통화가 투입될 것이라는 개인들의 "합리적 기대"로 인하여 경제에 대한 신뢰가 증가한다는 것이다. 통화주의는 1970년대와 1980년대에 인플레이션을 멈추는 데에 일부 역할을 했지만, 영국에서 마거릿 대처가 이를 시행했을 때에는 실업률이 폭증하고 국가적인 경제 침체가 따랐다. 프리드먼은 인정하고 싶어 하지 않았지만, 경제의 일반균형이 존재한다는 증거는 여전히 아리송했다.[25]

1974년에 프리드먼의 동료 교수인 프리드리히 하이에크가 노벨경제학상을 수상한다. 하지만 그해 노벨 위원회는 그와 함께 스웨덴의 경제학자이자 현대적 복지국가의 주요 옹호자인 군나르 뮈르달(Gunnar Myrdal)을 공동 수상자로 발표했다. 하이에크는 국가의 통제로 이자율이 낮게 유지되면 이것이 인플레이션으로 이어질 수 있다는 것을 증명한 공로를 인정받았다. 그는 대공황이 벌어지기 이전에 국가가 투자를 촉진하려고 이자율을 낮추었다가 너무 많은 대출을 일으켜 이것이 과열 양상을 띠었고 결국 거품붕괴가 나타났다고 주장했다. 이는 하이에크의 강력한 경기순환론으로서, 1970년대의 인플레이션 위기를 이해할 수 있는 빛나는 혜안이었다.

하지만 동시에 노벨 위원회는 뮈르달도 수상자로 결정했다. 전후에 미국의 비약적인 경제성장에서 미국 흑인들이 어떻게 시장에 뒤처졌는지를 보여 준 그의 공로를 인정한 것이다. 노벨 위원회는 갈리아니와 네케르의 오래된 주장인, 시장은 실패하기 전까지는 최상의 정책이라는 명제를 가져와, 결국 미국의 소수자들이 그 희생자가 됐다는 점을 밝혀낸 그의 빛나는 지성을 칭송했다. 노벨 위원회의 메시지는, 자유시장주의자들과 정부 개입론자들이 모두 중요한 경제학의 진리를 발견했으니 함께 협력하는 것이 최상이라는 의미였을 것이다. 하지만 하이에크와 프리드먼은 그러한 경제학의 중립지대를 찾지 못한 듯하며, 경제적·인종적 불평등을 바로잡지 못한 시장의 실패를 제대로 다룰 생각이 없었음이 분명했다. 1976년에 노벨 위원회는 프리드먼에게 통화 및 경제 안정 이론에 대한 저작을 근거로 노벨경제학상을 수여함으로써 시장 메커니즘의 이해에 큰 관심을 가지고 있음을 보여 준다. 하지만 노벨 위원회는 아직도 시장 균형이라는 보편적 사상을 완전히 포용한 것은 아니었다.

오늘날 통화주의는 각 나라 정부의 기본 운영 원리가 됐다. 프리드먼의 새로운 생각은 케인스주의적 지출의 기본 요소를 일부 유지했다. 큰 위기가 닥칠 때마다 정부는 이에 개입하여 통화 공급을 관리했다. 프리드먼은 꾸준하고 점진적인 통화 주입만이 필요할 뿐이고 그 타이밍과 양에 대해서는 정부가 끼어들어서는 안 된다고 강력하게 주장했지만, 이는 소용이 없었다. 이제 정부 중앙은행의 관계자들은 특정한 맥락에 맞추어 통화정책을 설계하고 있으며—사람들이 그 정책에 동의하는지의 여부는 상관없다—정부 주요 기관인 중앙은행은 역사상 그 어느 때보다도 사람들의 경제생활에 중심적인 위치를 차지하고 있다.

프리드먼은 이상주의자이자 미국 예외주의를 굳게 믿는 이였다. 그가 볼 때 자유시장이란 최소한의 통화 공급 이외에는 정부가 경제성장에 아무런 역할도 해서는 안 된다는 것을 뜻했다. 그는 저발전 국가들 및 지역들이라고 해서 정부투자가 필요하다고 생각하지 않았다. 또한 자본주의를 옥죄는 모든 족쇄를 벗겨 준다면 인종 소수자들에게도 도움이 되며, 대의제 정부의 여러 실패를 오히려 보충해 줄 수 있다고 강력하게 주장했다. 프리드먼은 뮈르달의 저작과 데이터를 거부했으며, 불평등의 원인은 오히려 정부의 각종 프로그램에 있다고 책임을 돌렸고, 소수자들은 정치적 다수가 그들의 이익을 수호할 것이라는 희망을 완전히 버려야 한다고 경고했다. 그는 모든 나쁜 일은 정부에서 나온다는 허무주의적이며 심지어 반민주주의적일 수도 있는 자유 지상주의의 관념을 만들어 냈다.[26]

프리드먼은 오로지 개인, 주주, 상장 및 비상장 주식회사 들
만이 부를 창출할 수 있다고 믿었다. 본인이 정부에서 과도한 역
할을 하고 있다는 사실도, 또 그가 수행한 경제성장과 혁신에 관
한 연구가 공적인 자금의 지원을 받은 것이라는 사실도 완전히
무시했다(시카고대학은 사립대학이지만 그때도 지금도 여전히 미국 연방
정부의 연구 자금에 상당히 기대어 운영되고 있다). 그는 모든 마약을 합
법화할 것을 권고했을 뿐 아니라 학교 선택의 자유에서도 선구
적인 옹호자였다. 그는 이민이 미국 경제성장의 엔진이라고 보았
다. 개인의 자유를 수호한다는 점에서 볼 때, 자신의 가장 큰 성
과 중 하나는 미국의 징병제를 폐지하고 모병제로 전환하는 데에
일익을 담당한 것이라고 그는 생각했다. 불관용에 대해서도 반대
하여 발언했고, 또한 동성애자의 권리를 옹호했다. 하지만 프리
드먼의 영향력이 정점에 있던 1980년대에, 잇따른 시장의 실패
와 칠레의 독재자 아우구스토 피노체트(Augusto Pinochet)와 같이
개인의 자유와 민주주의를 거부한 자유시장 옹호자들에 대해서
는 이상할 정도로 그는 무대응으로 일관했다. 실제로 프리드먼은
피노체트의 억압적인 군부독재와 경제정책을 "기적"이라고 부르
면서, 그 체제가 자행한 정치적 고문 및 살인 행위에 대해서는 진
지한 우려를 표하지 않았을 뿐만 아니라, 칠레가 피노체트의 폭
력 쿠데타가 벌어지기 전에 이미 성공적으로 상업을 발전시킨 오
랜 역사가 있다는 사실에 대해서도 침묵했다.[27]

하이에크와 프리드먼의 이상주의적인 반국가 자유 지상주의는 오
래되고 또 복잡하면서 종종 파란이 일었던 미국의 자유 지상주의
전통에서 큰 환영을 받았다. 이미 제2차 세계대전 이전부터 반국

가적 자유시장 사상은 미국의 산업, 기독교 복음주의 운동, 분리 독립을 주장하는 운동 세력 등에서 깊게 뿌리를 내린 바 있었다.

스미스의 유산을 이어받은 19세기의 경제사상가들은 급진적 개혁가들이었지만, 미국에서 자유시장을 지지하는 이들의 다수는 근본적으로 반동적인 신념을 품은 이들이었다. 1934년에 피에르(Pierre), 이레네(Irénée), 러모트(Lammot) 등의 듀폰(Du Pond: 프랑스어로는 뒤퐁—옮긴이) 가문의 형제들은 루스벨트의 뉴딜에 완전히 진저리를 치며 미국에서 사회주의가 나타나고 있다는 공포를 글로 쓰기 시작했다. 이 거대한 산업가 가문의 형제들은 케네의 가장 충직한 추종자이자 노예제 폐지를 전투적으로 옹호한 중농주의자 피에르 사뮈엘 뒤퐁 드 느무르의 후손들이었다. 뒤퐁은 농업적 부를 신봉한 이로서, 파리에서 미국 델라웨어로 이주하기 이전에는 프랑스혁명—사람들을 혹사하는 케케묵은 사회에 맞서는 거대한 국가개입—을 이끄는 데에도 참여했다.[28]

듀폰 형제들은 허버트 후버 대통령 시절에 수정 헌법 제18조로 통과된 금주령에 대해 분통을 터뜨렸다. 뉴딜 시대에는 정부가 아동노동을 금지하려는 것에 대해 화를 냈다. 또한 피에르 듀폰은 1933년에서 1935년까지 전국 부흥청(National Recovery Administration)의 청장을 지낸 휴 존슨(Hugh Johnson)에게 보낸 편지에서 "아동노동을 하는 가정의 부모들이 공동체 내에서 아동노동이 없어져야 한다는 확신을 갖지 않는 한, 그 어떤 연방 정부의 법이나 수정 헌법 조항도 아동노동을 폐지할 수 없습니다"라고 말한다. 이 형제들은 아동들을 괴롭히고 혹사하는 관행에서조차도 국가는 개입해서는 안 된다고 믿은 것이다. 이들은 아동노

동을 관리하는 문제에서도 법적 개입은 용납할 수 없으며, 오로
지 "사회"라는 알 수 없는 모호한 존재만이 이를 다루어야 한다
고 보았다. 한 나라의 합법적으로 선출된 정부가 아동노동을 폐
지한다면 이는 분명히 민주적인 결정이라 할 수 있겠으나, 듀폰
형제들은 이것에도 반대했다.[29]

듀폰 가문의 이 새로운 세대는 그 조상인 프랑스의 '계몽주
의 철학자(philosophe)'가 가진 도덕적 명료함이 결여되어 있었다.
1930년대에 듀폰(DuPont) 그룹은 세계적으로 영향력을 가진 기
업 중 하나로 올라서게 된다. 화학제품과 플라스틱제품은 현대사
회를 거의 규정하다시피 했으며, 산업 발전, 혁신, 부를 촉발시키
기도 했다. 하지만 이 산업은 그때도 지금도 공해의 주범으로 악
명이 높다. 중농주의자의 후손들이 나일론을 만들어 큰 재산을
모아 다국적 화학산업 기업을 설립한 것은 참으로 기묘한 반전이
었다. 이는 중농주의자 조상이 품었던 농업이라는 종교와 급진적
정치와는 참으로 거리가 먼 이야기이니까.

듀폰 형제들은 당시 미국에서 뉴딜 정권의 사회, 교육, 복지
프로그램들을 중지시키고 정부의 개입에서 기업을 지키려 한 무
리의 일부였다. 이들은 산업기들의 지원으로 자유시장을 옹호하
는 수많은 단체 중 하나인 미국 자유 연맹(American Liberty League)
과 함께 루스벨트의 정책을 철폐하는 작업에 돌입한다. 이를 위
해서는 이데올로기가 필요했다. 1940년대 말쯤에는 뉴딜에 반대
하는 보수 기독교의 반응도 있었는데, 이 복음주의자들은 뉴딜이
신앙의 대상을 기독교에서 세속 국가로 옮겨 가려는 시도라고 믿
었던 것이다.[30]

거대한 미국 대기업들의 자유시장 이데올로기, 보수 복음주의 기독교인들, 미국 남부와 남서부의 민권운동 반대 정치가들등이 동업자로 엮였으니, 자유시장 사상의 역사에서는 참으로 독특하고도 반동적인 장이 새로 열리게 된 셈이다. 한때는 초기 프랑스혁명과 한편에 섰고, 노예제 폐지론자들, 평화주의자들, 여성 권리 옹호자들 그리고 존 스튜어트 밀과 같은 공리주의적 사회주의자들에게 갈채를 받았으며, 급진적이고 이신론적이며 무신론적인 운동이었던 자유시장 사상이 이제는 미국의 극단적 보수주의자들과 남부의 분리 독립을 외치는 인종주의자들의 새로운 복음이 된 것이다. 어떤 측면에서 보면 이 또한 납득할 수 있는 이야기다. 대공황과 제2차 세계대전으로 비틀거리던 미국에 소련의 발흥과 맞물려서 전례 없는 루스벨트의 연방정부가 팽창했기 때문에 그들은 충격과 안도감을 동시에 받았던 것이다. 소련 공산주의는 미국 민주주의와 자유 기업의 사상에 위협이 됐다. 루스벨트 대통령이 거의 승리를 가져온 제2차 세계대전이 끝난 뒤에도 그의 거대한 정부 경제정책은 계속됐고, 이것이 경제의 큰 팽창을 가져오기도 했다. 재계 집단, 복음주의 기독교인, 흑백 인종의 통합주의를 반대하는 정치가 들은 이 새로운 적극적인 국가를 하나의 위협으로 보았기 때문에 이상주의적인 새로운 자유시장 사상가들, 즉 하이에크와 같은 인물을 특별한 미국적 반정부 운동의 동맹자로 여긴 것이다.

1940년대에 미국 남부의 침례파 복음주의 지도자인 빌리 그레이엄(Billy Graham)은 반공주의 수사학을 섞은 친자유시장 담론을 신봉했고, 노동운동 세력과 성적 방종으로 인해 세계 종말이 오게 될 것이라고 경고했다. 1950년대에는 포드, 제너럴일렉트

릭, 모빌, US스틸 등의 기업들이 미국 기업 연합회(American Enter-
prise Association)와 경제 교육 재단(Foundation for Economic Education)
과 같은 재계와 자유 지상주의를 지지하는 집단을 만들어 자신의
이익을 보호하기 시작한다. 이 기업들은 밀턴 프리드먼과 같은 경
제학자들을 채용하여 기업에 유리한 글을 쓰도록 했고, 보수 공
화당 지도자인 윌리엄 버클리(William F. Buckley)와 그의 《내셔널
리뷰(National Review)》에 가까이 접근했으며, 또한 버클리의 정치
적 동맹자이자 분리주의자인 스트롬 서먼드(Strom Thurmond)와 제
시 헬름스(Jesse Helms)와 같은 이들에게도 접근한다. 1960년대가
되면 야망의 정치가인 배리 골드워터(Barry Goldwater)가 『보수주
의자의 양심(The Conscience of a Conservative)』을 펴낸다. 좀 더 온건
한 입장의 공화당 기득권 세력을 전복시키려 한 골드워터는, 이
책에서 주정부의 권리를 내세워 분리 독립 운동을 옹호했으며, 또
한 하이에크 및 폰 미제스의 저작을 널리 알렸다. 골드워터는 모
든 형태의 노동조합 활동을 공격했고, 정부의 경제 개입을 미국
인들에게서 그들의 돈을 어떻게 쓸지 결정할 자유를 빼앗는 "악"
이라고 매도했다. 1964년의 대통령 선거에서 골드워터는 린든 존
슨(Lyndon Johnson)과 맞섰다가 패배하지만, 이때 큐 클럭스 클랜
(KKK: Ku Klux Klan, 백인우월주의 단체—옮긴이)이 골드워터를 지지
하고 나선 것은 놀라운 일도 아니었다. 하지만 골드워터는 오랜
자유주의 성향을 가진 이였다. 훗날에는 남서부식의 자유 지상주
의를 포용하여 자유시장, 동성애자 권리, 낙태의 권리, 대마초 합
법화 등을 옹호하여 미국 서부의 여러 주에서 영구적인 인기를 누
리는 사회적 자유주의의 기반을 닦기도 한다.[31]

　골드워터가 대통령 선거에서 패배하던 거의 같은 시기에

TV의 복음주의 부흥목사 팻 로버트슨(Pat Robertson)과 제리 폴웰(Jerry Falwell)이 공화당의 자유 지상주의 극우파에 가담했다. 이들은 하이에크와 프리드먼을 인용하여 정부 관료들에게 자유시장을 외쳤으며, 또한 록 음악, 동성애자들, 낙태, 민권운동, 포르노그래피 등을 저주하는 발언을 매일매일 퍼부었다. 공화당은 북동부의 주류 기성세력, 미국 침례파 청교도, 인종주의자들과 지독한 편견 분자들, 미국 남서부의 자유 지상주의자들 등이 모여 다국적 기업들과 자본 소유 주주들에 대한 거의 종교에 가까운 찬양을 하는 이데올로기적 잡탕이 됐다.[32]

이러한 미국식 자유시장 운동의 요지경에다가, 러시아 유태인이자 자유 지상주의 작가이며 자유시장의 통속 이론가인 에인 랜드까지 더해 보자. 에인 랜드의 읽기 쉬우면서 믿기 어려울 정도로 대중적인 소설들은 하이에크의 극단적 개인주의와 반집산주의를 담은 이론들을 그 어떤 경제학자의 저작보다 더 효과적인 내러티브로 만들어 냈다. 에인 랜드의 1943년 베스트셀러 소설 『파운틴헤드』에는 에너지 넘치는 사업가적 기질을 가진 건축가 하워드 로크가 등장한다. 하워드는 집산주의자들 그리고 "아무 일도 하지 않는" 관료들과 용감하게 싸우면서 혁신과 진보는 순수한 개인의 의지로 일어나는 것임을 보여 준다. 그 메시지는 사업가들이 현대의 니체적 초인과 같은 "랜드식 영웅들", 즉 자신들의 위대성을 실현하고 또 인류를 위한 선을 진전시키기 위해 정부라는 족쇄를 깰 수 있는 우월한 인간들이라는 것이다. 무수한 재계 지도자들과 정치가들뿐만 아니라 연방준비제도이사회 의장이자 '에인 랜드 집단(Ayn Rand Collective)'의 멤버인 앨런 그린스펀

(Alan Greenspan)과 같은 영향력 있는 경제학자들 또한 에인 랜드의 소설을 열성적으로 받아들였다. 1991년 구소련이 무너졌을 때, 『파운틴헤드』는 미국 국회의원들 사이에서 성경 다음으로 영향력이 있는 책이라는 조사 결과가 나오기도 했다.[33]

프리드먼의 미국식 기업 자유 지상주의와 랜드식의 이상은 "상업적 사업가들(projectors)"을 조심하라는 애덤 스미스의 경고와 그들의 탐욕을 시장이 길들여 줄 것이라는 스미스의 희망과는 정면으로 충돌하는 것이다. 하지만 극단적 개인주의를 표방하는 랜드의 주인공들은 중농주의자들이 국가의 폭정에서 해방시키고자 한 귀족주의적 토지 엘리트들과 많은 공통점이 있다. 자유시장 사상가들은, 18세기의 농업인들이든 20세기의 건축가, 사업가, 부유한 주주 들이든 간에 부를 생산하는 이들에게는 조세를 물려서는 안 된다고 믿었다. 사회는 자유방임이라는 단순한 교리만 있어도 부를 창출할 수 있는 내재적인 역량을 갖추고 있으므로 자유에 맡겨야 한다는 것이다.

오늘날 프리드먼의 자유시장 사상은 사방에서 사나운 공격을 받고 있다. 그렇다면 우리는 묻지 않을 수 없다. 지금 우리에게 유용한 것은 어떤 버전의 자유시장 사상인가? 중국, 싱가포르 그리고 모든 선진국 경제가 보여 주는 현실은 그 어떤 하나의 경제모델이 지배하는 것이 아니라는 점이다. 지금까지 그러한 경제모델은 한 번도 존재한 적이 없다. 우리는 여러 상황과 조건에 따라 계속 변하는 유동적인 상태에 있다. 분명한 것이 하나 있다면, 경직된 정통파 자유 지상주의 자유시장 모델 같은 것은 현실에 존재하지 않으며, 과거에도 존재한 적이 없다는 사실이다. 그것은 남수단과 같이 극단적인 폭력이 판을 치는 "개척지 경제(frontier economies)"처럼 정부가 존재하지 않는 장소에서나 상상해 볼 수 있는 것이다. 대부분의 선진 산업국 경제는 전반적인 자유시장 메커니즘과 경제에 기반하여 광범위한 정부의 감독 및 참여를 갖춘 자유주의적 사회민주주의라는 비교적 비슷한 처방을 따르고 있다. 민간기업 대다수는 수요와 공급이라는 시장 메커니즘에 따라서 재화 및 서비스를 생산하고 있지만, 또한 국가적 차원의 민간 독점체들도 존재하며(보잉과 에어버스와 같은 회사들을 생각해 보라), 정부와의 계약을 수주하여 상당한 국가의 지원을 받는 기업들(IBM과 마이크로소프트를 생각해 보라), 국가보조금과 사회복지 프로그램을 통하여 국가지원을 받는 기업들[아마존이 초기에 미국의 우체국을 활용했으며 월마트와 맥도널드가 자신들의 저임금 전략의 일부로 메디케이드(Medicaid: 1965년에 도입된 미국의 의료보험제도로, 소득이 빈곤선의 65퍼센트에 미치지 못하는 이들에게 연방정부와 주정부가 함께 의료비 전액을 지원한다―옮긴이)에 의존했던 것을 생각해 보라]이 함께 공존한다.[34]

모든 나라가 저마다의 상황에 따라 경제발전으로 이르는 데에 아주 특정한 경로와 접근법을 가지고 있기 때문에 순수한 경제모델들은 이를 설명할 길이 없다. 따라서 싱가포르를 중국이나 독일 혹은 미국과 비교하는 일은 불가능하다. 특히 미국은 그 내부 시장의 크기와 다양성이 엄청나다. 미국에는 세계 최대의 기업 대부분이 존재하지만 아시아는 최소한 지금으로서는 훨씬 우월한 경제성장률을 보이고 있다. 그리고 모두 상이한 장점들과 전략들을 가지고 있다. 미국과 중국을 비교하는 것은 1700년 시점의 영국과 프랑스를 비교하는 것과 닮은 면이 있다. 두 나라 모두 자신의 경제를 발전시키고 효과적으로 경쟁하기 위해 서로 다른 경제정책들의 조합을 필요로 하는 것이다.[35]

## 결론
# 권위주의적 자본주의, 민주주의, 자유시장 사상

아무리 자유시장 경제학자들이 시장의 작동에 대해 빛나는 혜안을 제공한다고 해도—예를 들어, 한계효용에 대한 이해를 통하여—이들에게 결정적으로 중요한 것은 경제가 오로지 순수한 형태의 균형을 통해서만 잘 작동할 수 있다는 유토피아적 신념이었다. 이들은 시장 시스템이 수요와 공급을 통해 성장을 낳는 단순한 방법으로 마법처럼 스스로를 지탱하며, 정부는 가장 최소한의 역할 말고는 전혀 모습을 드러내지 않아야 한다고 강력하게 주장한다. 하지만 이러한 모델은 더 이상 현실성이나 적실성이 있다고 보이지 않는다. 온 세계는 수십 년 동안이나 탈규제와 자유무역 확장을 실행해 왔지만, 지금까지 주기적으로 경제 붕괴와 정부의 구제금융이라는 악순환을 경험했으며, 게다가 부의 불평등, 전쟁, 기후 위기, 보건 위기 등이 마구 자라나고 있는 상태다. 균형은 분명히 우리를 비켜 가고 있다.

국가는 지금도 강력한 경제의 추동자로 남아 있으며, 중국이 세계에서 두 번째로 큰 경제대국으로 뛰어오른 것은 자유시장의 수수께끼를 더 복잡하게 만들 뿐이다. 1978년에 중화인민공화국의 지도자 덩샤오핑은 "중국의 개혁 개방"을 선포했고, 이를 통해 공산당은 점진적인 시장개혁을 중국 사회에 도입하기 시작했다. 1988년, 공산당은 자유시장의 총체적 비전을 가장 큰 목소리로 수호하는 경제학자 밀턴 프리드먼을 공식으로 초대했다. 예상할 수 있는 일이지만, 프리드먼은 중국이 "자유시장을 총력으로 활용하는 것 말고는 정말로 만족스러운 대안이 없다"고 언명했다. 공산당 총서기 자오쯔양(趙紫陽)과 마주 앉은 프리드먼은 "경제학의 원리는 물리학의 원리와 마찬가지로 모든 나라에 똑같이 적용된다"고 했으며, 부에 이르는 유일한 길은 "사적소유"를 확장하고 산업에 대한 국가의 규제를 푸는 것이라고 강력하게 주장했다. 또한 그는 정치적 자유가 없다면 중국의 시장은 작동할 수 없다고 자오쯔양 총서기에게 말했다. 다른 말로 하자면, 중국이 자유로운 정치 시스템으로 이행하지 않는 한 결코 부유한 나라가 될 수 없다는 것이었다.[1]

그럼에도 불구하고 1989년에 덩샤오핑은 계획경제와 시장경제의 혼합이 가능하며, 시장경제는 그가 "사회주의"라고 부른 것 안에서 얼마든지 발전할 수 있다는 결론을 내렸다. 그리하여 덩샤오핑과 중국 지도자들은 "사회주의적 시장경제"를 창조하는 작업에 착수한다. 프리드먼이 말하는 사적소유와 인센티브의 아이디어에 기초하면서도 중국의 권위주의 체제를 그대로 유지하는 것이었다. 중국 지도부는 이제 중앙 계획을 줄이고 사적소유에 대한 제약을 철폐하며, 동시에 핵심 기업들과 엄청난 크기의 국부펀드에 대한 국가의 통제를 유지했다.[2]

1990년대에 들어, 경제 시스템 개혁 국가 위원회의 지도적

의원인 장춘쩌는 계획경제와 시장 지향 경제를 비교하는 리뷰를 작성한다. 자유시장 개혁의 역사에서 영향력이 큰 여성 중 한 명인 장춘쩌는 시장경제가 "생산력"의 관점에서는 우월하다는 것을 인정했다. 하지만 장춘쩌는 또한 성공적인 시장경제는 순수한 자유방임 경제가 아니라는 것에 주목한다. 일정 정도의 국가개입이 반드시 요구된다는 것이다. 그리하여 장춘쩌는 정부개입을 개인의 이윤 동기가 결합된 사적소유제와 혼합할 것을 추천한다.[3]

이는 성공을 거두었다. 사적소유 사업체(private enterprise), 소유, 부, 인센티브, 민간기업들(private companies), 국가 소유의 자본주의적 기업에 대한 투자와 창업 등을 국가가 관리 감독하는 가운데 중국은 세계에서 두 번째로 부유한 국가로 나아갔다. 자유시장의 규칙 중 일부만을 취하여 따른 결과였으니, 중국은 정치적 자유 없이 경제적 자유나 성장은 없다는 낡아 빠진 자유시장 사상의 엉터리 처방을 무색하게 만드는 데에 성공했다.[4]

사실상 중국은 장 바티스트 콜베르의 17세기 접근법에 뿌리를 둔 오래된 발전모델을 사용하고 있었다. 중국 지도부는 콜베르 등의 선조들과 마찬가지로 프리드먼이 놓치고 있던 것을 잘 이해했는데, 그것은 다양한 수준의 사적소유, 효율성, 심지어 강력한 혁신적 기업가정신 등의 자유시장 아이디어들이 국가 통제와 나란히 피어나는 것이 가능하다는 것이다. 더욱 놀라운 일은 중국이 자유시장 교리의 일정 요소들이 권위주의의 맥락 속에서도 얼마든지 번영을 낳을 수 있다는 것을 발견했다는 점이다. 중국의 사회주의적 시장경제는 콜베르의 절대주의식 자본주의를 좀 더 효율적인 버전으로 바꾸어 놓은 것에 다름 아닌 것으로 보

였다. 정치적 전제정체에 따르는 여러 이점, 위험, 공포 들도 함께 따라오는 것은 당연했다.[5]

이제 자유시장 사상은 어려운 선택에 직면해 있다. 과학과 열린 사회를 거부하고, 민주주의와 개인의 자유에 맞서서 독재자들과 강탈 정치가들(kleptocrats: kleptes는 그리스어로 '도둑'을 뜻한다. 지배자들이 권력을 이용하여 국가 자산을 강탈해 가는 것을 목표로 운영되는 정치 체제를 일컫는다—옮긴이)을 지지하는 자들과 동맹을 맺을 것인가? 아니면 민주적인 자유시장 실용주의의 새로운 버전을 만들어 강력한 세력으로 떠오를 것인가? 애덤 스미스는 정부에 재계가 역할을 맡는 것에 대해 염려한 반면, 루트비히 폰 미제스, 프리드리히 하이에크, 밀턴 프리드먼 등은 개인의 사생활에 정부가 개입하는 위험을 염려했다. 소셜미디어와 개인 데이터 채굴이 엄청난 규모로 돌아가고 있는 시대에 자유시장 사상가들은, 정부와 시장 모두가 어두운 측면을 가지고 있으며, 이 둘이 반드시 갈등을 하는 게 아니라 오히려 한 몸을 이루어 함께 작동할 때가 아주 많으며, 궤도를 이탈할 때는 관리의 대상일 뿐만 아니라 심지어 저항의 대상이 된다는 사실과 씨름해야 한다. 한 가지 분명한 것은, 인류가 지금 직면하고 있는 두려운 장애물들을 치우고 길을 확보하고자 한다면, 자유시장 사상이 제2차 세계대전 이후에 비해 훨씬 더 세련되어져야 하며 적응력을 확장해야 한다는 점이다.[6]

여기서 배워야 할 교훈은, 경제 시스템이 자기 조정적이라거나 상당한 정치적 개입이 없어도 균형을 유지한다는 주장을 만날 때마다 우리는 항상 그 주장을 의심해야만 한다는 것이다. 경

제의 균형을 믿은 자유시장 철학의 개척자들조차도 국가는 자유
시장에 필수적이라고 여겼다. 키케로는 부를 탐냈을지 모르지만,
로마 공화국을 유지해야 한다는 더 높은 명분을 위해 자신의 목
숨을 바친 이였다. 그는 공직에 복무한다는 것을 글자 그대로 인
간이 성취할 수 있는 가장 큰 선이라고 여겼으며, 자연과 조화롭
게 살 수 있는 방법을 이해하는 것과 좋은 정부는 시장이 작동하
는 데에 기초라고 보았다. 결국 내란이 없는 시민적 평화와 법의
통치가 구현될 때에만 비로소 사람들은 정직해지며 생산적인 교
환을 이룬다는 것이었다.[7]

　　성 아우구스티누스와 같은 기독교 지도자들은 지상에 완벽
한 시스템을 건설할 수 있는 가능성을 부인했고, 완벽함은 오로
지 구원을 통해서만 얻을 수 있다고 보았다. 유태-기독교 전통에
서는 신이 만든 이 땅은 타락한 인간을 위한 결함이 많은 집이라
고 여겼고, 존 로크와 같은 기독교도 이론가들은 경제적 삶이 붕
괴하지 않고 부도덕함과 낭비의 길로 빠지지 않도록 보호하기 위
하여 소유 제도와 정부가 필요하다고 보았다. 이렇게 인류와 자
연을 불완전한 것으로 보는 관점은 케네, 흄, 스미스와 같은 계몽
주의 철학자들이 세속적인 패기를 과시하면서 변화한다. 이들은
경제적 균형의 개념을 앞세운 자유시장 철학을 통하여 과학적 처
방을 창출하고자 했다. 하지만 스미스가 어떤 면에서는 낙관주의
자였다고 해도 그는 회의론자였으며, 자신의 경제적 이상이 현실
에서 달성되는 것이 과연 가능한 일일지에 대해서는 확신하지 못
했다. 『국부론』은 선언문이 아니며, 스미스 본인이 제일 먼저 인
정한 것처럼 하나의 가설이었을 뿐이다.

존 스튜어트 밀과 같은 19세기 철학자들은 18세기의 선배들과 아주 비슷하게 자유시장이 균형을 창출할 수 있다고 낙관적으로 생각했지만 막상 시장이 실패할 때에는 당혹스러워할 줄 알았으며, 따라서 시장이 균형을 잃고 쓰러지는 경우에는 경제의 밭을 가는 일에 국가가 손을 계속 대야 한다고 확신했다. 심지어 빅토리아시대의 자유시장 사도이며 "완벽한 시장"의 개념을 이론화한 윌리엄 스탠리 제번스 또한 개개인이 효율성을 만들어 내지 못할 때에는 정부가 개입해야 한다고 믿었다.[8]

이는 정부의 경제 개입이 항상 이상적이라거나 효율적이라는 말이 아니다. 하지만 역사적 기록을 볼 때, 경제가 복잡성을 더해 갈수록 좋은 일이든 나쁜 일이든 정부도 이에 대응하여 그 크기를 늘리게 된다. 자유시장, 개인들의 야망, 혁신적 기업가정신 등은 모두 필수적인 것들이며, 인류의 가장 위대한 성취 중 대부분이 이런 것들을 통해 이루어졌다. 하지만 현실을 보자면 정부는 결코 사라지지 않으며, 국가가 항상 경제에 부정적인 존재라고 주장하는 것은 그릇된 일일 뿐 아니라 게으른 짓이기도 하다. 영리사업을 하면서 국가의 역할을 싸잡아서 비난하는 이들이 많다. 하지만 이들이야말로 경제에서 국가가 얼마나 큰 역할을 하고 있는지는 너무나 잘 알고 있는 이들이다. 이들이 그토록 정치권력을 탐내고 또 그것에 접근하기 위해 큰 비용을 치르는 이유도 바로 거기에 있다.

만약 자유시장 사상을 다시 내놓고자 한다면 그리고 이를 정말로 지금 현실에 적실한 것으로 만들고자 한다면, 우리는 이를 다시 설계해야 한다. 민주주의적 지향성을 가진 철학으로서뿐 아니라 국가가 시장에 묻어 들어가 있다는 것을 받아들이고, 또 그 반대의 철학으로도 말이다. 정부도 시장도 결코 영원히 완벽해지지 않을 것이며, 시장은 결코—그리고 똑같은 이유에서 자연 또한—최상으로 마련된 인간의 계획에 따라 진군하는 일 따위도 벌어지지 않을 것이다. 자유로운 개인은 지상의 역동성을 위해 필수적인 것이지만, 그것만으로 경제의 꾸준한 작동을 보장하지는 못한다. 결국 우리는 키케로의 옛날 책들로 되돌아가는 게 좋다. 완벽한 시장 메커니즘 같은 것을 찾기 위해서가 아니라, 2000년이 넘는 세월 동안 독자들을 끌어들인 그 교훈들을 배우기 위해서다. 부는 오로지 헌정 정부, 시민적 평화, 예의범절을 지지하는 데에 쓰일 때만 선하고 좋은 것이라고 키케로는 생각했다. 그에게 부라는 것보다 더욱 중요한 것은 자연과의 조화로운 삶, 밭 갈기, 배우기, 우정, 윤리적인 관리자로서 땀 흘려 고되게 일하기 등이었다. 시장에 대한 신앙 하나만으로는 우리는 구원받지 못한다. 방금 말한 오래된 미덕들을 깎고 다듬어 새롭게 만들어내는 길밖에 없으며, 어쩌면 구원의 길도 여기에 있을지 모른다.

## 감사의 말

먼저 이 책의 담당 편집자인 베이직북스 출판사의 라라 하이머트에게 감사한다. 하이머트는 이 책의 전체적인 구상을 도왔으며, 책이 완성되는 마지막 순간까지 나를 믿고 지원하며 지질 줄 모르고 작업했다. 명민한 편집자와 함께 일하게 된 것은 내게 행운이었다. 그리고 베이직북스의 편집팀 코너 가이, 클레어 포터, 로저 러브리, 캐시 스트릭퍼스 등은 한마디로 최고다. 모든 분께 감사드린다. 항상 그랬듯이, 이 책의 모든 단계에서 핵심 역할을 한 나의 에이전트 롭 맥퀼킨에게 감사한다.

서던캘리포니아대학의 돈사이프칼리지와 레벤탈 회계대학원의 지원으로 이 책을 쓸 수 있었다. 이에 감사를 드린다. 특히 공적 인문학 연구 국가 지원금과 찰스 앤드 애그니스 카자리언 재단의 지속적인 지원에 감사드린다. 또한 서던캘리포니아대학 철학과 초기 근대 연구소, 그리고 내가 이끄는 서던캘리포니아대학의 마틴스 경제사 포럼에도 감사드리며, 자유시장 사상을 주제로 내가 개설한 강좌의 학생들에게도 감사한다. 그리고 지적 저작물 집필을 위해 건설적인 아이디어의 교환, 비판, 제언 등을 허락한 스탠퍼드대학, 예일대학, 도쿄대학, 하버드대학 경영대학원, UCLA 클라크 도서관, 나폴리페데리코2세대학, 파리 독일사연구소, 《윌리엄 앤드 메리 쿼털리》 등에 감사를 드린다. 그리고 이 프로젝트의 여러 단계에서 프랑스 국립문서고, 프랑스 국립도서관, 피렌체 국립중앙도서관 그리고 USC와 UCLA의 사서들에게 도움을 받았음을 밝힌다.

학문 연구는 학문 공동체가 없이는 불가능하다. 나의 공동체는 내게 정말로 많은 영감을 주는 집단이다. 알레산드로 아리엔조, 키스 베이커, 데이비드 벨, 파올라 베르투치, 고든 브라운, 폴 체니, 프레데릭 클라크, 제프리 콜린스, 다이앤 코일, 엘리자베스 크로스, 윌 데링어, 숀 도나휴, 댄 에델스틴, 리나 포엘머, 제이미 갤브레이스, 아서 골드해머, 앤서니 그래프턴, 콜린 해밀턴, 루카스 헤르헨뢰더, 마거렛 제이컵, 마무드 잘로, 맷 커데인, 폴 카자리안, 댄 캘러먼, 나카 콘도, 앙트완 릴티, 숀 매컬리, 피터 맨콜, 멕 머슬화이트, 버네사 오글, 아르노 오랭, 제프 파이커, 스티브 핑커스, 에릭 라이너트, 페르난다 라이너트, 소퍼스 라이너트, 에마 로스차일드, 앤드루 솅크먼, 심 시모야마, 아시시 시디크, 마르첼로 시모네타, 필 스턴, 알레그라 스털링, 자코모 토데쉬니, 프랭크 트렌트먼, 멀리사 버로네시, 엘런 웨이랜드 스미스, 패트릭 바일, 아서 웨스트스티진, 코지 야마모토에게 진심으로 감사를 드린다.

## 역자 해제

저자인 제이컵 솔은 역사학자다. 1968년생인 그는 '천재 소장학자'에게 주는 상으로 알려진 맥아더 펠로십을 받고 영미권 역사학계의 '꿈나무'로 기대를 한 몸에 받으며 이력을 쌓아 지금은 저명한 역사가로서 확고한 입지를 굳혔다. 나는 이러한 이력 때문에 그가 오늘날까지 경제학계가 독점해 온 경제사상사의 해묵은 신화에 도전할 수 있었다고 생각한다. 이 책의 주장은 강렬하고 논리는 선명하다. 또한 지성사를 다루는 역사가로서 그 방법론은 분명하다. 하지만 혹시라도 독자들이 이 책을 정독하지 않거나 흐름을 정확히 파악하지 못하면(2000년간의 경제사상사를 다루는 만큼 이야기는 길고 복잡하다), 그저 "자기 조정 시장이라는 것은 신화에 불과하며 국가와 사회의 적절한 개입과 조화가 필요하다"라는 정도의 주장을 편, 또 하나의 흔한 책으로 치부할 수 있다. 그러한 염려에서 나는 저자의 주장이 지난 300년간의 경제사상사 서술(historiography)에 얼마나 중요한 파격을 가져오고 있는지, 그리고 그 방법은 어떤 것인지, 그 귀결의 함의점은 무엇인지를 좀 더 상술해 보고자 한다.

## 경제사상사의 '과학혁명'

20세기 이후 경제학은 물리학과 같은 순수과학을 흉내 내고자 하는 강박관념을 가지고 있었으며["물리학 질투(Physics Envy)"], 그것이 특히 제2차 세계대전 이후 미국의 현대 경제학을 수리 및 계량 모델로 점철된 학문으로 바꾸어 버렸다는 점은 이미 많이 지적된 바다.* 하지만 경제사상사의 서술에서도 물리학을 비롯한 과학사의 틀을 가져와 사용되고 있다는 사실은 거의 지적하는 바가 없는 듯하다. 경제학이 물리학, 화학, 의학과 어깨를 나란히 하여 노벨상을 수여할 수 있는 엄밀한 과학(exact science)의 지위를 얻어 내려면, 이러한 작업이 더욱 중요한 것일 수 있다. 동서고금을 막론하고, 족보의 제작은 사회적 지위에 항상 핵심이 되는 일이니까.

경제사상의 역사를 기술하는 것은 1837년의 제롬 아돌프 블랑키(Jerome Adolphe Blanqui)의 저작에서 시작되어 유구한 역사를 가지고 있지만, 20세기 중반까지 그 편제는 거의 비슷했다. 고전파, 신고전파, 역사학파 등의 여러 경제학파를 시대순으로 서술하면서 그 내용을 '내재적으로' 이해할 수 있도록 설명하는 방식으로, 철학사나 정치사상사의 서술과 크게 다르지 않았다. 특히 어느 학파를 특별히 내세우거나 '정통 학설'로 수렴되는 과정으로 서술하는 식은 아니었다. 하지만 제2차 세계대전 이후부터는 중요한 변화가 나타난다. 애덤 스미스를 분기점으로 하여 경제사도 과학사처럼 하나의 '과학혁명'을 겪은 것처럼 서술하기 시

---

* 필립 미로스키의 여러 저작을 참조할 것. 특히 다음을 보라.

Philip Mirowski, "Do economists suffer from physics envy?", *Finnish Economic Papers*, 1992, vol. 5, issue 1, 61–68.

작한 것이다. 그 모범이 된 것은 과학사였을 것이다. 마술과 미신과 상징주의로 뒤범벅돼 있던 유럽 중세와 르네상스 시절의 학문과 단절하는 지적 영웅들이 근대 초기에 나타났고, 코페르니쿠스와 갈릴레이를 거쳐 아이작 뉴턴까지 이어지는 시기에 나타난 일련의 과학 천재들 덕분에 지적 혁명이 일어나면서 비로소 그 이전과 완전히 단절된 근대과학이 (그야말로 진정한 과학) 시작됐다는 줄거리다. 그리하여 인류는 무지몽매의 전근대인과 합리적인 근대인으로 나누어지게 되었다는 서사다.

　이 서사를 경제사상사에서도 그대로 가져오기 시작했다. 먼저 아리스토텔레스에서 중세 스콜라철학자들까지의 경제사상이 네댓 페이지로 간단히 서술되고, 그다음에는 미몽의 결정체라고 할 17~18세기의 '중상주의자들'이 나온다. 그리고 애덤 스미스라는 경제학의 창시자가 어떻게 해서 이들의 미몽을 극복하고 '보이지 않는 손'이 지배하는 '자유시장'의 비전을 확립하여 비로소 진정한 과학으로서의 경제학을 시작했는지가 장엄하게 설명된다. 그 후에는 애덤 스미스를 이어받은 오늘날의 '정통 경제학설'이 밀, 발라, 멩거, 앨프리드 마셜, (왜곡된) 케인스 등을 거쳐 드디어 오늘날 맨큐의 교과서로 이어지는 스토리로 엮어 내는 것이다. 요컨대 경제학 또한 애덤 스미스에서 20세기 말의 노벨경제학상 수상자들까지로 이어지는 '과학혁명'을 겪었다는 것이 요지다. 그렇게 해서 성립한 '과학'으로서의 경제학의 핵심은 바로 '자유시장'이다. 그리하여 시장은 그 스스로의 작동 원리에 굴러가도록 살려 두는 것이 가장 중요하며, 이를 교란하는 일체의 정치적·사회적 개입은 절대 삼가야 한다는 게 결론이다.

　이런 점에서 볼 때, 제이컵 솔이 이 책에서 내놓는 논지의 파격성을 이해할 수 있다. '자유시장' 사상의 계보에서 그런 식의 '과학혁명' 따위는 없었다는 것이다. 애덤 스미스는 사실 멀리 로마시대의 키케로 이후의 유구한 전통을 이어받은 보수적인 전통주의자였을 뿐이고, '자유시장' 사상의 최소한 절반 이상은 그 '미몽'의 주범으로 지목되어 온 콜베르 등의 '중상주의자들'에 뿌리를 두고 있으며, 오늘날 정치가들과 경제학자들과 언론에서 이야기하는 '자유시장' 사상이란 사실 20세기 후반 미국에서, 아무리 멀리 잡아 봐야 19세기 초 영국에서 이런저런 정황 때문에 조악하게 급조된 신화일 뿐이라는 것이다.

이렇게 되면 '자유시장'의 존재를 공리로 삼는 현대 경제학은 과학의 자리를 잃게 되며, '자유시장'을 부동의 진리 및 영원한 준거점으로 여기는 정치가, 관료, 학자, 지식인 들은 모두 생각을 바꾸어야 한다. 이것이 이 책이 강력하게 촉구하는 바이기도 하다. 이러한 파격적이고 대담한 주장의 논리를 보다 선명하게 하기 위해 간단히 저자의 논지를 재구성해 보겠다.

### '자유시장' 사상의 두 원천

이 책은 서유럽에서의 '자유시장' 사상의 계보를 로마공화정 말기에서 시작해 2000년의 역사를 추적하면서, 그 기원을 키케로의 로마공화정과 마키아벨리에서 이어진 이탈리아 북부 도시국가 공화정이라는 두 원천으로 소급하고 있다. 이 두 개의 원천이 무엇을 공유하며 어디에서 차이가 나는지 잠깐 살펴보겠다.

키케로가 꿈꾸었던 로마공화정은 농업에 기초했다. 토지를 소유한 귀족들은 농업경영에 몰두하면서 '자연'의 질서와 이치에 깊게 파고들게 된다. 따라서 그들은 '자연'의 질서에 대한 지식이 깊을 뿐만 아니라 그 질서에 입각한 도덕과 윤리로 스스로를 엄격히 단련하면서 철학을 비롯한 학문과 행실을 닦게 된다. 이러한 고상한 귀족들은 서로의 지식과 '미덕'을 나누는 깊은 우정과 사랑의 관계를 갖게 되며, 그러한 관계의 결실이자 발로로서 교환과 각종 거래가 나타나게 된다. 즉, '자연적' 질서는 그것을 인간 세상에 구현하는 뛰어난 이들을 매개로 할 때에만 '자연적' 교환과 교역을 낳게 되는바, 이 토지 귀족들과 이들의 농업경영과 교역 활동이 바로 공화정의 기초가 된다는 것이다. 그런데키케로가 살던 시절의 로마공화정은 근본도 '미덕'도 없이 금전욕과 출세욕에만 눈이 먼 '껄렁패' 상인들과 야심가들에 의해 장악당해 부당한 토지세 그리고 빈민에 대한 강제적 재분배의 요구를 강요했으며, 이에 로마공화정은 위기에 처해 있었다는 것이다. 이것이 그가 이야기한, 국가의 간섭으로부터 자유롭고 '자연'의 질서를 닮아 아래로부터 생겨나는 '자유시장'의 비전이었다. 이러한 키케로의 '자유시상' 사상은 이후 기독교가 유럽을 지배하게 되면서 종교적인 논리와 복잡하게 착종되지만 뚜렷한 하나의 흐름을 이루면서 내려오게 된다.

한편 14세기 이후 이탈리아 북부 도시국가들에서 '자유시장' 사상의 전혀 다른 원천이 나타나게 된다. 이 도시들은 키케로의 로마공화정과는 달리 상업과 산업을 기초로 하여 성립한 공화국 질서를 가지고 있었고, 따라서 여기에서 생겨난 '자유시장' 사상도 키케로와는 전혀 결이 다른 것이었다. 이들은 현세에서의 부와 재물의 축적은 물론 상업 행위까지도 부정적으로 보았던 교회의 간섭에 맞서서 오히려 상업과 산업의 활성화야말로 시민들의 '미덕'을 일깨우는 핵심적인 원천이라고 정당화했다. 하지만 이들은 키케로와는 달리 결코 시장과 교환을 '자연적'인 것으로 보아 국가의 간섭을 부인하는 이들이 아니라 그 정반대의 입장을 가지고 있었다. 이들은 경험으로 볼 때, 상업과 산업이 발전하려면 오히려 온갖 무질서와 범죄를 막아 내면서 건강한 신용과 상도덕을 확립해 주고 또 적극적으로 상업과 산업의 확장을 지지해 주는 효율적인 정부가 반드시 필요하다고 생각했다. 이들도 시장과 교환의 확장을 원하고 요구했지만, 이들의 시장은 '자연적'인 것이 아니었다. 오히려 시장은 항상 굳건한 질서를 유지하면서 효율적이고 효과적으로 상업과 산업의 부흥을 꾀하는 '좋은 정부'를 필요로 하는 것이었다. 이러한 전통은 마키아벨리의 저작에서도 나타나며, 특히 네덜란드공화국이라는 성공적인 무역 대국에서 구체화됐으며, 그 이상적인 결정체는 프랑스 루이 14세의 재상으로서 프랑스를 단숨에 세계 최고의 산업 대국으로 끌어올린 장 바티스트 콜베르에서 나타난다고 한다.

요컨대 똑같이 '자유시장'이라는 비전을 내건다고 해도, 한쪽에서는 그것의 기초를 농업에 기반한 '자연적' 질서와 도덕을 갖춘 토지 귀족들의 미덕과 지배에서 찾고자 했으며, 반면 다른 쪽에서는 마키아벨리처럼 이러한 귀족들의 '미덕'에 냉소를 깔기도 하면서, 강력하고 효율적인 국가의 정책에서 찾고자 했다는 것이다. 이 두 개 전통의 갈등 속에서 저자는 오늘날 경제사상사에서 '과학혁명'처럼 묘사되는 18세기 말의 자유주의 경제사상의 출현을 전혀 다른 각도에서 조명한다.

## 문제의 인물, 애덤 스미스

콜베르에서 정점에 달한 후자의 '자유시장' 사상과 그 실천 방식은 콜베르가 죽고 나서 권력과 전쟁에 눈이 먼 루이 14세의 폭정이 시작되면서 비극으로 끝난다. 끝도 없이 계속되는 전쟁과 거기에서 나타나는 사회적 갈등 및 온갖 참상에 모두가 지쳐 버린 상황에서 프랑스의 계몽주의자들이 나타난다. 특히 프랑수아 케네 등의 '중농주의자'들은 부르봉왕조의 실정을 콜베르가 주도한 상업과 산업 부흥 정책의 국가 통치술과 싸잡아서 비판하는데, 이를 타락하고 비효율적인 '중상주의'로 몰아붙이면서 스스로가 키케로에서 내려오는 전통의 계승자로 나서게 된다. 이들은 오로지 농업만이 '자연적' 질서의 담지자이자 부의 진정한 원천이라고 주장하면서, 왕정과 거기에 결탁한 귀족 및 대부르주아들의 탐욕과 부패와 착취의 온상이 되어 버린 특권적 독점 체제의 상업과 산업을 비난하고 '자유방임'을 외치기에 이른다.

여기에서 문제의 인물 애덤 스미스의 사상이 태어난다. 그는 막 일어난 산업혁명의 흐름 속에 있던 대영제국의 인물이었던 만큼 상업과 산업의 중요성을 결코 간과하지 않았고, 프랑스의 콜베르가 시행한 여러 정책을 적극적으로 이해하고 받아들이기도 했다. 하지만 이 책에서 설명되는 스미스는 어디까지나 키케로에서 프랑스 중농주의자들로 이어지는 '자유시장' 사상 계보에 굳건히 선 인물이다. 그 또한 상업과 산업을 이끄는 독점적 상인 및 사업가 들에 대해 뿌리 깊은 편견과 의구심을 가지고 있었으며, 이들에게 특권을 부여하는 국가정책에 맹렬하게 반대했다. 하지만 그 대안으로 스미스가 생각한 것은 결코 오늘날의 경제학 교과서에 나오는 것과 같이 불필요한 일체의 정부 간섭이 배제되어 스스로 작동하는 '자기 조정적 시장' 같은 질서가 아니었다. 농업에 기초한 토지 귀족들이 학문과 도덕을 갖추어 국가와 사회의 질서를 지키는 지배계급으로서 굳건히 자리를 잡고, 이에 기반하여 공공선과 미덕이 실현될 수 있도록 여러 정책과 제도를 마련하여 상업과 산업을 계도하는 질서였다는 것이다. 이렇게 애덤 스미스의 사상은 키케로와 중농주의자들로부터 내려오는 '자유시장' 전통과 콜베르로부터 내려오는 상업 및 산업의 '자유시장' 전통과 그 국가관을 적절하게 종합한 산물로 보아야 한다는 것이다. 여기에서 떠오르는 애덤 스미스는 갈릴레이나 뉴턴과 같은 파격적인 '과학혁명'의 영웅과는 거리가 멀고, 오히려 당대에 숨 가쁘게 진행되던 영국의 산업혁명에 거의 무관심했던 철두철미한 전통주의자이자 '윤리학 교수'에 불과한 인물이었다(그의 만년의 직업이 조세 징수원이었다는 것도 기억하라).

이것은 우리가 아는 애덤 스미스가 아니다. 인간의 '탐욕'에 무제한의 자유를 허용하고 그것을 충족시켜 주는 최고의 도구인 기업에도 무제한의 자유를 허용한다면 '보이지 않는 손'에 의해 인간 세상에 최상 최고의 상태가 나타날 것이라는 게 우리에게 익숙한 '자유시장' 사상이며, 그러한 진리를 깨친 위대한 '과학혁명'의 영웅이 바로 애덤 스미스라고 배웠기 때문이다. 하지만 이 책에 따르면, 이는 실제의 스미스와 완전히 다르다고 한다. 스미스가 비록 중농주의자들과 함께 시장이 천체와 같은 자기 조정의 '자연적 질서'를 담고 있다는 이론을 확립하기는 했지만, 그가 말하는 '자연적 질서'는 오히려 수천 년 전 키케로에서부터 내려오는 오래된 전통사상의 재탕에 더 가깝다는 것이다. '탐욕'은 결코 무제한으로 허용되어서는 안 되며, 스토아철학의 윤리에 입각한 여러 미덕이 철저하게 우선해야 한다는 게 스미스의 생각이었다. 또한 그는 '기업'이란 공공선을 해치고 사회질서에 분탕질을 칠 위험한 존재이니 항상 감시와 계도의 눈길과 손길을 늦추지 말아야 한다고 말했다. 그리고 이러한 '자연적 질서'를 유지하기 위해서는 토지 귀족들과 같은 '미덕'의 담지자들이 확실하게 지배계급의 위치를 굳혀야 한다는 것이었다.

이렇게 되면, 경제사상사에서 암시하는 '과학혁명' 같은 것은 없었던 것이 된다. 18세기 말까지도 '자유시장' 사상이란 전통 시대에서 내려오는 이야기들이 반복되고 반복되는 모습에 불과했다. 그렇다면 우리가 알고 있는 이 '자유시장' 사상은 도대체 언제 어떻게 나타나게 된 것일까?

### '자유시장'의 신화는 20세기의 산물이다

먼저 19세기에 들어서면 영국에서 맬서스, 리카도, 벤담 등의 사상가들을 통해 '경제적 자유주의'가 나타나며 이것이 완전히 새로운 경제사상의 기초를 마련하게 된다. 이들은 스미스가 제시한 '자연을 닮은' 자율적인 시장 질서의 모습을 더욱 발전시켜서 완벽하게 스스로를 통제하고 균형을 찾아 나가는 '자기 조정 시장'이라는 급진적인 비전을 내놓는다. 하지만 저자는 이것만으로 19세기의 '자유방임' 사상이 만들어졌다고 볼 수는 없다고 말한다.

여기에서 잠깐 저자의 방법론에 대해 짚고 넘어갈 필요가 있다. 지성사 연구방법론에서 가장 중요한 질문 중 하나는, 역사적으로 상이한 시대에 나온 저작들을 하나의 연속적인 논의의 틀에서 다루는 것이 옳으냐는 것이다. 예를 들어, 철학이나 물리학과 같은 '순수학문'의 경우에는 이러한 방법이 얼마든지 정당화될 수 있다. 철학사에서는 수천 년 혹은 수백 년의 시간과 여러 다른 언어를 뛰어넘으면서 아리스토텔레스의 '실체(ousia)'와 스피노자의 '실체(substantia)'와 헤겔의 '실체(Substanz)'를 동렬에 놓고 비교하는 작업이 얼마든지 정당화된다. 또한 아낙시만드로스와 다윈과 도킨스의 '진화' 개념을 비교하는 작업도 마찬가지다. 하지만 정치사상이나 경제사상에서도 똑같은 방법이 허용될까? 국가, 법률, 화폐, 자본 등은 시대와 장소에 따라 그 존재 및 작동 방식이 모두 천차만별이다. 그리고 정치학이나 경제학은 순수학문이 아니라 구체적 현실이 작동하는 바를 실질적으로 해명하는 것을 목표로 하는 학문이다. 그런데 그냥 같은 이름이 붙어 있다고 해서 그 상이한 역사적 맥락에서 나온 저작들을 한 도마 위에 올려놓고 칼질하고 요리하는 작업 방식이 허용될 수 있을까? 17세기 영국의 '농업 자본주의'에 살았던 윌리엄 페티의 저작에 나타난 '자본 이론'과 21세기 '플랫폼 자본주의'에 살고 있는 우리들의 '자본 이론'을 그 역사적 맥락과 차이를 무시하고 그냥 동렬에 놓고 논의하는 것은 난센스가 아닐까? 키케로가 말하는 '시장'과 스미스가 말하는 '시장'과 프리드먼이 말하는 '시장'을 우리는 같은 것이라고 말할 수 있을까?

역사가인 저자가 취하는 접근방법은 입장이 뚜렷하다. 저자는 이 책에 등장하는 경제사상사의 모든 저작과 담론을 철저하게 그 당대의 맥락과 입장으로 해석한다. 키케로의 '시장'은 로마 공화정의 토지 귀족들의 '우정과 미덕 어린' 교환 행위이며, 스미스의 '시장'은 막 팽창하는 대영제국의 상업과 산업 발전이며, 프리드먼의 '시장'은 미국의 초거대 기업들과 금융기관들의 영업 행위다. 따라서 경제사상사의 '정전'들뿐만 아니라 상문서, 경제 정책가들의 행정 문서, 대중적 팸플릿 등이 모두 똑같이 중요한 1차 자료가 되며, 모든 경제 담론은 그러한 동시대의 맥락에서 이해되어야 한다는 것이다. 그리고 말할 것도 없이, 그 '동시대의 맥락'이란 여러 사회 세력의 권력 배분과 현실 세계의 변동 과정 등을 중심으로 삼는다. 이러한 방법론적 접근법은 이 저작 전체에 확연하게 드러난다.

그래서 저자는 19세기 영국의 '자유시장' 사상을 자유주의 경제사상의 전개라는 좁은 담론 영역이 아닌, 전 세계를 지배하게 된 대영제국의 제국주의라는 거시적 시대 전환의 산물로 조망한다. 맬서스와 리카도가 제시한 자기 조정 시장 메커니즘을 논리의 기초로 하여, 자유무역만이 인류에게 번영과 진보와 이성을 가져다줄 수 있다는 제국주의 시대의 '보편적 이상주의'가 이내 나타났으며, 이것이 리처드 코브던과 같은 인물에게서 구현되었다는 것이다. 하지만 이 또한 오래가지 않는다. 20세기에 들어와 대영제국은 물론 그것이 표방하고 있던 자유방임의 세계질서가 쇠퇴하게 되면서 커닝엄이나 케인스 등을 위시한 경제사상가들이 이러한 19세기의 '자유시장' 사상에 파괴적인 공격을 가하여 거의 사라지기에 이른다.

그리고 나서 오늘날 우리에게 익숙한 '자유시장' 사상이 나

타난다. 즉 인간은 이기적인 존재며, 인간의 '탐욕'이야말로 경제
와 세상을 움직이는 기본 동력으로 이를 적극적으로 긍정해야 하
며, 기업과 자본에는 무제한의 자유를 허용해야 하며, 이러한 질
서에 끼어드는 일체의 정치적·사회적 개입은 용납될 수 없다는
오늘날의 '자유시장' 사상은, 20세기 후반 미국에서 새롭게 나타
난 새로운 상품이다. 여기에는 미제스 및 하이에크와 같은 오스
트리아 경제학자들과 프리드먼 등의 시카고대학 경제학자들의
사상도 중요한 요소지만, 저자는 그것이 현실을 지배하게 된 사
회세력의 맥락으로서 미국 우파의 대두를 강조한다. 루스벨트 대
통령 이래의 뉴딜 질서에 대해 극도의 반감을 가지고 있던 대자
본과 대기업 세력, 미국 남부의 극단적 인종주의적 우파, 기독교
근본주의 세력 등이 하나의 사회세력을 형성하는 과정에서 하이
에크와 프리드먼의 사상이 효과적인 이데올로기로 채택되는 과
정에 착목해야 한다는 것이다.


### 이제부터 '자유시장'을 말하고 싶다면

저자의 이력은 역사학자에 국한되지 않는다. 현실의 경제를 이해
하고 무게 있는 주장을 내놓을 만한 이력도 분명히 가진 이다. 제
이컵 솔은 회계학의 역사를 깊이 연구하여 권위 있는 저작을 내
놓았으며,* 유럽연합 집행위원회, 스페인, 포르투갈 정부 등의 경
제정책 자문의 역할을 맡은 바도 있다. 특히 2010년대 초 그리스

---

* 제이컵 솔, 정해영 옮김, 『회계는 어떻게 역사를 지배해왔는가』, 메멘토,
2016.

가 외채위기에 휘말려 고통을 겪고 있을 당시 그리스 정부에 자문의 역할로 국가적 경제위기 관리의 문제에서도 활약한 경험을 가진 이다. 또한 그는 시장경제에 근본적인 의문을 던지는 급진적 좌파가 아니다. 오히려 그가 그리스의 경제위기 당시 그리스 정부에 했던 조언과 주장은 '건전한 회계의 원칙을 철저히 고수하라'는 것이었다.* 얼핏 보면 역설적인 문장 같지만, 그가 이 책에서 말하고자 하는 바는 '자유시장'이라는 신화의 미몽에서 벗어나 철저한 현실주의에 입각하여 생각하고 행동할 때에만 비로서 '시장의 자유'라는 것이 실현될 수 있다는 명제로 요약할 수 있을 것이다.

첫째, 우리에게 익숙한 '자유시장' 사상은 20세기에 만들어진 신화이며, 수천 년 경제사상의 누적이 가져온 '과학혁명'의 산물 따위가 아니다. '자유로운 시장'이라는 비전은 2000년 전 키케로에서부터 나타나지만, 그것이 무슨 의미며 어떤 조건을 가지고 무엇을 전제로 하는 것인지는 각 시대와 상황마다 달랐다. 또한 그것을 이루기 위한 현실에서의 사유와 실천은 각각 다른 내용이었으며, 이는 '자유시장 사상의 아버지'로 오해되는 애덤 스미스도 예외가 아니었다. 영국이 세계를 지배하던 19세기의 '자유시장' 사상도 마찬가지며, 20세기 후반 미국과 전 세계를 지배하게 된 오늘날의 '자유시장' 사상도 마찬가지다. 이를 두고 마치 만유인력의법칙이나 열역학법칙처럼 확고하게 수립된 과학적 진리

---

\* Adrian Rollins, "How good accounting can save the world — including Greece" *In the Black*, 17 July 2015, https://intheblack.cpaaustralia.com .au/accounting/how-good-accounting-can-save-the-world-including-greece.

로 여겨서는 안 되며, 수천 년에 걸친 경제사상의 전개를 그러한 신화의 틀에 끼워 맞추려는 짓도 그만두어야 한다.

둘째, 우리에게 익숙한 '자유시장' 사상으로는 현실의 문제들을 해결할 수 없다. 실제의 현실은 너무나 당연하게 언제나 그러한 사상과는 괴리되는 것이었다. 미국도 독일도 프랑스도 심지어 영국조차도 그러한 식의 '자유시장'의 틀로 경제발전을 이룬 것이 아니었다. 특히 21세기의 현시점은 그러한 괴리가 더욱 적나라하게 불거지고 있는 상황이다. 미국을 위협하는 경제대국으로 떠오른 중국은 그러한 식으로 성장한 나라가 아니며 앞으로도 그렇게 되지 않을 것이다. 심지어 지금은 미국을 위시한 서방 국가들마저 도처에서 '시장질서의 붕괴'를 경험하고 있는 상황이다. 코로나 팬데믹 이후 세계의 모든 나라가 공격적인 보호무역과 자국 위주의 산업정책 및 국가개입을 본격적으로 선택하고 있는 상황이며, 기후위기와 사회적 불평등 등의 문제가 절박한 과제로 대두되는 상황이다. 이러한 현실에서 계속 '자유시장' 사상을 준거점으로 집착하는 것은 용납할 수 없는 착오다.

셋째, 진정으로 '시장의 자유'를 확대하여 인간 세상을 이롭게 하는 일은, 존재하지도 않는 '완벽한 시장 메커니즘' 따위의 신화를 벗어 던지고 그 말의 진정한 의미와 그것을 이룰 구체적인 이론과 실천을 벼리는 작업일 것이다. 애덤 스미스를 거쳐 그 이전까지로 뻗어 있는 시장에 대한 오랜 사상사를 살펴보는 작업을 한다면, 바로 그러한 목적을 염두에 두고 지혜롭게 살펴야 한다. 시장이란 하나의 얼굴을 가진 단순한 존재가 아니다. 이 시장의 여러 얼굴과 다면적인 생태를 입체적으로 이해하고 살피기 위해서는, 시장에 대해 다양한 관점에서 무수한 견해와 통찰을 내걸었던 사상사의 저작들과 오늘날의 주장들과 분석들을 있는 그대로 두루 살펴야 한다. 시장 개념을 둘러싼 경제사상사의 작업을 수행하는 의미도 여기에 있다고 볼 수 있다.

이 책은 주장이 파격적이고, 논리가 선명하며, 방법론도 분명한 저작이다. 출간된 지 얼마 되지 않았지만 이미 많은 곳에서 서평과 논의가 쏟아지고 있다. '자유시장' 사상을 거세게 내미는 여러 기관, 싱크 탱크, 개인들은 이미 곳곳에서 불편한 심기를 드러내면서 이런저런 반론을 내놓고 있다. 이 책은 긴 시간에 걸친 수많은 저작을 그것도 역사적 맥락 속에서 다루면서 정교한 논리를 제시하고 있기 때문에, 앞으로 많은 논쟁과 비판이 있을 것으로 보인다. 하지만 역자로서 보자면, 이 글의 서두에 이야기했던 바와 같이, 경제학에 애덤 스미스로 시작된 '과학혁명'이 있었던 것처럼 경제사상의 흐름을 이해하는 위험한 통념에 확실한 일격을 가한 것만으로도 크게 만족하며 또 고맙게 여긴다. 온 세상이 지성학적 갈등 구조, 인플레이션과 금융시장 불안, 지구적 가치사슬의 변화, 생태위기와 사회적 불평등으로 지각변동의 조짐을 보이고 있는 오늘날, 이 책의 주장이 단순한 일격에 그치는 것이 아니라 정수리에 꽂는 일침과 같은 위력을 가지고 있음을 누구나 짐작할 수 있을 것이다.

주

## 서론

1. Léon Walras, *Elements of Pure Economics; or, the Theory of Social Wealth*, trans. William Jaffe, London: Routledge, 1954, 153–155; Bernard Cornet, "Equilibrium Theory and Increasing Returns", *Journal of Mathematical Economics* 17, 1988, 103–118; Knud Haakonssen, *Natural Law and Moral Philosophy: From Grotius to the Scottish Enlightenment*, Cambridge: Cambridge University Press, 1996, 25–30.

2. Milton Friedman, *Capitalism and Freedom*, 3rd ed., Chicago: University of Chicago Press, 2002, 15; Milton Friedman, *Free to Choose: A Personal Statement*, 3rd ed., New York: Harcourt, 1990, 20, 145.

3. Anat Admati, "Anat Admati on Milton Friedman and Justice", Insights by Stanford Business, October 5, 2020, www.gsb.stanford.edu/insights/anat-admati-milton-friedman-justice; Diane Coyle, *Markets, State, and People: Economics for Public Policy*, Princeton, NJ: Princeton University Press, 2020, 98–101; Rebecca Henderson, *Reimagining Capitalism in a World on Fire*, New York: Public Affairs, 2020, 19, 67; Bonnie Kristian, "Republicans More Likely Than Democrats to Say the Free Market Is Bad for America", Foundation for Economic Education, December 9, 2016, https://fee.org/articles/republicans-more-likely-than-democrats-to-say-the -free-market-is-bad-for-america; Jonah Goldberg, "Will the Right Defend Economic Liberty?", *National Review*, May 2, 2019; Martin Wolf, "Why Rigged Capitalism Is Damaging Liberal Democracy," *Financial Times*, September 17, 2019, www.ft.com/content/5a8ab27e-d470-11e9-8367-807ebd53ab77; Ben Riley-Smith, "The Drinks Are on Me, Declares Rishi Sunak in Budget Spending Spree", *The Telegraph*, October 27, 2021; Inu Manak, "Are Republicans Still

the Party of Free Trade?", Cato Institute, May 16, 2019, www.cato.org/blog/are
-republicans-still-party-free-trade; Aritz Parra, "China's Xi Defends Free Markets
as Key to World Prosperity," Associated Press, November 28, 2018.

4. Erik S. Reinert, *How Rich Countries Got Rich, and Why Poor Countries Stay Poor*,
London: Public Affairs, 2007; Ciara Linnane, "China's Middle Class Is Now
Bigger Than America's Middle Class", MarketWatch, October 17, 2015, www
.marketwatch.com/story/chinese-middle-class-is-now-bigger-than-the-us
-middle-class-2015-10-15; Javier C. Hernández and Quoctrung Bui, "The Amer-
ican Dream Is Alive. In China", *New York Times*, November 8, 2018; Karl Polanyi,
*The Great Transformation: The Political and Economic Origins of Our Time*, Bos-
ton: Beacon Press, 1957, 267–268; Fred Block and Margaret R. Somers, *The Pow-
er of Market Fundamentalism: Karl Polanyi's Critique*, Cambridge, MA: Harvard
University Press, 2014, 2; David Sainsbury, *Windows of Opportunity: How Nations
Create Wealth*, London: Profile Books, 2020.

5. Martin Wolf, "Milton Friedman Was Wrong on the Corporation", *Financial
Times*, December 8, 2020, www.ft.com/content/e969a756-922e-497b-8550-94bfb
1302cdd.

6. Adam Smith, *An Inquiry into the Nature and Causes of the Wealth of Nations*, ed. Roy
Harold Campbell and Andrew Skinner, 2 vols., Indianapolis: Liberty Fund, 1981,
vol. 1, bk. IV, chap. ii, para. 10; William J. Barber, *A History of Economic Thought*,
London: Penguin, 1967, 17; Lars Magnusson, *The Tradition of Free Trade*, Lon-
don: Routledge, 2004, 16.

7. Joseph A. Schumpeter, *History of Economic Analysis*, London: Allen and Unwin,
1954, 185.

8. Smith, *Wealth of Nations*, vol. 2, bk. IV, chap. ix, para. 3.

9. D. C. Coleman, ed., *Revisions in Mercantilism*, London: Methuen, 1969, 91–
117, at 97; William Letwin, *The Origins of Scientific Economics: English Econom-
ic Thought, 1660–1776*, London: Methuen, 1963, 43; Lars Magnusson, *Mercan-
tilism: The Shaping of an Economic Language*, London: Routledge, 1994; Philip J.
Stern, *The Company State: Corporate Sovereignty and Early Modern Foundations
of the British Empire in India*, Oxford: Oxford University Press, 2011, pp. 5–6;
Rupali Mishra, *A Business of State: Commerce, Politics, and the Birth of the East In-
dia Company*, Cambridge, MA: Harvard University Press, 2018; Philip J. Stern
and Carl Wennerlind, eds., *Mercantilism Reimagined: Political Economy in Early*

*Modern Britain and Its Empire*, Oxford: Oxford University Press, 2014, 6; Schumpeter, *History of Economic Analysis*, 94; Eli F. Heckscher, *Mercantilism*, trans. Mendel Shapiro, 2 vols., London: George Allen and Unwin, 1935; Steve Pincus, "Rethinking Mercantilism: Political Economy, the British Empire, and the Atlantic World in the Seventeenth and Eighteenth Centuries," *William and Mary Quarterly* 69, no. 1, 2012: 3–34.

## 1장

1. Titus Livy, *History of Rome*, trans. John C. Yardley, Loeb Classical Library, Cambridge, MA: Harvard University Press, 2017, bk. 1, chap. 8. For an online version of Livy edited by Rev. Canon Roberts, see the Perseus Digital Library, Tufts University, gen. ed. Gregory R. Crane, www.perseus.tufts.edu/hopper/text?doc=urn:cts:latinLit:phi0914.phi0011.perseus-eng3:pr.

2. Livy, *History of Rome*, bk. 23, chap. 24; bk. 1, chap. 35; Ronald Syme, *The Roman Revolution*, rev. ed., Oxford: Oxford University Press, 2002, p. 15.

3. Cato, *On Agriculture, in Cato and Varro: On Agriculture*, trans. W. D. Hooper and H. B. Ash, Loeb Classical Library, Cambridge, MA: Harvard University Press, 1935, bk. 1, paras. 1–2.

4. Cicero, *De officiis*, trans. Walter Miller, Loeb Classical Library, Cambridge, MA: Harvard University Press, 1913, bk. 1, sec. 13, para. 41.

5. Cicero, *On the Republic, in Cicero, On the Republic, On the Laws*, trans. Clinton W. Keyes, Loeb Classical Library, Cambridge, MA: Harvard University Press, 1928, bk. 1, sec. 34, paras. 52–53; bk. 1, sec. 5, para. 19; bk. 1, sec. 8–9, para. 24.

6. Dan Hanchey, "Cicero, Exchange, and the Epicureans," *Phoenix* 67, no. 1–2, 2013, 119–134, at 129; Wood, *Cicero's Social and Political Thought*, 55, 81–82, 112; Cicero, *De officiis*, bk. 3, sec. 6, para. 30; bk. 1, sec. 7, para. 22.

7. Cicero, *On Ends*, trans. H. Rackham, Loeb Classical Library, Cambridge, MA: Harvard University Press, 1914, bk. 2, sec. 26, para. 83; Hanchey, "Cicero, Exchange," 23; Cicero, *De officiis*, bk. 1, sec. 13, para. 41; bk. 1, sec. 16, para. 50; bk. 1, sec. 17, paras. 53–54; Cicero, *De amicitia, in On Old Age, On Friendship, On Divination*, trans. W. A. Falconer, Loeb Classical Library, Cambridge, MA: Harvard University Press, 1923, sec. 6, para. 22; sec. 7, paras. 23–24; sec. 7, paras. 23–24; sec. 14, paras. 50–52.

8. Cicero, *De officiis*, bk. 14, sec. 5, paras. 21–22; bk. 3, sec. 5, para. 23.

9. Caesar, *The Gallic War*, trans. H. J. Edwards, Loeb Classical Library, Cambridge, MA: Harvard University Press, 1917, bk. 5, para. 1. See also "Internum Mare," in William Smith, *Dictionary of Greek and Roman Geography*, 2 vols., London: Walton and Maberly, 1856, 1:1084; Peter Brown, *Through the Eye of the Needle: Wealth, the Fall of Rome, and the Making of Christianity in the West, 350–550 AD*, Princeton, NJ: Princeton University Press, 2014, p. 69; Pliny, *Natural History*, trans. H. Rackham, 37 vols., Loeb Classical Library, Cambridge, MA: Harvard University Press, 1942, bk. 3.

10. Wood, *Cicero's Social and Political Thought*, 48; Cicero, *In Catilinam*, in Cicero, *Orations: In Catilinam, I–IV, Pro Murena, Pro Sulla, Pro Flacco*, trans. C. Macdonald, Loeb Classical Library, Cambridge, MA: Harvard University Press, 1977, bk. 2, para. 21.

11. Cicero, *De officiis*, bk. 1, sec. 13, para. 47; Hanchey, "Cicero, Exchange," 129; Brown, *Through the Eye of the Needle*, 253.

12. A. E. Douglas, "Cicero the Philosopher," in *Cicero*, ed., T. A. Dorey, New York: Basic Books, 1965, 135–171.

13. Douglas, "Cicero the Philosopher."

14. Cicero, *De officiis*, bk. 1, sec. 13, para. 41; bk. 1, sec. 7, para. 27.

15. Cicero, *On Ends*, bk. 1, sec. 9, para. 30; bk. 1, sec. 10, paras. 32–33.

16. Cicero, *On Ends*, bk. 1, sec. 19, para. 69; Cicero, *On the Republic*, bk. 6, sec. 24, paras. 26–28.

17. Emily Butterworth, "Defining Obscenity," in *Obscénités renaissantes*, ed., Hugh Roberts, Guillaume Peureux, and Lise Wajeman, Travaux d'humanisme et Renaissance, no. 473 (Geneva: Droz, 2011), 31–37; Cicero, *Orations: Philippics 1–6*, ed. and trans., D. R. Shackleton Bailey, rev. John T. Ramsey and Gesine Manuwald, Loeb Classical Library, Cambridge, MA: Harvard University Press, 2009, chap. 2, paras. 96–98.

## 2장

1. Matthew, 13:44; Luke 12:33; Hebrews 9:22; Giacomo Todeschini, *Les Marchands et le Temple: La société chrétienne et le cercle vertueux de la richesse du Moyen Âge à l'Époque Moderne*, Paris: Albin Michel, 2017. All quotations from the Bible are from the King James Version.

2. Luke 12:33; Matthew 6:19–21. See also Mark 10:25 and Luke 18:25.

3. Matthew 25:29. This concept of investment and reward would become the basis of Robert K. Merton's "Matthew Effect in Science: The Reward and Communication Systems of Science Are Reconsidered," *Science* 159, no. 3810 (1968): 56–63.

4. Proverbs 19:17. See also Matthew 25:45.

5. Matthew 19:12.

6. Clement of Alexandria, *The Rich Man's Salvation*, trans. G. W. Butterworth, rev. ed., Loeb Classical Library, Cambridge, MA: Harvard University Press, 1919, 339; Todeschini, *Les Marchands et le Temple*, 28.

7. Walter T. Wilson, ed. and trans., *Sentences of Sextus*, Atlanta: Society of Biblical Literature, 2012, 33–38, 74, 261–264.

8. Wilson, *Sentences of Sextus*, 2; *The Shepherd of Hermas*, trans. J. B. Lightfoot, New York: Macmillan, 1891, Parable 2, 1[51]:5, available at Early Christian Writings, www.earlychristianwritings.com/text/shepherd-lightfoot.html; Tertullian, "On the Veiling of Virgins," trans. S. Thelwall, in *The Ante-Nicene Fathers*, ed. Alexander Roberts, James Donaldson, and A. Cleveland Coxe, vol. 4, revised for New Advent by Kevin Knight, Buffalo, NY: Christian Literature Publishing, 1885.

9. Edward Gibbon, *History of the Decline and Fall of the Roman Empire*, 6 vols., London: Strahan, 1776–1789, vol. 1, chap. 15, n. 96.

10. Richard Finn, *Almsgiving in the Later Roman Empire: Christian Promotion and Practice, 313–450*, Oxford: Oxford University Press, 2006, 93.

11. Benedicta Ward, *The Desert Fathers: Sayings of the Early Christian Monks*, London: Penguin, 2005, 20–54; Gregory of Nyssa, *On Virginity*, ed. D. P. Curtin, trans. William Moore, Philadelphia: Dalcassian Publishing, 2018, 19.

12. John Chrysostom, "Homily 3: Concerning Almsgiving and the Ten Virgins," in *On Repentance and Almsgiving*, trans. Gus George Christo, Washington, DC: Catholic University of America Press, 1998, 28–42, at 29–31.

13. Chrysostom, "Homily 3," 32.

14. Ambrose, *On the Duties of the Clergy*, trans. A. M. Overett, Savage, MN: Lighthouse Publishing, 2013, 55, 89, 205–206; Ambrose, *De Nabuthae*, ed. and trans. Martin R. P. McGuire, Washington, DC: Catholic University of America Press, 1927, 49.

15. Ambrose, *On the Duties of the Clergy*, 55, 78, 83.

16. Ambrose, *On the Duties of the Clergy*, 122–124.

17. Ambrose, "The Sacraments of the Incarnation of the Lord," in *Theological and*

    *Dogmatic Works*, trans. Roy J. Deferrari, Washington, DC: Catholic University of America Press, 1963, 217–264, at 240.

18. Peter Brown, *Augustine of Hippo: A Biography*, Berkeley: University of California Press, 2000, 169.

19. Augustine, *On the Free Choice of the Will, On Grace and Free Choice, and Other Writings*, ed. and trans. Peter King, Cambridge: Cambridge University Press, 2010, 1; Peter Brown, "Enjoying the Saints in Late Antiquity," *Early Medieval Europe* 9, no. 1 (2000): 1–24, at 17.

20. Brown, *Augustine of Hippo*, 218–221.

21. Augustine, "Sermon 350," in *Sermons*, ed. John E. Rotelle, trans. Edmund Hill, 10 vols., Hyde Park, NY: New City Press, 1995, 3:107–108, available at https://wesleyscholar.com/wp-content/uploads/2019/04/Augustine-Sermons-341-400.pdf; Peter Brown, *Through the Eye of a Needle: Wealth, the Fall of Rome, and the Making of Christianity in the West, 350–550 AD*, Princeton, NJ: Princeton University Press, 2014, 355; Augustine, *Letters*, vol. 2, (83–130), trans. Wilfrid Parsons, Washington, DC: Catholic University of America Press, 1953, 42–48; Brown, *Augustine of Hippo*, 198.

22. Brown, *Augustine of Hippo*, 299.

23. Augustine, *City of God*, trans. Henry Bettenson, London: Penguin, 1984, bk. 1, chap. 8; bk. 1, chap. 10.

24. Augustine, *City of God*, bk. 12, chap. 23; Augustine, *Divine Providence and the Problem of Evil: A Translation of St. Augustine's de Ordine*, trans. Robert P. Russell, Whitefish, MT: Kessinger, 2010, 27–31.

25. Augustine, "Exposition of the Psalms," ed. Philip Schaff, trans. J. E. Tweed, in *Nicene and Post-Nicene Fathers*, First Series, vol. 8, Buffalo, NY: Christian Literature Publishing, 1888, revised for New Advent by Kevin Knight, www.newadvent.org/fathers/1801.htm.

### 3장

1. Michael McCormick, *Origins of the European Economy: Communications and Commerce AD 300–900*, Cambridge: Cambridge University Press, 2001, 37, 87.

2. Georges Duby, *The Early Growth of the European Economy: Warriors and Peasants from the Seventh to the Twelfth Century*, trans. Howard B. Clarke, Ithaca, NY: Cornell University Press, 1974, 29; J. W. Hanson, S. G. Ortman, and J. Lobo, "Ur-

banism and the Division of Labour in the Roman Empire," *Journal of the Royal Society Interface* 14, no. 136, 2017, Interface 14, 20170367; Rosamond McKitterick, ed., *The Early Middle Ages*, Oxford: Oxford University Press, 2001, 100.

3. McCormick, *Origins of the European Economy*, 38, 40–41, 87, 101; Procopius, *The Wars of Justinian*, trans. H. B. Dewing, rev. Anthony Kaldellis, Indianapolis: Hackett Publishing, 2014, bk. 2, chaps. 22–33; Guy Bois, *La mutation de l'an mil. Lournand, village mâconnais de l'antiquité au féodalisme*, Paris: Fayard, 1989, 31.

4. Valentina Tonneato, *Les banquiers du seigneur*, Rennes, France: Presses Universitaires de Rennes, 2012, 291.

5. Tonneato, *Les banquiers du seigneur*, 315; Giacomo Todeschini, *Les Marchands et le Temple: La société chrétienne et le cercle vertueux de la richesse du Moyen Âge à l'Époque Moderne*, Paris: Albin Michel, 2017, 37.

6. Tonneato, *Les banquiers du seigneur*, 160; Alisdair Dobie, *Accounting at the Durham Cathedral Priory: Management and Control of a Major Ecclesiastical Corporation, 1083–1539*, London: Palgrave Macmillan, 2015, 145–146.

7. McKitterick, *Early Middle Ages*, 104.

8. "Customs of Saint-Omer (ca. 1100)," in *Medieval Europe*, ed. Julius Kirshner and Karl F. Morrison, Chicago: University of Chicago Press, 1986, 87–95.

9. Alan Harding, "Political Liberty in the Middle Ages," *Speculum* 55, no. 3, (1980): 423–443, at 442.

10. "Customs of Saint-Omer," 87.

11. Giacomo Todeschini, *Franciscan Wealth: From Voluntary Poverty to Market Society*, trans. Donatella Melucci, Saint Bonaventure, NY: Saint Bonaventure University, 2009, 14; Todeschini, *Les Marchands du Temple*, 70.

12. Henry Haskins, *The Renaissance of the Twelfth Century*, Cambridge, MA: Harvard University Press, 1933, 344–350; D. E. Luscumbe and G. R. Evans, "The Twelfth-Century Renaissance," in *The Cambridge History of Medieval Political Thought, c. 350–c. 1450*, ed. J. H. Burns, Cambridge: Cambridge University Press, 1988, 306–338, at 306; F. Van Steenberghen, *Aristotle in the West: The Origins of Latin Aristotelianism*, trans. L. Johnston, Leuven, Belgium: E. Nauwelaerts, 1955, 30–33.

13. Odd Langholm, *Price and Value in the Aristotelian Tradition: A Study in Scholastic Economic Sources*, Bergen, Norway: Universitetsforlaget, 1979, 29; Gratian, *The Treatise on Laws (Decretum DD. 1–20)*, trans. Augustine Thompson, Washington,

DC: Catholic University of America Press, 1993, 25; Brian Tierney, *The Idea of Natural Rights: Studies on Natural Rights, Natural Law, and Church Law, 1150–1625*, Atlanta: Emory University, 1997, 56.

14. David Burr, "The *Correctorium* Controversy and the Origins of the *Usus Pauper* Controversy," *Speculum* 60, no. 2 (1985): 331–342, at 338.

15. Saint Thomas Aquinas, *Summa Theologica*, vol. 53, Question 77, Articles 1, 3; Raymond de Roover, "The Story of the Alberti Company of Florence, 1302–1348, as Revealed in Its Account Books," *Business History Review* 32, no. 1 (1958): 14–59.

16. W. M. Speelman, "The Franciscan *Usus Pauper*: Using Poverty to Put Life in the Perspective of Plenitude," *Palgrave Communications* 4, no. 77 (2018), open access: https://doi.org/10.1057/s41599-018-0134-4; Saint Bonaventure, *The Life of St. Francis of Assisi*, ed. Cardinal Manning (Charlotte, NC: TAN Books, 2010), 54–55.

17. Norman Cohn, *Pursuit of the Millennium: Revolutionary Millenarians and Mystical Anarchists of the Middle Ages*, Oxford: Oxford University Press, 1970, 148–156.

18. John Duns Scotus, *Political and Economic Philosophy*, ed. and trans. Allan B. Wolter, Saint Bonaventure, NY: Franciscan Institute Publications, 2000, 27.

19. Lawrence Landini, *The Causes of the Clericalization of the Order of Friars Minor, 1209–1260 in the Light of Early Franciscan Sources*, Rome: Pontifica Universitas, 1968; David Burr, *Olivi and Franciscan Poverty: The Origins of the Usus Pauper Controversy*, Philadelphia: University of Pennsylvania Press, 1989, 5, 9.

20. Burr, *Olivi and Franciscan Poverty*, 11–12.

21. Nicholas III, *Exiit qui seminat (Confirmation of the Rule of the Friars Minor)*, 1279, Papal Encyclicals Online, www.papalencyclicals.net/nichol03/exiit-e.htm.

22. Piron Sylvain, "Marchands et confesseurs: Le Traité des contrats d'Olivi dans son contexte (Narbonne, fin XIIIe–début XIVe siècle)," in *Actes des congrès de la Société des historiens médiévistes de l'enseignement supérieur public, 28e congrès* 28 (1997): 289–308; Pierre Jean Olivi, *De usu paupere: The quaestio and the tractatus*, ed. David Burr, Florence: Olschki, 1992, 47–48.

23. Olivi, *De usu paupere*, 48.

24. Sylvain Piron, "Censures et condamnation de Pierre de Jean Olivi: Enquête dans les marges du Vatican," *Mélanges de l'École française de Rome—Moyen Âge* 118, no. 2 (2006): 313–373.

25. Pierre Jean Olivi, *Traité sur les contrats*, ed. and trans. Sylvain Piron, Paris: Les Belles Lettres, 2012, 103–115.

26. Peter John Olivi, "On Usury and Credit (ca. 1290)," in *University of Chicago Readings in Western Civilization*, ed. Julius Kirshner and Karl F. Morrison, Chicago: University of Chicago Press, 1987, 318–325, at 318; Langholm, *Price and Value*, 29, 52.

27. Langholm, *Price and Value*, 119, 137.

28. Tierney, *Idea of Natural Rights*, 33; William of Ockham, *On the Power of Emperors and Popes*, ed. and trans. Annabel S. Brett, Bristol: Theommes Press, 1998.

29. Tierney, *Idea of Natural Rights*, 101.

30. Tierney, *Idea of Natural Rights*, 35; Ockham, *On the Power of Emperors and Popes*, 35–37, 97.

31. Ockham, *On the Power of Emperors and Popes*, 15, 76, 79, 96.

32. Harry A. Miskimin, *The Economy of Later Renaissance Europe, 1460–1600*, Cambridge: Cambridge University Press, 1977, 11.

## 4장

1. Raymond de Roover, "The Story of the Alberti Company of Florence, 1302–1348, as Revealed in Its Account Books," *Business History Review* 32, no. 1 (1958): 14–59, at 46; Marcia L. Colish, "Cicero's *De officiis* and Machiavelli's *Prince*," *Sixteenth Century Journal* 9, no. 4 (1978): 80–93, at 82; N. E. Nelson, "Cicero's *De officiis* in Christian Thought, 300–1300," in *Essays and Studies in English and Comparative Literature*, University of Michigan Publications in Language and Literature, vol. 10, Ann Arbor: University of Michigan Press, 1933, 59–160; Albert O. Hirschman, *The Passions and the Interests: Political Arguments for Capitalism Before Its Triumph*, Princeton, NJ: Princeton University Press, 1977, 10.

2. William M. Bowsky, *The Finance of the Commune of Siena, 1287–1355*, Oxford: Clarendon Press, 1970, 1, 209.

3. Nicolai Rubenstein, "Political Ideas in Sienese Art: The Frescoes by Ambrogio Lorenzetti and Taddeo di Bartolo in the Palazzo Pubblico," *Journal of the Warburg and Courtauld Institutes* 21, no. 3/4 (1958): 79–207; Quentin Skinner, "Ambrogio Lorenzetti's Buon Governo Frescoes: Two Old Questions, Two New Answers," *Journal of the Warburg and Courtauld Institutes* 62, no. 1 (1999): 1–28, at 6.

4. Arpad Steiner, "Petrarch's *Optimus Princeps*," *Romanic Review* 23 (1934): 99–111; Christian Bec, *Les marchands écrivains: Affaires et humanisme à Florence, 1375–1434*, Paris: École Pratique des Hautes Études, 1967, 49–51; Francesco Petrarca, "How a Ruler Ought to Govern His State," in *The Earthly Republic: Italian Hu-*

*manists on Government and Society*, ed. Benjamin G. Kohl and Ronald G. Witt, Philadelphia: University of Pennsylvania Press, 1978, 35–92, at 37.

5. James Hankins, *Virtue Politics: Soulcraft and Statecraft in Renaissance Italy*, Cambridge, MA: Belknap Press of Harvard University Press, 2019, 2, 42, 46; Steiner, "Petrarch's *Optimus Princeps*," 104.

6. Raymond de Roover, "The Concept of the Just Price: Theory and Economic Policy," *Journal of Economic History* 18, no. 4 (1958): 418–434, at 425; Cicero, *De officiis*, trans. Walter Miller, Loeb Classical Library, Cambridge, MA: Harvard University Press, 1913, bk. 1, sec. 13–14, paras. 43–45.

7. Gertrude Randalph Bramlette Richards, *Florentine Merchants in the Age of the Medici: Letters and Documents from the Selfridge Collection of Medici Manuscripts*, Cambridge, MA: Harvard University Press, 1932, 5; Armando Sapori, *La crisi delle compagnie mercantili dei Bardi dei Peruzzi*, Florence: Olschki, 1926; Robert S. Lopez, *The Commercial Revolution of the Middle Ages, 950–1350*, Cambridge: Cambridge University Press, 1976, 27–36; Gino Luzzato, *Breve storia economica dell'Italia medieval*, Turin: Einaudi, 1982; Giovanni di Pagolo Morelli, *Ricordi*, ed. V. Branca, Florence: F. Le Monnier, 1956, 100–101; Matteo Palmieri, *Dell' Ottimo Cittadino: Massime tolte dal Trattato della Vita Civile*, Venice: Dalla Tipografia di Alvisopoli, 1829, 20, 66, 167–168.

8. Benedetto Cotrugli, *The Book of the Art of Trade*, ed. Carlo Carraro and Giovanni Favero, trans. John Francis Phillimore, Cham, Switzerland: Palgrave Macmillan, 2017.

9. Cotrugli, *Book of the Art of Trade*, 4.

10. Cotrugli, *Book of the Art of Trade*, 112–115.

11. Cotrugli, *Book of the Art of Trade*, 25, 30, 33.

12. Cotrugli, *Book of the Art of Trade*, 46–49, 62, 86, 112–113.

13. Felix Gilbert, *Machiavelli and Guicciardini: Politics and History in Sixteenth-Century Florence*, Princeton, NJ: Princeton University Press, 1965, 160–161.

14. Hirschman, *The Passions and the Interests*, 33; Niccolò Machiavelli, *The Prince*, ed. and trans. William J. Connell, Boston: Bedford/St. Martin's, 2005, 61–62; Colish, "Cicero's *De officiis* and Machiavelli's *Prince*," 92.

15. Jacob Soll, *Publishing* The Prince*: History, Reading, and the Birth of Political Criticism*, Ann Arbor: University of Michigan Press, 2005, 23; Niccolò Machiavelli, *The Discourses*, ed. Bernard Crick, trans. Leslie J. Walker, rev. Brian Richardson, London: Penguin, 1970, 37–39, 201.

16. Machiavelli, *The Discourses*, 39; John McCormick, *Machiavellian Democracy*, Cambridge: Cambridge University Press, 2011, 55, 201; Gilbert, *Machiavelli and Guicciardini*, 184–185; Machiavelli, *The Prince*, 61–62.

17. Machiavelli, *The Prince*, 55; Jérémie Bartas, *L'argent n'est pas le nerf de la guerre: Essai sur une prétendue erreur de Machiavel*, Rome: École Française de Rome, 2011, 32–36; McCormick, *Machiavellian Democracy*, 87; Machiavelli, *The Discourses*, 201–203.

18. McCormick, *Machiavellian Democracy*, 26; Charles Tilly, "Reflection on the History of European State-Making," in *The Formation of National States in Western Europe*, ed. Charles Tilly, Princeton, NJ: Princeton University Press, 1975, 3–83, at 52–56; Margaret Levy, *Of Rule and Revenue*, Berkeley: University of California Press, 1988, 202; Niccolò Machiavelli, *Florentine Histories*, trans. Laura F. Banfield and Harvey K. Mansfield Jr., Princeton, NJ: Princeton University Press, 1988, 121–123.

19. Machiavelli, *Florentine Histories*, 159.

## 5장

1. Quentin Skinner, *The Foundations of Modern Political Thought*, 2 vols., Cambridge: Cambridge University Press, 1978, 2:5, 284.

2. Harry A. Miskimin, *The Economy of Later Renaissance Europe, 1460–1600*, Cambridge: Cambridge University Press, 1977, 36.

3. Skinner, *Foundations of Modern Political Thought*, 2:139; Francisco de Vitoria, *Political Writings*, ed. Anthony Pagden and Jeremy Lawrence, Cambridge: Cambridge University Press, 1991, xv–xix; Martín de Azpilcueta, *Commentary on the Resolution of Money (1556)*, in *Sourcebook in Late-Scholastic Monetary Theory: The Contributions of Martín de Azpilcueta, Luis de Molina, S.J., and Juan de Mariana, S.J.*, ed. Stephen J. Grabill, Lanham, MD: Lexington Books, 2007, 1–107, at 79; Martín de Azpilcuet, *On Exchange*, trans. Jeannine Emery, Grand Rapids, MI: Acton Institute, 2014, 127. See also Alejandro Chafuen, *Faith and Liberty: The Economic Thought of the Late Scholastics*, Lanham, MD: Lexington Books, 2003, 54; Marjorie Grice-Hutchinson, *The School of Salamanca: Readings in Spanish Monetary Theory, 1544–1605*, Oxford: Clarendon Press, 1952, 48.

4. Raymond de Roover, *Money, Banking and Credit in Medieval Bruges*, Cambridge, MA: Medieval Academy of America, 1948, 17; Mark Koyama, "Evading the 'Taint

of Usury': The Usury Prohibition as a Barrier to Entry," *Explorations in Economic History* 47, no. 4 (2010): 420–442, at 428.

5. Martin Bucer, *De Regno Christi*, in *Melancthon and Bucer*, ed. Wilhelm Pauk, Philadelphia: Westminster Press, 1969, 155–394, at 304; Steven Rowan, "Luther, Bucer, Eck on the Jews," *Sixteenth Century Journal* 16, no. 1 (1985): 79–90, at 85; Bucer, *Regno Christi*, 302; Constantin Hopf, *Martin Bucer and the English Reformation*, London: Blackwell, 1946, 124–125; Martin Greschat, *Martin Bucer: A Reformer and His Times*, trans. Stephen E. Buckwalter, Louisville, KY: Westminster John Knox Press, 2004, 236–237.

6. Jacob Soll, "Healing the Body Politic: French Royal Doctors, History and the Birth of a Nation, 1560–1634," *Renaissance Quarterly* 55, no. 4 (2002): 1259–1286.

7. Jean Bodin, *Les six livres de la République*, ed. Gérard Mairet, Paris: Livre de Poche, 1993, 428–429, 431, 485, 487, 500.

8. Louis Baeck, "Spanish Economic Thought: The School of Salamanca and the Arbitristas," *History of Political Economy* 20, no. 3 (1988): 394.

9. Henri Hauser, ed., *La vie chère au XVIe siècle: La Réponse de Jean Bodin à M. de Malestroit 1568*, Paris: Armand Colin, 1932, xxxii; J. H. Elliott, "Self-Perception and Decline in Early Seventeenth-Century Spain," *Past and Present* 74 (1977): 49–50.

10. Hauser, *La vie chère*, lviii.

11. Hauser, *La vie chère*, 499–500.

12. David Sainsbury, *Windows of Opportunity: How Nations Create Wealth*, London: Profile Books, 2020, 11.

13. Giovanni Botero, *The Reason of State*, Cambridge: Cambridge University Press, 2017, 4; Giovanni Botero, *On the Causes of the Greatness and Magnificence of Cities*, ed. and trans. Geoffrey Symcox, Toronto: University of Toronto Press, 2012, xxxiii, 39–45.

14. Botero, *On the Causes of the Greatness and Magnificence of Cities*, 43–44; Sophus A. Reinert, *Translating Empire: Emulation and the Origins of Political Economy*, Cambridge, MA: Harvard University Press, 2011, 117; Erik S. Reinert, "Giovanni Botero (1588) and Antonio Serra (1613): Italy and the Birth of Development Economics," in *The Oxford Handbook of Industrial Policy*, ed. Arkebe Oqubay, Christopher Cramer, Ha-Joon Chang, and Richard Kozul-Wright, Oxford: Oxford University Press, 2020, 3–41.

15. Antonio Serra, *A Short Treatise on the Wealth and Poverty of Nations (1613)*, ed. Sophus A. Reinert, trans. Jonathan Hunt, New York: Anthem, 2011, 121; Jamie Trace, *Giovanni Botero and English Political Thought*, doctoral thesis, University of Cambridge, 2018.

16. Craig Muldrew, *The Economy of Obligation*, New York: Palgrave, 1998, 53.

17. Muldrew, *Economy of Obligation*, 97, 109, 138, 151; Nicolas Grimalde, *Marcus Tullius Ciceroes Thre Bokes of Duties, to Marcus His Sonne, Turned Oute of Latine into English*, ed. Gerald O'Gorman, Washington, DC: Folger Books, 1990, 207.

18. Joyce Oldham Appleby, *Economic Thought and Ideology in Seventeenth-Century England*, Princeton, NJ: Princeton University Press, 1978, 34. See also Elizabeth Lamond, ed., *A Discourse of the Common Weal of This Realm of England. First Printed in 1581 and Commonly Attributed to W.S.*, Cambridge: Cambridge University Press, 1929, 15, 59, 93; Mary Dewar, "The Authorship of the 'Discourse of the Commonweal,'" *Economic History Review* 19, no. 2 (1966): 388–400.

19. Sir Walter Raleigh, *The Discovery of the Large, Rich, and Beautiful Empire of Guiana, with a Relation of the Great and Golden City of Manoa Which the Spaniards Call El Dorado*, ed. Robert H. Schomburgk, New York: Burt Franklin, 1848, lxxix.

20. Gerard de Malynes, *Lex Mercatoria*, Memphis: General Books, 2012, 5.

21. Malynes, *Lex Mercatoria*, 27; William Eamon, *Science and the Secrets of Nature: Books and Secrets in Medieval and Early Modern Culture*, Princeton, NJ: Princeton University Press, 1994; Claire Lesage, "La Littérature des secrets et I Secreti d'Isabella Cortese," *Chroniques italiennes* 36 (1993): 145–178; Carl Wennerlind, *Casualties of Credit: The English Financial Revolution, 1620–1720*, Cambridge, MA: Harvard University Press, 2011, 48.

22. Wennerlind, *Casualties of Credit*, 79, 114, 211; Gerard de Malynes, *The Maintenance of Free Trade*, New York: Augustus Kelley, 1971, 47.

23. Malynes, *Maintenance of Free Trade*, 83, 105.

24. Appleby, *Economic Thought and Ideology*, 37; Thomas Mun, *The Complete Works: Economics and Trade*, ed. Gavin John Adams, San Bernardino, CA: Newton Page, 2013, 145.

25. Edward Misselden, *Free Trade of the Meanes to Make Trade Florish*, London: John Legatt, 1622, 20, 80, 84.

26. Lawrence A. Harper, *The English Navigation Laws: A SeventeenthCentury Experiment in Social Engineering*, New York: Octagon Books, 1960, 40.

27. Charles Henry Wilson, *England's Apprenticeship, 1603–1763*, London: Longmans, 1965, 65; Jean-Baptiste Colbert, "Mémoire touchant le commerce avec l'Angleterre, 1651," in *Lettres, instructions, et mémoires de Colbert*, ed. Pierre Clément, 10 vols., Paris: Imprimerie Impériale, 1861–1873, vol. 2, pt. 2, pp. 405–409; Harper, *English Navigation Laws*, 16; Moritz Isenmann, "Égalité, réciprocité, souveraineté: The Role of Commercial Treaties in Colbert's Economic Policy," in *The Politics of Commercial Treaties in the Eighteenth Century: Balance of Power, Balance of Trade*, ed. Antonella Alimento and Koen Stapelbroek, London: Palgrave Macmillan, 2017, 77–104.

## 6장

1. M. F. Bywater and B. S. Yamey, *Historic Accounting Literature: A Companion Guide*, London: Scholar Press, 1982, 87.

2. Jacob Soll, *The Reckoning: Financial Accountability and the Rise and Fall of Nations*, New York: Basic Books, 2014, 77.

3. Maarten Prak, *The Dutch Republic in the Seventeenth Century*, Cambridge: Cambridge University Press, 2005, 29.

4. Prak, *Dutch Republic*, 102.

5. Prak, *Dutch Republic*, 91.

6. Koen Stapelbroek, "Reinventing the Dutch Republic: FrancoDutch Commercial Treaties from Ryswick to Vienna," in *The Politics of Commercial Treaties in the Eighteenth Century: Balance of Power, Balance of Trade*, ed. Antonella Alimento and Koen Stapelbroek, Cham, Switzerland: Palgrave Macmillan, 2017, 195–215, at 199.

7. Prak, *Dutch Republic*, 105.

8. Prak, *Dutch Republic*, 96; Margaret Schotte, *Sailing School: Navigating Science and Skill, 1550–1800*, Baltimore: Johns Hopkins University Press, 2019, 42, 53.

9. J. M. de Jongh, "Shareholder Activism at the Dutch East India Company, 1622–1625," January 10, 2010, Palgrave Macmillan 2011, available at SSRN, https://ssrn.com/abstract=1496871; Jonathan Koppell, ed., *Origins of Shareholder Activism*, London: Palgrave, 2011; Alexander Bick, *Minutes of Empire: The Dutch West India Company and Mercantile Strategy, 1618–1648*, Oxford: Oxford University Press, forthcoming; Theodore K. Rabb, *Enterprise and Empire: Merchant and Gentry Investment in the Expansion of England, 1575–1630*, Cambridge, MA: Harvard University Press, 2014, 38–41.

10. Lodewijk J. Wagenaar, "Les mécanismes de la prospérité," in *Amsterdam XVIIe siècle: Marchands et philosophes. Les bénéfices de la tolérance*, ed. Henri Méchoulan, Paris: Editions Autrement, 1993, 59–81.

11. "A Translation of the Charter of the Dutch East India Company (1602)," ed. Rupert Gerritsen, trans. Peter Reynders, Canberra: Australasian Hydrographic Society, 2011, 4.

12. De Jongh, "Shareholder Activism," 39.

13. Soll, *Reckoning*, 80; Kristof Glamann, *Dutch Asiatic Trade, 1620–1740*, The Hague: Martinus Nijhoff, 1981, 245.

14. Soll, *Reckoning*, 81.

15. Hugo Grotius, *Commentary on the Law of Prize and Booty*, ed. Martine Julia van Ittersum, Indianapolis: Liberty Fund, 2006, xiii.

16. Grotius, *Commentary*, 10, 27; Hugo Grotius, *The Free Sea*, ed. David Armitage, Indianapolis: Liberty Fund, 2004, xiv, 7, 18.

17. Grotius, *Free Sea*, 5, 24–25, 32.

18. Grotius, *Free Sea*, 57; Hugo Grotius, *The Rights of War and Peace*, ed. Richard Tuck, 3 vols., Indianapolis: Liberty Fund, 2005, 3:1750, 2:430–431.

19. Grotius, *Rights of War and Peace*, 2:556–557; Brett Rushforth, *Bonds of Alliance: Indigenous and Atlantic Slaveries in New France*, Chapel Hill: University of North Carolina Press, 2012, 90.

20. Rushforth, *Bonds of Alliance*, 93.

21. Rushforth, *Bonds of Alliance*, 70; Grotius, *Free Sea*, xii–xxiii.

22. On new attitudes of merchant virtue, see J. G. A. Pocock, *The Machiavellian Moment: Florentine Political Thought and the Atlantic Republican Tradition*, Princeton, NJ: Princeton University Press, 1975, 478.

23. Pieter de La Court, *The True Interest and Political Maxims of the Republick of Holland and West-Friesland*, London: 1702, vi, 4–6, 9.

24. De La Court, *True Interest and Political Maxims*, 24–35.

25. De La Court, *True Interest and Political Maxims*, 63, 51, 55.

26. De La Court, *True Interest and Political Maxims*, 45, 51, 55, 312, 315.

27. Prak, *Dutch Republic*, 51, 53.

28. Prak, *Dutch Republic*, 59.

7장

1. Pierre Deyon, "Variations de la production textile aux XVIe et XVIIe siècles: Sources et premiers résultats," *Annales. Histoire, sciences sociales* 18, no. 5 (1963): 939–955, at 949.

2. Daniel Dessert and Jean-Louis Journet, "Le lobby Colbert," *Annales* 30, no. 6 (1975): 1303–1329; Georg Bernhard Depping, *Correspondance administrative sous le règne de Louis XIV*, 3 vols., Paris: Imprimerie Nationale, 1852, 3:428; Philippe Minard, "The Market Economy and the French State: Myths and Legends Around Colbertism," *L'Économie politique* 1, no. 37 (2008): 77–94; Jean-Baptiste Colbert, "Mémoire sur le commerce: Prémier Conseil de Commerce Tenu par le Roy, dimanche, 3 aoust 1664," in *Lettres, instructions, et mémoires de Colbert*, ed. Pierre Clément, 10 vols., Paris: Imprimerie Impériale, 1861–1873, vol. 2, pt. 1, p. cclxvi; Jean-Baptiste Colbert, "Mémoire touchant le commerce avec l'Angleterre," in *Lettres*, vol. 2, pt. 2, p. 407.

3. Colbert, "Mémoire touchant le commerce avec l'Angleterre," vol. 2, pt. 2, pp. cclxviii, 48, 407; D'Maris Coffman, *Excise Taxations and the Origins of Public Debt*, London: Palgrave Macmillan, 2013.

4. Colbert, "Mémoire sur le commerce, 1664," vol. 2, pt. 1, pp. cclxii–cclxxii, at cclxviii, cclxix; Jean-Baptiste Colbert, "Aux maires, échevins, et jurats des villes maritimes de l'océan, aoust 1669," in *Lettres*, vol. 2, pt. 2, p. 487; Colbert to M. Barillon, intendant at Amiens, mars 1670, in *Lettres*, vol. 2, pt. 2, pp. 520–521; Colbert to M. Bouchu, intentant at Dijon, juillet 1671, in *Lettres*, vol. 2, pt. 2, p. 627.

5. Gustav von Schmoller, *The Mercantile System and Its Historical Significance*, New York: Macmillan, 1897; Erik Grimmer-Solem, *The Rise of Historical Economics and Social Reform in Germany, 1864–1894*, Oxford: Oxford University Press, 2003. On development economics, see Erik S. Reinert, "The Role of the State in Economic Growth," *Journal of Economic Studies* 26, no. 4/5 (1999): 268–326.

6. Deyon, "Variations de la production textile," 949, 951–953; François Crouzet, "Angleterre et France au XVIIIe siècle: Essaie d'analyse comparé de deux croissances économiques," *Annales. Économies, sociétés, civilisations* 21, no. 2 (1966): 254–291, at 267.

7. Crouzet, "Angleterre et France au XVIIIe siècle," 266, 268; Eli F. Heckscher, *Mercantilism*, trans. Mendel Shapiro, 2 vols., London: George Allen and Unwin, 1935, 1:82; Stewart L. Mims, *Colbert's West India Policy*, New Haven, CT: Yale Univer-

sity Press, 1912; Charles Woolsey Cole, *Colbert and a Century of French Mercan-tilism*, 2 vols., New York: Columbia University Press, 1939, 1:356–532; Charles Woolsey Cole, *French Mercantilism, 1683–1700*, New York: Octagon Books, 1971; Glenn J. Ames, *Colbert, Mercantilism, and the French Quest for Asian Trade*, DeKalb: Northern Illinois University Press, 1996; Philippe Minard, *La fortune du colbertisme: État et industrie dans la France des Lumières*, Paris: Fayard, 1998.

8. Colbert, *Lettres*, vol. 2, pt. 2, p. 457.

9. Colbert, "Mémoire sur le commerce, 1664," vol. 2, pt. 1, pp. cclxii–cclxxii, at cclx-viii; Colbert, "Mémoire touchant le commerce avec l'Angleterre," 405–409; Georg Bernhard Depping, *Correspondance administrative sous le règne de Louis XIV*, vol. 3, Paris: Imprimerie Nationale, 1852, 90, 428, 498, 524, 570; Moritz Isenmann, "Égalité, réciprocité, souvraineté: The Role of Commercial Treaties in Colbert's Economic Policy," in *The Politics of Commercial Treaties in the Eighteenth Century: Balance of Power, Balance of Trade*, ed. Antonella Alimento and Koen Stapelbroek, London: Palgrave Macmillan, 2017, 79.

10. Colbert, "Mémoire touchant le commerce avec l'Angleterre," 405–409, 496, 523, 570; Lawrence A. Harper, *The English Navigation Laws: A Seventeenth-Centu-ry Experiment in Social Engineering*, New York: Octagon Books, 1964, 16; John U. Nef, *Industry and Government in France and England, 1540–1640*, repr., Ithaca, NY: Cornell University Press, 1957 [1940], 13, 27.

11. Colbert, "Mémoire touchant le commerce avec l'Angleterre," 487; Colbert to M. du Lion, September 6, 1673, in *Lettres*, vol. 2, pt. 1, p. 57; Colbert to M. de Baas, April 9, 1670, in *Lettres*, vol. 2, pt. 2, p. 479.

12. Ames, *Colbert, Mercantilism*, 189; Mims, *Colbert's West India Policy*, 232; Mireille Zarb, *Les privilèges de la Ville de Marseille du Xe siècle à la Révolution*, Paris: Édi-tions A. et J. Picard, 1961, 163, 329; Jean-Baptiste Colbert, "Mémoire touchant le commerce avec l'Angleterre," 407.

13. Jacques Saint-Germain, *La Reynie et la police au Grand Siècle: D'après de nombreux documents inédits*, Paris: Hachette, 1962, 238, 240.

14. François Charpentier, *Discours d'un fidèle sujet du roy touchant l'establissement d'une Compagnie Françoise pour le commerce des Indes Orientales; Adressé à tous les François*, Paris: 1764, 4, 8; Paul Pellisson, *Histoire de l'Académie Françoise*, 2 vols., Paris: Coignard, 1753, 1:364.

15. Urban-Victor Chatelain, *Nicolas Foucquet, protecteur des lettres, des arts, et des sci-*

*ences*, Paris: Librarie Académique Didier, 1905, 120; Pierre-Daniel Huet, *Histoire du commerce et de la navigation des anciens*, Lyon: Benoit Duplein, 1763, 1–2.

16. Huet, *Histoire du commerce et de la navigation*, cclxxii.

17. Heckscher, *Mercantilism*, 1:81–82; Jean-Baptiste Colbert, "Mémoires sur les affaires de finances de France pour servir à leur histoire, 1663," in *Lettres*, vol. 2, pt. 2, pp. 17–68; J. Schaeper, *The French Council of Commerce, 1700–1715: A Study of Mercantilism After Colbert*, Columbus: Ohio State University Press, 1983; Colbert, "Mémoire sur le commerce," 44–45.

18. François Barrême, *Le livre nécessaire pour les comptables, avocats, notaires, procureurs, négociants, et généralement à toute sorte de conditions*, Paris: D. Thierry, 1694, 3; François Barrême, *Nouveau Barrême universel: Manuel complet de tous les comptes faits*, Paris: C. Lavocat, 1837.

19. *Ordonnance du commerce du mois de mars 1673; et ordonnance de la marine, du mois d'août 1681*, Bordeaux, France: Audibert et Burkel, an VIII, 5, Art. 4.

20. Jacques Savary, *Le parfait négociant; ou, Instruction générale pour ce qui regarde le commerce des Marchandises de France, & des Païs Estrangers*, 8th ed., ed. Jacques Savary Desbruslons, 2 vols., Amsterdam: Jansons à Waesberge, 1726, 1:25; Adam Smith, *An Inquiry into the Nature and Causes of the Wealth of Nations*, ed. Roy Harold Campbell and Andrew Skinner, 2 vols., Indianapolis: Liberty Fund, 1981, vol. 2, bk. IV, chap. vii, pt. 2, para. 53.

21. Peter Burke, *The Fabrication of Louis XIV*, New Haven, CT: Yale University Press, 1994; Colbert, "Mémoire sur le Commerce," vol. 2, pt. 1, p. cclxiii; Alice Stroup, *A Company of Scientists: Botany, Patronage, and Community in the Seventeenth-Century Parisian Royal Academy of Sciences*, Berkeley: University of California Press, 1990, 30.

22. Colbert, *Lettres*, vol. 2, pt. 2, p. 62; vol. 5, pp. 241–242; Charles Perrault, "Autre note à Colbert sur l'établissement de l'Académie des Beaux-Arts et de l'Académie des Sciences," 1666, in Colbert, *Lettres*, 5:513–514. Also see Roger Hahn, *The Anatomy of a Scientific Institution: The Paris Academy of Sciences, 1666–1803*, Berkeley: University of California Press, 1971, 15; Lorraine Daston, "Baconian Facts, Academic Civility, and the Prehistory of Objectivity," *Annals of Scholarship* 8 (1991): 337–363; Steven Shapin, *A Social History of Truth: Civility and Science in Seventeenth-Century England*, Chicago: University of Chicago Press, 1995, 291; Michael Hunter, *Science and Society in Restoration England*, Cambridge: Cam-

주

bridge University Press, 1981, 48; Anthony Grafton, *The Footnote: A Curious History*, Cambridge, MA: Harvard University Press, 1997, 202–205; Jean-Baptiste Say, *A Treatise on Political Economy*, 2 vols., Boston: Wells and Lilly, 1821, 1:32–33; Margaret C. Jacob, *Scientific Culture and the Making of the Industrial West*, Oxford: Oxford University Press, 1997, chap. 8.

23. Perrault, "Autre note à Colbert," 5:514; Charles Perrault, "Note de Charles Perrault à Colbert pour l'établissement d'une Académie Générale, 1664," in Colbert, *Lettres*, 5:512–513.

24. Christiaan Huygens, *Oeuvres completes*, 22 vols., The Hague: Martinus Nijhoff, 1891, 19:255–256. The bracketed notes are by Michael Mahoney, from his translation, which I am using: "[Memorandum from Christiaan Huygens to Minister Colbert Regarding the Work of the New Académie Royale des Sciences]," Princeton University, www.princeton.edu/~hos/h591/acadsci.huy.html.

25. Huygens, "Note from Huygens to Colbert, with the Observations of Colbert, 1670," in Colbert, *Lettres*, 5:524; James E. King, *Science and Rationalism in the Government of Louis XIV, 1661–1683*, Baltimore: Johns Hopkins University Press, 1949, 292; Joseph Klaits, *Printed Propaganda Under Louis XIV: Absolute Monarchy and Public Opinion*, Princeton, NJ: Princeton University Press, 1976, 74; Denis de Sallo, "To the Reader," *Journal des sçavans* (January 5, 1665): 5; Jacqueline de la Harpe, *Le Journal des Savants en Angleterre, 1702–1789*, Berkeley: University of California Press, 1941, 6, 8; Arnaud Orain and Sylvain Laubé, "Scholars Versus Practitioners? Anchor Proof Testing and the Birth of a Mixed Culture in Eighteenth-Century France," *Technology and Culture* 58, no. 1 (2017): 1–34.

26. Liliane Hilaire-Pérez, Fabien Simon, and Marie Thébaud-Sorger, *L'Europe des sciences et des techniques: Un dialogue des savoirs, xve–xviiie siècle*, Rennes, France: Presses Universitaires de Rennes, 2016; John R. Pannabecker, "Diderot, the Mechanical Arts, and the *Encyclopédie* in Search of the Heritage of Technology Education," *Journal of Technology Education* 6, no. 1 (1994); Cynthia J. Koepp, "Advocating for Artisans: The Abbé Pluche's Spectacle de la Nature (1731–1751)," in *The Idea of Work in Europe from Antiquity to Modern Times*, ed. Josef Ehmer and Catherina Lis, Farnham, VT: Ashgate, 2009, 245–273. On the transformation of the Colbertist Société des Arts into a physiocratic institution, see Hahn, *Anatomy of a Scientific Institution*, 108–110; Robert Darnton, *The Business of Enlightenment: A Publishing History of the Encyclopédie, 1775–1800*, Cambridge, MA: Belk-

nap Press of Harvard University Press, 1979; Kathleen Hardesty, *The Supplément to the Encyclopédie*, The Hague: Nijhoff, 1977; John Lough, *Essays on the "Encyclopédie" of Diderot and d'Alembert*, London: Oxford University Press, 1968; Dan Edelstein, *The Enlightenment: A Genealogy*, Chicago: University of Chicago Press, 2010; Jacob Soll, *The Information Master: Jean-Baptiste Colbert's Secret State Information System*, Ann Arbor: University of Michigan Press, 2009, 161; Robert Darnton, "Philosophers Trim the Tree of Knowledge: The Epistemological Strategy of the Encyclopédie," in *The Great Cat Massacre and Other Episodes in French Cultural History*, New York: Vintage, 1984, chap. 5; *Colbert, 1619–1683*, Paris: Ministère de la Culture, 1983, 168; Paola Bertucci, *Artisanal Enlightenment: Science and the Mechanical Arts in Old Regime France*, New Haven, CT: Yale University Press, 2017, 214. Also see Linn Holmberg, *The Maurist's Unfinished Encyclopedia*, Oxford: Voltaire Foundation, 2017, 175.

27. Colbert, "Mémoire touchant le commerce avec l'Angleterre," vol. 2, pt. 2, p. 405.

28. Samuel Pepys, *Naval Minutes*, ed. J. R. Tanner, London: Navy Records Society, 1926, 352–356, at 356; King, *Science and Rationalism*, 272.

29. D. G. E. Hall, "Anglo-French Trade Relations Under Charles II," *History* 7, no. 25 (1922): 17–30, at 23; Jacob Soll, "For a New Economic History of Early Modern Empire: Anglo-French Imperial Codevelopment Beyond Mercantilism and Laissez-Faire," *William and Mary Quarterly* 77, no. 4 (2020): 525–550.

8장

1. Albert O. Hirschman, *The Passions and the Interests: Political Arguments for Capitalism Before Its Triumph*, Princeton, NJ: Princeton University Press, 1977, 16.

2. Thomas Hobbes, *Leviathan*, ed. Richard Tuck, Cambridge: Cambridge University Press, 1997, pt. 1, chaps. 13–14.

3. La Rochefoucauld, *Maxims*, trans. Leonard Tancock, London: Penguin, 1959, maxims 48, 85, 112, 563; Pierre Force, *Self-Interest Before Adam Smith: A Genealogy of Economic Science*, Cambridge: Cambridge University Press, 2003, 146, 176; Norbert Elias, *The Court Society*, New York: Pantheon Books, 1983, 105.

4. La Rochefoucauld, *Maxims*, 66, 77, 223, 305.

5. David A. Bell, *The Cult of the Nation in France: Inventing Nationalism, 1680–1800*, Cambridge, MA: Harvard University Press, 2003, 28; Dan Edelstein, *On the Spirit of Rights*, Chicago: University of Chicago Press, 2019, 120; Pierre Nicole,

"De la grandeur," in *Essais de morale*, 3 vols., Paris: Desprez, 1701, 2:186; Dale van Kley and Pierre Nicole, "Jansenism, and the Morality of Self-Interest," in *Anticipations of the Enlightenment in England, France, and Germany*, ed. Alan C. Kors and Paul J. Korshin, Philadelphia: University of Pennsylvania Press, 1987, 69–85; Gilbert Faccarello, *Aux origins de l'économie politique libérale: Pierre de Boisguilbert*, Paris: Éditions Anthropos, 1985, 99.

6. Jean Domat, *The Civil Law in Its Order Together with the Publick Law*, 2 vols., London: William Strahan, 1722, vol. 1, chap. 2, sec. 2; vol. 1, chap. 5, sec. 7; vol. 2, bk. 1, title 5; Faccarello, *Aux origins de l'économie politique libérale*, 146; Edelstein, *On the Spirit of Rights*, 120; David Grewal, "The Political Theology of Laissez-Faire*: From *Philia* to Self-Love in Commercial Society," *Political Theology* 17, no. 5 (2016): 417–433, at 419.

7. Pierre Le Pesant de Boisguilbert, *Détail de la France*, Geneva: Institut Coppet, 2014, 18, 61–63.

8. Boisguilbert, *Détail de la France*, 77, 89, 99.

9. Faccarello, *Aux origins de l'économie politique libérale*, 115, 119.

10. Gary B. McCollim, *Louis XIV's Assault on Privilege: Nicolas Desmaretz and the Tax on Wealth*, Rochester, NY: University of Rochester Press, 2012, 106, 149; A.-M. de Boislisle, *Correspondance des contrôleurs généraux des finances*, 3 vols., Paris: Imprimerie Nationale, 1883, 2:530.

11. Boisguilbert to Desmaretz, July 1–22, 1704, Archives Nationales de France, G7 721; Boislisle, 2:207, 543–547, 559.

12. Boislisle, *Correspondance des contrôleurs généraux*, 2:544.

13. Georges Lizerand, *Le duc de Beauvillier*, Paris: Société d'ÉditionLes Belles Lettres, 1933, 43, 153.

14. Lionel Rothkrug, *Opposition to Louis XIV: The Political and Social Origins of the French Enlightenment*, Princeton, NJ: Princeton University Press, 1965, 263–269, 286–287; Louis Trénard, *Les Mémoires des intendants pour l'instruction du duc de Bourgogne*, Paris: Bibliothèque Nationale, 1975, 70–82; David Bell, *The First Total War: Napoleon's Europe and the Birth of Warfare as We Know It*, New York: Houghton Mifflin, 2007, 62; Lizerand, *Le duc de Beauvillier*, 46–77; marquis de Vogüé, *Le duc de Bourgogne et le duc de Beauvillier: Lettres inédites, 1700–1708*, Paris: Plon, 1900, 11–23; Jean-Baptiste Colbert, marquis de Torcy, *Journal Inédit*, ed. Frédéric Masson, Paris: Plon, Nourrit et Cie, 1884, 57; Louis de Rouvroy, duc de Saint-Si-

mon, *Projets de gouvernement du duc de Bourgogne*, ed. P. Mesnard, Paris: Librarie de L. Hachette et Cie, 1860, xxxix, 13; Edmond Esmonin, "Les Mémoires des intendants pour l'instruction du duc de Bourgogne," in *Études sur la France des XVIIe et XVIIIe siècles*, Paris: Presses Universitaires de France, 1964, 113–130, at 117–119; Boislisle, *Correspondance des contrôleurs généraux*, 2:ii.

15. Georges Weulersse, *Le movement physiocratique en France de 1756 à 1770*, 2 vols., Paris: Félix Alcan, 1910, 2, 302; François Fénelon, *Telemachus*, ed. and trans. Patrick Riley, Cambridge: Cambridge University Press, 1994, 60, 195, 325.

16. Fénelon, *Telemachus*, 195.

17. Fénelon, *Telemachus*, 16, 18, 25, 28, 60, 164, 170, 297.

18. Fénelon, *Telemachus*, 37–39, 161–162, 165, 297.

19. Fénelon, *Telemachus*, 37, 38, 105, 161, 166.

20. Fénelon, *Telemachus*, 166, 195, 260.

21. Montesquieu, *De l'Esprit des lois*, ed. Victor Goldschmidt, 2 vols., Paris: Garnier-Flammarion, 1979, vol. 2, bk. 20, chap. 1.

## 9장

1. Ludwig Wittgenstein, *Culture and Value*, ed. Georg Henrik Wright, Heikki Nyman, and Alois Pichler, trans. Peter Winch, London: Blackwell, 1998, 18; Richard J. Blackwell, "Descartes' Laws of Motion," *Isis* 52, no. 2 (1966): 220–234, at 220.

2. Vincenzo Ferrone, "The Epistemological Roots of the New Political Economy: Modern Science and Economy in the First Half of the Eighteenth Century," paper presented at the conference "Mobility and Modernity: Religion, Science and Commerce in the Seventeenth and Eighteenth Centuries," University of California, Los Angeles, William Andrews Clark Memorial Library, April 13–14, 2018.

3. Margaret C. Jacob, *The Newtonians and the English Revolution, 1689–1720*, Ithaca, NY: Cornell University Press, 1976, 174; Rob Iliffe, *The Priest of Nature: The Religious Worlds of Isaac Newton*, Oxford: Oxford University Press, 2017, 6.

4. Betty Jo Teeter Dobbs and Margaret C. Jacob, *Newton and the Culture of Newtonianism*, Amherst, NY: Humanity Books, 1990, 26, 100; William R. Newman, *Newton the Alchemist: Science, Enigma, and the Quest for Nature's "Secret Fire"*, Princeton, NJ: Princeton University Press, 2019, 64, 70.

5. Dobbs and Jacob, *Newton and the Culture of Newtonianism*, 42; Gottfried Wilhelm Leibniz, *Theodicy*, ed. Austen Farrer, trans. E. M. Huggard, Charleston, SC: Bib-

lioBazaar, 2007, 43, 158; G. W. Leibniz, "Note on Foucher's Objection (1695)," in G. W. Leibniz, *Philosophical Essays*, ed. and trans. Roger Ariew and Daniel Garber, Indianapolis: Hackett, 1989, 146; G. W. Leibniz, *The Labyrinth of the Continuum: Writings on the Continuum Problem, 1672–1686*, trans. Richard T. W. Arthur, New Haven, CT: Yale University Press, 2001, 566.

6. William Letwin, *The Origins of Scientific Economics: English Economic Thought, 1660–1776*, London: Methuen, 1963, 128.

7. François Crouzet, "Angleterre et France au XVIIIe siècle: Essaie d'analyse comparé de deux croissances économiques," *Annales. Économies, sociétés, civilisations* 21, no. 2 (1966): 254–291, at 268; T. S. Ashton, *An Economic History of England: The Eighteenth Century*, London: Methuen, 1955, 104; François Crouzet, *Britain Ascendant: Comparative Studies in Franco-British Economic History*, Cambridge: Cambridge University Press, 1991, 17–23, 73.

8. William Petty, "A Treatise of Taxes and Contributions," in William Petty, *Tracts Chiefly Relating to Ireland*, Dublin: Boulter Grierson, 1769, 1–92, at 23–26, 32.

9. William Petty, "The Political Anatomy of Ireland, 1672," in Petty, *Tracts*, 299–444, at 341.

10. John Locke, *Two Treatises of Government*, ed. Peter Laslett, Cambridge: Cambridge University Press, 1960, 171; John F. Henry, "John Locke, Property Rights, and Economic Theory," *Journal of Economic Issues* 33, no. 3 (1999): 609–624, at 615.

11. Locke, *Two Treatises*, 291, 384.

12. John O. Hancey, "John Locke and the Law of Nature," *Political Theory* 4, no. 4 (1976): 439–454, at 219, 439 (emphasis in original).

13. Holly Brewer, "Slavery, Sovereignty, and 'Inheritable Blood': Reconsidering John Locke and the Origins of American Slavery," *American Historical Review* 122, no. 4 (2017): 1038–1078; Mark Goldie, "Locke and America," in *A Companion to Locke*, ed. Matthew Stuart, Chichester: Wiley-Blackwell, 2015, 546–563; Letwin, *Origins of Scientific Economics*, 163–165; David Armitage, "John Locke, Carolina, and *The Two Treatises of Government*," *Political Theory* 32, no. 5 (2004): 602–627, at 616; J. G. A. Pocock, *The Machiavellian Moment: Florentine Political Thought and the Atlantic Republican Tradition*, Princeton, NJ: Princeton University Press, 1975, 283–285, 339.

14. Charles Davenant, *An Essay on the East India Trade*, London, 1696, 25.

15. Pocock, *Machiavellian Moment*, 437, 443.

16. Pocock, *Machiavellian Moment*, 446; Charles Davenant, *Reflections upon the Constitution and Management of the Trade to Africa*, London: John Morphew, 1709, 25, 28.

17. Davenant, *Reflections*, 27, 36, 48, 50, 58.

18. Steven Pincus, *1688: The First Modern Revolution*, New Haven, CT: Yale University Press, 2009, 308.

## 10장

1. Guy Rowlands, *The Financial Decline of a Great Power: War, Influence, and Money in Louis XIV's France*, Oxford: Oxford University Press, 2012, 2; Richard Dale, *The First Crash: Lessons from the South Sea Bubble*, Princeton, NJ: Princeton University Press, 2004, 77.

2. Carl Wennerlind, *Casualties of Credit: The English Financial Revolution, 1620–1720*, Cambridge, MA: Harvard University Press, 2011, 68, 89; Stephen Quinn, "The Glorious Revolution's Effect on English Private Finance: A Microhistory, 1680–1705," *Journal of Economic History* 61, no. 3 (2001): 593–615, at 593; Julian Hoppit, *Britain's Political Economies: Parliament and Economic Life, 1660–1800*, Cambridge: Cambridge University Press, 2017, 149; P. G. M. Dickson, *The Financial Revolution in England: A Study in the Development of Public Credit, 1688–1756*, New York: Macmillan, 1967, 80.

3. John Brewer, *The Sinews of Power: War, Money and the English State, 1688–1783*, New York: Alfred A. Knopf, 1989, 116–117.

4. Wennerlind, *Casualties of Credit*, 10; Ian Hacking, *The Emergence of Probability: A Philosophical Study of Early Ideas About Probability, Induction and Statistical Inference*, Cambridge: Cambridge University Press, 1975; Lorrain Daston, *Classical Probability in the Enlightenment*, Princeton, NJ: Princeton University Press, 1988, 164.

5. *An Account of What Will DO; or, an Equivalent for Thoulon: In a Proposal for an Amicable Subscription for Improving TRADE in the South-West Part of AMERICA, and Increasing BULLION to About Three Millions per Annum, Both for the East India Trade and the Revenue of the Crown, Which by Consequence Will Be Produced if This Is Encouraged*, London: Mary Edwards, 1707, 3.

6. Bernard Mandeville, *The Fable of the Bees*, ed. Philip Harth, London: Penguin, 1970, 64.

7. Mandeville, *Fable of the Bees*, 67–68.

8. Antoin E. Murphy, *John Law: Economic Theorist and Policy-Maker*, Oxford: Oxford University Press, 1997, 94–95.

9. John Law, *Money and Trade Considered*, Glasgow: A. Foulis, 1750, 167.

10. Arnaud Orain, *La politique du merveilleux: Une autre histoire du Système de Law (1695–1795)*, Paris: Fayard, 2018, 10; Charly Coleman, *The Spirit of French Capitalism: Economic Theology in the Age of Enlightenment*, Stanford, CA: Stanford University Press, 2021, 119.

11. Coleman, *Spirit of French Capitalism*, 119.

12. Coleman, *Spirit of French Capitalism*, 20, 81.

13. Jean Terrasson, *Lettres sur le nouveau Système des Finances*, 1720, 2–5, 29, 32, 33; Jean Terrasson, *Traité de l'infini créé*, ed. Antonella Del Prete, Paris: Honoré Champion, 2007, 225–227.

14. Orain, *La politique du merveilleux*, 13.

15. Claude Pâris La Montagne, "Traité des Administrations des Recettes et des Dépenses du Royaume," 1733, Archives Nationales, 1005, II: 3–8, 48–49, 55.

16. Norris Arthur Brisco, *The Economic Policy of Robert Walpole*, New York: Columbia University Press, 1907, 43–45; Richard Dale, *The First Crash: Lessons from the South Sea Bubble*, Princeton, NJ: Princeton University Press, 2004, 74.

17. Cited by Dickson, *Financial Revolution in England*, 83.

18. Jacob Soll, *The Reckoning: Financial Accountability and the Rise and Fall of Nations*, New York: Basic Books, 2014, 101–116.

## 11장

1. Charles M. Andrews, "Anglo-French Commercial Rivalry, 1700–1750: The Western Phase, I," *American Historical Review* 20, no. 3 (1915): 539–556, at 547; David Hume, *Selected Essays*, ed. Stephen Copley and Andrew Edgar, Oxford: Oxford University Press, 1996, 189, 214.

2. Georges Weulersse, *Le mouvement physiocratique en France (de 1756 à 1770)*, 2 vols., Paris: Félix Alcan, 1910, 1:23; Montesquieu, *De l'Esprit des lois*, ed. Victor Goldschmidt, 2 vols., Paris: Garnier-Flammarion, 1979, vol. 2, bk. 20, chap. 2; David Hume, *An Inquiry Concerning Human Understanding, with a Supplement: An Abstract of a Treatise on Human Nature*, ed. Charles W. Hendel, Indianapolis: Liberal Arts Press, 1955, 173.

3. Robert B. Ekelund Jr. and Robert F. Hébert, *A History of Economic Theory and Method*, 6th ed., Longrove, IL: Waveland Press, 2014, 70.

4. Tony Brewer, *Richard Cantillon: Pioneer of Economic Theory*, London: Routledge, 1992, 8.

5. Richard Cantillon, *Essai sur la nature du commerce en général*, ed. and trans. Henry Higgs, London: Macmillan, 1931, 58.

6. Cantillon, *Essai sur la nature du commerce*, 97, 123; Marian Bowley, *Studies in the History of Economic Theory Before 1870*, London: Macmillan, 1973, 95.

7. Cantillon, *Essai sur la nature du commerce*, 51–55, 85; Bowley, *Studies in the History of Economic Theory*, 96.

8. Jean-François Melon, *Essaie politique sur le commerce*, in Eugène Daire, *Économistes financiers du XVIIIe siècle*, Paris: Guillaumin, 1851, 659–777, at 671, 666.

9. Melon, *Essaie politique sur le commerce*, 673, 708.

10. Melon, *Essaie politique sur le commerce*, 683, 746, 765.

11. Paul Cheney, *Revolutionary Commerce: Globalization and the French Monarchy*, Cambridge, MA: Harvard University Press, 2010, 22; Montesquieu, *De l'esprit des lois*, bk. 20, chaps. 1–2.

12. David Kammerling-Smith, "Le discours économique du Bureau du commerce, 1700–1750," in *Le Cercle de Vincent de Gournay: Savoirs économiques et pratiques administratives en France au milieu du XVIIIe siècle*, ed. Loïc Charles, Frédéric Lefebvre, and Christine Théré, Paris: INED, 2011, 31–62, at 34.

13. R. L. Meek, *The Economics of Physiocracy*, London: Allen and Unwin, 1963, xiii.

14. François Véron de Forbonnais, *Éléments du commerce*, 3 vols., Paris: Chaignieau, 1793–1794, 1:62.

15. Forbonnais, *Éléments du commerce*, 1:67–68, 75–76.

16. Forbonnais, *Éléments du commerce*, 1:3, 38, 45.

17. Steven L. Kaplan, *Bread, Politics, and Political Economy in the Reign of Louis XV*, 2nd ed., New York: Anthem Press, 2012, 108; Gérard Klotz, Philippe Minard, and Arnaud Orain, eds., *Les voies de la richesse? La physiocratie en question (1760–1850)*, Rennes, France: Presses Universitaires de Rennes, 2017, 11; Gustav Schachter, "François Quesnay: Interpreters and Critics Revisited," *American Journal of Economics and Sociology* 50, no. 3 (1991): 313–322; Paul Samuelson, "Quesnay's 'Tableau Économique' as a Theorist Would Formulate It Today," in *Paul Samuelson on the History of Economic Analysis: Selected Essays*, ed. Steven J. Medema and Anthony M. C. Waterman, Cambridge: Cambridge University Press, 2015, 59–86, at 60.

18. Pierre-Paul Mercier de la Rivière, *L'ordre naturel et essentiel des sociétés politiques*, 2 vols., London: Jean Nourse, 1767.

19. Liana Vardi, *The Physiocrats and the World of the Enlightenment*, Cambridge: Cambridge University Press, 2012, 42.

20. Vardi, *Physiocrats*, 84; David S. Landes, *Unbound Prometheus: Technological Change and Industrial Development in Western Europe from 1750 to the Present*, Cambridge: Cambridge University Press, 1969, 82.

21. Steven Pincus, *The Global British Empire to 1784*, unpublished manuscript; Gabriel François Coyer, *La noblesse commerçante*, London: Fletcher Gyles, 1756, 33–34, 45, 72.

22. Simone Meyssonnier, *La balance et l'horloge: La genèse de la pensée libérale en France au XVIIIe siècle*, Paris: Les Éditions de la Passion, 1989, 264.

23. Meyssonnier, *La balance et l'horloge*, 265.

24. Meyssonnier, *La balance et l'horloge*, 249.

25. Meyssonnier, *La balance et l'horloge*, 80–81; Coyer, *La noblesse commerçante*, 33–34, 279.

26. Le marquis de Mirabeau, *L'ami des hommes, ou traité de la population*, 2 vols., Avignon: 1756; Meek, *Economics of Physiocracy*, 15.

27. Meek, *Economics of Physiocracy*, 18.

28. Meek, *Economics of Physiocracy*, 23; E. P. Thompson, *The Making of the English Working Class*, New York: Vintage, 1966, 218; Boaz Moselle, "Allotments, Enclosure, and Proletarianization in Early NineteenthCentury Southern England," *English Economic History Review* 48, no. 3 (1995): 482–500.

29. Meek, *Economics of Physiocracy*, 109–114, 136.

30. François Quesnay, *Despotism in China*, trans. Lewis A. Maverick, in Lewis A. Maverick, *China: A Model for Europe*, 2 vols., San Antonio: Paul Anderson and Company, 1946, 1:216; W. W. Davis, "China, the Confucian Ideal, and the European Age of Enlightenment," *Journal of the History of Ideas* 44, no. 4 (1983): 523–548; Stefan Gaarsmand Jacobsen, "Against the Chinese Model: The Debate on Cultural Facts and Physiocratic Epistemology," in *The Economic Turn: Recasting Political Economy in Enlightenment Europe*, ed. Steven L. Kaplan and Sophus A. Reinert, London: Anthem Press, 2019, 89–115; Cheney, *Revolutionary Commerce*, 203; Pernille Røge, *Economists and the Reinvention of Empire: France in the Americas and Africa, c. 1750–1802*, Cambridge: Cambridge University Press, 2019, 10.

31. Quesnay, *Despotism in China*, 11; Røge, *Economists and the Reinvention of Empire*, 88.

32. Loïc Charles and Arnaud Orain, "François Véron de Forbonnais and the Invention of Antiphysiocracy," in Kaplan and Reinert, *Economic Turn*, 139–168.

33. Meek, *Economics of Physiocracy*, 46–50.

34. Meek, *Economics of Physiocracy*, 70.

35. Jean Ehrard, *Lumières et esclavage: L'esclavage colonial et l'opinion publique en France au XVIIIe siècle*, Brussels: André Versaille, 2008; Røge, *Economists and the Reinvention of Empire*, 176; David Allen Harvey, "Slavery on the Balance Sheet: Pierre-Samuel Dupont de Nemours and the Physiocratic Case for Free Labor," *Journal of the Western Society for French History* 42 (2014): 75–87, at 76.

## 12장

1. Erik S. Reinert and Fernanda A. Reinert, "33 Economic Bestsellers Published Before 1750," *European Journal of the History of Economic Thought* 25, no. 6 (2018): 1206–1263; Derek Beales, *Enlightenment and Reform in Eighteenth Century Europe*, London: I. B. Tauris, 2005, 64; Istvan Hont, *Jealousy of Trade: International Competition and the Nation-State in Historical Perspective*, Cambridge, MA: Harvard University Press, 2005, 45, 134; Sophus A. Reinert, *The Academy of Fisticuffs: Political Economy and Commercial Society in Enlightenment Italy*, Cambridge, MA: Harvard University Press, 2018), 7; John Robertson, *The Case for Enlightenment: Scotland and Naples, 1680–1760*, Cambridge: Cambridge University Press, 2005, 22; Koen Stapelbroek, "Commerce and Morality in EighteenthCentury Italy," *History of European Ideas* 32, no. 4 (2006): 361–366, at 364; Antonio Muratori, *Della pubblica felicità: Oggetto de'buoni principi*, Lucca, 1749, p. 3 of "To the Reader."

2. Eric Cochrane, *Florence in the Forgotten Centuries, 1527–1800*, Chicago: University of Chicago Press, 1973, 461; Reinert, *Academy of Fisticuffs*, 299; Antonio Genovesi, *Delle lezioni di commercio, o s'ia d'economia civile*, 2 vols., Naples: Fratelli di Simone, 1767, 2:77, 133; Robertson, *Case for Enlightenment*, 356–357.

3. Steven L. Kaplan and Sophus A. Reinert, eds., *The Economic Turn: Recasting Political Economy in Enlightenment Europe*, London: Anthem Press, 2019, 3–13; Pietro Verri, *Meditazioni sulla economia politica*, Venice: Giambatista Pasquale, 1771, 18, 33–34.

4. Ferdinando Galiani, *Dialogues sur le commerce des blés*, ed. Philip Stewart, Paris: SFEDS, 2018, 59.

5. Galiani, *Dialogues*, 115–116; Franco Venturi, "Galiani tra enciclopedisti e fisiocrati," *Rivista storica italiana* 72, no. 3 (1960): 45–64, at 53.

6. Jean-Claude Perrault, *Une histoire intellectuelle de l'économie politique (XVII–XVIIIe siècles)*, Paris: Éditions de l'EHESS, 1992, 238.

7. Perrault, *Une histoire intellectuelle*, 16–17.

8. Perrault, *Une histoire intellectuelle*, 19.

9. Meek, *The Economics of Physiocracy*, London: Allen and Unwin, 1963, 47–49.

10. Meek, *Economics of Physiocracy*, 51; Madeleine Dobie, *Trading Places: Colonization and Slavery in Eighteenth-Century French Culture*, Ithaca, NY: Cornell University Press, 2010, 14–15.

11. Benoit Malbranque, *Le libéralisme à l'essaie. Turgot intendant du Limousin (1761–1774)*, Paris: Institut Coppet, 2015, 44.

12. Emma Rothschild, *Economic Sentiments: Adam Smith, Condorcet, and the Enlightenment*, Cambridge, MA: Harvard University Press, 2001, 79; Malbranque, *Le libéralisme à l'essaie*, 58.

13. Cynthia A. Bouton, *The Flour War: Gender, Class, and Community in Late Ancien Régime French Society*, University Park: Penn State University Press, 1993, 81; Gilbert Foccarello, "Galiani, Necker, and Turgot: A Debate on Economic Reform and Policy in 18th Century France," *European Journal of the History of Economic Thought* 1, no. 3 (1994): 519–550.

14. Jacob Soll, "From Virtue to Surplus: Jacques Necker's *Compte Rendu* (1781) and the Origins of Modern Political Discourse," *Representations* 134, no. 1 (2016): 29–63; Jacques Necker, *Sur la législation et le commerce des grains*, Paris: Chez Pissot, 1775, 50–52.

15. Steven L. Kaplan, *Bread, Politics, and Political Economy in the Reign of Louis XV*, 2nd ed., New York: Anthem Press, 2012, 589–595.

16. Kaplan, *Bread, Politics*, 247; Istvan Hont, *Politics in Commercial Society: Jean-Jacques Rousseau and Adam Smith*, ed. Béla Kapossy and Michael Sonensher, Cambridge, MA: Harvard University Press, 2015, 18–19.

17. Antoine Lilti, *The Invention of Celebrity*, Cambridge, UK: Polity, 2017, 117; Jean-Jacques Rousseau, *Du contrat social*, ed. Pierre Burgelin, Paris: Garnier-Flammarion, 1966, 41; Jean-Jacques Rousseau, *A Discourse on Inequality*, ed. Maurice Cranston, London: Penguin, 1984, 77.

18. Rousseau, *Discourse on Inequality*, 101, 109, 127, 137.

13장

1. Friedrich Hayek, *The Road to Serfdom*, ed. Bruce Caldwell, Chicago: University of Chicago Press, 2007, 88, 100; Milton Friedman, *Free to Choose: A Personal Statement*, 3rd ed., New York: Harcourt, 1990, 1–2.

2. Adam Smith, *An Inquiry into the Nature and Causes of the Wealth of Nations*, ed. Roy Harold Campbell and Andrew Skinner, 2 vols., Indianapolis: Liberty Fund, 1981, vol. 1, bk. I, chap. vii, para. 12; vol. 2, bk. V, chap. iih, para. 12; vol. 2, bk. IV, chap. viii, para. 49; vol. 2, bk. IV, chap. 9, para. 3; Adam Smith, *The Theory of Moral Sentiments*, ed. D. D. Raphael and A. L. Macfie, Indianapolis: Liberty Fund, 1984, pt. 6, sec. 2, chap. 2, para. 17.

3. Steven Pincus, *The Global British Empire to 1784*, unpublished manuscript; Paul Butel, "France, the Antilles, and Europe in the Seventeenth and Eighteenth Centuries: Renewals of Foreign Trade," in *The Rise of Merchant Empires*, ed. James D. Tracy, Cambridge: Cambridge University Press, 1990, 168–172; T. S. Ashton, *An Economic History of England: The Eighteenth Century*, London: Methuen, 1955, 104; François Crouzet, "Angleterre et France au XVIIIe siècle: Essaie d'analyse comparé de deux croissances économiques," *Annales. Économies, sociétés, civilisations* 21, no. 2 (1966): 254–291, at 268; Ralph Davis, "English Foreign Trade, 1700–1774," *Economic History Review*, n.s., 15, no. 2 (1962): 285–303, at 286; François Crouzet, *La guerre économique franco-anglaise au XVIIIe siècle*, Paris: Fayard, 2008, 367–370; Paul Cheney, *Revolutionary Commerce: Globalization and the French Monarchy*, Cambridge, MA: Harvard University Press, 2010, 101; François Crouzet, *Britain Ascendant: Comparative Studies in Franco-British Economic History*, trans. Martin Thom, Cambridge: Cambridge University Press, 1990, 216.

4. Dan Edelstein, *The Enlightenment: A Genealogy*, Chicago: University of Chicago Press, 2010, 9.

5. David Hume, *An Inquiry Concerning Human Understanding*, ed. Charles W. Hendel, Indianapolis: Library of the Liberal Arts, 1955, 1–11, 17; Dario Perinetti, "Hume at La Flèche: Skepticism and the French Connection," *Journal of the History of Philosophy* 56, no. 1 (2018): 45–74, at 57–58; Margaret Schabas and Carl Wennerlind, *A Philosopher's Economist: Hume and the Rise of Capitalism*, Chicago: University of Chicago Press, 2020, 33; Pedro Faria, "David Hume, the Académie des Inscriptions, and the Nature of Historical Evidence in the Eighteenth Century," *Modern Intellectual History* 18, no. 2 (2020): 288–322.

6. Perinetti, "Hume at La Flèche," 54; Hume, *Concerning Human Understanding*, 168.

7. Hume, *Concerning Human Understanding*, 172–173; James A. Harris, *Hume: An Intellectual Biography*, Cambridge: Cambridge University Press, 2015, 97.

8. Carl L. Becker, *The Heavenly City of the Eighteenth-Century Philosophers*, New Haven, CT: Yale University Press, 1932, 85, 102; Anthony Grafton, *The Footnote: A Curious History*, Cambridge, MA: Harvard University Press, 1997, 103; David Hume, *Selected Essays*, ed. Stephen Copley and Andrew Edgar, Oxford: Oxford University Press, 1998, xiii, 56, 58, 61.

9. Hume, *Selected Essays*, 188–189, 193, 194.

10. Jesse Norman, *Adam Smith: The Father of Economics*, New York: Basic Books, 2018, 194.

11. Smith, *Theory of Moral Sentiments*, sec. 1, chap. 1, para. 1; sec. 3, chap. 2, para. 9; Adam Smith, "Letter to the *Edinburgh Review*," 1755, in Smith, *Essays on Philosophical Subjects*, with Dugald Stewart's "Account of Adam Smith," ed. W. P. D. Wightman, J. C. Bryce, and I. S. Ross, Indianapolis: Liberty Fund, 1982, 253.

12. Smith, *Theory of Moral Sentiments*, pt. 1, sec. 1, chap. 2, para. 5.

13. Epictetus, *The Discourses, The Handbook, Fragments*, ed. J. M. Dent, London: Orion Books, 1995, 42, 44, 58; Smith, *Theory of Moral Sentiments*, pt. 1, chap. 1, para. 5.

14. Smith, *Theory of Moral Sentiments*, pt. 3, chap. 5, paras. 6–7; pt. 7, sec. 2, chap. 1, para. 39; Adam Smith, *Essays on Philosophical Subjects*, ed. W. P. D. Wightman and J. C. Bryce, Indianapolis: Liberty Fund, 1980, 45, 49, 104; Emma Rothschild, "Adam Smith and the Invisible Hand," *American Economic Review* 84, no. 2 (1994): 319–322, at 319.

15. Smith, *Wealth of Nations*, vol. 1, bk. IV, chap. iiic, pt. 2, para. 9.

16. Smith, *Theory of Moral Sentiments*, sec. 2, chap. 3, para. 1; sec. 5, chap. 2, paras. 10–13; sec. 7, chap. 4, paras. 36–37; Donald Winch, *Riches and Poverty: An Intellectual History of Political Economy in Britain, 1750–1834*, Cambridge: Cambridge University Press 1996, 98–99; Fonna Forman-Barzilai, *Adam Smith and the Circles of Sympathy: Cosmopolitanism and Moral Theory*, Cambridge: Cambridge University Press, 2010, 226.

17. Smith, *Theory of Moral Sentiments*, pt. 6, sec. 2, chap. 2, para. 13.

18. Nicholas Phillipson, *Adam Smith: An Enlightened Life*, New Haven, CT: Yale University Press, 2010, 159–166.

19. Phillipson, *Adam Smith*, 166; Geoffrey Holmes and Daniel Szechi, *The Age of Oligarchy: Pre-Industrial Britain, 1722–1783*, London: Longman, 1993, 282.

20. Phillipson, *Adam Smith*, 182.

21. Harris, *Hume*, 409–415; Phillipson, *Adam Smith*, 188.

22. Phillipson, *Adam Smith*, 193.

23. Smith, *Wealth of Nations*, vol. 2, bk. IV, chap. ix, para. 38; vol. 1, bk. II, chap. v, para. 12.

24. Smith, *Wealth of Nations*, vol. 1, bk. I, chap. viii, paras. 15–22; vol. 1, bk. I, chap. x, paras. 19, 31.

25. Smith, *Wealth of Nations*, vol. 2, bk. IV, chap. ix, paras. 11–14, vol. 2, bk. IV, chap. ii, para. 9; vol. 1, bk. I, chap. viii, para. 35; vol. 1, bk. IV, chap. ii, para. 9; vol. 2, bk. IV, chap. ix, para. 9; vol. 2, bk. V, chap. iik, para. 7.

26. Smith, *Wealth of Nations*, vol. 1, bk. I, chap. ii, paras. 1–2.

27. Emma Rothschild, *Economic Sentiments: Adam Smith, Condorcet, and the Enlightenment*, Cambridge, MA: Harvard University Press, 2001, 127.

28. Smith, *Wealth of Nations*, vol. 1, bk. IV, chap. ii, para. 38; vol. 2, bk. IV, chap. ix, paras. 1–3; vol. 1, bk. IV, chap. ii, para. 30.

29. E. P. Thompson, "Eighteenth-Century English Society: Class Struggle Without Class?," *Social History* 3, no. 2 (1978): 133–165, at 135; Frank McLynne, *Crime and Punishment in Eighteenth-Century England*, London: Routledge, 1989; Smith, *Wealth of Nations*, vol. 1, bk. I, chap. xic, para. 7.

30. Smith, *Wealth of Nations*, vol. 2, bk. IV, chap. viib, para. 20; vol. 2, bk. IV, chap. viic, para. 103.

31. Smith, *Wealth of Nations*, vol. 1, "Introduction and Plan of the Work," para. 4; vol. 2, bk. IV, chap. viib, para. 54.

32. John Rae, *Life of Adam Smith: 1895*, ed. Jacob Viner, New York: Augustus M. Kelley Publishers, 1977, 71–72.

33. Rothschild, *Economic Sentiments*, 133; Dugald Stewart, *Account of the Life and Writings of Adam Smith*, in *Works*, ed. Dugald Stewart, 7 vols., Cambridge, MA: Hilliard and Brown, 1829, 7:1–75, at 67.

34. Smith, *Wealth of Nations*, vol. 1, bk. III, chap. iv, para. 20.

35. Smith, *Wealth of Nations*, vol. 2, bk. IV, chap. ii, paras. 10–20.

36. Smith, *Wealth of Nations*, vol. 1, bk. IV, chap. iiic, paras. 9, 13.

37. Rothschild, *Economic Sentiments*, 133–136; Voltaire, *Candide*, ed. Philip Littell,

New York: Boni and Liveright, 1918, 168; Jacob Soll, *The Reckoning: Financial Accountability and the Rise and Fall of Nations*, New York: Basic Books, 2014, 129–130.

## 14장

1. William J. Baumol, *Economic Dynamics: An Introduction*, New York: Macmillan, 1951; D. M. Nachane, "In the Tradition of 'Magnificent Dynamics,'" *Economic and Political Weekly*, June 9, 2007.

2. Jeremy Bentham, *The Principles of Morals and Legislation*, Amherst, NY: Prometheus Books, 1988, 1–3, 29, 40.

3. Jeremy Bentham, "Bentham on Population and Government," *Population and Development Review* 21, no. 2 (1995): 399–404.

4. Thomas Malthus, *An Essay on the Principle of Population and Other Writings*, ed. Robert J. Mayhew, London: Penguin, 2015, 19; Adam Smith, *An Inquiry into the Nature and Causes of the Wealth of Nations*, ed. Roy Harold Campbell and Andrew Skinner, 2 vols., Indianapolis: Liberty Fund, 1981, vol. 1, bk. I, chap. viii, para. 36.

5. Malthus, *Essay on the Principle of Population*, 40, 65, 74, 155–163.

6. David Ricardo, *Works*, ed. John Ramsay McCulloch, London: John Murray, 1846, 50–55; Paul Samuelson, "The Canonical Classical Model of Political Economy," in *Paul Samuelson on the History of Economic Analysis: Selected Essays*, ed. Steven J. Medema and Anthony M. C. Waterman, Cambridge: Cambridge University Press, 2015, 89–116, at 102–105.

7. Ricardo, *Works*, 55.

8. Smith, *Wealth of Nations*, vol. 1, bk. I, chap. viii, para. 37; Joan Robinson, "What Are the Questions?" *Journal of Economic Literature* 15, no. 4 (1977): 1318–1339, at 1334; Andre Gunder Frank, *Dependent Accumulation and Underdevelopment*, New York: Monthly Review Press, 1979; Henk Ligthart, "Portugal's Semi-Peripheral Middleman Role in Its Relations with England, 1640–1760," *Political Geography Quarterly* 7, no. 4 (1988): 353–362, at 360–361; Matthew Watson, "Historicising Ricardo's Comparative Advantage Theory, Challenging the Normative Foundations of Liberal International Political Economy," *New Political Economy* 22, no. 3 (2017): 257–272, at 259; John Gallagher and Ronald Robinson, "The Imperialism of Free Trade," *Economic History Review* 6, no. 1 (1953): 1–15, at 5; D. C. M. Platt, "The Imperialism of Free Trade: Some Reservations," *Economic History Re-*

*view* 21, no. 2 (1968): 296–306; Joan Robinson, *Contributions to Modern Economics*, New York: Academic Press, 1978, 213; Joan Robinson, *The Economics of Imperfect Competition*, 2nd ed., London: Palgrave Macmillan, 1969.

9. Frank Trentmann, *Free Trade Nation: Commerce, Consumption, and Civil Society in Modern Britain*, Oxford: Oxford University Press, 2008, 1–8.

10. Anthony Howe, *Free Trade and Liberal England, 1846–1946*, Oxford: Oxford University Press, 1998, 4, 113; Eileen P. Sullivan, "J. S. Mill's Defense of the British Empire," *Journal of the History of Ideas* 44, no. 4 (1983): 599–617, at 606; John Stuart Mill, *Principles of Political Economy and Chapters on Socialism*, ed. Jonathan Riley, Oxford: Oxford University Press, 1994, xxxix, 112–113.

11. Mill, *Principles of Political Economy*, 113.

12. John Stuart Mill, *Considerations on Representative Government*, Ontario: Batoche Books, 2001, 46; Gary Remer, "The Classical Orator as Political Representative: Cicero and the Modern Concept of Representation," *Journal of Politics* 72, no. 4 (2010): 1063–1082, at 1064; Mill, *Principles of Political Economy*, 86.

13. Mill, *Principles of Political Economy*, 124–125, 377.

14. Mill, *Principles of Political Economy*, 381.

15. Charles Darwin, *The Life and Letters of Charles Darwin*, ed. Francis Darwin, 3 vols., London: John Murray, 1887, 3:178–179; Charles Darwin, *The Origin of Species by Means of Natural Selection of the Preservation of Favoured Races in the Struggle for Life*, New York: Signet Classics, 2003, 5; Charles Darwin, *The Descent of Man, and Selection in Relation to Sex*, New York: Appleton and Company, 1889, 44.

16. Geoffrey Martin Hodgson, *Economics in the Shadows of Darwin and Marx: Essays on Institutional and Evolutionary Themes*, Cheltenham, UK: Edward Elgar, 2006, 12; Karl Marx, "The Production Process of Capital: Theories of Surplus Value," in Karl Marx and Friedrich Engels, *Collected Works*, vol. 31, *Marx, 1861–1863*, London: Lawrence and Wishart, 1989, 551; Gareth Stedman-Jones, *Karl Marx: Greatness and Illusion*, Cambridge, MA: Belknap Press of Harvard University Press, 2016, 174–175, 382–383; Karl Marx, *Capital*, ed. Ernest Mandel, trans. David Fernbach, 3 vols., London: Penguin, 1992, 2:218; Bela A. Balassa, "Karl Marx and John Stuart Mill," *Weltwirtschaftliches Archiv* 83 (1959): 147–165, at 150; Donald Winch, "The Science and the Legislator: Adam Smith and After," *The Economic Journal*, Londonm 1983, vol. 93 (371), 501–520.

17. Michael Hudson, *America's Protectionist Takeoff, 1815–1914: The Neglected American School of Political Economy*, New York: Garland, 1975.

18. Hudson, *America's Protectionist Takeoff*, 54.

19. Jack Rackove, *Original Meanings: Politics and Ideas in the Making of the Constitution*, New York: Vintage, 1997, 236; Alexander Hamilton, *Report on the Subject of Manufactures*, Philadelphia: William Brown, 1827, 20.

20. Maurice G. Baxter, *Henry Clay and the American System*, Lexington: University of Kentucky Press, 1995, 27–28; Brian Reinbo and Yi Wen, "Historical U.S. Trade Deficits," Economic Research, Federal Reserve Bank, 2019, no. 13, https://research.stlouisfed.org/publications/economic-synopses/2019/05/17/historical-u-s-trade-deficits.

21. Cheryl Shonhardt-Bailey, *From the Corn Laws to Free Trade: Interests, Ideas, and Institutions in Historical Perspective*, Cambridge, MA: MIT Press, 2006, 285; Francis Wrigley Hirst, *Free Trade and Other Fundamental Doctrines of the Manchester School*, London: Harper and Brothers, 1903.

22. Richard Cobden, "Repeal of the Corn Laws," May 15, 1843, in Hirst, Free Trade, 143–190, at 190; Richard Cobden, "Free Trade and the Reduction of Armaments," December 18, 1849, in Hirst, *Free Trade*, 239–257, at 252.

23. Richard Cobden, "Armaments, Retrenchment, and Financial Reform," January 10, 1849, in Hirst, *Free Trade*, 291–308, at 305; David Todd, *Free Trade and Its Enemies in France, 1814–1851*, Cambridge: Cambridge University Press, 2015, 201.

24. Boyd Hilton, *The Age of Atonement: The Influence of Evangelicalism on Social and Economic Thought, 1785–1865*, Oxford: Clarendon Press, 1986, 7, 261.

25. William Stanley Jevons, "Brief Account of a General Mathematical Theory of Political Economy," *Journal of the Royal Statistical Society, London* 29 (June 1866): 282–287; William Stanley Jevons, *Political Economy*, New York: Appleton and Company, 1878, 7; Eric Hobsbawm, *Industry and Empire: The Birth of the Industrial Revolution*, London: Penguin, 1999, 17, 211.

26. Hobsbawm, *Industry and Empire*, 31–38.

27. Jevons, *Political Economy*, 62, 76, 77, 79, 81; Donald Winch, "The Problematic Status of the Consumer in Orthodox Economic Thought," in *The Making of the Consumer: Knowledge, Power, and Identity in the Modern World*, ed. Frank Trentmann, Oxford: Berg, 2006, 31–52.

28. William Stanley Jevons, *The Coal Question*, London: Macmillan, 1865.

29. Jennifer Siegel, *For Peace and Money: French and British Finance in the Service of the Tsars and Commissars*, Oxford: Oxford University Press, 2014.

30. Alfred Marshall, *Principles of Economics*, New York: Cosimo, 2006, 233.

31. Marshall, *Principles of Economics*, 30–31, 68–69, 273.

## 15장

1. William Cunningham, *The Rise and Decline of the Free Trade Movement*, Cambridge: Cambridge University Press, 1905, 5–9.

2. Cunningham, *Rise and Decline*; Frank Trentmann, *Free Trade Nation: Commerce, Consumption, and Civil Society in Modern Britain*, Oxford: Oxford University Press, 2008, 91–98, 243.

3. Cunningham, *Rise and Decline*, 37, 85.

4. Cunningham, *Rise and Decline*, 97.

5. Cunningham, *Rise and Decline*, 119, 121–123, 158, 160.

6. Cunningham, *Rise and Decline*, 191–194, 197–198.

7. Cunningham, *Rise and Decline*, 200, 210.

8. John Maynard Keynes, *Laissez-Faire and Communism*, New York: New Republic, 1926, 65.

9. Keynes, *Laissez-Faire*, 31, 164.

10. Joan Robinson, *The Economics of Imperfect Competition*, 2nd ed., London: Palgrave Macmillan, 1969, 211–228.

11. Joan Robinson, *The Accumulation of Capital*, New York: Palgrave Macmillan, 2013, 248, 330.

12. Carl Menger, *Principles of Economics*, trans. James Dingwall and Bert F. Hoselitz, Auburn, AL: Ludwig von Mises Institute, 2007, 51, 72–73; Janek Wasserman, *The Marginal Revolutionaries: How Austrian Economists Fought the War of Ideas*, New Haven, CT: Yale University Press, 2019, 33; Wasserman, *Marginal Revolutionaries*, 73.

13. Ludwig von Mises, *Economic Calculation in the Socialist Commonwealth*, trans. S. Alder, Auburn, AL: Ludwig von Mises Institute, 1990, 1–10.

14. Von Mises, *Economic Calculation*, 9; Wasserman, *Marginal Revolutionaries*, 82.

15. Wasserman, *Marginal Revolutionaries*, 35, 134.

16. Stephan A. Marglin and Juliet B. Schor, eds., *The Golden Age of Capitalism: Reinterpreting the Postwar Experience*, 2nd ed., Oxford: Oxford University Press, 2007, 41.

17. Henry Ashby Turner Jr., "Big Business and the Rise of Hitler," *American Histori-cal Review* 75, no. 1 (1969): 56–70.

18. Friedrich Hayek, *The Road to Serfdom*, ed. Bruce Caldwell, Chicago: University of Chicago Press, 2007, 35, 76, 89, 100, 110.

19. Elisabetta Galeotti, "Individualism, Social Rules, Tradition: The Case of Friedrich A. Hayek," *Political Theory* 15, no. 2 (1987): 163–181, at 169.

20. David Levy, "Interview with Milton Friedman," Federal Reserve Bank of Minne-apolis, June 1, 1992, www.minneapolisfed.org/article/1992/interview-with-milton -friedman.

21. Milton Friedman, "Market Mechanisms and Central Economic Planning," in Milton Friedman, Sidney Hook, Rose Friedman, and Roger Freeman, *Market Mechanisms and Central Economic Planning*, Washington, DC: American Enter-prise Institute, 1981, 1–19, at 9; Milton Friedman, *Free to Choose: A Personal State-ment*, 3rd ed., New York: Harcourt, 1990, 1.

22. Milton Friedman, *Free to Choose: A Personal Statement*, 3rd ed., New York: Har-court, 1990, 94–97, 128–129.

23. Milton Friedman, "Quantity of Money Theory: A Restatement," in Milton Fried-man, ed., *Studies in the Quantity Theory of Money*, Chicago: University of Chicago Press, 1956, 3–21, at 12.

24. Milton Friedman and Anna Jacobson Schwartz, *A Monetary History of the United States, 1867–1960*, Princeton, NJ: Princeton University Press, 1963, 7, 11.

25. Milton Friedman, "The Demand for Money: Some Theoretical and Empirical Re-sults," National Bureau of Economic Research, Occasional Paper 68, 1959, www .nber.org/system/files/chapters/c5857/c5857.pdf, 1–25, at 2.

26. Milton Friedman, *Capitalism and Freedom*, 3rd ed., Chicago: University of Chica-go Press, 2002), 137.

27. Milton Friedman, *An Economist's Protest: Columns in Political Economy*, Sun Lakes, AZ: Thomas Horon and Daughter, 1972, 6; Milton Friedman, "Say 'No' to Intol-erance," *Liberty Magazine* 4, no. 6 (1991): 17–20.

28. Kim Phillips-Fein, *Invisible Hands: The Businessmen's Crusade Against the New Deal*, New York: Norton, 2009, 3.

29. Phillips-Fein, *Invisible Hands*, 4, 61 (du Pont quotation p. 4); Kevin M. Kruse, *One Nation Under God: How Corporate America Invented Christian America*, New York: Basic Books, 2015, 25.

30. Kruse, *One Nation Under God*, 61.

31. Kruse, *One Nation Under God*, 35; Phillips-Fein, *Invisible Hands*, 69, 77; Barry Goldwater, *The Conscience of a Conservative*, Shepherdsville, KY: Victor Publishing, 1960, 53.

32. Phillips-Fein, *Invisible Hands*, 228.

33. Jennifer Burns, "Godless Capitalism: Ayn Rand and the Conservative Movement," *Modern Intellectual History* 1, no. 3 (2004): 359–385; Brian Doherty, *Radicals for Capitalism: A Freewheeling History of the Modern Libertarian Movement*, New York: Public Affairs, 2008, 11.

34. Doug Bandow, "The West Fails to Social Engineer South Sudan," *American Conservative*, September 19, 2019, www.cato.org/commentary/west-fails-social-engineer-south-sudan.

35. Richard H. K. Vietor, *How Countries Compete: Strategy, Structure, and Government in the Global Economy*, Boston: Harvard Business School Press, 2007, 18.

## 결론

1. Isabella M. Weber, "The (Im-)Possibility of Rational Socialism: Mises in China's Market Reform Debate," 2021, University of Massachusetts, Amherst, Economics Department Working Paper Series, no. 2021-19, available at ScholarWorks@UMassAmherst, https://scholarworks.umass.edu/econ_workingpaper/316; Isabella M. Weber, *How China Escaped Shock Therapy: The Market Reform Debate*, Abingdon, Oxon, UK: Routledge, 2021; Steven Mark Cohn, *Competing Economic Paradigms in China: The Co-Evolution of Economic Events, Economic Theory and Economics Education, 1976–2016*, Abingdon, Oxon, UK: Routledge, 2016, 26; Milton Friedman, *Friedman in China*, Hong Kong: Chinese University Press, 1990, 74; Milton Friedman, *Capitalism and Freedom*, 3rd ed., Chicago: University of Chicago Press, 2002, 3–4; Milton Friedman, *Free to Choose: A Personal Statement*, 3rd ed. (New York: Harcourt, 1990), 57.

2. Cited in Weber, "The (Im-)Possibility of Rational Socialism."

3. Isabella Weber, "Origins of China's Contested Relation with Neoliberalism: Economics, the World Bank, and Milton Friedman at the Dawn of Reform," *Global Perspectives* 1, no 1 (2020): 1–14, at 7; Milton Friedman, "Market Mechanisms and Central Economic Planning," in Milton Friedman, Sidney Hook, Rose Friedman, and Roger Freeman, *Market Mechanisms and Central Economic Planning*, Washington, DC: American Enterprise Institute, 1981, 3; Weber, "The (Im-)Possibility of Rational Socialism."

4. Keith Bradsher and Li Yuan, "China's Economy Became No. 2 by Defying No. 1," *New York Times*, November 25, 2018.

5. Justin Yifu Lin, *Economic Development and Transition: Thought, Strategy, and Viability*, Cambridge: Cambridge University Press, 2009; Barry Naughton, *The Chinese Economy, Adaptation and Growth*, Cambridge, MA: MIT Press, 2018; Pankaj Mishra, "The Rise of China and the Fall of the 'Free Trade' Myth," *New York Times*, February 7, 2018; Keith Bradsher and Li Yuan, "The Chinese Thought They Had Little to Learn from Conventional Wisdom. Now It's the West That's Taking Notes," *New York Times*, November 25, 2018.

6. Jason Brennan, *Against Democracy*, Princeton, NJ: Princeton University Press, 2016, 192–193.

7. Karl Polanyi, *The Great Transformation: The Political and Economic Origins of Our Time*, Boston: Beacon Press, 1957.

8. Ellen Frankel Paul, "W. Stanley Jevons: Economic Revolutionary, Political Utilitarian," *Journal of the History of Ideas* 40, no. 2 (1979): 263–283, at 279.

# 찾아보기

지은이 제이컵 솔(Jacob Soll)

서던캘리포니아대학교 철학, 역사학, 회계학 교수. 위스콘신주 매디슨에서
태어나 아이오와대학교와 파리 사회과학고등연구원을 거쳐 케임브리지대학교에서
근대 초기 유럽사로 박사학위를 받았다. 16~18세기 서유럽의 지성사·정치사·
문화사를 연구하는 학자로서뿐 아니라 현실 경제의 조력자로도 참여해 비중 있는
역할을 맡고 있다. 스페인, 포르투갈 정부의 경제정책 자문을 비롯해,
2017년에 그리스 금융개혁 및 부채관리에 관한 그리스 정부의 자문 역할을 맡아
활약하기도 했다. 2011년 맥아더 지니어스 펠로십을 수상하고 학계의 떠오르는
역사학자로 주목받으며 꾸준한 연구 및 저술 활동을 펼치고 있다. 마키아벨리의
『군주론』을 대안적이고 혁명적인 정치적 메시지로 편집한 작가 아멜로 드
라 우세예(Amelot de La Houssaye)에 대해 다룬 첫 책『군주론 출간(Publishing
"The Prince")』으로 2005년 미국철학학회에서 주관하는 자크 바르죙 상을
수상했다. 국내 출간된『회계는 어떻게 역사를 지배해왔는가』는 전 세계의 호평을
받으며 10만 부 이상 판매됐고, 대만과 일본에서는 베스트셀러에 올랐으며,
중국 베이징시에서는 모든 시민이 읽을 것을 공개적으로 권고했다. 이 책은 영국
인라이튼드 이코노미스트의 2015년 최고의 책, 인베스토피디아의 2021년 최고의
경제학 책으로 선정되기도 했다. 그 외 저서로 장 바티스트 콜베르의 체계적이고
백과사전적인 정보 수집에 대해 연구한『정보의 제왕(The Information Master)』이
있다. 2009년에 구겐하임 펠로십을 수상했다. 현재 로스앤젤레스에서 살고 있다.

옮긴이 홍기빈

(재)글로벌정치경제연구소 소장. 서울대학교 경제학과를 졸업하고 동 대학원
외교학과 석사과정을 마쳤으며 캐나다 요크대학에서 정치학과 박사과정을
수료했다 금융경제연구소 연구위원, 칼폴라니사회경제연구소 소장을 역임했다.
저서로는『비그포르스, 복지 국가와 잠정적 유토피아』『아리스토텔레스
경제를 말하다』『어나더 경제사 1, 2』(근간)『위기 이후의 경제학』(근간) 등이
있고, 역서로는『거대한 전환』『카를 마르크스』『도넛 경제학』『광장과 타워』
『둠: 재앙의 정치학』 등이 있다. 유튜브 채널 '홍기빈 클럽'을 운영하고 있다.

Philos 020

# 자유시장
키케로에서 프리드먼까지, 세계를 지배한 2000년 경제사상사

1판 1쇄 인쇄 2023년 5월 10일
1판 1쇄 발행 2023년 6월 1일

지은이 제이컵 솔                    펴낸이 김영곤
옮긴이 홍기빈                      펴낸곳 (주)북이십일 아르테

책임편집 최윤지 박성근    편집 김지영     마케팅 배상현 한경화 김신우 강효원
디자인 전용완                      영업 최명열 김다운
기획위원 장미희                    해외기획 최연순 이윤경
출판마케팅영업본부 본부장 민안기       제작 이영민 권경민

출판등록 2000년 5월 6일 제406-2003-061호
주소 (10881) 경기도 파주시 회동길 201(문발동)
대표전화 031-955-2100   팩스 031-955-2151   이메일 book21@book21.co.kr

(주)북이십일 경계를 허무는 콘텐츠 리더
아르테 채널에서 도서 정보와 다양한 영상자료, 이벤트를 만나세요!

인스타그램                          포스트
instagram.com/21_arte              post.naver.com/staubin
instagram.com/jiinpill21           post.naver.com/21c_editors

페이스북                            홈페이지
facebook.com/21arte                www.book21.com
facebook.com/jiinpill21

ISBN 978-89-509-1969-6 03900

— 책값은 뒤표지에 있습니다.
— 이 책 내용의 일부 또는 전부를 재사용하려면 반드시 (주)북이십일의
  동의를 얻어야 합니다.
— 잘못 만든 책은 구입하신 서점에서 교환해 드립니다.

케인스의 말처럼 가장 중요한 것이 결국 사상이라면, 사회 변화의 원동력을 포착하는
것은 지성사일 수밖에 없다. 이 책은 자유시장 사상의 역사를 치열하게 좇고 있으며,
오늘날의 정책 논쟁에 적실한 많은 것을 가르쳐 준다. 당신이 자유시장을 싫어하든
좋아하든, 아주 많은 것을 배울 수 있는 중요한 책이다.
—로런스 서머스, 전 미국 재무장관

이 책은 매혹적이면서도 새로운 길을 여는 역사적인 역작이며, 우리 세계를 형성한
주요 경제사상에 대한 빛나는 탐구다.
—고든 브라운, 전 영국 총리

이 책은 자유시장 사상의 역사에 대한 눈을 뗄 수 없을 정도로 놀랄 만한 이야기가
명료한 설명으로 줄곧 이어진다. 깊은 학식과 치열한 태도로 쓰인 이 책은
오늘날의 자유시장을 어떻게 생각해야 할지에 대해 중요한 함의들을 던져 준다.
그야말로 하나의 계시라고 말하기에 부족함이 없는 책이다.
—데이비드 벨, 프린스턴대학 역사학 교수

고대에서 현대에 이르는 놀랍고 매혹적인 여행에서 저자는 시장과 정부라는 이분법을
해체해 버린다. 제이컵 솔은 우리 시대가 가진 역사학의 대가 중 한 사람이며,
이 저작은 국가의 부나 우리의 정치적 미래에 대한 생각을 완전히 바꾸어 놓고 있다.
—새뮤얼 모인, 예일대학 역사학 교수

서구 사회를 규정해 온 여러 가치 중에서도 표현의 자유와 인권은 그 핵심이라고 할 수
있다. 그렇다면 자유시장은 어떠한가? 자유시장 사상의 기원과 의미에 대해 우리는
얼마나 알고 있는가? 이 책은 역사학의 대가만이 쓸 수 있는 책으로서, 자유시장 사상의
기원, 대안, 모호함 등으로 우리를 끌고 간다. 자유시장을 비난하든 옹호하든 모두가
이 중요한 저작을 참고해야만 한다.
—마거릿 제이컵, UCLA 석좌교수